2017 年战略性新兴产业发展展望

国家发展和改革委员会

主　　编　林念修

副主编　任志武　杜　平

中国计划出版社

图书在版编目（CIP）数据

2017年战略性新兴产业发展展望 / 林念修主编. --
北京 : 中国计划出版社, 2017.5
ISBN 978-7-5182-0612-4

Ⅰ. ①2… Ⅱ. ①林… Ⅲ. ①新兴产业－产业发展－
研究－中国－2017 Ⅳ. ①F279.244.4

中国版本图书馆CIP数据核字(2017)第084144号

2017 年战略性新兴产业发展展望

国家发展和改革委员会
主　编　林念修
副主编　任志武　杜　平

中国计划出版社出版发行
网址：www.jhpress.com
地址：北京市西城区木樨地北里甲 11 号国宏大厦 C 座 3 层
邮政编码：100038　电话：（010）63906433（发行部）
北京汇瑞嘉合文化发展有限公司印刷

787mm × 1092mm　1/16　24 印张　418 千字
2017 年 5 月第 1 版　2017 年 5 月第 1 次印刷

ISBN 978-7-5182-0612-4
定价：68.00 元

编委及编写组成员

主　　编：林念修

副 主 编：任志武　杜　平

执行主编：徐长明　黄路明　徐　彬

编　　委：（按英文字母顺序排序）

陈　洪　黄毓敏　姜　江　刘铁志　卢秉恒　卢　卫　马延和
秦海岩　宋晓刚　孙小亮　滕建礼　王　飚　王勃华　王锦连
王　鹏　王晓红　王晓庆　王学恭　王亦宁　翁　端　谢　平
辛勇飞　徐小田　徐玉明　薛　澜　余晓晖　张　威　张振翼
赵　凯　周　黎

编 写 组：（按英文字母顺序排序）

安　晖　曹译丹　常　山　陈　丹　陈梦婕　陈　荣　崔卫杰
杜广平　付有奇　郭　丽　郭树东　郭占强　韩　祺　何定波
华玉涛　江　华　金艳梅　李萍萍　李　倩　李　蕊　李伟利
李　想　李艺铭　李　寅　李　莹　林伯涛　刘二森　刘明亮
刘　爽　刘小林　刘玉凤　路　博　苗　蕾　秦永清　任振川
申红杰　宋　超　孙立远　孙胜凯　田小永　屠佳樱　王金锐
王镠莹　王　猛　王钦宏　王世江　王　昕　王亚琼　王永明
王战超　魏浩杰　许　珊　杨　榕　杨　薇　杨　喆　殷　丹
袁　媛　张　丹　张　静　张　琦　赵军平　赵旷怡　郑玉辉
郑忠行　钟　倩　周晓纪　周　源　朱含蓄　朱　军　朱　蕊

序　　言

当今世界，新一轮科技革命和产业变革正在孕育发展，新技术、新产业、新业态、新模式层出不穷，呈现多领域、跨学科、群体性突破的新态势，已经广泛深入地渗透经济社会各领域各方面。战略性新兴产业代表着新一轮科技革命和产业变革的方向，是培育发展新动能、获得未来竞争新优势的关键领域。

党中央、国务院高度重视推动战略性新兴产业加快发展。《国民经济和社会发展第十三个五年规划纲要》提出，瞄准技术前沿，把握产业变革方向，围绕重点领域，优化政策组合，拓展新兴产业增长空间，抢占未来竞争制高点，使战略性新兴产业增加值占国内生产总值的比重达到 15%。《“十三五”国家战略性新兴产业发展规划》提出，以创新、壮大、引领为核心，加快发展壮大网络经济、高端制造、生物经济、绿色低碳和数字创意等五大领域 10 万亿元级新产业，打造一批战略性新兴产业策源地、集聚区和特色产业集群，形成区域增长新格局。

当前，我国经济发展已经进入新常态，速度变化、结构优化、动能转换的特征更加明显，以新发展理念为指导、以供给侧结构性改革为主线的政策框架已经形成并不断深化，坚持稳中求进工作总基调对提高发展质量和效益提出了新要求。在这个大背景下，必须深入实施创新驱动发展战略，积极推动大众创业、万众创新，大力发展以新一代信息技术、高端装备、新材料、生物、新能源汽车、新能源、节能环保和数字创意为代表的战略性新兴产业，促进新旧发展动能加快接续转换。2016 年，我国战略性新兴产业持续快速增长，工业部分增加值同比增长 10.5%，比规模以上工业高 4.5 个百分点；服务业部分收入增长 15.1%，好于服务业整体水平，为稳增长、调结构、促转型发挥了重要作用，也为战略性新兴产业更好更快发展打下了坚实基础。

为使社会各方面全面了解我国战略性新兴产业发展的趋势，准确把握中央的战略部署和重大举措，更加有力地促进新兴产业重点领域和重点行业发展，国家发展改革委组织有关机构和专家撰写并编辑出版《2017 年战略性新兴产业发展展望》年度报告，旨在向社会各界介绍战略性新兴产业最新发展动态，分析研判各领域最新发展趋势，引导全社会凝聚力量、共同努力，贯彻落实好《“十三五”国家战略性新兴产业发展规划》，为实现战略性新兴产业新跨越，促进经济社会持续健康发展做出更大贡献。

国家发展和改革委员会副主任　林念修

目　录

规划篇

“十三五”国家战略性新兴产业发展规划

战略性新兴产业代表新一轮科技革命和产业变革的方向，是培育发展新动能、获取未来竞争新优势的关键领域。“十三五”时期，要把战略性新兴产业摆在经济社会发展更加突出的位置，大力构建现代产业新体系，推动经济社会持续健康发展。根据“十三五”规划纲要有关部署，特编制本规划，规划期为2016—2020年。

一、加快壮大战略性新兴产业，打造经济社会发展新引擎

（一）现状与形势

“十二五”期间，我国节能环保、新一代信息技术、生物、高端装备制造、新能源、新材料和新能源汽车等战略性新兴产业快速发展。2015年，战略性新兴产业增加值占国内生产总值比重达到8%左右，产业创新能力和盈利能力明显提升。新一代信息技术、生物、新能源等领域一批企业的竞争力进入国际市场第一方阵，高铁、通信、航天装备、核电设备等国际化发展实现突破，一批产值规模千亿元以上的新兴产业集群有力支撑了区域经济转型升级。大众创业、万众创新蓬勃兴起，战略性新兴产业广泛融合，加快推动了传统产业转型升级，涌现了大批新技术、新产品、新业态、新模式，创造了大量就业岗位，成为稳增长、促改革、调结构、惠民生的有力支撑。

未来5到10年，是全球新一轮科技革命和产业变革从蓄势待发到群体迸发的关键时期。信息革命进程持续快速演进，物联网、云计算、大数据、人工智能等技术广泛渗透于经济社会各个领域，信息经济繁荣程度成为国家实力的重要标志。增材制造（3D打印）、机器人与智能制造、超材料与纳米材料等领域技术不断取得重大突破，推动传统工业体系分化变革，将重塑制造业国际分工格局。基因组学及其关联技术迅猛发展，精准医学、生物合成、工业化育种等新模式加快演进推广，生物新经济有望引领人类生产生活迈入新天地。应对全球气候变化助推绿色低碳发展大潮，清洁生产技术应用规模持续拓展，新能源革命正在改变现有国际资源能源版图。数字技术与文化创意、设计服务深度融合，数字创意产业逐渐

成为促进优质产品和服务有效供给的智力密集型产业，创意经济作为一种新的发展模式正在兴起。创新驱动的新兴产业逐渐成为推动全球经济复苏和增长的主要动力，引发国际分工和国际贸易格局重构，全球创新经济发展进入新时代。

“十三五”时期是我国全面建成小康社会的决胜阶段，也是战略性新兴产业大有可为的战略机遇期。我国创新驱动所需的体制机制环境更加完善，人才、技术、资本等要素配置持续优化，新兴消费升级加快，新兴产业投资需求旺盛，部分领域国际化拓展加速，产业体系渐趋完备，市场空间日益广阔。但也要看到，我国战略性新兴产业整体创新水平还不高，一些领域核心技术受制于人的情况仍然存在，一些改革举措和政策措施落实不到位，新兴产业监管方式创新和法规体系建设相对滞后，还不适应经济发展新旧动能加快转换、产业结构加速升级的要求，迫切需要加强统筹规划和政策扶持，全面营造有利于新兴产业蓬勃发展的生态环境，创新发展思路，提升发展质量，加快发展壮大一批新兴支柱产业，推动战略性新兴产业成为促进经济社会发展的强大动力。

（二）指导思想

全面贯彻党的十八大和十八届三中、四中、五中、六中全会精神，深入学习贯彻习近平总书记系列重要讲话精神，认真落实党中央、国务院决策部署，按照“五位一体”总体布局和“四个全面”战略布局要求，积极适应把握引领经济发展新常态，牢固树立和贯彻落实创新、协调、绿色、开放、共享的发展理念，紧紧把握全球新一轮科技革命和产业变革重大机遇，培育发展新动能，推进供给侧结构性改革，构建现代产业体系，提升创新能力，深化国际合作，进一步发展壮大新一代信息技术、高端装备、新材料、生物、新能源汽车、新能源、节能环保、数字创意等战略性新兴产业，推动更广领域新技术、新产品、新业态、新模式蓬勃发展，建设制造强国，发展现代服务业，为全面建成小康社会提供有力支撑。

（三）主要原则

坚持供给创新。创新是战略性新兴产业发展的核心。要深入实施创新驱动发展战略，大力推进大众创业、万众创新，突出企业主体地位，全面提升技术、人才、资金的供给水平，营造创新要素互动融合的生态环境。聚焦突破核心关键技术，进一步提高自主创新能力，全面提升产品和服务的附加价值和国际竞争力。推进简政放权、放管结合、优化服务改革，破除旧管理方式对新兴产业发展的束缚，降低企业成本，激发企业活力，加快新兴企业成长壮大。

坚持需求引领。市场需求是拉动战略性新兴产业发展壮大的关键因素。要强化需求侧政策引导，加快推进新产品、新服务的应用示范，将潜在需求转化为现实供给，以消费升级带动产业升级。营造公平竞争的市场环境，激发市场活力。

坚持产业集聚。集约集聚是战略性新兴产业发展的基本模式。要以科技创新为源头，加快打造战略性新兴产业发展策源地，提升产业集群持续发展能力和国际竞争力。以产业链和创新链协同发展为途径，培育新业态、新模式，发展特色产业集群，带动区域经济转型，形成创新经济集聚发展新格局。

坚持人才兴业。人才是发展壮大战略性新兴产业的首要资源。要针对束缚人才创新活力的关键问题，加快推进人才发展政策和体制创新，保障人才以知识、技能、管理等创新要素参与利益分配，以市场价值回报人才价值，全面激发人才创业创新动力和活力。加大力度培养和吸引各类人才，弘扬工匠精神和企业家精神。

坚持开放融合。开放融合是加快战略性新兴产业发展的客观要求。要以更开放的理念、更包容的方式，搭建国际化创新合作平台，高效利用全球创新资源，大力推动我国优势技术和标准的国际化应用，加快推进产业链、创新链、价值链全球配置，全面提升战略性新兴产业发展能力。

（四）发展目标

到 2020 年，战略性新兴产业发展要实现以下目标：

产业规模持续壮大，成为经济社会发展的新动力。战略性新兴产业增加值占国内生产总值比重达到 15%，形成新一代信息技术、高端制造、生物、绿色低碳、数字创意等 5 个产值规模 10 万亿元级的新支柱，并在更广领域形成大批跨界融合的新增长点，平均每年带动新增就业 100 万人以上。

创新能力和竞争力明显提高，形成全球产业发展新高地。攻克一批关键核心技术，发明专利拥有量年均增速达到 15% 以上，建成一批重大产业技术创新平台，产业创新能力跻身世界前列，在若干重要领域形成先发优势，产品质量明显提升。节能环保、新能源、生物等领域新产品和新服务的可及性大幅提升。知识产权保护更加严格，激励创新的政策法规更加健全。

产业结构进一步优化，形成产业新体系。发展一批原创能力强、具有国际影响力和品牌美誉度的行业排头兵企业，活力强劲、勇于开拓的中小企业持续涌现。中高端制造业、知识密集型服务业比重大幅提升，支撑产业迈向中高端水平。形成若干具有全球影响力的战略性新兴产业发展策源地和技术创新中心，打造百余个特色鲜明、创新能力强的新兴产业集群。

到 2030 年，战略性新兴产业发展成为推动我国经济持续健康发展的主导力量，我国成为世界战略性新兴产业重要的制造中心和创新中心，形成一批具有全球影响力和主导地位的创新型领军企业。

（五）总体部署

以创新、壮大、引领为核心，紧密结合“中国制造 2025”战略实施，坚持走创新驱动发展道路，促进一批新兴领域发展壮大并成为支柱产业，持续引领产业中高端发展和经济社会高质量发展。立足发展需要和产业基础，大幅提升产业科技含量，加快发展壮大网络经济、高端制造、生物经济、绿色低碳和数字创意等五大领域，实现向创新经济的跨越。着眼全球新一轮科技革命和产业变革的新趋势、新方向，超前布局空天海洋、信息网络、生物技术和核技术领域一批战略性产业，打造未来发展新优势。遵循战略性新兴产业发展的基本规律，突出优势和特色，打造一批战略性新兴产业发展策源地、集聚区和特色产业集群，形成区域增长新格局。把握推进“一带一路”建设战略契机，以更开放的视野高效利用全球创新资源，提升战略性新兴产业国际化水平。加快推进重点领域和关键环节改革，持续完善有利于汇聚技术、资金、人才的政策措施，创造公平竞争的市场环境，全面营造适应新技术、新业态蓬勃涌现的生态环境，加快形成经济社会发展新动能。

二、推动信息技术产业跨越发展，拓展网络经济新空间

实施网络强国战略，加快建设“数字中国”，推动物联网、云计算和人工智能等技术向各行业全面融合渗透，构建万物互联、融合创新、智能协同、安全可控的新一代信息技术产业体系。到 2020 年，力争在新一代信息技术产业薄弱环节实现系统性突破，总产值规模超过 12 万亿元。

（一）构建网络强国基础设施

深入推进“宽带中国”战略，加快构建高速、移动、安全、泛在的新一代信息基础设施。

大力推进高速光纤网络建设。开展智能网络新技术规模应用试点，推动国家骨干网向高速传送、灵活调度、智能适配方向升级。全面实现向全光网络跨越，加快推进城镇地区光网覆盖，提供每秒 1000 兆比特（1000Mbps）以上接入服务，大中城市家庭用户实现带宽 100Mbps 以上灵活选择；多方协同推动提升农村光纤

宽带覆盖率，98%以上的行政村实现光纤通达，有条件的地区提供100Mbps以上接入服务，半数以上农村家庭用户实现带宽50Mbps以上灵活选择。推动三网融合基础设施发展。推进互联网协议第六版（IPv6）演进升级和应用，推动骨干企业新增网络地址不再使用私有地址。

加快构建新一代无线宽带网。加快第四代移动通信（4G）网络建设，实现城镇及人口密集行政村深度覆盖和广域连续覆盖。在热点公共区域推广免费高速无线局域网。大力推进第五代移动通信（5G）联合研发、试验和预商用试点。优化国家频谱资源配置，提高频谱利用效率，保障频率资源供给。合理规划利用卫星频率和轨道资源，加快空间互联网部署，研制新型通信卫星和应用终端，探索建设天地一体化信息网络，研究平流层通信等高空覆盖新方式。

加快构建下一代广播电视网。推动有线无线卫星广播电视网智能协同覆盖，建设天地一体、互联互通、宽带交互、智能协同、可管可控的广播电视融合传输覆盖网。加速全国有线电视网络基础设施建设和双向化、智能化升级改造，推进全国有线电视网络整合和互联互通。推动下一代地面数字广播电视传输技术研发及产业化，加强地面无线广播电视与互联网的融合创新，创建移动、交互、便捷的地面无线广播电视新业态。

专栏1　宽带乡村示范工程

开展电信普遍服务试点工作，促进三网融合，加快光缆、卫星通信进行政村建设，按需实现光纤入户网络和第四代移动通信（4G）网络向自然村和住户延伸覆盖，利用卫星、移动通信等技术创新加强对海岛、边远地区、山区等覆盖，加快普及电子商务、远程教育、远程医疗、智慧农业、电子政务等信息化应用，支撑扶贫攻坚。

统筹发展应用基础设施。充分利用现有设施，统筹规划大型、超大型数据中心在全国适宜地区布局，有序推进绿色数据中心建设。推动基于现有各类通信网络实现物联网集约部署。持续强化应急通信能力建设。

加强国际合作。加强信息网络基础设施国际互联互通合作。加强海外海缆、陆缆、业务节点、数据中心、卫星通信等设施建设，优化国际通信网络布局。加快建设中国—阿拉伯国家等网上丝绸之路、中国—东盟信息港。

（二）推进“互联网+”行动

促进新一代信息技术与经济社会各领域融合发展，培育“互联网+”生态体系。

深化互联网在生产领域的融合应用。深化制造业与互联网融合发展，推动“中

国制造 + 互联网”取得实质性突破，发展面向制造业的信息技术服务，构筑核心工业软硬件、工业云、智能服务平台等制造新基础，大力推广智能制造、网络化协同、个性化定制、服务化延伸等新业态、新模式。加快发展工业互联网，构建工业互联网体系架构，开展工业互联网创新应用示范。推进移动互联网、云计算、物联网等技术与农业、能源、金融、商务、物流快递等深度融合，支持面向网络协同的行业应用软件研发与系统集成，推动制造业向生产服务型转变、生产性服务业向价值链高端延伸。

拓展生活及公共服务领域的“互联网 +”应用。加快行业管理体制创新，促进医疗、教育、社保、就业、交通、旅游等服务智慧化。拓展新型智慧城市应用，推动基于互联网的公共服务模式创新，推进基于云计算的信息服务公共平台建设，增强公共产品供给能力。加快实施“互联网 + 政务服务”，逐步实现政务服务“一号申请、一窗受理、一网通办”。

促进“互联网 +”新业态创新。鼓励运用信息网络技术推动生产、管理和营销模式变革，重塑产业链、供应链、价值链，加快形成新的生产和流通交换模式。以体制机制创新推动分享经济发展，建立适应分享经济发展的监管方式，促进交通、旅游、养老、人力资源、日用品消费等领域共享平台企业规范发展，营造分享经济文化氛围。

专栏 2 “互联网 +”工程

深入推进“互联网 +”创业创新、协同制造、现代农业、智慧能源、普惠金融、益民服务、高效物流、电子商务、便捷交通、绿色生态、人工智能等 11 个重点行动，建设互联网跨领域融合创新支撑服务平台。促进基于云计算的业务模式和商业模式创新，推进公有云和行业云平台建设。加强物联网网络架构研究，组织开展物联网重大应用示范。加快下一代互联网商用部署，构建工业互联网技术试验验证和管理服务平台。创建国家信息经济示范区。

（三）实施国家大数据战略

落实大数据发展行动纲要，全面推进重点领域大数据高效采集、有效整合、公开共享和应用拓展，完善监督管理制度，强化安全保障，推动相关产业创新发展。

加快数据资源开放共享。统筹布局建设国家大数据公共平台，制定出台数据资源开放共享管理办法，推动建立数据资源清单和开放目录，鼓励社会公众对开放数据进行增值性、公益性、创新性开发。加强大数据基础性制度建设，强化使用监管，建立健全数据资源交易机制和定价机制，保护数据资源权益。

发展大数据新应用新业态。加快推进政府大数据应用，建立国家宏观调控和社会治理数据体系，提高政府治理能力。发展大数据在工业、农业农村、创业创新、促进就业等领域的应用，促进数据服务业创新，推动数据探矿、数据化学、数据材料、数据制药等新业态、新模式发展。加强海量数据存储、数据清洗、数据分析挖掘、数据可视化等关键技术研发，形成一批具有国际竞争力的大数据处理、分析和可视化软硬件产品，培育大数据相关产业，完善产业链，促进相关产业集聚发展。推进大数据综合试验区建设。

强化大数据与网络信息安全保障。建立大数据安全管理制度，制定大数据安全管理办法和有关标准规范，建立数据跨境流动安全保障机制。加强数据安全、隐私保护等关键技术攻关，形成安全可靠的大数据技术体系。建立完善网络安全审查制度。采用安全可信产品和服务，提升基础设施关键设备安全可靠水平。建立关键信息基础设施保护制度，研究重要信息系统和基础设施网络安全整体解决方案。

专栏3　大数据发展工程

整合现有资源，构建政府数据共享交换平台和数据开放平台，健全大数据共享流通体系、大数据标准体系、大数据安全保障体系，推动实现信用、交通、医疗、教育、环境、安全监管等政府数据集向社会开放。支持大数据关键技术研发和产业化，在重点领域开展大数据示范应用，实施国家信息安全专项，促进大数据相关产业健康快速发展。

（四）做强信息技术核心产业

顺应网络化、智能化、融合化等发展趋势，着力培育建立应用牵引、开放兼容的核心技术自主生态体系，全面梳理和加快推动信息技术关键领域新技术研发与产业化，推动电子信息产业转型升级取得突破性进展。

提升核心基础硬件供给能力。提升关键芯片设计水平，发展面向新应用的芯片。加快16/14纳米工艺产业化和存储器生产线建设，提升封装测试业技术水平和产业集中度，加紧布局后摩尔定律时代芯片相关领域。实现主动矩阵有机发光二极管（AMOLED）、超高清（4K/8K）量子点液晶显示、柔性显示等技术国产化突破及规模应用。推动智能传感器、电力电子、印刷电子、半导体照明、惯性导航等领域关键技术研发和产业化，提升新型片式元件、光通信器件、专用电子材料供给保障能力。

专栏4　集成电路发展工程

启动集成电路重大生产力布局规划工程，实施一批带动作用强的项目，推动产业能力实现快速跃升。加快先进制造工艺、存储器、特色工艺等生产线建设，提升安全可靠CPU、数模/模数转换芯片、数字信号处理芯片等关键产品设计开发能力和应用水平，推动封装测试、关键装备和材料等产业快速发展。支持提高代工企业及第三方IP核企业的服务水平，支持设计企业与制造企业协同创新，推动重点环节提高产业集中度。推动半导体显示产业链协同创新。

大力发展基础软件和高端信息技术服务。面向重点行业需求建立安全可靠的基础软件产品体系，支持开源社区发展，加强云计算、物联网、工业互联网、智能硬件等领域操作系统研发和应用，加快发展面向大数据应用的数据库系统和面向行业应用需求的中间件，支持发展面向网络协同优化的办公软件等通用软件。加强信息技术核心软硬件系统服务能力建设，推动国内企业在系统集成各环节向高端发展，规范服务交付，保证服务质量，鼓励探索前沿技术驱动的服务新业态，推动骨干企业在新兴领域加快行业解决方案研发和推广应用。大力发展基于新一代信息技术的高端软件外包业务。

加快发展高端整机产品。推进绿色计算、可信计算、数据和网络安全等信息技术产品的研发与产业化，加快高性能安全服务器、存储设备和工控产品、新型智能手机、下一代网络设备和数据中心成套装备、先进智能电视和智能家居系统、信息安全产品的创新与应用，发展面向金融、交通、医疗等行业应用的专业终端、设备和融合创新系统。大力提升产品品质，培育一批具有国际影响力的品牌。

（五）发展人工智能

培育人工智能产业生态，促进人工智能在经济社会重点领域推广应用，打造国际领先的技术体系。

加快人工智能支撑体系建设。推动类脑研究等基础理论和技术研究，加快基于人工智能的计算机视听觉、生物特征识别、新型人机交互、智能决策控制等应用技术研发和产业化，支持人工智能领域的基础软硬件开发。加快视频、地图及行业应用数据等人工智能海量训练资源库和基础资源服务公共平台建设，建设支撑大规模深度学习的新型计算集群。鼓励领先企业或机构提供人工智能研发工具以及检验评测、创业咨询、人才培养等创业创新服务。

推动人工智能技术在各领域应用。在制造、教育、环境保护、交通、商业、健康医疗、网络安全、社会治理等重要领域开展试点示范，推动人工智能规模化应用。发展多元化、个性化、定制化智能硬件和智能化系统，重点推进智能家居、智能汽车、智慧农业、智能安防、智慧健康、智能机器人、智能可穿戴设备等研发和产业化发展。鼓励各行业加强与人工智能融合，逐步实现智能化升级。利用人工智能创新城市管理，建设新型智慧城市。推动专业服务机器人和家用服务机器人应用，培育新型高端服务产业。

专栏5 人工智能创新工程

推动基础理论研究和核心技术开发，实现类人神经计算芯片、智能机器人和智能应用系统的产业化，将人工智能新技术嵌入各领域。构建人工智能公共服务平台和向社会开放的骨干企业研发服务平台。建立健全人工智能“双创”支撑服务体系。

（六）完善网络经济管理方式

深化电信体制改革。全面推进三网融合，进一步放开基础电信领域竞争性业务，放宽融合性产品和服务的市场准入限制，推进国有电信企业混合所有制试点工作。破除行业壁垒，推动各行业、各领域在技术、标准、监管等方面充分对接，允许各类主体依法平等参与市场竞争。

加强相关法律法规建设。针对互联网与各行业融合发展的新特点，调整不适应发展要求的现行法规及政策规定。落实加强网络信息保护和信息公开有关规定，加快推动制定网络安全、电子商务等法律法规。

三、促进高端装备与新材料产业突破发展，引领中国制造新跨越

顺应制造业智能化、绿色化、服务化、国际化发展趋势，围绕“中国制造2025”战略实施，加快突破关键技术与核心部件，推进重大装备与系统的工程应用和产业化，促进产业链协调发展，塑造中国制造新形象，带动制造业水平全面提升。力争到2020年，高端装备与新材料产业产值规模超过12万亿元。

（一）打造智能制造高端品牌

着力提高智能制造核心装备与部件的性能和质量，打造智能制造体系，强化基础支撑，积极开展示范应用，形成若干国际知名品牌，推动智能制造装备迈上新台阶。

大力发展智能制造系统。加快推动新一代信息技术与制造技术的深度融合，

开展集计算、通信与控制于一体的信息物理系统（CPS）顶层设计，探索构建贯穿生产制造全过程和产品全生命周期，具有信息深度自感知、智慧优化自决策、精准控制自执行等特征的智能制造系统，推动具有自主知识产权的机器人自动化生产线、数字化车间、智能工厂建设，提供重点行业整体解决方案，推进传统制造业智能化改造。建设测试验证平台，完善智能制造标准体系。

推动智能制造关键技术装备迈上新台阶。构建工业机器人产业体系，全面突破高精度减速器、高性能控制器、精密测量等关键技术与核心零部件，重点发展高精度、高可靠性中高端工业机器人。加快高档数控机床与智能加工中心研发与产业化，突破多轴、多通道、高精度高档数控系统、伺服电机等主要功能部件及关键应用软件，开发和推广应用精密、高速、高效、柔性并具有网络通信等功能的高档数控机床、基础制造装备及集成制造系统。突破智能传感与控制装备、智能检测与装配装备、智能物流与仓储装备、智能农业机械装备，开展首台套装备研究开发和推广应用，提高质量与可靠性。

打造增材制造产业链。突破钛合金、高强合金钢、高温合金、耐高温高强度工程塑料等增材制造专用材料。搭建增材制造工艺技术研发平台，提升工艺技术水平。研制推广使用激光、电子束、离子束及其他能源驱动的主流增材制造工艺装备。加快研制高功率光纤激光器、扫描振镜、动态聚焦镜及高性能电子枪等配套核心器件和嵌入式软件系统，提升软硬件协同创新能力，建立增材制造标准体系。在航空航天、医疗器械、交通设备、文化创意、个性化制造等领域大力推动增材制造技术应用，加快发展增材制造服务业。

专栏6　重点领域智能工厂应用示范工程

在机械、航空、航天、汽车、船舶、轻工、服装、电子信息等离散制造领域，开展智能车间/工厂的集成创新与应用示范，推进数字化设计、装备智能化升级、工艺流程优化、精益生产、可视化管理、质量控制与溯源、智能物流等试点应用，推动全业务流程智能化整合。

在石化化工、钢铁、有色金属、建材、纺织、食品、医药等流程制造领域，开展智能工厂的集成创新与应用示范，提升企业在资源配置、工艺优化、过程控制、产业链管理、质量控制与溯源、节能减排及安全生产等方面的智能化水平。

（二）实现航空产业新突破

加强自主创新，推进民用航空产品产业化、系列化发展，加强产业配套设施和安全运营保障能力建设，提高产品安全性、环保性、经济性和舒适性，全面构建覆盖航空发动机、飞机整机、产业配套和安全运营的航空产业体系。到2020年，民用大型客机、新型支线飞机完成取证交付，航空发动机研制实现重大突破，产业配套和示范运营体系基本建立。

加快航空发动机自主发展。依托航空发动机及燃气轮机重大专项，突破大涵道比大型涡扇发动机关键技术，支撑国产干线飞机发展。发展1000千瓦级涡轴发动机和5000千瓦级涡桨发动机，满足国产系列化直升机和中型运输机动力需求。发展使用重油的活塞式发动机和应用航空生物燃料的涡轮发动机，推进小型发动机市场化应用。

推进民用飞机产业化。加快实施大型飞机重大专项，完成大型客机研制，启动宽体客机研发，突破核心技术。加快新型支线飞机工程研制和系列化改进改型，开展新机型国内外先锋用户示范运营和设计优化，提高飞机航线适应性和竞争力。大力开发市场需求大的民用直升机、多用途飞机、特种飞机和工业级无人机。

完善产业配套体系建设。提高航空材料和基础元器件自主制造水平，掌握铝锂合金、复合材料等加工制造核心技术。大力发展高可靠性、长寿命、环境适应性强、标准化、低成本的航空设备和系统，实现适航取证。加快航空科研试验重大基础设施建设，加大结构强度、飞行控制、电磁兼容、环境试验等计量测试和验证条件投入，加强试飞条件建设。突破一批适航关键技术，加强适航审定条件和能力建设，加快完善运输类飞机等各类航空产品的适航审定政策，建成具有完善组织机构、充足人力资源、健全规章体系、先进硬件设施和较强国际合作能力的适航审定体系。加快建设一批专业化数字化示范工厂，显著提高航空产品制造质量稳定性和生产效率。积极推进构建国际风险合作伙伴关系，建成功能完备的航空产业配套体系。

发展航空运营新服务。落实促进通用航空业发展的各项政策措施，大力培育通用航空市场，促进通用航空制造与运营服务协调发展。大力发展航空租赁。利用互联网技术建立先进航空运营体系，促进服务模式创新。加强飞行培训，培育航空文化。开发综合化、通用化、智能化的通信、导航和控制系统，发展面向全面风险管控和多类空域融合运用的技术体系和装备，形成安全运营支撑体系。

专栏 7　新一代民用飞机创新工程

以重大专项和民用飞机科研为支撑，突破一批核心技术、系统、部件和材料，提高系统集成能力，重点发展系列化单通道窄体、双通道宽体大型飞机，系列化新型涡桨 / 涡扇支线飞机及先进通用航空器，着力开展新型民用飞机示范运营和市场推广，建立具有市场竞争力的产品保障和客户服务体系。C919、MA700 完成适航取证并交付用户，ARJ21 实现批量生产交付；一批重点通用航空器完成研制和市场应用。

（三）做大做强卫星及应用产业

建设自主开放、安全可靠、长期稳定运行的国家民用空间基础设施，加速卫星应用与基础设施融合发展。到 2020 年，基本建成主体功能完备的国家民用空间基础设施，满足我国各领域主要业务需求，基本实现空间信息应用自主保障，形成较为完善的卫星及应用产业链。

加快卫星及应用基础设施建设。构建星座和专题卫星组成的遥感卫星系统，形成“高中低”分辨率合理配置、空天地一体多层观测的全球数据获取能力；加强地面系统建设，汇集高精度、全要素、体系化的地球观测信息，构建“大数据地球”。打造国产高分辨率商业遥感卫星运营服务平台。发展固定通信广播、移动通信广播和数据中继三个卫星系列，形成覆盖全球主要地区的卫星通信广播系统。实施第二代卫星导航系统国家科技重大专项，加快建设卫星导航空间系统和地面系统，建成北斗全球卫星导航系统，形成高精度全球服务能力。采用政府和社会资本合作（PPP）模式推进遥感卫星等建设。

提升卫星性能和技术水平。掌握长寿命、高稳定性、高定位精度、大承载量和强敏捷能力的卫星应用平台技术，突破高分辨率、高精度、高可靠性及综合探测等有效载荷技术。优先发展遥感卫星数据处理技术和业务应用技术。提升宽带通信卫星、移动多媒体广播卫星等技术性能。加强卫星平台型谱化建设，有序推进中小微卫星发展。

推进卫星全面应用。统筹军民空间基础设施，完善卫星数据共用共享机制，加强卫星大众化、区域化、国际化应用，加快卫星遥感、通信与导航融合化应用，利用物联网、移动互联网等新技术，创新“卫星 +”应用模式。面向防灾减灾、应急、海洋等领域需求，开展典型区域综合应用示范。面向政府部门业务管理和社会服务需求，开展现代农业、新型城镇化、智慧城市、智慧海洋、边远地区等的卫星综合应用示范。围绕国家区域发展总体战略，推动“互联网 + 天基信息应用”深入发展，打造空间信息消费全新产业链和商业模式。推进商业卫星发展和卫星商业化应用。积极布局海外市场，建立“一带一路”空间信息走廊。

专栏8　空间信息智能感知工程

加快构建以遥感、通信、导航卫星为核心的国家空间基础设施，加强跨领域资源共享与信息综合服务能力建设，积极推进空间信息全面应用，为资源环境动态监测预警、防灾减灾与应急指挥等提供及时准确的空间信息服务，加强面向全球提供综合信息服务能力建设，大力拓展国际市场。

（四）强化轨道交通装备领先地位

推进轨道交通装备产业智能化、绿色化、轻量化、系列化、标准化、平台化发展，加快新技术、新工艺、新材料的应用，研制先进可靠的系列产品，完善相关技术标准体系，构建现代轨道交通装备产业创新体系，打造覆盖干线铁路、城际铁路、市域（郊）铁路、城市轨道交通的全产业链布局。

打造具有国际竞争力的轨道交通装备产业链。形成中国标准新型高速动车组、节能型永磁电机驱动高速列车、30吨轴重重载电力机车和车辆、大型养路机械等产品系列，推进时速500公里轮轨试验列车、时速600公里磁悬浮系统等新型列车研发和产业化，构建完整产业链。加强产品质量检验检测认证综合能力建设。加快“走出去”步伐，提升国际竞争力。

推进新型城市轨道交通装备研发及产业化。面向大城市复杂市域交通需求，推动时速120～160公里、与城市轨道交通无缝衔接的市域（郊）铁路装备，适应不同技术路线的跨座式单轨，自动导轨快捷运输系统等研发与应用，构建时速200公里及以下中低速磁悬浮系统的设计、制造、试验、检测技术平台，建立完善产品认证制度，建立新型城市轨道交通车辆技术标准和规范，领跑国际技术标准。

突破产业关键零部件及绿色智能化集成技术。进一步研发列车牵引制动系统、列车网络控制系统、通信信号系统、电传动系统、智能化系统、车钩缓冲系统、储能与节能系统、高速轮对、高性能转向架、齿轮箱、轴承、轻量化车体等关键系统和零部件，形成轨道交通装备完整产业链。加强永磁电机驱动、全自动运行、基于第四代移动通信的无线综合承载等技术研发和产业化。优化完善高速铁路列控系统和城际铁路列控技术标准体系。

（五）增强海洋工程装备国际竞争力

推动海洋工程装备向深远海、极地海域发展和多元化发展，实现主力装备结构升级，突破重点新型装备，提升设计能力和配套系统水平，形成覆盖科研开发、总装建造、设备供应、技术服务的完整产业体系。

重点发展主力海洋工程装备。加快推进物探船、深水半潜平台、钻井船、浮式生产储卸装置、海洋调查船、半潜运输船、起重铺管船、多功能海洋工程船等主力海工装备系列化研发，构建服务体系，设计建造能力居世界前列。

加快发展新型海洋工程装备。突破浮式钻井生产储卸装置、浮式液化天然气储存和再气化装置、深吃水立柱式平台、张力腿平台、极地钻井平台、海上试验场等研发设计和建造技术，建立规模化生产制造工艺体系，产品性能及可靠性达到国际先进水平。

加强关键配套系统和设备研发及产业化。产学研用相结合，提高升降锁紧系统、深水锚泊系统、动力定位系统、自动控制系统、水下钻井系统、柔性立管深海观测系统等关键配套设备设计制造水平，大力发展海洋工程用高性能发动机，提升专业化配套能力。

专栏 9　海洋工程装备创新发展工程

推动大型浮式结构物等新型装备、3600 米以上超深水钻井平台等深远海装备、海洋极地调查观测装备等研究开发，实现科研成果工程化和产业化，促进总装及配套产业协调发展。完善海洋工程装备标准体系。

（六）提高新材料基础支撑能力

顺应新材料高性能化、多功能化、绿色化发展趋势，推动特色资源新材料可持续发展，加强前沿材料布局，以战略性新兴产业和重大工程建设需求为导向，优化新材料产业化及应用环境，加强新材料标准体系建设，提高新材料应用水平，推进新材料融入高端制造供应链。到 2020 年，力争使若干新材料品种进入全球供应链，重大关键材料自给率达到 70% 以上，初步实现我国从材料大国向材料强国的战略性转变。

推动新材料产业提质增效。面向航空航天、轨道交通、电力电子、新能源汽车等产业发展需求，扩大高强轻合金、高性能纤维、特种合金、先进无机非金属材料、高品质特殊钢、新型显示材料、动力电池材料、绿色印刷材料等规模化应用范围，逐步进入全球高端制造业采购体系。推动优势新材料企业“走出去”，加强与国内外知名高端制造企业的供应链协作，开展研发设计、生产贸易、标准制定等全方位合作。提高新材料附加值，打造新材料品牌，增强国际竞争力。建立新材料技术成熟度评价体系，研究建立新材料首批次应用保险补偿机制。组建新材料性能测试评价中心。细化完善新材料产品统计分类。

以应用为牵引构建新材料标准体系。围绕新一代信息技术、高端装备制造、节能环保等产业需求，加强新材料产品标准与下游行业设计规范的衔接配套，加快制定重点新材料标准，推动修订老旧标准，强化现有标准推广应用，加强前沿新材料标准预先研究，提前布局一批核心标准。加快新材料标准体系国际化进程，推动国内标准向国际标准转化。

促进特色资源新材料可持续发展。推动稀土、钨钼、钒钛、锂、石墨等特色资源高质化利用，加强专用工艺和技术研发，推进共伴生矿资源平衡利用，支持建立专业化的特色资源新材料回收利用基地、矿物功能材料制造基地。在特色资源新材料开采、冶炼分离、深加工各环节，推广应用智能化、绿色化生产设备与工艺。发展海洋生物来源的医学组织工程材料、生物环境材料等新材料。

前瞻布局前沿新材料研发。突破石墨烯产业化应用技术，拓展纳米材料在光电子、新能源、生物医药等领域应用范围，开发智能材料、仿生材料、超材料、低成本增材制造材料和新型超导材料，加大空天、深海、深地等极端环境所需材料研发力度，形成一批具有广泛带动性的创新成果。

专栏 10　新材料提质和协同应用工程

加强新型绿色建材标准与公共建筑节能标准的衔接，加快制定轨道交通装备用齿轮钢、航空航天用碳 / 碳复合结构材料、高温合金、特种玻璃、宽禁带半导体以及电子信息用化学品、光学功能薄膜、人工晶体材料等标准，完善节能环保用功能性膜材料、海洋防腐材料配套标准，做好增材制造材料、稀土功能材料、石墨烯材料标准布局，促进新材料产品品质提升。加强新材料产业上下游协作配套，在航空铝材、碳纤维复合材料、核电用钢等领域开展协同应用试点示范，搭建协同应用平台。

四、加快生物产业创新发展步伐，培育生物经济新动力

把握生命科学纵深发展、生物新技术广泛应用和融合创新的新趋势，以基因技术快速发展为契机，推动医疗向精准医疗和个性化医疗发展，加快农业育种向高效精准育种升级转化，拓展海洋生物资源新领域、促进生物工艺和产品在更广泛领域替代应用，以新的发展模式助力生物能源大规模应用，培育高品质专业化生物服务新业态，将生物经济加速打造成为继信息经济后的重要新经济形态，为

健康中国、美丽中国建设提供新支撑。到 2020 年，生物产业规模达到 8 万亿 ~ 10 万亿元，形成一批具有较强国际竞争力的新型生物技术企业和生物经济集群。

（一）构建生物医药新体系

加快开发具有重大临床需求的创新药物和生物制品，加快推广绿色化、智能化制药生产技术，强化科学高效监管和政策支持，推动产业国际化发展，加快建设生物医药强国。

推动生物医药行业跨越升级。加快基因测序、细胞规模化培养、靶向和长效释药、绿色智能生产等技术研发应用，支撑产业高端发展。开发新型抗体和疫苗、基因治疗、细胞治疗等生物制品和制剂，推动化学药物创新和高端制剂开发，加速特色创新中药研发，实现重大疾病防治药物原始创新。支持生物类似药规模化发展，开展专利到期药物大品种研发和生产，加快制药装备升级换代，提升制药自动化、数字化和智能化水平，进一步推动中药产品标准化发展，促进产业标准体系与国际接轨，加速国际化步伐。发展海洋创新药物，开发具有民族特色的现代海洋中药产品，推动试剂原料和中间体产业化，形成一批海洋生物医药产业集群。

专栏 11　新药创制与产业化工程

围绕构建可持续发展的生物医药产业体系，以抗体药物、重组蛋白药物、新型疫苗等新兴药物为重点，推动临床紧缺的重大疾病、多发疾病、罕见病、儿童疾病等药物的新药研发、产业化和质量升级，整合各类要素形成一批先进产品标准和具有国际先进水平的产业技术体系，提升关键原辅料和装备配套能力，支撑生物技术药物持续创新发展。

创新生物医药监管方式。建立更加科学高效的医药审评审批方式，加快推开药品上市许可持有人制度试点，加快仿制药质量和疗效一致性评价，探索开展医疗新技术临床实验研究认可制度试点。完善药品采购机制，全面推动医药价格和行业监管等领域体制机制改革。

（二）提升生物医学工程发展水平

深化生物医学工程技术与信息技术融合发展，加快行业规制改革，积极开发新型医疗器械，构建移动医疗、远程医疗等诊疗新模式，促进智慧医疗产业发展，推广应用高性能医疗器械，推进适应生命科学新技术发展的新仪器和试剂研发，提升我国生物医学工程产业整体竞争力。

发展智能化移动化新型医疗设备。开发智能医疗设备及其软件和配套试剂、全方位远程医疗服务平台和终端设备，发展移动医疗服务，制定相关数据标准，促进互联互通，初步建立信息技术与生物技术深度融合的现代智能医疗服务体系。

开发高性能医疗设备与核心部件。发展高品质医学影像设备、先进放射治疗设备、高通量低成本基因测序仪、基因编辑设备、康复类医疗器械等医学装备，大幅提升医疗设备稳定性、可靠性。利用增材制造等新技术，加快组织器官修复和替代材料及植介入医疗器械产品创新和产业化。加速发展体外诊断仪器、设备、试剂等新产品，推动高特异性分子诊断、生物芯片等新技术发展，支撑肿瘤、遗传疾病及罕见病等体外快速准确诊断筛查。

专栏 12　生物技术惠民工程

推进网络化基因技术应用示范中心建设，开展出生缺陷基因筛查、肿瘤早期筛查及用药指导等应用示范。发展和应用新型生物治疗技术，推动新型个体化生物治疗标准化、规范化。开发智能化和高性能医疗设备，支持企业、医疗机构、研究机构等联合建设第三方影像中心，开展协同诊疗和培训，试点建立居民健康影像档案。开展区域性综合应用示范，实现区域生物基塑料制品、包装材料等替代 50% 以上的传统石化塑料制品。在城镇或企业周边建设生物质集中供气供热示范工程，探索多元协同共赢的市场化发展模式。

（三）加速生物农业产业化发展

以产出高效、产品安全、资源节约、环境友好为目标，创制生物农业新品种，开发动植物营养和绿色植保新产品，构建现代农业新体系，形成一批具有国际竞争力的生物育种企业，为加快农业发展方式转变提供新途径、新支撑。

构建生物种业自主创新体系。开展基因编辑、分子设计、细胞诱变等关键核心技术创新与育种应用，研制推广一批优质、高产、营养、安全、资源高效利用、适应标准化生产的农业动植物新品种，积极推进生物技术培育新品种产业化，形成一批以企业为主体的生物育种创新平台，打造具有核心竞争力的育繁推一体化现代生物种业企业，加快农业动植物新品种产业化和市场推广。发展动植物检疫新技术，加强国外优质动植物品种资源引进检疫平台建设。

开发一批新型农业生物制剂与重大产品。大力发展动植物病虫害防控新技术、新产品，建立基于病虫基因组信息的绿色农药、兽药创制技术体系，创制一批新型动物疫苗、生物兽药、植物新农药等重大产品，实现规模生产与应用，推动农业生产绿色转型。创制可替代抗生素的新型绿色生物饲料和高效生物肥料产品。深度挖掘海洋生物资源，开发绿色、安全、高效的新型海洋生物功能制品，开辟综合利用新途径。推动食品合成生物工程技术、食品生物高效转化技术、肠道微生物宏基因组学等关键技术创新与精准营养食品创制。

（四）推动生物制造规模化应用

加快发展微生物基因组工程、酶分子机器、细胞工厂等新技术，提升工业生物技术产品经济性，推进生物制造技术向化工、材料、能源等领域渗透应用，推动清洁生物加工方式逐步替代传统化学加工方式，实现可再生资源逐步替代化石资源。

不断提升生物制造产品经济性和规模化发展水平。发展新生物工具创制与应用技术体系，实现一批有机酸、化工醇、烯烃、烷烃、有机胺等基础化工产品的生物法生产与应用，推动生物基聚酯、生物基聚氨酯、生物尼龙、生物橡胶、微生物多糖等生物基材料产业链条化、集聚化、规模化发展，提升氨基酸、维生素等大宗发酵产品自主创新能力和发展水平。

建立生态安全、绿色低碳、循环发展的生物法工艺体系。发展高效工业生物催化转化技术体系，提升绿色生物工艺应用水平。建立甾体药物、手性化合物、稀少糖醇等生物催化合成路线，实现医药化工等中间体绿色化、规模化生产。促进绿色生物工艺在农业、化工、食品、医药、轻纺、冶金、能源等领域全面进入和示范应用，显著降低物耗能耗和污染物排放。

（五）培育生物服务新业态

以专业化分工促进生物技术服务创新发展，构建新技术专业化服务模式，不断创造生物经济新增长点。

增强生物技术对消费者的专业化服务能力。发展专业化诊疗机构，培育符合规范的液体活检、基因诊断等新型技术诊疗服务机构。发展健康体检和咨询、移动医疗等健康管理服务，推动构建生物大数据、医疗健康大数据共享平台，试点建立居民健康影像档案，鼓励构建线上线下相结合的智能诊疗生态系统，推动医学检验检测、影像诊断等服务专业化发展。

专栏 13　生物产业创新发展平台建设工程

依托并整合现有资源，建设一批创新基础平台，支持基因库、干细胞库、中药标准库、高级别生物安全实验室、蛋白元件库等建设。加快推动构建一批转化应用平台，推进抗体筛选平台、医学影像信息库、农作物分子育种平台等载体建设。积极发展一批检测服务平台，推进仿制药一致性评价技术平台、生物药质量及安全测试技术创新平台、农产品安全质量检测平台、生物质能检验检测及监测公共服务平台等建设，完善相关标准。

提高生物技术服务对产业的支持水平。发展符合国际标准的药物研发与生产服务，鼓励医药企业加强与合同研发、委托制造企业的合作。推动基因检测和诊断等新兴技术在各领域应用转化，支持生物信息服务机构提升技术水平。为药品、医疗器械、种业、生物能源等生物产品提供检测、评价、认证等公共服务，加快产品上市进度，提升产品质量。鼓励生物技术在水污染控制、大气污染治理、有毒有害物质降解、废物资源化等领域拓展应用，积极引导生物环保技术企业跨地区、跨行业联合或兼并，实现做大做强。构建生物技术专业化双创平台，降低生物产业创新创业成本，支持各类人员开办虚拟研发企业，释放创新潜能。

（六）创新生物能源发展模式

着力发展新一代生物质液体和气体燃料，开发高性能生物质能源转化系统解决方案，拓展生物能源应用空间，力争在发电、供气、供热、燃油等领域实现全面规模化应用，生物能源利用技术和核心装备技术达到世界先进水平，形成较成熟的商业化市场。

促进生物质能源清洁应用。重点推进高寿命、低电耗生物质燃料成型设备、生物质供热锅炉、分布式生物质热电联产等关键技术和设备研发，促进生物质成型燃料替代燃煤集中供热、生物质热电联产。按照因地制宜、就近生产消纳原则，示范建设集中式规模化生物燃气应用工程，突破大型生物质集中供气原料处理、高效沼气厌氧发酵等关键技术瓶颈。探索建立多元、协同、共赢的市场化发展模式，鼓励多产品综合利用，为生产生活提供清洁优质能源。

推进先进生物液体燃料产业化。重点突破高效低成本的生物质液体燃料原料处理和制备技术瓶颈，建设万吨级生物质制备液体燃料及多产品联产综合利用示范工程。完善原料供应体系，有序发展生物柴油。推进油藻生物柴油、生物航空燃料等前沿技术研发与产业化。

五、推动新能源汽车、新能源和节能环保产业快速壮大，构建可持续发展新模式

把握全球能源变革发展趋势和我国产业绿色转型发展要求，着眼生态文明建设和应对气候变化，以绿色低碳技术创新和应用为重点，引导绿色消费，推广绿色产品，大幅提升新能源汽车和新能源的应用比例，全面推进高效节能、先进环

保和资源循环利用产业体系建设，推动新能源汽车、新能源和节能环保等绿色低碳产业成为支柱产业，到 2020 年，产值规模达到 10 万亿元以上。

（一）实现新能源汽车规模应用

强化技术创新，完善产业链，优化配套环境，落实和完善扶持政策，提升纯电动汽车和插电式混合动力汽车产业化水平，推进燃料电池汽车产业化。到 2020 年，实现当年产销 200 万辆以上，累计产销超过 500 万辆，整体技术水平保持与国际同步，形成一批具有国际竞争力的新能源汽车整车和关键零部件企业。

全面提升电动汽车整车品质与性能。加快推进电动汽车系统集成技术创新与应用，重点开展整车安全性、可靠性研究和结构轻量化设计。提升关键零部件技术水平、配套能力与整车性能。加快电动汽车安全标准制定和应用。加速电动汽车智能化技术应用创新，发展智能自动驾驶汽车。开展电动汽车电力系统储能应用技术研发，实施分布式新能源与电动汽车联合应用示范，推动电动汽车与智能电网、新能源、储能、智能驾驶等融合发展。建设电动汽车联合创新平台和跨行业、跨领域的技术创新战略联盟，促进电动汽车重大关键技术协同创新。完善电动汽车生产准入政策，研究实施新能源汽车积分管理制度。到 2020 年，电动汽车力争具备商业化推广的市场竞争力。

建设具有全球竞争力的动力电池产业链。大力推进动力电池技术研发，着力突破电池成组和系统集成技术，超前布局研发下一代动力电池和新体系动力电池，实现电池材料技术突破性发展。加快推进高性能、高可靠性动力电池生产、控制和检测设备创新，提升动力电池工程化和产业化能力。培育发展一批具有持续创新能力的动力电池企业和关键材料龙头企业。推进动力电池梯次利用，建立上下游企业联动的动力电池回收利用体系。到 2020 年，动力电池技术水平与国际水平同步，产能规模保持全球领先。

专栏 14　新能源汽车动力电池提升工程

完善动力电池研发体系，加快动力电池创新中心建设，突破高安全性、长寿命、高能量密度锂离子电池等技术瓶颈。在关键电池材料、关键生产设备等领域构建若干技术创新中心，突破高容量正负极材料、高安全性隔膜和功能性电解液技术。加大生产、控制和检测设备创新，推进全产业链工程技术能力建设。开展燃料电池、全固态锂离子电池、金属空气电池、锂硫电池等领域新技术研究开发。

系统推进燃料电池汽车研发与产业化。加强燃料电池基础材料与过程机理研究，推动高性能低成本燃料电池材料和系统关键部件研发。加快提升燃料电池堆系统可靠性和工程化水平，完善相关技术标准。推动车载储氢系统以及氢制备、储运和加注技术发展，推进加氢站建设。到 2020 年，实现燃料电池汽车批量生产和规模化示范应用。

加速构建规范便捷的基础设施体系。按照“因地适宜、适度超前”原则，在城市发展中优先建设公共服务区域充电基础设施，积极推进居民区与单位停车位配建充电桩。完善充电设施标准规范，推进充电基础设施互联互通。加快推动高功率密度、高转换效率、高适用性、无线充电、移动充电等新型充换电技术及装备研发。加强检测认证、安全防护、与电网双向互动等关键技术研究。大力推动“互联网 + 充电基础设施”，提高充电服务智能化水平。鼓励充电服务企业创新商业模式，提升持续发展能力。到 2020 年，形成满足电动汽车需求的充电基础设施体系。

（二）推动新能源产业发展

加快发展先进核电、高效光电光热、大型风电、高效储能、分布式能源等，加速提升新能源产品经济性，加快构建适应新能源高比例发展的电力体制机制、新型电网和创新支撑体系，促进多能互补和协同优化，引领能源生产与消费革命。到 2020 年，核电、风电、太阳能、生物质能等占能源消费总量比重达到 8% 以上，产业产值规模超过 1.5 万亿元，打造世界领先的新能源产业。

推动核电安全高效发展。采用国际最高安全标准，坚持合作创新，重点发展大型先进压水堆、高温气冷堆、快堆及后处理技术装备，提升关键零部件配套能力，加快示范工程建设。提升核废料回收利用和安全处置能力。整合行业资源，形成系统服务能力，推动核电加快“走出去”。到 2020 年，核电装机规模达到 5800 万千瓦，在建规模达到 3000 万千瓦，形成国际先进的集技术开发、设计、装备制造、运营服务于一体的核电全产业链发展能力。

促进风电优质高效开发利用。大力发展智能电网技术，发展和挖掘系统调峰能力，大幅提升风电消纳能力。加快发展高塔长叶片、智能叶片、分散式和海上风电专用技术等，重点发展 5 兆瓦级以上风电机组、风电场智能化开发与运维、海上风电场施工、风热利用等领域关键技术与设备。建设风电技术测试与产业监测公共服务平台。到 2020 年，风电装机规模达到 2.1 亿千瓦以上，实现风电与煤电上网电价基本相当，风电装备技术创新能力达到国际先进水平。

推动太阳能多元化规模化发展。突破先进晶硅电池及关键设备技术瓶颈，提升薄膜太阳能电池效率，加强钙钛矿、染料敏化、有机等新型高效低成本太阳能电池技术研发，大力发展太阳能集成应用技术，推动高效低成本太阳能利用新技术和新材料产业化，建设太阳能光电光热产品测试与产业监测公共服务平台，大幅提升创新发展能力。统筹电力市场和外输通道，有序推进西部光伏光热发电开发，加快中东部分布式光伏发展，推动多种形式的太阳能综合开发利用。加快实施光伏领跑者计划，形成光热发电站系统集成和配套能力，促进先进太阳能技术产品应用和发电成本快速下降，引领全球太阳能产业发展。到2020年，太阳能发电装机规模达到1.1亿千瓦以上，力争实现用户侧平价上网。其中，分布式光伏发电、光伏电站、光热发电装机规模分别达到6000万千瓦、4500万千瓦、500万千瓦。

积极推动多种形式的新能源综合利用。突破风光互补、先进燃料电池、高效储能与海洋能发电等新能源电力技术瓶颈，加快发展生物质供气供热、生物质与燃煤耦合发电、地热能供热、空气能供热、生物液体燃料、海洋能供热制冷等，开展生物天然气多领域应用和区域示范，推进新能源多产品联产联供技术产业化。加速发展融合储能与微网应用的分布式能源，大力推动多能互补集成优化示范工程建设。建立健全新能源综合开发利用的技术创新、基础设施、运营模式及政策支撑体系。

大力发展“互联网+”智慧能源。加快研发分布式能源、储能、智能微网等关键技术，构建智能化电力运行监测管理技术平台，建设以可再生能源为主体的“源—网—荷—储—用”协调发展、集成互补的能源互联网，发展能源生产大数据预测、调度与运维技术，建立能源生产运行的监测、管理和调度信息公共服务网络，促进能源产业链上下游信息对接和生产消费智能化。推动融合储能设施、物联网、智能用电设施等硬件及碳交易、互联网金融等衍生服务于一体的绿色能源网络发展，促进用户端智能化用能、能源共享经济和能源自由交易发展，培育基于智慧能源的新业务、新业态，建设新型能源消费生态与产业体系。

加快形成适应新能源高比例发展的制度环境。围绕可再生能源比重大幅提高、弃风弃光率近零的目标，完善调度机制和运行管理方式，建立适应新能源电力大规模发展的电网运行管理体系。完善风电、太阳能、生物质能等新能源国家标准和清洁能源定价机制，建立新能源优先消纳机制。建立可再生能源发电补贴政策动态调整机制和配套管理体系。将分布式新能源纳入电力和供热规划以及国家新一轮配网改造计划，促进“源—网—用”协调发展，实现分布式新能源直供与无障碍入网。

专栏 15　新能源高比例发展工程

为实现新能源灵活友好并网和充分消纳，加快安全高效的输电网、可靠灵活的主动配电网以及多种分布式电源广泛接入互动的微电网建设，示范应用智能化大规模储能系统及柔性直流输电工程，建立适应分布式电源、电动汽车、储能等多元化负荷接入需求的智能化供需互动用电系统，建成适应新能源高比例发展的新型电网体系。

选择适宜区域开展分布式光电、分散式风电、生物质能供气供热、地热能、海洋能等多能互补的新能源综合开发，融合应用大容量储能、微网技术，构建分布式能源综合利用系统，引领能源供应方式变革。

（三）大力发展高效节能产业

适应建设资源节约型、环境友好型社会要求，树立节能为本理念，全面推进能源节约，提升高效节能装备技术及产品应用水平，推进节能技术系统集成和示范应用，支持节能服务产业做大做强，促进高效节能产业快速发展。到 2020 年，高效节能产业产值规模力争达到 3 万亿元。

大力提升高效节能装备技术及应用水平。鼓励研发高效节能设备（产品）及关键零部件，加大示范推广力度，加速推动降低综合成本。制、修订强制性能效和能耗限额标准，加快节能科技成果转化应用。发布节能产品和技术推广目录，完善节能产品政府采购政策，推动提高节能产品市场占有率。完善能效标识制度和节能产品认证制度，在工业、建筑、交通和消费品等领域实施能效领跑者制度，推动用能企业和产品制造商跨越式提高能效。

大力推进节能技术系统集成及示范应用。在示范园区等重点区域和重点行业开展节能技术系统集成试点，整合高耗能企业的余热、余压、余气资源，鼓励利用余热采暖、利用余能和低温余热发电。鼓励重点用能单位及耗能设备配备智能能源计量和远程诊断设备，借助信息网络技术加强系统自动监控和智能分析能力，促进提高综合能效。深入推进流程工业系统优化工艺技术，推动工业企业能源管控中心建设，鼓励企业在低温加热段使用太阳能集热器，实现生产工艺和能源供应的综合优化。推进化石能源近零消耗建筑技术产业化，大力推广应用节能门窗、绿色节能建材等产品。鼓励风电、太阳能发电与企业能源供管系统综合集成，推动可再生能源就地消纳。

做大做强节能服务产业。支持合同能源管理、特许经营等业态快速发展，推动节能服务商业模式创新，推广节能服务整体解决方案。支持节能服务公司通过兼并、联合、重组等方式实现规模化、品牌化、网络化经营。搭建绿色融资平台，推动发行绿色债券，支持节能服务公司融资。制定相关标准，提高节能服务规范化水平。制定节能服务机构管理办法，建立健全节能第三方评估机制。搭建节能服务公司、重点用能单位、第三方评估机构履约登记和服务平台，营造诚实守信的市场环境。

专栏16　节能技术装备发展工程

组织实施节能关键共性技术提升工程、节能装备制造工程。鼓励研发高性能建筑保温材料、光伏一体化建筑用玻璃幕墙、紧凑型户用空气源热泵装置、大功率半导体照明芯片与器件、先进高效燃气轮机发电设备、煤炭清洁高效利用技术装备、浅层地热能利用装置、蓄热式高温空气燃烧装置等一批高效节能设备（产品）及其关键零部件。

实施燃煤锅炉节能环保综合提升工程、供热管网系统能效综合提升工程、电机拖动系统能效提升工程，推进燃煤电厂节能与超低排放改造、电机系统节能、能量系统优化、余热余压利用等重大关键节能技术与产品规模化应用示范。组织实施城市、园区和企业节能示范工程，推广高效节能技术集成示范应用。

（四）加快发展先进环保产业

大力推进实施水、大气、土壤污染防治行动计划，推动区域与流域污染防治整体联动，海陆统筹深入推进主要污染物减排，促进环保装备产业发展，推动主要污染物监测防治技术装备能力提升，加强先进适用环保技术装备推广应用和集成创新，积极推广应用先进环保产品，促进环境服务业发展，全面提升环保产业发展水平。到2020年，先进环保产业产值规模力争超过2万亿元。

提升污染防治技术装备能力。围绕水、大气、土壤污染防治，集中突破工业废水、雾霾、土壤农药残留、水体及土壤重金属污染等一批关键治理技术，加快形成成套装备、核心零部件及配套材料生产能力。建设一批技术先进、配套齐全、发展规范的重大环保技术装备产业化示范基地，形成以骨干企业为核心、专精特新中小企业快速成长的产业良性发展格局。支持危险废弃物防治技术研发，提高危险废弃物处理处置水平。支持环保产业资源优化整合，积极拓展国际市场。

加强先进适用环保技术装备推广应用和集成创新。定期更新《国家鼓励发展的重大环保技术装备目录》，强化供需对接，加强先进适用环保装备在冶金、化工、建材、食品等重点领域应用。加快环保产业与新一代信息技术、先进制造技术深度融合，强化先进环保装备制造能力，提高综合集成水平。支持建立产学研用相结合的环保技术创新联盟，加快技术集成创新研究与应用。

积极推广应用先进环保产品。大力推广应用离子交换树脂、生物滤料及填料、高效活性炭、循环冷却水处理药剂、杀菌灭藻剂、水处理消毒剂、固体废弃物处理固化剂和稳定剂等环保材料和环保药剂。扩大政府采购环保产品范围，不断提高环保产品采购比例。实施环保产品领跑者制度，提升环保产品标准，积极推广应用先进环保产品，组织实施先进环保装备技术进步与模式创新示范工程。

提升环境综合服务能力。基于各行业污染物大数据，推动建立环保装备与服务需求信息平台、技术创新转化交易平台、环保装备招投标信息平台，提高环保服务信息化水平。推动在环境监测中应用卫星和物联网技术，构建污染排放、环境质量基础数据与监控处置信息平台，提高环境监管智能化水平，深入推进环境服务业试点工作。发展环境修复服务，推广合同环境服务，促进环保服务整体解决方案推广应用。开展环境污染第三方治理试点和环境综合治理托管服务试点，在城镇污水垃圾处理、工业园区污染集中处理等重点领域深入探索第三方治理模式。推进产品绿色设计示范企业创建工作，支持企业开展绿色设计。

专栏 17　绿色低碳技术综合创新示范工程

对接绿色低碳试点示范项目，在具备条件的区域，以绿色低碳技术综合应用为核心，以互联网为纽带，建设新能源、新能源汽车与智慧交通系统、低碳社区、碳捕集和富碳农业、绿色智能工厂等综合应用设施，先行先试相关改革措施，促进绿色低碳技术、新一代信息技术与城镇化建设、生产生活的融合创新，广泛开展国际合作，打造相关技术综合应用示范区域。

（五）深入推进资源循环利用

树立节约集约循环利用的资源观，大力推动共伴生矿和尾矿综合利用、“城市矿产”开发、农林废弃物回收利用和新品种废弃物回收利用，发展再制造产业，完善资源循环利用基础设施，提高政策保障水平，推动资源循环利用产业发展壮大。到 2020 年，力争当年替代原生资源 13 亿吨，资源循环利用产业产值规模达到 3 万亿元。

大力推动大宗固体废弃物和尾矿综合利用。推动冶金渣、化工渣、赤泥、磷石膏等产业废弃物综合利用，推广一批先进适用技术与装备，加强对工业固体废弃物中战略性稀贵金属的回收利用。研发尾矿深度加工和综合利用技术，促进尾矿中伴生有价元素回收和高技术含量尾矿产品开发，提高尾矿综合利用经济性。研发复杂多金属尾矿选冶联合关键技术与装备、清洁无害化综合利用关键技术，研发单套设备处理能力达到每年100万～500万吨的尾矿高效浓缩及充填料制备、输送、充填成套工艺技术。开发低品位钛渣优化提质技术，提高钒钛磁铁矿资源综合利用率。

促进“城市矿产”开发和低值废弃物利用。提高废弃电器电子产品、报废汽车拆解利用技术装备水平，促进废有色金属、废塑料加工利用集聚化规模化发展。加快建设城市餐厨废弃物、建筑垃圾和废旧纺织品等资源化、无害化处理系统，协同发挥各类固体废弃物处理设施作用，打造城市低值废弃物协同处理基地。落实土地、财税等相关优惠政策。完善再生资源回收利用基础设施，支持现有再生资源回收集散地升级改造。

加强农林废弃物回收利用。基本实现畜禽粪便、残膜、农作物秸秆、林业三剩物等农林废弃物资源化利用。推广秸秆腐熟还田技术，支持秸秆代木、纤维原料、清洁制浆、生物质能、商品有机肥等新技术产业化发展。鼓励利用畜禽粪便、秸秆等多种农林废弃物，因地制宜实施农村户用沼气和集中供沼气工程。推广应用标准地膜，引导回收废旧地膜和使用可降解地膜。鼓励利用林业废弃物建设热、电、油、药等生物质联产项目。积极开发农林废弃物超低排放焚烧技术。

积极开展新品种废弃物循环利用。开展新品种废弃物回收利用体系示范，推广废弃太阳能电池、废旧动力蓄电池、废碳纤维材料、废节能灯等新型废弃物回收利用，推广稀贵金属高效富集与清洁回收利用、电动汽车动力蓄电池梯级利用等。支持碳捕集、利用和封存技术研发与应用，发展碳循环产业。

大力推动海水资源综合利用。加快海水淡化及利用技术研发和产业化，提高核心材料和关键装备的可靠性、先进性和配套能力。推动建设集聚发展的海水淡化装备制造基地。开展海水资源化利用示范工程建设，推进大型海水淡化工程总包与服务。开展海水淡化试点示范，鼓励生产海水淡化桶装水，推进海水淡化水依法进入市政供水管网。推进海水冷却技术在沿海高用水行业规模化应用。加快从海水中提取钾、溴、镁等产品，实现高值化利用。

发展再制造产业。加强机械产品再制造无损检测、绿色高效清洗、自动化表面与体积修复等技术攻关和装备研发，加快产业化应用。组织实施再制造技术工艺应用示范，推进再制造纳米电刷镀技术装备、电弧喷涂等成熟表面工程装备示范应用。开展发动机、盾构机等高值零部件再制造。建立再制造旧件溯源及产品追踪信息系统，促进再制造产业规范发展。

健全资源循环利用产业体系。推动物联网电子监管技术在危险废弃物、电子废弃物利用处置等领域应用，支持再生资源企业建立线上线下融合的回收网络。统筹国内外再生资源利用，加强生活垃圾分类回收与再生资源回收的衔接。建设资源循环利用第三方服务体系，鼓励通过合同管理方式，提供废弃物管理、回收、再生加工、循环利用的整体解决方案。全面落实生产者责任延伸制度，鼓励使用再生产品和原料。建立健全覆盖固体废弃物、危险废弃物、再生产品、污染物控制等方面的标准体系。

专栏 18　资源循环替代体系示范工程

实施循环发展引领行动，推动太阳能光伏电池、废弃电子产品稀贵金属多组分分离提取和电动汽车动力蓄电池、废液晶等新品种废弃物的回收利用，开展基于“互联网 +”的废弃物回收利用体系示范。推进城市低值废弃物协同处置和大宗固体废弃物综合利用加快发展。建立以售后维修体系为核心的旧件回收体系，在商贸物流、金融保险、维修销售等环节和煤炭、石油等采掘企业推广应用再制造产品。鼓励专业化再制造服务公司提供整体解决方案和专项服务。

六、促进数字创意产业蓬勃发展，创造引领新消费

以数字技术和先进理念推动文化创意与创新设计等产业加快发展，促进文化科技深度融合、相关产业相互渗透。到 2020 年，形成文化引领、技术先进、链条完整的数字创意产业发展格局，相关行业产值规模达到 8 万亿元。

（一）创新数字文化创意技术和装备

适应沉浸式体验、智能互动等趋势，加强内容和技术装备协同创新，在内容生产技术领域紧跟世界潮流，在消费服务装备领域建立国际领先优势，鼓励深度应用相关领域最新创新成果。

提升创作生产技术装备水平。加大空间和情感感知等基础性技术研发力度，加快虚拟现实、增强现实、全息成像、裸眼三维图形显示（裸眼 3D）、交互娱乐

引擎开发、文化资源数字化处理、互动影视等核心技术创新发展，加强大数据、物联网、人工智能等技术在数字文化创意创作生产领域的应用，促进创新链和产业链紧密衔接。鼓励企业运用数字创作、网络协同等手段提升生产效率。

增强传播服务技术装备水平。研发具有自主知识产权的超感影院、混合现实娱乐、广播影视融合媒体制播等配套装备和平台，开拓消费新领域。大力研发数字艺术呈现技术，提升艺术展演展陈数字化、智能化、网络化应用水平，支持文物保护装备产业化及应用。研究制定数字文化创意技术装备关键标准，推动自主标准国际化，完善数字文化创意技术装备和相关服务的质量管理体系。

专栏 19　数字文化创意技术装备创新提升工程

以企业为主体、产学研用相结合，构建数字文化创意产业创新平台，加强基础技术研发，大力发展虚拟现实、增强现实、互动影视等新型软硬件产品，促进相关内容开发。完善数字文化创意产业技术与服务标准体系，推动手机（移动终端）动漫、影视传媒等领域标准体系广泛应用，建立文物数字化保护和传承利用、智慧博物馆、超高清内容制作传输等标准。完善数字创意“双创”服务体系。

（二）丰富数字文化创意内容和形式

通过全民创意、创作联动等新方式，挖掘优秀文化资源，激发文化创意，适应互联网传播特点，创作优质、多样、个性化的数字创意内容产品。

促进优秀文化资源创造性转化。鼓励对艺术品、文物、非物质文化遗产等文化资源进行数字化转化和开发。依托地方特色文化，创造具有鲜明区域特点和民族特色的数字创意内容产品。加强现代设计与传统工艺对接，促进融合创新。提高图书馆、美术馆、文化馆、体验馆数字化、智能化水平，加强智慧博物馆和智慧文化遗产地建设，创新交互体验应用。

鼓励创作当代数字创意内容精品。强化高新技术支撑文化产品创作的力度，提高数字创意内容产品原创水平，加快出版发行、影视制作、演艺娱乐、艺术品、文化会展等行业数字化进程，提高动漫游戏、数字音乐、网络文学、网络视频、在线演出等文化品位和市场价值。鼓励多业态联动的创意开发模式，提高不同内容形式之间的融合程度和转换效率，努力形成具有世界影响力的数字创意品牌，支持中华文化“走出去”。

专栏20　数字内容创新发展工程

依托先进数字技术，推动实施文化创意产品扶持计划和“互联网+”中华文明行动计划，支持推广一批数字文化遗产精品，打造一批优秀数字文化创意产品，建设数字文化资源平台，实现文化创意资源的智能检索、开发利用和推广普及，拓展传播渠道，引导形成产业链。

（三）提升创新设计水平

挖掘创新设计产业发展内生动力，推动设计创新成为制造业、服务业、城乡建设等领域的核心能力。

强化工业设计引领作用。积极发展第三方设计服务，支持设计成果转化。鼓励企业加大工业设计投入，推动工业设计与企业战略、品牌深度融合，促进创新设计在产品设计、系统设计、工艺流程设计、商业模式和服务设计中的应用。支持企业通过创新设计提升传统工艺装备，推进工艺装备由单机向互联、机械化向自动化持续升级。以创意和设计引领商贸流通业创新，加强广告服务，健全品牌价值体系。制定推广行业标准，推动产业转型升级。支持建设工业设计公共服务平台。通过工业设计推动中国制造向中国创造、中国速度向中国质量转变。

提升人居环境设计水平。创新城市规划设计，促进测绘地理信息技术与城市规划相融合，利用大数据、虚拟现实等技术，建立覆盖区域、城乡、地上地下的规划信息平台，引导创新城市规划。从宏观、中观、微观等多层面加强城市设计，塑造地域特色鲜明的风貌。鼓励建筑设计创作，完善招投标制度和专家评标制度，扩展建筑师执业服务范围，引导建筑师参与项目策划、建筑设计、项目管理，形成激励建筑师创作的政策环境。加大建筑师培养力度，培育既有国际视野又有文化自信的建筑师队伍。倡导新型景观设计，改善人居环境。进一步提高装饰设计水平。

专栏21　创新设计发展工程

制定实施制造业创新设计行动纲要，建设一批国家级工业设计中心，建设一批具有国际影响力的工业设计集聚区。建设增材制造等领域设计大数据平台与知识库，促进数据共享和供需对接。通过发展创业投资、政府购买服务、众筹试点等多种模式促进创新设计成果转化。

（四）推进相关产业融合发展

推动数字文化创意和创新设计在各领域应用，培育更多新产品、新服务以及多向交互融合的新业态，形成创意经济无边界渗透格局。

加快重点领域融合发展。推动数字创意在电子商务、社交网络中的应用，发展虚拟现实购物、社交电商、“粉丝经济”等营销新模式。推动数字创意在教育领域的应用，提升学习内容创意水平，加强数字文化教育产品开发和公共信息资源深度利用，推动教育服务创意化。提升旅游产品开发和旅游服务设计的文化内涵和数字化水平,促进虚拟旅游展示等新模式创新发展。挖掘创意“三农”发展潜力，提高休闲农业创意水平，促进地理标志农产品、乡村文化开发，以创意民宿推动乡村旅游发展和新农村建设。推动数字创意在医疗、展览展示、地理信息、公共管理等领域应用。构建数字创意相关项目资源库和对接服务平台，创新使用多种形式的线上线下推广手段，广泛开展会展活动，鼓励行业协会、研究机构积极开展跨领域交流合作。

推进数字创意生态体系建设。建立涵盖法律法规、行政手段、技术标准的数字创意知识产权保护体系，加大打击数字创意领域盗版侵权行为力度，保障权利人合法权益。积极研究解决虚拟现实、网络游戏等推广应用中存在的风险问题，切实保护用户生理和心理健康。改善数字创意相关行业管理规制，进一步放宽准入条件，简化审批程序，加强事中事后监管，促进融合发展。

七、超前布局战略性产业，培育未来发展新优势

以全球视野前瞻布局前沿技术研发，不断催生新产业，重点在空天海洋、信息网络、生命科学、核技术等核心领域取得突破，高度关注颠覆性技术和商业模式创新，在若干战略必争领域形成独特优势，掌握未来产业发展主动权，为经济社会持续发展提供战略储备、拓展战略空间。

（一）空天海洋领域

显著提升空间进入能力。突破大推力发动机、大直径箭体设计、制造与先进控制等关键技术,发展重型运载火箭,保障未来重大航天任务实施。发展快速、廉价、可重复使用的小载荷天地往返运输系统。超前部署具有高空间定位精度的空间飞行器自主导航和飞行技术。

加快发展新型航天器。加强超高分辨率、超高精度时空基准、超高速安全通

信、高性能星上处理、大功率电源、新型材料等关键技术研发，研制新型应用卫星。建立先进的载人空间科学实验平台和生命支持系统。发展空间飞行器轻量化小型化技术，推进应用型微、纳、皮卫星规范有序发展。部署和发射新型试验卫星。加快发展临近空间飞行器、可重复使用航天器等面向未来任务的新型航天器。

加快航空领域关键技术突破和重大产品研发。超前部署氢燃料、全电、组合动力等新型发动机关键技术研究，提升未来航空产业自主发展能力。加快发展多用途无人机、新构型飞机等战略性航空装备。前瞻布局超音速商务机、新概念新构型总体气动技术、先进高可靠性机电技术、新一代航空电子系统、航空新材料及新型复合材料加工技术。

发展新一代深海远海极地技术装备及系统。建立深海区域研究基地，发展海洋遥感与导航、水声探测、深海传感器、无人和载人深潜、深海空间站、深海观测系统、“空—海—底”一体化通信定位、新型海洋观测卫星等关键技术和装备。大力研发深远海油气矿产资源、可再生能源、生物资源等资源开发利用装备和系统，研究发展海上大型浮式结构物，支持海洋资源利用关键技术研发和产业化应用，培育海洋经济新增长点。大力研发极地资源开发利用装备和系统，发展极地机器人、核动力破冰船等装备。

（二）信息网络领域

构建未来网络新体系。着眼于提升当前网络体系架构可扩展性、安全性、可管控性、移动性和内容分发能力，系统布局新型网络架构、技术体系和安全保障体系研究，开展实验网络建设，研究构建泛在融合、绿色带宽、智能安全的新型网络。

加强关键技术和产品研发。面向万物互联需求，发展物联网搜索引擎、E级高性能计算、面向物端的边缘计算等技术和产品。开展深度学习、认知计算、虚拟现实、自然人机交互等领域前沿技术研发，提升信息服务智能化、个性化水平。布局太赫兹通信、可见光通信等技术研发，持续推动量子密钥技术应用。

推动电子器件变革性升级换代。加强低功耗高性能新原理硅基器件、硅基光电子、混合光电子、微波光电子等领域前沿技术和器件研发，形成一批专用关键制造设备，提升光网络通信元器件支撑能力。统筹布局量子芯片、量子编程、量子软件以及相关材料和装置制备关键技术研发，推动量子计算机的物理实现和量子仿真的应用。加强类脑芯片、超导芯片、石墨烯存储、非易失存储、忆阻器等新原理组件研发，推进后摩尔定律时代微电子技术开发与应用，实现产业跨越式发展。

（三）生物技术领域

构建基于干细胞与再生技术的医学新模式。加快布局体细胞重编程科学技术研发，开发功能细胞获取新技术。完善细胞、组织与器官的体内外生产技术平台与基地。规范干细胞与再生领域法律法规和标准体系，完善知识产权评估与转化机制，持续深化干细胞与再生技术临床应用。发展肿瘤免疫治疗技术。

推进基因编辑技术研发与应用。建立具有自主知识产权的基因编辑技术体系，开发针对重大遗传性疾病、感染性疾病、恶性肿瘤等的基因治疗新技术。建立相关动物资源平台、临床研究及转化应用基地，促进基于基因编辑研究的临床转化和产业化发展。

加强合成生物技术研发与应用。突破基因组化学合成、生物体系设计再造、人工生物调控等关键技术，研究推进人工生物及人工生物器件临床应用和产业化。推动生物育种、生态保护、能源生产等领域颠覆性技术创新，构建基础原料供给、物质转化合成、民生服务新模式，培育合成生物产业链。

（四）核技术领域

加快开发新一代核能装备系统。加快推动铅冷快堆、钍基熔盐堆等新核能系统试验验证和实验堆建设。支持小型和微型核动力堆研发设计和关键设备研制，开展实验堆建设和重点领域示范应用。积极参与国际热核聚变实验堆计划，不断完善全超导托卡马克核聚变实验装置等国家重大科技基础设施，开展实验堆概念设计、关键技术和重要部件研发。

发展非动力核技术。支持发展离子、中子等新型射线源，研究开发高分辨率辐射探测器和多维动态成像装置，发展精准治疗设备、医用放射性同位素、中子探伤、辐射改性等新技术和新产品，持续推动核技术在工业、农业、医疗健康、环境保护、资源勘探、公共安全等领域应用。

八、促进战略性新兴产业集聚发展，构建协调发展新格局

立足区域发展总体战略，围绕推进“一带一路”建设、京津冀协同发展、长江经济带发展，根据各地产业基础和特色优势，坚持因地制宜、因业布局、因时施策，加快形成点面结合、优势互补、错位发展、协调共享的战略性新兴产业发展

格局。

（一）打造战略性新兴产业策源地

支持创新资源富集的中心城市形成以扩散知识技术为主要特征的战略性新兴产业策源地。发挥策源地城市科研人才密集、学科齐全、国际交流频繁等优势，支持建设一批国际一流的大学和科研机构，强化重点领域基础研究，大力促进新兴学科、交叉学科发展，支持建设新兴交叉学科研究中心，推进信息、生命、医疗、能源等领域原创性、颠覆性、支撑性技术开发，推动产学研用联动融合，形成引领战略性新兴产业发展的“辐射源”。以推进全面创新改革试验为契机，加快改革攻坚，完善科研项目经费管理和科技成果转移转化机制，最大限度减少不利于创新人才发展的制度障碍，探索建立适应创新要素跨境流动的体制机制。发挥策源地城市改革创新示范带动作用，在全国范围内推广一批有力度、有特色、有影响的重大改革举措。大力推动科技中介新业态发展，支持海外人才、科研人员、高校师生在策源地城市创业创新，支持海外知名大学、科研机构、企业在策源地城市建设产业创新平台和孵化器，打造战略性新兴产业创业创新高地。鼓励策源地城市开展“知识产权强市”建设，加大知识产权保护力度，强化知识产权运用和管理，加快发展知识产权服务业，更好利用全球创新成果，加速科技成果向全国转移扩散。

（二）壮大一批世界级战略性新兴产业发展集聚区

依托城市群建设，以全面创新改革试验区为重点，发展知识密集型战略性新兴产业集群，打造10个左右具有全球影响力、引领我国战略性新兴产业发展的标志性产业集聚区，推动形成战略性新兴产业发展的体制机制创新区、产业链创新链融合区、国际合作承载区。在东部地区打造国际一流的战略性新兴产业城市群，围绕京津冀协同发展，加强京津冀经济与科技人才联动，形成辐射带动环渤海地区和北方腹地发展的战略性新兴产业发展共同体；发挥长三角城市群对长江经济带的引领作用，以上海、南京、杭州、合肥、苏锡常等都市圈为支点，构筑点面结合、链群交融的产业发展格局；以广州、深圳为核心，全面提升珠三角城市群战略性新兴产业的国际竞争力，延伸布局产业链和服务链，带动区域经济转型发展；推动山东半岛城市群重点发展生物医药、高端装备制造、新一代信息技术、新材料等产业和海洋经济；围绕福州、厦门等重点城市，推动海峡西岸地区生物、海洋、集成电路等产业发展。依托中西部地区产业基础，大力推进成渝地区、武汉都市圈、长株潭城市群、中原城市群、关中平原城市群等重点区域战略性新兴产业发展，积极创造条件承接东部地区产业转移；支持昆明、贵阳等城市发展具有比较优势的产业，促进长江经济带上中下游地区产业协同发展。对接丝绸之路经济带建设，促进天山北坡、兰州—西宁等西北地区城市群发展特色产业。推动东北地区大力发展机器人及智能装备、光电子、生物医药及医疗器械、信息服务等产业，以沈阳、大连、哈尔滨、长春为支点，支持东北地区城市群打造国内领先的战略性新兴产业集群，带动区域经济转型升级。

（三）培育战略性新兴产业特色集群

充分发挥现有产业集聚区作用，通过体制机制创新激发市场活力，采用市场化方式促进产业集聚，完善扶持政策，加大扶持力度，培育百余个特色鲜明、大中小企业协同发展的优势产业集群和特色产业链。完善政府引导产业集聚方式，由招商引资向引资、引智、引技并举转变，打造以人才和科技投入为主的新经济；由“引进来”向“引进来”、“走出去”并重转变，充分整合利用全球创新资源和市场资源；由注重产业链发展向产业链、创新链协同转变，聚焦重点产业领域，依托科研机构和企业研发基础，提升产业创新能力；由产城分离向产城融合转变，推动研究机构、创新人才与企业相对集中，促进不同创新主体良性互动。避免对市场行为的过度干预，防止园区重复建设。鼓励战略性新兴产业向国家级新区等重点功能平台集聚。

九、推进战略性新兴产业开放发展，拓展合作新路径

贯彻国家开放发展战略部署，构建战略性新兴产业国际合作新机制，建设全球创新发展网络，推动产业链全球布局，拓展发展新路径。

（一）积极引入全球资源

抓住“一带一路”建设契机，推进国际产能合作，构建开放型创新体系，鼓励技术引进与合作研发，促进引进消化吸收与再创新。积极引导外商投资方向，鼓励外商投资战略性新兴产业，推动跨国公司、国际知名研究机构在国内设立研发中心。加大海外高端人才引进力度，畅通吸纳海外高端人才的绿色通道，为海外人才来华工作和创业提供更多便利。

（二）打造国际合作新平台

积极建立国际合作机制，推动签署落实政府间新兴产业和创新领域合作协议。推动双边互认人员资质、产品标准、认证认可结果，参与国际多边合作互认机制。

以发达国家和“一带一路”沿线国家为重点，建设双边特色产业国际合作园区，引导龙头企业到海外建设境外合作园区。创新合作方式，提升重点领域开放合作水平。加强国际科技成果转化和孵化、人才培训等公共服务体系建设。

（三）构建全球创新发展网络

建立健全国际化创新发展协调推进和服务机制，加强驻外机构服务能力，利用二十国集团（G20）、夏季达沃斯等平台开展新经济交流，充分发挥有关行业协会和商会作用，搭建各类国际经济技术交流与合作平台。引导社会资本设立一批战略性新兴产业跨国并购和投资基金，支持一批城市对接战略性新兴产业国际合作，建设一批国际合作创新中心，发展一批高水平国际化中介服务机构，建立一批海外研发中心，构建全球研发体系，形成政府、企业、投资机构、科研机构、法律机构、中介机构高效协同的国际化合作网络。支持企业和科研机构参与国际科技合作计划、国际大科学计划和大科学工程，承担和组织国际重大科技合作项目。鼓励企业积极参与国际技术标准制定。

（四）深度融入全球产业链

推动产业链全球布局，在高端装备、新一代信息技术、新能源等重点领域，针对重点国家和地区确定不同推进方式和实施路径，推动产业链资源优化整合。支持企业、行业协会和商会、地方政府和部门创新方式开展战略性新兴产业国际产能合作，推动国内企业、中外企业组团共同开拓国际市场，支持产业链“走出去”，将“走出去”获得的优质资产、技术、管理经验反哺国内，形成综合竞争优势。推动高端装备、新一代信息技术等领域龙头企业海外拓展，与国际大企业开展更高层次合作，实现优势互补、共赢发展。

十、完善体制机制和政策体系，营造发展新生态

加快落实创新驱动发展战略，深入推进政府职能转变，持续深化重点领域和关键环节改革，强化制度建设，汇聚知识、技术、资金、人才等创新要素，全面营造有利于战略性新兴产业发展壮大的生态环境。

（一）完善管理方式

推进简政放权、放管结合、优化服务改革。在电信、新药和医疗器械、新能源汽车生产准入等领域，进一步完善审批方式，最大限度减少事前准入限制，修改和废止有碍发展的行政法规和规范性文件，激发市场主体活力。坚持放管结合，

区分不同情况，积极探索和创新适合新技术、新产品、新业态、新模式发展的监管方式，既激发创新创造活力，又防范可能引发的风险。对发展前景和潜在风险看得准的“互联网+”、分享经济等新业态，量身定制监管模式；对看不准的领域，加强监测分析，鼓励包容发展，避免管得过严过死；对潜在风险大、有可能造成严重不良社会后果的，切实加强监管；对以创新之名行非法经营之实的，坚决予以取缔。严格执行降低实体经济企业成本各项政策措施，落实中央财政科研项目资金管理相关政策措施，推进科技成果产权制度改革。全面落实深化国有企业改革各项部署，在战略性新兴产业领域国有企业中率先进行混合所有制改革试点示范，开展混合所有制企业员工持股试点。发布战略性新兴产业重点产品和服务指导目录。

营造公平竞争市场环境。完善反垄断法配套规则，进一步加大反垄断和反不正当竞争执法力度，严肃查处信息服务、医疗服务等领域企业违法行为。建立健全工作机制，保障公平竞争审查制度有序实施，打破可再生能源发电、医疗器械、药品招标等领域的地区封锁和行业垄断，加大对地方保护和行业垄断行为的查处力度。完善信用体系，充分发挥全国信用信息共享平台和国家企业信用信息公示系统等作用，推进各类信用信息平台建设、对接和服务创新，加强信用记录在线披露和共享，为经营者提供信用信息查询、企业身份网上认证等服务。

加强政策协调。充分发挥战略性新兴产业发展部际联席会议制度作用，推动改革措施落地，加强工作沟通，避免相关政策碎片化。持续开展产业发展状况评估和前瞻性课题研究，准确定位改革发展方向。建立高层次政企对话咨询机制，在研究制订相关政策措施时积极听取企业意见。定期发布发展新经济培育新动能、壮大战略性新兴产业有关重点工作安排，统筹推进相关改革发展工作。

（二）构建产业创新体系

深入开展大众创业万众创新。打造众创、众包、众扶、众筹平台，依托“双创”资源集聚的区域、科研院所和创新型企业等载体，支持建设“双创”示范基地，发展专业化众创空间。依托互联网打造开放共享的创新机制和创新平台，推动企业、科研机构、高校、创客等创新主体协同创新。着力完善促进“双创”的法律和政策体系。持续强化“双创”宣传，办好全国“双创”活动周，营造全社会关注“双创”、理解“双创”、支持“双创”的良好氛围。

强化公共创新体系建设。实施一批重大科技项目和重大工程，加强颠覆性技术研发和产业化。创新重大项目组织实施方式，探索实行项目决策、执行、评价、监督相对分开的组织管理机制。构建企业主导、政产学研用相结合的产业技术创新联盟，支持建设关键技术研发平台，在重点产业领域采取新机制建立一批产业创新中心。围绕重点领域创新发展需求，统筹部署国家重大科技基础设施等创新平台建设，加强设施和平台开放共享。按照科研基地优化布局统筹部署，建设一批国家技术创新中心，支撑引领战略性新兴产业发展。加强相关计量测试、检验检测、认证认可、知识和数据中心等公共服务平台建设。成立战略性新兴产业计量科技创新联盟,加强认证认可创新。落实和完善战略性新兴产业标准化发展规划，完善标准体系，支持关键领域新技术标准应用。

支持企业创新能力建设。实施国家技术创新工程,加强企业技术中心能力建设，推进创新企业百强工程，培育一批具有国际影响力的创新型领导企业，引领带动上下游产业创新能力提升。加大对科技型中小企业创新支持力度，落实研发费用加计扣除等税收优惠政策，引导企业加大研发投入。

完善科技成果转移转化制度。落实相关法律法规政策，组织实施促进科技成果转移转化行动。落实科技成果转化有关改革措施，提高科研人员成果转化收益分享比例，加快建立科技成果转移转化绩效评价和年度报告制度。引导有条件的高校和科研院所建立专业化、市场化的技术转移机构，加强战略性新兴产业科技成果发布，探索在战略性新兴产业相关领域率先建立利用财政资金形成的科技成果限时转化制度。

（三）强化知识产权保护和运用

强化知识产权保护维权。积极推进专利法、著作权法修订工作。跟踪新技术、新业态、新模式发展创新，加强互联网、电子商务、大数据等领域知识产权保护规则研究，完善商业模式知识产权保护、商业秘密保护、实用艺术品外观设计专利保护等相关法律法规。完善知识产权快速维权机制，新建一批快速维权中心。将故意侵犯知识产权行为纳入社会信用记录，健全知识产权行政侵权查处机制，依法严厉打击侵犯知识产权犯罪行为，加大海关知识产权执法保护力度，推动提高知识产权侵权法定赔偿上限额度。

加强知识产权布局运用。大力推行知识产权标准化管理，提升创新主体知识产权管理能力。实施知识产权行业布局和区域布局工程，在战略性新兴产业集聚区和龙头企业引导设立知识产权布局设计中心。构建知识产权运营服务体系，推进全国知识产权运营公共服务平台建设，培育一批专业化、品牌化知识产权服务机构，鼓励高端检索分析工具等开发应用，引导知识产权联盟建设。聚焦战略性新兴产业，鼓励创新知识产权金融产品，开发知识产权投贷、投保、投债联动等新产品，探索知识产权股权化、证券化。鼓励企业综合运用专利、版权、商标等知识产权手段打造自有品牌。

完善知识产权发展机制。实施战略性新兴产业知识产权战略推进计划，围绕战略性新兴产业集聚区部署知识产权服务链，建立知识产权集群管理制度，推动形成一批知识产权优势集聚区。加强战略性新兴产业专利分析及动向监测。建立重大经济科技活动知识产权分析评议制度，鼓励企业建立知识产权分析评议机制。完善海外知识产权服务体系，研究发布海外知识产权环境信息，跟踪研究重点产业领域国际知识产权动向，引导建立海外知识产权案件信息提交机制，加强对重大知识产权案件的研究，建立海外知识产权风险预警机制，支持企业开展知识产权海外并购和维权行动。

（四）深入推进军民融合

构建军民融合的战略性新兴产业体系。促进军民科技创新体系相互兼容、协同发展，推进军民融合产业发展。依托国家军民融合创新示范区，促进军民两用技术产业化发展。建设一批军民融合创新平台。在军工单位集中、产业基础较好的地区，推进军民技术双向转移和转化应用。支持军工企业发挥优势向新能源、民用航空航天、物联网等新兴领域拓展业务，引导优势民营企业进入国防科研生产和维修领域，构建各类企业公平竞争的政策环境。

加强军民融合重大项目建设。面向建设航天强国，统筹规划军民卫星研发和使用，加强地面站网整合建设与信息共享，积极发展军民通用化程度高的动力系统、关键部件和基础材料。适应空域改革进程，加强空域管制系统技术和装备研发，推进航空产业军民深度融合发展。面向建设网络强国，加强新一代信息基础设施和系统军民合建共用，组织实施安全可靠信息网络产品和服务相关应用示范工程。面向建设海洋强国，适应军地海洋资源调查、海域使用、海洋观测预报、海洋环境保护和岛礁建设需求，发展军民两用高性能装备和材料技术。开展军民通用标准化工程，促进军民技术双向转移。

（五）加大金融财税支持

提高企业直接融资比重。积极支持符合条件的战略性新兴产业企业上市或挂牌融资，研究推出全国股份转让系统挂牌公司向创业板转板试点，建立全国股份转让系统与区域性股权市场合作对接机制。探索推进场外证券交易市场以及机构间私募产品报价与服务系统建设，支持战略性新兴产业创业企业发展。大力发展创业投资和天使投资，完善鼓励创业投资企业和天使投资人投资种子期、初创期科技型企业的税收支持政策，丰富并购融资和创业投资方式。积极支持符合条件的战略性新兴产业企业发行债券融资，扩大小微企业增信集合债券和中小企业集合票据发行规模，鼓励探索开发高收益债券和可转换债券等金融产品，稳步推进非金融企业债务融资工具发展。鼓励保险公司、社会保险基金和其他机构投资者合法合规参与战略性新兴产业创业投资和股权投资基金。推进投贷联动试点工作。

加强金融产品和服务创新。引导金融机构积极完善适应战略性新兴产业特点的信贷管理和贷款评审制度。探索建立战略性新兴产业投融资信息服务平台，促进银企对接。鼓励建设数字创意、软件等领域无形资产确权、评估、质押、流转体系，积极推进知识产权质押融资、股权质押融资、供应链融资、科技保险等金融产品创新。引导政策性、开发性金融机构加大对战略性新兴产业支持力度。推动发展一批为飞机、海洋工程装备、机器人等产业服务的融资租赁和金融租赁公司。加快设立国家融资担保基金，支持战略性新兴产业项目融资担保工作。

创新财税政策支持方式。发挥财政资金引导作用，创新方式吸引社会投资，大力支持战略性新兴产业发展。充分发挥国家新兴产业创业投资引导基金服务创业创新的作用，完善管理规则，做好风险防控，高效开展投资运作，带动社会资本设立一批创业投资基金，加大对战略性新兴产业的投入。鼓励有条件的地区设立战略性新兴产业发展基金，引导社会资金设立一批战略性新兴产业投资基金和国际化投资基金。积极运用政府和社会资本合作（PPP）等模式，引导社会资本参与重大项目建设。完善政府采购政策，加大对“双创”以及云计算、大数据、循环经济等支持力度，推进智慧城市、信息惠民、“城市矿山”、智能装备等示范应用。进一步完善光伏、风电、生物质等可再生能源发电补贴政策。调整完善新能源汽车推广补贴政策。完善战略性新兴产业企业股权激励个人所得税政策。

（六）加强人才培养与激励

培养产业紧缺人才。实施战略性新兴产业创新领军人才行动，聚焦重点领域，依托重大项目和重大工程建设一批创新人才培养示范基地，重点扶持一批科技创新创业人才。分行业制定战略性新兴产业紧缺人才目录，在国家相关人才计划中予以重点支持。根据产业发展需求，动态调整高校教学内容和课程设置，合理扩大战略性新兴产业相关专业招生比例。加强战略性新兴产业技术技能人才培养，推行企业新型学徒制，建立国家基本职业培训包制度，推动相关企业为职业学校战略性新兴产业相关专业学生实习和教师实践提供岗位。依托专业技术人才知识更新工程，培养一大批高层次急需紧缺人才和骨干专业技术人才，建设一批国家级继续教育基地。支持在线培训发展。

鼓励科技人才向企业流动。探索事业单位科研人员在职创业和离岗创业有关政策，引导和支持事业单位科研人员按照国家有关规定到企业开展创新工作或创办企业。在战略性新兴产业企业设立一批博士后科研工作站，鼓励开展产业关键核心技术研发。落实国家对科研人员的各项激励措施，鼓励企业通过股权、分红等激励方式,调动科研人员创新积极性。建立健全符合行业特点的人才使用、流动、评价、激励体系。

充分利用全球人才。在充分发挥现有人才作用的基础上引进培养一批高端人才。研究优化外国人永久居留制度，简化外籍高层次人才申请永久居留资格程序，为其配偶和未成年子女提供居留与出入境便利。

各地区、各有关部门要高度重视战略性新兴产业发展工作，加强组织领导，加快工作进度，切实抓好本规划实施工作，加强各专项规划、地方规划与本规划的衔接。地方各级人民政府要建立健全工作机制，细化实化政策措施，推动本规划各项任务落实到位。鼓励相关省（区、市）联合编制区域性发展规划，推进战略性新兴产业差别化、特色化协同发展。国家发展改革委要会同科技部、工业和信息化部、财政部，发挥好战略性新兴产业发展部际联席会议的牵头作用，加强宏观指导、统筹协调和督促推动，密切跟踪产业发展情况，及时研究协调产业发展中的重大问题；联席会议各成员单位和相关部门要积极配合，按照职责分工抓紧任务落实，加快制定配套政策，形成工作合力，共同推动战略性新兴产业发展壮大。

附件：重点任务分工方案

附件

重点任务分工方案

序号	重点工作	负责部门
1	构建网络强国基础设施，组织实施宽带乡村示范工程	工业和信息化部、国家发展改革委牵头，国家网信办、商务部、农业部、财政部、新闻出版广电总局等按职责分工负责
2	推动三网融合基础设施发展，推进全国有线电视网络整合和互联互通，加快构建下一代广播电视网	工业和信息化部、新闻出版广电总局按职责分工负责
3	推进“互联网+”行动，组织实施“互联网+”工程	国家发展改革委牵头，工业和信息化部、科技部、人力资源社会保障部、国家网信办、农业部、国家能源局、人民银行、商务部、交通运输部、环境保护部、工商总局等按职责分工负责
4	实施国家大数据战略，组织实施大数据发展工程	国家发展改革委牵头，工业和信息化部、国家网信办、科技部等按职责分工负责
5	做强信息技术核心产业，组织实施集成电路发展工程	国家发展改革委、工业和信息化部、科技部、财政部、国家网信办、质检总局等按职责分工负责
6	发展人工智能，组织实施人工智能创新工程	国家发展改革委、科技部、工业和信息化部、财政部、国家网信办等按职责分工负责
7	完善网络经济管理方式，深化电信体制改革，加强相关法律法规建设	国家发展改革委、工业和信息化部、国务院国资委、国家网信办、国务院法制办、新闻出版广电总局、工商总局等按职责分工负责
8	打造智能制造高端品牌，组织实施重点领域智能工厂应用示范工程	工业和信息化部牵头，国家发展改革委、科技部、财政部、质检总局等按职责分工负责
9	实现航空产业新突破，组织实施新一代民用飞机创新工程	工业和信息化部、国家发展改革委牵头，科技部、财政部、质检总局、中国民航局等按职责分工负责
10	做大做强卫星及应用产业，组织实施空间信息智能感知工程	国家发展改革委、国家国防科工局、财政部、科技部、工业和信息化部、国家网信办、质检总局、中科院等按职责分工负责
11	强化轨道交通装备领先地位	国家发展改革委、交通运输部、国家铁路局、中国铁路总公司、住房城乡建设部、科技部、工业和信息化部、国务院国资委、质检总局等按职责分工负责
12	增强海洋工程装备国际竞争力，组织实施海洋工程装备创新发展工程	国家发展改革委、工业和信息化部、科技部、财政部、质检总局、国家国防科工局、国家海洋局等按职责分工负责
13	提高新材料基础支撑能力，组织实施新材料提质和协同应用工程	工业和信息化部、国家发展改革委牵头，科技部、财政部、质检总局、国家国防科工局、国家海洋局等按职责分工负责

续表

序号	重点工作	负责部门
14	构建生物医药新体系，组织实施新药创制与产业化工程	国家发展改革委、工业和信息化部、科技部、国家卫生计生委、财政部、食品药品监管总局、国家中医药局等按职责分工负责
15	提升生物医学工程发展水平，组织实施生物技术惠民工程	国家发展改革委、工业和信息化部、国家卫生计生委、食品药品监管总局、财政部、国家中医药局、国家海洋局等按职责分工负责
16	加速生物农业产业化发展	农业部、国家发展改革委、科技部等按职责分工负责
17	推进生物制造技术向化工、材料、能源等领域渗透应用	国家发展改革委、工业和信息化部、科技部等按职责分工负责
18	培育生物服务新业态	国家发展改革委、工业和信息化部、国家卫生计生委等按职责分工负责
19	组织实施生物产业创新发展平台建设工程	国家发展改革委牵头，科技部、工业和信息化部、财政部、国家卫生计生委、食品药品监管总局、质检总局、国家海洋局等按职责分工负责
20	创新生物能源发展模式	国家能源局、国家发展改革委、科技部、财政部、农业部、国家海洋局等按职责分工负责
21	实现新能源汽车规模应用，组织实施新能源汽车动力电池提升工程	工业和信息化部、国家发展改革委、科技部牵头，财政部、质检总局、国家能源局等按职责分工负责
22	推动新能源产业发展，组织实施新能源高比例发展工程	国家能源局牵头，国家发展改革委、科技部、工业和信息化部、财政部等按职责分工负责
23	大力发展高效节能产业，组织实施节能技术装备发展工程	国家发展改革委牵头，工业和信息化部、财政部、商务部、质检总局等按职责分工负责
24	加快发展先进环保产业	国家发展改革委、环境保护部、科技部、工业和信息化部、农业部、国家海洋局等按职责分工负责
25	组织实施绿色低碳技术综合创新示范工程	国家发展改革委牵头，科技部、工业和信息化部、国家能源局、财政部、环境保护部、住房城乡建设部、农业部、质检总局等按职责分工负责
26	深入推进资源循环利用，组织实施资源循环替代体系示范工程	国家发展改革委牵头，环境保护部、工业和信息化部、财政部、住房城乡建设部、农业部、商务部等按职责分工负责
27	创新数字文化创意技术和装备，组织实施数字文化创意技术装备创新提升工程	工业和信息化部、文化部、国家发展改革委、科技部、财政部、新闻出版广电总局、国家网信办等按职责分工负责
28	丰富数字文化创意内容和形式，组织实施数字内容创新发展工程	文化部、工业和信息化部、新闻出版广电总局、国家网信办、科技部、国家发展改革委、财政部等按职责分工负责
29	提升创新设计水平，组织实施创新设计发展工程	工业和信息化部、国家发展改革委、科技部、文化部、住房城乡建设部、财政部等按职责分工负责
30	超前布局战略性产业，重点在空天海洋、信息网络、生命科学、核技术等核心领域取得突破	科技部、国家发展改革委、工业和信息化部、国家国防科工局、财政部、工程院、中科院、国家能源局、国家海洋局等按职责分工负责

续表

序号	重点工作	负责部门
31	促进战略性新兴产业集聚发展	国家发展改革委、科技部、工业和信息化部、财政部、商务部等按职责分工负责
32	积极建立国际合作机制，推动签署落实政府间新兴产业和创新领域合作协议。推动双边互认人员资质、产品标准、认证认可结果，参与国际多边合作互认机制	商务部、国家发展改革委、外交部、科技部、工业和信息化部、质检总局、国家国防科工局、国家海洋局等按职责分工负责
33	以发达国家和“一带一路”沿线国家为重点，建设双边特色产业国际合作园区，提升重点领域开放合作水平	商务部牵头，国家发展改革委、工业和信息化部等按职责分工负责
34	构建全球创新发展网络	国家发展改革委、外交部、商务部、科技部、工业和信息化部等按职责分工负责
35	推进简政放权、放管结合、优化服务改革，区分不同情况，积极探索和创新适合新技术、新产品、新业态、新模式发展的监管方式	国家发展改革委、工业和信息化部、民政部、交通运输部、文化部、人民银行、海关总署、工商总局、质检总局、新闻出版广电总局、银监会、证监会、保监会等按职责分工负责
36	在战略性新兴产业领域国有企业中率先进行混合所有制改革试点示范，开展混合所有制企业员工持股试点	国家发展改革委牵头，国务院国资委、财政部、工业和信息化部等按职责分工负责
37	发布战略性新兴产业重点产品和服务指导目录	国家发展改革委牵头，工业和信息化部、商务部、文化部等按职责分工负责
38	完善反垄断法配套规则，进一步加大反垄断和反不正当竞争执法力度，严肃查处信息服务、医疗服务等领域企业违法行为	国家发展改革委、商务部、工商总局、工业和信息化部、国家卫生计生委等按职责分工负责
39	建立健全工作机制，保障公平竞争审查制度有序实施，打破可再生能源发电、医疗器械、药品招标等领域地区封锁和行业垄断，加大对地方保护和行业垄断行为的查处力度	国家发展改革委、国务院法制办、商务部、工商总局、财政部、国家卫生计生委、国家能源局等按职责分工负责
40	建立高层次政企对话咨询机制，在研究制订相关政策措施时积极听取企业意见	国家发展改革委、工业和信息化部、科技部、财政部、商务部等按职责分工负责
41	深入开展大众创业万众创新，打造众创、众包、众扶、众筹平台，支持建设“双创”示范基地，发展专业化众创空间。依托互联网打造开放共享的创新机制和创新平台，推动企业、科研机构、高校、创客等创新主体协同创新	国家发展改革委、科技部、人力资源社会保障部、财政部、工业和信息化部、中科院等按职责分工负责

续表

序号	重点工作	负责部门
42	实施一批重大科技项目和重大工程，加强颠覆性技术研发和产业化	科技部、国家发展改革委、工业和信息化部、国家网信办、国家国防科工局、财政部、工程院、中科院等按职责分工负责
43	加强相关计量测试、检验检测、认证认可、知识和数据中心等公共服务平台建设	质检总局、国家发展改革委、科技部、工业和信息化部等按职责分工负责
44	落实和完善战略性新兴产业标准化发展规划，完善标准体系，支持关键领域新技术标准应用	质检总局、科技部、国家发展改革委、工业和信息化部、国家网信办等按职责分工负责
45	加强企业技术中心能力建设，推进创新企业百强工程	国家发展改革委、科技部、工业和信息化部等按职责分工负责
46	落实研发费用加计扣除等税收优惠政策，引导企业加大研发投入	财政部、税务总局、科技部等按职责分工负责
47	完善科技成果转移转化制度，组织实施促进科技成果转移转化行动。加快建立科技成果转移转化绩效评价和年度报告制度	科技部、财政部、教育部、国家发展改革委、工业和信息化部、中科院等按职责分工负责
48	探索在战略性新兴产业相关领域率先建立利用财政资金形成的科技成果限时转化制度	科技部、财政部、国家发展改革委牵头，教育部、工业和信息化部等按职责分工负责
49	积极推进专利法、著作权法修订工作。跟踪新技术、新业态、新模式发展创新，完善商业模式知识产权保护、商业秘密保护、实用艺术品外观设计专利保护等相关法律法规。推动提高知识产权侵权法定赔偿上限额度	国家知识产权局、新闻出版广电总局、国务院法制办、科技部、工商总局等按职责分工负责
50	强化知识产权保护维权。新建一批快速维权中心。将故意侵犯知识产权行为纳入社会信用记录，健全知识产权行政侵权查处机制，依法严厉打击侵犯知识产权犯罪行为，加大海关知识产权执法保护力度	国家知识产权局牵头，工业和信息化部、国家发展改革委、公安部、工商总局、海关总署等按职责分工负责
51	实施战略性新兴产业知识产权战略推进计划，围绕战略性新兴产业集聚区部署知识产权服务链，建立知识产权集群管理制度，培育一批专业化、品牌化知识产权服务机构，推动形成一批知识产权优势集聚区	国家知识产权局、国家发展改革委、科技部、工商总局、工业和信息化部等按职责分工负责
52	完善海外知识产权服务体系，建立海外知识产权风险预警机制，支持企业开展知识产权海外并购和维权行动	商务部、国家知识产权局、外交部、国家发展改革委、工业和信息化部、工商总局等按职责分工负责

续表

序号	重点工作	负责部门
53	积极支持符合条件的战略性新兴产业企业上市或挂牌融资，研究推出全国股份转让系统挂牌公司向创业板转板试点，建立全国股份转让系统与区域性股权市场合作对接机制	证监会、国家发展改革委、工业和信息化部等按职责分工负责
54	积极支持符合条件的战略性新兴产业企业发行债券融资，扩大小微企业增信集合债券和中小企业集合票据发行规模，鼓励探索开发高收益债券和可转换债券等金融产品，稳步推进非金融企业债务融资工具发展	人民银行、国家发展改革委、证监会等按职责分工负责
55	引导金融机构积极完善适应战略性新兴产业特点的信贷管理和贷款评审制度。鼓励建设数字创意、软件等领域无形资产确权、评估、质押、流转体系，推进知识产权质押融资、股权质押融资、供应链融资、科技保险等金融产品创新	人民银行、银监会牵头，证监会、保监会、国家发展改革委、科技部、工业和信息化部、文化部、工商总局、国家知识产权局等按职责分工负责
56	探索建立战略性新兴产业投融资信息服务平台，促进银企对接	国家发展改革委、工业和信息化部、银监会、人民银行等按职责分工负责
57	引导政策性、开发性金融机构加大对战略性新兴产业支持力度	人民银行、银监会、国家发展改革委、财政部、工业和信息化部等按职责分工负责
58	推动发展一批为飞机、海洋工程装备、机器人等产业服务的融资租赁和金融租赁公司	商务部、银监会、国家发展改革委、工业和信息化部、国家海洋局、中国民航局等按职责分工负责
59	加快设立国家融资担保基金，支持战略性新兴产业项目融资担保工作	财政部、国家发展改革委、工业和信息化部等按职责分工负责
60	鼓励有条件的地区设立战略性新兴产业发展基金，引导社会资金设立一批战略性新兴产业投资基金和国际化投资基金	国家发展改革委、财政部、证监会、工业和信息化部等按职责分工负责
61	完善政府采购政策，加大对“双创”以及云计算、大数据、循环经济等支持力度，推进智慧城市、信息惠民、“城市矿山”、智能装备等示范应用	财政部牵头，国家发展改革委、科技部、工业和信息化部等按职责分工负责
62	进一步完善光伏、风电、生物质等可再生能源发电补贴政策。调整完善新能源汽车推广补贴政策	国家发展改革委、财政部、国家能源局、工业和信息化部等按职责分工负责

续表

序号	重点工作	负责部门
63	实施战略性新兴产业创新领军人才行动，聚焦重点领域，依托重大项目和重大工程建设一批创新人才培养示范基地，重点扶持一批科技创新创业人才。在充分发挥现有人才作用的基础上引进培养一批高端人才	人力资源社会保障部、中央组织部、教育部、科技部、国家发展改革委等按职责分工负责
64	根据产业发展需求，动态调整高校教学内容和课程设置，合理扩大战略性新兴产业相关专业招生比例	教育部牵头，工业和信息化部等按职责分工负责
65	依托专业技术人才知识更新工程，培养一大批高层次急需紧缺人才和骨干专业技术人才，建设一批国家级继续教育基地	人力资源社会保障部、教育部、工业和信息化部等按职责分工负责
66	引导和支持事业单位科研人员按照国家有关规定到企业开展创新工作或创办企业	人力资源社会保障部、科技部、教育部牵头，国家发展改革委、工业和信息化部等按职责分工负责
67	在战略性新兴产业企业设立一批博士后科研工作站，鼓励开展产业关键核心技术研发	人力资源社会保障部牵头，教育部、科技部等按职责分工负责
68	研究优化外国人永久居留制度，简化外籍高层次人才申请永久居留资格程序，为其配偶和未成年子女提供居留与出入境便利	公安部、人力资源社会保障部等按职责分工负责
69	开展战略性新兴产业统计监测调查	国家统计局牵头，国家发展改革委、工业和信息化部等按职责分工负责

国家发展改革委负责人就《“十三五”国家战略性新兴产业发展规划》答记者问

目前，国务院正式发布了《“十三五”国家战略性新兴产业发展规划》(以下简称《规划》)。战略性新兴产业代表新一轮科技革命和产业变革的方向，是培育发展新动能、获取未来竞争新优势的关键领域。记者就《规划》有关情况采访了国家发展改革委负责同志。

问：当前我国战略性新兴产业发展总体情况如何?

答：在全社会的共同努力下，创新驱动发展战略深入实施，战略性新兴产业发展日新月异，发挥出越来越大的引领带动作用，取得了显著的成绩。当前，我国战略性新兴产业发展总体呈现出“快、活、高、优”的特点。

“快”是指产业规模增长快。截至2015年年末，节能环保、新一代信息技术、生物、高端装备制造、新能源、新材料、新能源汽车等七大战略性新兴产业增加值占我国GDP的比重约8%，完成了“十二五”发展目标，这一比重在2010年仅为4%左右。战略性新兴产业重点监测的27个行业营收增速5年年均超过15%，其中的工业行业2015年增速比工业总体增速高8.7个百分点。软件和信息技术服务等战略性新兴产业服务业行业5年年均增速超过20%，也好于服务业整体水平。战略性新兴产业已成为支撑我国经济增长的重要力量，有力填补了传统制造业的下滑空缺。

“活”是指创新活跃。在创新驱动发展战略指引下，“大众创业、万众创新”深入发展，战略性新兴产业新技术、新产业、新业态、新模式不断涌现，与各行各业广泛融合，加速推动传统产业转型升级，引发生产、生活方式的深刻变革。在服务领域，个性化、多样化和专业化新模式不断涌现，以网络租约车、基因诊断等为代表的新模式向生活服务全面渗透，研发外包和工业设计等生产性服务规模迅速增长。在制造领域，定制化、智能化生产模式方兴未艾，无人机、机器人等新产品快速上市。IT、生物和新能源等技术相互渗透加速，涌现出可穿戴电子医疗设备、生物芯片、能源互联网等融合型创新。战略性新兴产业领域创业投资已占到我国创业投资的 80%。

“高”是指产业水平迈向中高端。若干关键领域实现了群体性突破，部分重点产业已具备较强国际竞争力，如华为公司已成为全球收入第一的通信设备企业，阿里巴巴公司云计算能力居全球前列，华大基因研究院等基因测序平台测序能力进入世界前列，高速铁路和特高压技术达到世界领先水平。一些关键领域取得了具有里程碑意义的成果，如自主研发的全球首个治疗晚期胃癌的靶向药物阿帕替尼、自主设计的大飞机 C919 和支线飞机 ARJ21 飞机等产品相继问世，国产钻井平台首次实现深海海上气田成功开发，一大批航空航天、核电高端装备均取得了突破。

“优”是指整体效益优。战略性新兴产业由于知识、技术、人才密集，创造的经济价值大、产品附加值高。2016 年 1—10 月，27 个战略性新兴产业重点行业利润达 10499.7 亿元，同比增长 15.3%，其中工业部分 26 个行业同比增长达 13.3%，比同期工业整体增速高出 4.7 个百分点。从上市公司数据看，过去 5 年中战略性新兴产业上市公司盈利水平始终高于传统产业。2016 年前三季度，战略性新兴产业上市公司利润总额同比增速高达 29.7%，比上市公司整体增速高 27.2 个百分点。

目前，部分地方和区域已成为加快发展战略性新兴产业的标杆。东部地区，深圳市 2016 年上半年战略性新兴产业对整体经济增长贡献率超过 50%，成为名副其实的“主引擎”。同期，江苏省战略性新兴产业产值占工业比重接近 30%，浙江、山东等多个省份战略性新兴产业产值突破万亿元大关。一些中、西部和东北地区，结合当地特点大力发展战略性新兴产业，如湖北的集成电路、安徽的新型显示、湖南的轨道交通装备、江西的航空装备、吉林的生物医药等，战略性新兴产业已成为带动区域经济转型升级的重要力量。

问：当前我国战略性新兴产业发展面临的问题有哪些?

答：我国战略性新兴产业发展虽然取得了可喜成绩，但也要看到我国战略性新兴产业总体上还处于培育时期，还存在诸多问题和困难。主要是两个方面：一是我国战略性新兴产业整体创新水平还不够高，一些领域核心技术受制于人的情况仍然存在；二是一些改革举措和政策措施落实不到位，新兴产业监管方式创新和法规体系建设相对滞后，还不能适应新旧动能接续转换、产业结构加速升级的要求。需要进一步统筹规划，深化改革，创新发展思路，提高发展质量，推动战略性新兴产业成为促进经济社会发展的强大动力。

问：当前阶段制定出台《“十三五”国家战略性新兴产业发展规划》有何作用？

答：当前阶段出台规划的意义和作用主要体现在以下三个方面：

一是有利于加快落实供给侧结构性改革。党的十八大以来，以习近平同志为核心的党中央立足国际国内发展大势，做出了我国经济发展进入新常态的战略判断，提出了以新发展理念为指导、以推进供给侧结构性改革为主线的政策框架。推进供给侧结构性改革，在去产能的同时要补短板，做减法的同时要做加法，做减法也是为了做加法。供给侧结构性改革，最终目的是满足需求，主攻方向是提高供给质量，根本途径是深化改革。与“十二五”相比，《规划》适应文化、信息等新消费拉动作用明显增强的趋势，重点产业领域增加了数字文化创意产业。《规划》为进一步提高供给质量，以设计创新引领产品和服务创新，增加有效供给，重点产业领域增加了设计服务产业，包括工业设计、人居环境设计等行业。同时，《规划》将深化改革贯穿于各个重点产业领域工作部署，提出了完善管理方式、加强人才培养与激励等六方面政策措施，大力推进简政放权、放管结合、优化服务改革，营造公平竞争的市场环境。可以说，出台《规划》是加快供给侧结构性改革的重要抓手，《规划》编制也贯彻了供给侧结构性改革的要求。

二是有利于培育壮大新动能。当前，我国经济发展进入新常态，稳增长需要新动力，调结构需要新抓手，惠民生需要新途径，亟须培育壮大战略性新兴产业，推动经济发展新旧动能接续转换。新动能既体现于战略性新兴产业发展壮大的过程，也体现于新的动力和能力储蓄积累的过程。为此，《规划》一方面立足于当前产业发展基础，加快发展壮大新一代信息技术、高端制造、生物、绿色低碳、数字创意等五大领域。面向全球新一轮科技革命和产业变革的新趋势新方向，超前布局空天海洋、信息网络、生物和核技术等四个战略性产业，打造未来发展新优势。另一方面，新动能必然源于创新能力的全面提升，《规划》体现了科技创新和制度创新双轮驱动，以管理创新强化技术、人才、资金等要素的全面支撑，持续提升原始创新能力，促进更广领域新技术、新产业、新业态、新模式蓬勃发展，持续夯实产业可持续发展的动力和能量。

三是有利于引导全社会资源支持发展新兴产业。《规划》明确了“十三五”时期发展壮大战略性新兴产业的重点方向和主要任务，统筹提出了投资规模巨大、需要广泛动员全社会资源组织实施的21项重大工程。一方面，让全社会了解掌握了未来中长期经济社会发展新的增长点，国家重点考虑的投资方向，有利于引导社会资源更多地投向以战略性新兴产业为代表的实体经济。另一方面，有利于进一步整合政府部门资源，创新扶持方式，加大扶持力度，形成工作合力。配合《规划》实施，我们即将发布新版《战略性新兴产业重点产品和服务指导目录》，进一步明确重点支持的产品和服务，以引导全社会支持战略性新兴产业的发展。

问："十三五"国家战略性新兴产业发展规划与"十二五"规划布局相比，主要的变化有哪些？

答：与"十二五"相比，《规划》布局上的新变化主要有五点：一是软硬结合的布局，在重点产业领域新增加数字创意产业，包括数字文化创意装备、数字文化内容、设计服务等方向。相对于工业和硬实力，这是着眼于增加软实力的布局，是既满足物质需求又满足精神需求的举措，是通过抓源头设计来增加有效供给的举措。同时，数字创意产业具有高增值性和低能耗低污染等特征，也符合战略性新兴产业的定位。二是前瞻性的布局，增加了战略性产业的内容。这也是依据《"十三五"规划纲要》做出的调整。主要考虑的是，空天海洋、信息网络、生物和核技术等领域是关系人类未来发展、拓展发展空间的核心领域，促进这些领域形成新产业是培育新动能和塑造产业竞争新优势的必然选择。三是融合性的布局，将战略性新兴产业八大产业进一步归并为五大产业领域，这体现了新兴产业融合创新的发展特征。例如，"一代材料一代装备"，新型材料的发展不断推动着器件和整机装备的创新，而装备的创新不断对材料提出更高的要求，两者融合共同发展。新能源汽车与新能源也有交叉，太阳能汽车目前也在推出新产品，相关产业领域整合有利于融合创新，培育大批跨界融合的新增长点。四是全区域的布局，《规划》对国内战略性新兴产业集聚区发展和国际化拓展进行了全面布局。《规划》根据国内不同地区的资源禀赋、产业基础、发展阶段的不同，分三个层次进行分类指导。我国战略性新兴产业国际化发展的需求已进一步凸显，越来越需要整合全球创新资源，越来越需要国际合作新平台，越来越需要融入全球产业链。为此，《规划》提出了一系列重要举措，对战略性新兴产业开放发展进行了引导。五是市场化的布局，《规划》将市场化取向的改革要求贯穿于各项工作，例如，新一代信息技术领域，要求深化电信体制改革，全面推进三网融合，进一步放开基础电信领域竞争性业务，放宽融合性产品和服务的市场准入限制，推进国有电信企业混合所有制试点工作。在高端制造领域，部署采用政府和社会资本合作（PPP）模式推进遥感卫星发展。在生物领域，要求加快推进药品上市许可持有人制度试点，完善药品采购机制，全面推动医药价格和行业监管等领域体制机制改革。在绿色低碳领域，要求完善电动汽车生产准入政策，研究实施新能源汽车积分管理制度。

在集聚区发展方面，《规划》要求避免对市场行为的过度干预，防止园区重复建设。在政策保障部分，提出了完善管理方式、加强知识产权保护、深入推进军民融合等六方面措施，以及推动减少事前准入限制、进行审慎监管，落实公平竞争审查制度等方面的改革。

问：对贯彻落实《规划》有什么部署?

答：《规划》要求国家发展改革委会同科技部、工业和信息化部、财政部等部门，发挥好战略性新兴产业发展部际联席会议的牵头作用，加强宏观指导、统筹协调和督促推动。近期，我们将召开第五次部际联席会议，围绕重大改革、重大政策、重大工程和重大机制，对《规划》落实工作进行研究和部署。

一是推动落实重大改革。推动各级政府深化“放管服”改革，积极探索和创新适合新技术、新产业、新业态、新模式发展的监管方式，实施科技成果限时转化制度等重点改革任务。

二是制定出台重大政策。推动各领域编制和落实好重点专项规划。完善反垄断、反不正当竞争和知识产权保护等对新兴产业发展影响较大领域的法律法规体系。强化财税金融保障，持续加大各级财政支持力度，加大对新兴产业产品和服务的政府采购，推进相关应用示范，完善新能源发电、新能源汽车推广等领域补贴政策，引导社会资金设立一批战略性新兴产业投资基金和国际化投资基金，发展为新兴产业服务的融资租赁公司，实施战略性新兴产业创新领军人才行动等举措。

三是建立完善重大机制。依托战略性新兴产业发展部际联席会议机制，加强部门统筹协调，落实《规划》重点工作分工。建立健全保障公平竞争审查制度工作机制，打破可再生能源发电、医疗器械、药品招标等领域的地区封锁和行业垄断。建立高层次政企对话咨询机制，我们已经在战略性新兴产业专家咨询委员会下新增一批顾问，积极听取企业家意见。建立教育内容调整机制，按照产业发展需求动态调整高校教学内容和课程设置，合理扩大战略性新兴产业相关专业招生比例等。探索建立投融资信息对接机制，促进银企对接等。

四是加快实施重大工程。充分发挥各部门作用，加快形成重大工程实施方案，引导社会资源投入，启动实施《规划》提出的 21 项重大工程。

在全社会共同努力下，我们有信心如期完成《规划》明确的发展目标。

《规划》解读一：新时期赋予战略性新兴产业新使命

战略性新兴产业代表新一轮科技革命和产业变革的方向，其发展事关全局和长远。过去五年，节能环保、新一代信息技术、生物、高端装备制造、新能源、新材料、新能源汽车等产业的发展成绩斐然，战略性新兴产业已经成为新常态下“稳增长、调结构、促转型、惠民生”的有力支撑。未来五到十年，置身错综复杂的国内外形势，面对大量日新月异的新技术、蓬勃涌现的新业态，战略性新兴产业的发展将肩负新时代赋予的新历史使命。必须以更大的决心和勇气谋篇布局，创新发展理念，明确发展要旨，加快壮大做强，确保战略性新兴产业成为支撑新旧增长动能转换的新动力，引领产业迈向中高端和经济社会高质量、可持续发展。

一、以“创新”为根本，紧紧把握我国战略性新兴产业大有可为的战略机遇期

“十三五”时期是我国战略性新兴产业大有可为的战略机遇期。从国内看，产业发展已经储备了较好的基础和条件。截至“十二五”末期，战略性新兴产业增加值占 GDP 比重达到 8% 左右，新一代信息技术、生物等领域一批企业进入国际竞争第一方阵，高铁、通信、航天装备、核电设备等领域国际化进展取得实质性突破。战略性新兴产业领域创新创业活跃，涌现大批新技术、新产品、新业态和新模式，有力地带动了传统产业和地区经济转型升级。从国际上看，未来五到十年，是全球新一轮科技革命和产业变革从蓄势待发到群体突破的关键时期，可能引发国际产业分工、能源版图分布、经济贸易政治格局的重大调整。这些情况与我国加快转变经济发展方式形成历史性交汇，为我国加快发展壮大战略性新兴产业带来重大历史机遇。也要看到，我国战略性新兴产业整体创新水平不高，一些领域核心技术受制于人的情况仍然存在，适应新技术新业态蓬勃发展的体制机制和制度环

境尚未形成。

未来一段时期，必须坚守创新发展理念，以创新思维贯穿战略性新兴产业发展的方方面面。一是要坚持创新驱动。确保战略性新兴产业走创新驱动发展的道路，而不是走低附加值、粗放式发展的道路。聚焦主攻方向，全面提升原始创新能力，增强产品、技术和服务的国际竞争力，力争形成全球产业发展新高地。二是要坚持供给创新。大幅提升技术、产品和服务的供给质量和水平，创新资金、人才等支撑产业发展关键要素的供给模式，最大限度发挥创新要素撬动产业高质可持续发展的倍增效用。三是要坚持制度创新。加快破除不利于战略性新兴产业发展壮大的体制机制障碍，降低中小微企业创新创业成本，进一步激发大众创业万众创新的热情，强化知识产权保护，加快建立有利于新技术、新业态、新模式蓬勃发展的生态环境。

二、以“壮大”为核心，加快将战略性新兴产业打造成为经济社会发展的新引擎

“十二五”时期，党中央、国务院提出加快培育发展战略性新兴产业，更多的是出于2009年国际金融危机爆发、新一轮科技革命和产业变革孕育在即的背景下构筑国际竞争新优势的考虑。那段时期，培育发展战略性新兴产业的目标更聚焦于“积极培育先导产业”、“加快形成支柱产业”等。未来五年，战略性新兴产业发展肩负着构建现代产业新体系、支撑新旧增长动能转换、引领产业迈向中高端和经济社会高质量可持续的新使命。发展战略性新兴产业的形势更加紧迫、更加严峻，时不我待、不进则退。在保证发展质量的同时，必须保持一定的发展速度，才能在前期努力成果的基础上，成长壮大为接续传统产业的新的支柱产业，成为经济社会发展的新引擎。

为此，首先要与时俱进，沿袭“十二五”时期对战略性新兴产业所包括的行业范围具有动态变化特征这一认识，结合当前大量产业新增长点更迭涌现、产业融合态势明显等趋势，重新理清“十三五”时期战略性新兴产业的范围和规模。将之前战略性新兴产业涵盖的“7大领域24个重点方向”合并增补为网络经济、生物、高端制造（包括高端装备制造与新材料）、绿色低碳（包括新能源、新能源汽车、节能环保）、数字创意等5大领域8大产业。其次，在“十三五”时期发展战略性新兴产业的思路和目标中，明确“壮大”这一主题是未来五年战略性新兴

产业工作的核心要务。明确提出到 2020 年要形成新一代信息技术、高端制造、生物、绿色低碳、数字创意等 5 个产值规模在 10 万亿元级别的新的支柱产业，并能在更广领域形成大批跨界融合的产业新增长点。此外，在未来五年壮大战略性新兴产业的总体部署中，进一步明确要立足国民经济社会发展需要和现有产业基础，围绕“壮大”这一目标，全力提升新兴产业的科技含量，打造一批策源地、集聚区和特色产业集群，提升国际化水平，持续完善有利于汇聚创新要素的制度环境等各项重点任务。

三、以“引领”为主旨，确保战略性新兴产业成为带动产业迈向中高端和经济社会可持续发展的主导力量

未来五年，伴随信息、生物、材料、节能与新能源领域技术进步持续推进且广泛深入渗透于人类生产生活的各个方面，万物互联、人工智能、数字创意、精准医疗、生物合成、清洁生产技术等新技术新模式蓬勃发展，战略性新兴产业加快演化为网络经济、生物经济、数字经济、绿色经济等新的经济形态，在引领带动产业转型升级、经济社会繁荣可持续方面的作用日益凸显。尽管不同时代背景下或者不同国别和地域范围内，战略性新兴产业的行业范围有所变化，但战略性新兴产业兼具“战略性产业”和“新兴产业”的两个本质特点没有变化，意味着其发展必然事关国家经济能源安全等全局、事关未来科技经济变化的长远，能够代表全球技术进步和创新的主流方向，是引领一国或地区产业经济社会转型升级的主导力量。

基于上述认识，“十三五”时期发展壮大战略性新兴产业要紧紧围绕三个“面向”。一是面向科技革命和产业变革的未来。密切对接《“十三五”规划纲要》，着眼当前新经济蓬勃发展的新趋势，超前布局空天海洋、信息网络、生物技术和核技术领域一批战略性产业，打造未来发展新优势。二是面向产业转型升级、经济社会繁荣可持续的重大需求。把握产业发展日趋融合、绿色、智慧、数字化等特征和规律，加快网络技术、数字技术、生物技术、材料技术、绿色技术向各行各业的渗透应用，确保战略性新兴产业位于产业“微笑曲线”两端的同时，还能引领带动传统产业提升附加价值，向中高端持续迈进，在推进新技术新产品新服务惠及经济社会发展、城乡居民就业生活等方面发挥更大作用。三是面向资源要素环境变化的客观约束条件。紧紧围绕战略性新兴产业具有知识智力密集、清洁高效、

发展初期对资本积累要求高等特征，面对当前劳动力成本攀升、资源能源约束趋紧的大趋势，进一步释放网络、数字、生物、材料、节能减排等技术在引领产业转型升级、经济社会高质量、可持续发展的巨大潜力。

国家发展和改革委员会宏观经济研究院　王昌林　姜江

《规划》解读二：推动信息技术产业跨越发展拓展网络经济新空间

“十三五”时期是全面建成小康社会的决胜阶段，也是破解发展难题、厚植发展优势、实现“第一个百年目标”的关键时期。《“十三五”规划纲要》明确提出，瞄准技术前沿，把握产业变革方向，支持新一代信息技术、数字创意等领域的产业发展壮大，大力推进先进半导体、机器人、智能系统等新兴前沿领域创新和产业化，形成一批新增长点。使战略性新兴产业增加值占国内生产总值的比重达到15%。近日出台的《规划》正是对战略性新兴产业在“十三五”期间发展的系统规划和部署，其中新一代信息技术产业为重要组成部分。

一、新时期发展新一代信息技术产业意义重大

信息技术是新一轮科技革命中创新最活跃、交叉最密集、渗透最广泛的领域，对各国经济社会发展产生着根本性、全局性影响，成为重构国家综合实力的重要力量。《“十三五”规划纲要》指出，要“牢牢把握信息技术变革趋势，实施网络强国战略，加快建设数字中国，推动信息技术与经济社会发展深度融合，加快推动信息经济发展壮大”。

（一）经济社会发展面临新常态

我国经济发展进入新常态，向形态更高级、分工更优化、结构更合理阶段演化的趋势更加明显，新旧动能转换的要求更加紧迫。要使我国发展从过度依赖自然资源转向更多依靠人力资源，不断提高全要素生产率，保持经济中高速增长、迈向中高端水平，必须使创新成为引领发展的第一动力，必须提升整个国家创新体系的效率。新一代信息技术在各领域的广泛应用，使得创新主体互动、创新资源组织和创新成果转化方式更加网络化、快捷化和全球化，新技术、新产品、新模式和新业态不断涌现，极大地提升了要素资源配置效率和生产组织运营效率。据德国国家科学和工程院研究，工业4.0将使生产效率和能源利用率分别提升

40% 和 50%。以新一代信息技术为代表的战略性新兴产业必将成为新常态下经济发展、工业转型的新动力。

（二）信息产业演进步入新阶段

当前，信息技术正步入全面普及、深度融合、加速创新、引领转型的新阶段。从信息网络看，光纤宽带接入成为主流，截至 2015 年年底，日本、韩国、中国的光纤用户占比分别达到 73%、71% 和 56%，4G 网络正在加速普及，SDN/NFV 等新技术不断完善，5G、卫星通信、工业互联网、物联网等网络技术发展迅猛，高速宽带、天地一体、泛在融合的智能化综合信息基础设施正在加速形成。从信息技术看，新一代感知、传输、存储、计算技术加速创新，量子通信、生物计算、全息显示等前沿基础性技术处于突破性创新前夜，新一代信息技术与制造、能源、材料、生物等技术加速交叉融合，人工智能、机器人、智能制造等技术和应用有望实现突破，信息产业向各行业各领域加速融合渗透，我国拥有突出的市场优势和人力资本优势，信息产业将迎来战略机遇期。

（三）国际产业竞争面临新形势

信息化背景下的综合国力竞争比的是数字竞争力，是核心技术、产业体系和产业生态的竞争。习近平总书记指出，“核心技术是国之重器”，“在全球信息领域，创新链、产业链、价值链整合能力越来越成为决定成败的关键”。近年来，主要发达国家不断强化在信息基础设施、核心技术产业、数据资源、智能制造等新一代信息技术领域的战略布局，力图掌控网络空间国际规则话语权和国际治理体系主导权，寻求构建政治、经济、文化、军事等线下线上一体化的国家综合新实力。我国制定和实施《规划》，加强对新一代信息技术的战略布局，有利于增强信息通信产业自主创新能力，改变供应链受制于人、缺乏国际话语权等不利局面，构建线上国家优势，提升国家综合实力。

二、“十三五”时期新一代信息技术产业发展的重要特征

“十三五”时期新一代信息技术产业发展仍将保持高速创新发展态势，并呈现出新基础、新技术、新业态、新机制等重要特征。

（一）发展迎来新基础

随着网络强国建设的全面展开、“宽带中国”战略的深入推进，我国新一代信息技术产业的发展迎来快速发展的新基础。一是万物互联、天地一体、全球

覆盖的新型网络基础设施初步形成。高速光纤网络的覆盖范围不断扩大，4G 网络逐步实现广域连续覆盖，北斗导航定位系统规模服务，下一代互联网技术应用快速发展，国际互联互通力度加大。二是数据作为国家基础性战略资源的地位日益显现。我国公共数据开放逐步推进，互联网用户规模居全球第一，拥有丰富的数据资源和应用市场优势，产业推动潜力巨大。“十三五”期间，网络基础设施、数据基础资源的不断优化和新一代信息技术产业的深入发展打下坚实基础。

（二）变革产生新技术

随着基础科学发展、工程工艺进步、商业应用创新和产业融合变革，新一代信息技术正加速演进换代。一是核心信息技术加速升级。摩尔定律还将延续，计算、网络、感知等核心技术加速融合互动创新，计算网络化、网络智能化、传感智能化的系统发展，带动信息通信技术生产能效的指数级增长。二是以人工智能为代表的前沿技术迅速兴起。物联网、工业互联网、大数据、云计算、工业控制等技术的进步和融合，形成了深度学习、生物传感、虚拟及增强现实、人脑模拟等新型智能技术，创造了智能材料、生物芯片、智能汽车、智能无人系统、智能机器人等新产品，将引发更广领域、更多维度、更具系统性的技术与应用创新，形成新产业。

（三）融合催生新业态

互联网与商务、金融、交通、制造、生活服务等领域的深度融合，创新了消费理念，变革了消费方式，丰富了消费内容，促进基于互联网平台的现代服务业快速兴起，推动线上线下互动、分享经济等新模式新业态蓬勃发展。一是互联网平台经济的快速兴起。基于互联网的众包、众创、众扶、众筹等新模式新平台发展迅速，分享经济异军突起，2015 年市场规模约为 2 万亿元，占 GDP 的比重接近 3%。二是新兴融合业态大量涌现。越来越多的线下传统行业与互联网结合，从产品形态、销售渠道、服务方式、盈利模式、主营业务等实现传统产业变革，衍生出很多线上线下融合的新机遇。特别是在农业、制造、生态等原来与互联网融合程度不高的生产性领域，也涌现出一批“互联网 +”新业态新模式。

（四）创新亟待新机制

“十三五”期间，新一代信息技术产业的创新发展将对各领域的改革开放、简政放权提出更高要求，这也是当前国家深化经济体制改革的重点内容。一是对激发市场投资活力的要求。加快推进民间资本进入一些与互联网业务有关的基础性服务业，要求进一步放开基础电信运营业、融合性产品和服务等领域的准入。二是对推进国有企业改革的要求。新一代信息技术产业领域是创新、竞争激烈的市场领域，要求推进国有电信混合所有制试点工作，增强国有企业活力，提高国有资本率，以积极促进国资、民资等的充分竞争。三是对持续推进简政放权的要求。新一代信息技术产业是以市场竞争为主、涉及公共服务、不断产生新业态的领域，对转变政府职能、加快放管服改革、促进市场竞争提出了更高要求。

三、“十三五”期间新一代信息技术产业发展的重点方向

《规划》紧密结合《“十三五”规划纲要》、“中国制造 2025”、网络强国的战略部署，提出了“十三五”期间新一代信息技术产业发展的六个重点方向：

（一）构建网络强国基础设施

信息基础设施在建设网络强国和推动经济社会转型发展方面的关键支撑作用日益突出。《规划》提出，深度推进“宽带中国”战略，加快构建高速、移动、安全、泛在的新一代信息基础设施。重点从五个方面做出了明确部署：一是大力推进高速光纤网络建设。光网覆盖、接入能力等关键指标已远超“宽带中国”战略目标。二是加快构建新一代无线宽带网。重点是推动 4G 网络向城镇和人口密集行政村延伸覆盖，同时加快 5G 研发和优化频谱资源配置。亮点是对平流层通信和卫星通信等空间设施进行部署，打造天地一体信息网络。三是加快构建下一代广播电视网。继续推动三网融合，加快有线电视网络双向化、智能化升级。四是统筹发展应用基础设施。加强物联感知、云计算中心、大数据平台、内容分发网络等应用基础设施的部署。五是加强国际合作。围绕“一带一路”等国家战略，加强国际连接和互联互通，增强网络通达性和业务接入能力。

（二）推进“互联网 +”行动

按照《国务院关于积极推进“互联网 +”行动的指导意见》（国发〔2015〕40 号），《规划》提出组织实施“互联网 +”重大工程，建立国家信息经济试点示范区，培育“互联网 +”生态体系。《规划》突出了三个重点方向：一是深化互联网在生产领域的融合应用。重点结合“中国制造 2025”，加快发展工业互联网，大力推广智能制造、网络化协同、个性化定制、服务化延伸等新模式新业态。二是拓展生活及公共服务领域的“互联网 +”应用。加快行业管理体制创新，促进智慧化医疗、教育、交通等益民服务走入人民生活，积极发展分享经济，促进消费升级。三是

促进“互联网 +”新业态创新。重点是以体制机制创新推动分享经济发展，建立适应共享经济发展的监管方式。此外，还对“互联网 +”工程做出了专项部署，要求深入推进“互联网 +”11 个重点行动，建设跨领域融合创新支撑服务平台。

（三）实施国家大数据战略

“十三五”时期是落实《促进大数据发展行动纲要》、建设数据强国的关键时期。《规划》紧扣大数据发展核心问题，从数据、应用和安全三个视角提出任务布局。一是加快数据资源开放共享。重点推动公共数据资源开放共享，建立社会化数据的流通交易规则，以此打破数据孤岛，盘活资源价值。二是发展大数据新应用新业态。要加快大数据在政务、工业、农业和服务业等行业的应用，培育数据驱动的新经济形态，强化核心技术能力，掌控大数据发展的命门。三是强化大数据安全保障。从制度建设和技术手段两个方面布局，完善安全管理制度和标准，提升数据安全技术水平。

（四）做强 IT 核心产业

在 IT 核心产业领域，《规划》重在夯实基础，聚焦核心基础硬件、基础软件和高端信息服务，以及高端整机产品三大领域，明确了产业升级对基础性保障和高端化转型的要求。一是做好基础性保障。主要体现在核心基础硬件的供给保障，以及操作系统和数据库等薄弱领域的强化保障上，其中核心基础硬件供给特别聚焦于存储器产线建设、新型显示设备国产化、新兴电子领域关键技术研发等重点，并提出启动集成电路重大生产力布局规划工程。二是实现高端化转型。主要体现在信息技术服务的高端化和高端整机产品的发展上，《规划》特别增加“十三五”期间发展高端整机产品的要求，强调加快高性能安全服务器、存储设备、工控产品和下一代网络设备等影响范围广的高端整机产品的发展，培育具有国际影响力的整机品牌。

（五）发展人工智能

与四部委发布的《“互联网 +”人工智能三年行动实施方案》一脉相承，《规划》从人工智能产业、标准、平台、应用等环节入手，部署了人工智能创新工程，致力于构建基础坚实、创新活跃、开放协作、绿色安全的人工智能产业生态。一是加快人工智能支撑体系建设。加强产学研用合作，共同推动人工智能基础理论、共性技术和应用技术研究。加快视频、地图及行业应用数据等人工智能海量训练资源库和基础资源服务公共平台建设，推动人工智能领域“双创”活动。二是推动人工智能技术在各领域的应用。探索在制造、教育、环境、交通、商业、健康医疗、网络安全、社会治理等重要生产性及公共服务领域进行试点示范，推动人工智能的规模化应用。

（六）完善网络经济管理方式

顺应民间投资开放和国企改革等趋势要求，《规划》对网络经济管理方式提出了两方面的重点建议。一是继续深化电信体制改革。加快基础电信业开放步伐，积极推进三网融合，在目前移动通信转售试点基础上尽快实施正式商用，允许更多符合条件的民间投资者进入移动通信市场；在宽带接入网业务试点基础上，进一步扩大试点范围和网络建设范围，调动民间投资积极性，提升市场竞争活力。研究推进国有电信企业混合所有制改革，鼓励民间资本参与基础电信企业股权改制和经营管理。二是加强相关法律法规建设。针对“互联网＋”推进过程中融合业务遇到的业务准入、用户保护、网络安全等实际问题，以开放包容理念，打破行业壁垒，多方参与、共同协商，集中力量加快推进网络安全、电子商务等重点领域的立法建设。

中国信息通信研究院　余晓晖

《规划》解读三：促进高端装备突破发展 引领中国制造新跨越

高端装备制造业是现代产业体系的脊梁，是一个国家制造水平的集中体现。大力发展高端装备制造业，是抢占未来经济和科技发展制高点的战略选择，是加快供给侧结构性改革、培育新动能发展新经济、建设制造强国的重要举措。

一、高端装备已成为国际产业竞争焦点

一是发达国家纷纷进行战略部署。近年来，发达国家纷纷实施“再工业化”战略，力图重振制造业，面向制造业的新一轮国际分工争夺战拉开帷幕，高端装备制造业成为各国竞相角逐的主战场。美国“先进制造伙伴计划”、德国“工业 4.0”等发达国家制造业发展战略都针对高端装备制造业进行战略部署，试图抢占高端装备市场，保持并扩大其在国际竞争中的优势地位。日本制定了《制造业白皮书》，将机器人产业作为发展重点；英国在《英国工业 2050 战略》中提出要进一步巩固和强化其在航空航天领域的优势；韩国制定了《制造业创新 3.0》，将航空航天作为主要支持领域之一；法国通过制定和实施《新工业法国计划》，确定了其在高速列车、电子飞机和卫星等高端装备领域的领先地位。二是大型跨国企业集团在一些高端装备领域长期占据垄断地位。如航空领域，波音、空客长期垄断着全球民用干线大飞机市场；航天领域，美国全球定位系统（GPS）全球市场占有率超过 90%。

二、我国高端装备制造业取得巨大成就

“十二五”期间，我国高端装备制造业取得令人瞩目的成就。

（一）高端装备比重快速提高

2015 年，我国装备制造业产值规模突破 23 万亿元，占全球装备制造业的比

重超过 1/3，连续六年居世界首位。高端装备制造业发展势头良好、比重快速提高，产值占装备制造业比重已超过 10%，较 2010 年提高两个百分点。

（二）装备自主化实现重大突破

2010 年我国研制出世界上最高时速 380 公里 CRH380A 型高速动车组；大型运输机、ARJ21-700 新型涡扇支线飞机已交付运营，大型客机（C919）、大型灭火 / 水上救援水陆两栖飞机（7 蛟龙 -600）分别于 2015 年 11 月 2 日和 2016 年 7 月 23 日正式下线，为下一步试飞奠定基础；载人航天与探月工程、“蛟龙”载人深潜器取得重大突破；高分二号卫星推动民用遥感精度达到亚米级高分辨率；北斗导航系统突破千万级用户；海洋石油 981 深水半潜式钻井平台创造了世界半潜式平台之最；高速龙门五轴加工中心、大功率交流传动机车、城轨 A 型车等一大批重大技术装备研制成功并取得应用。

（三）部分行业国际竞争力显著增强

“一带一路”等国家战略的实施，为我国高端装备“走出去”提供了广阔的市场机遇。轨道交通装备形成了具有自主知识产权的系列产品，并已在土耳其、委内瑞拉、巴西、阿根廷等国家登陆。我国为巴西、委内瑞拉制造和成功发射了地球资源卫星、通信卫星和遥感卫星。济南二机床大型全自动冲压装备技术性能已达到国际先进水平，成功获得福特美国工厂 6 条生产线订单。深水半潜式钻井平台已批量进入国际市场。同时，一批优势企业国际化步伐加快，如中航工业与美国通用电气公司合资建设民机航空电子系统开发项目，引进 GE 综合模块化航电技术，逐步发展成为综合航空电子系统一级供应商；中国南车集团与美国通用电气（GE）在美成立合资公司；中集集团目前年销售收入的 57% 来自海外市场，已在英国、芬兰、丹麦、德国等地投资建立生产基地，业务涵盖能源、化工、特种车辆、特种房屋箱等，集团下属公司烟台来福士目前在建合同订单占全球海上钻井平台市场的 15%。

（四）新兴领域发展势头强劲

增材制造装备、无人机、海洋工程装备、智能制造装备等新兴产业发展取得明显成效。大型承力构件金属增材制造和生物增材制造技术已达国际先进水平。民用无人机发展迅速，大疆创新研制的民用无人机已广泛应用于航拍领域，市场份额占全球的 70%。海洋工程装备制造能力已进入世界前列，“十二五”期间我国已累计交付半潜式平台 22 座、自升式平台 46 座。2014 年、2015 年我国新接海洋工程装备订单，连续两年居世界前列，占世界市场份额的 35%左右，动力定位系统、深海锚泊系统等设备研制取得突破。新型传感器、智能化仪器仪表、工业机器人等智能制造装备产业发展速度明显加快，为我国经济发展注入新动能。

与先进国家相比，我国高端装备制造业在整体水平和国际竞争力上仍存在较大差距，主要表现在：自主创新能力薄弱，关键共性技术缺失；基础配套能力不足，关键材料、核心零部件受制于人；装备产品质量可靠性低，品牌建设滞后；服务体系建设明显滞后，应用推广难等。

三、高端装备未来发展重点

《规划》明确了包括高端装备与新材料在内的六大产业领域未来五年的发展重点。《规划》中提出，未来五年，高端装备制造领域要加快突破关键技术与核心部件，积极推进重大装备与系统的工程应用和产业化，促进产业链协调发展，塑造中国制造“新形象”，带动制造业水平全面提升。《规划》中提出，到 2020 年，高端装备与新材料产业产值规模将超过 12 万亿元。

（一）打造智能制造高端品牌

智能制造是制造业发展的重大趋势，是推进制造业供给侧结构性改革的重要体现，是构建新型制造体系的必然选择，也是制造强国建设的主攻方向。《规划》明确了“十三五”时期智能制造的发展重点。

一是强调应用示范，大力发展智能制造系统。针对我国制造业机械化、电气化、自动化、信息化并存，不同地区、行业、企业发展不平衡，智能制造系统集成解决方案提供能力不足等问题，《规划》中指出大力发展智能制造系统，推动机器人自动化生产线、数字化车间、智能工厂建设，提供重点行业整体解决方案，开展重点领域智能工厂应用示范。

二是注重关键技术与核心部件突破，推动智能制造关键技术装备迈上新台阶。针对智能感知与控制技术、数字化设计与制造技术亟待提升，机器人、传感器等关键技术装备还受制于人等问题，《规划》中指出构建工业机器人产业体系，全面突破关键技术与核心零部件，加快高档数控机床与智能加工中心研发与产业化，突破智能传感与控制装备、智能检测与装配装备、智能物流与仓储装备。

三是顺应制造业智能化、服务化趋势，打造增材制造产业链。《规划》中提出，要突破专用材料、提升工艺技术水平、研制推广主流工艺装备、加快研制配套核心器件和嵌入式软件系统，提升软硬件协同创新能力，建立标准体系，推动重点领域增材制造技术应用，加快发展增材制造服务业。

（二）实现航空产业新突破

航空产业属于技术密集型先进制造业，对产业拉动作用巨大。《规划》中明确，“十三五”时期航空产业的发展重点为：

一是加快航空发动机自主发展。航空发动机被誉为现代工业皇冠上的明珠，是军用、民用飞机最关键的核心部件，也是制约中国航空工业发展的“软肋”。《规划》中提出要依托航空发动机及燃气轮机重大科技专项，突破关键技术，发展多品种航空发动机，推动市场化应用。2016 年 5 月 31 日，中国航空发动机集团有限公司正式挂牌注册，进一步体现了国家发展航空发动机的决心。

二是推进民用飞机产业化。“十二五”以来，我国大型民用飞机研制取得了可喜的成绩，大型客机 C919 进入了工程发展阶段，大型宽体客机完成立项准备；大型民用飞机在适航符合性设计技术等关键领域取得重要突破，研发设计等核心能力建设取得重大进展。《规划》中提出要实施大型飞机重大专项，完成大型客机研制，启动宽体客机研发，促进新型支线飞机系列化发展，面向市场需求发展通用飞机。

三是完善产业配套体系建设。航空产业对核心材料、元器件、工艺的要求很高，长期依赖进口不仅造成了成本居高不下，而且使航空产业的创新和产业化发展受制于人。对此，《规划》中提出要提高航空材料和基础元器件自主制造水平，掌握核心工艺。另外，完善航空产业配套体系还需要从发展航空设备和系统、加快航空科研试验重大基础设施建设、加强适航审定条件和能力建设以及建设专业数字化示范工厂等方面发力。

四是发展航空运营新服务。我国航空产业链不完善问题长期存在，产业链高端环节发展滞后，产业链上的价值流失严重，每年 60% 的飞机维修市场价值流失到国外。面对上述问题，《规划》中提出要发展航空运营新服务，建立先进航空运营体系，促进服务模式创新。

（三）做大做强卫星及应用产业

当前，全球空间基础设施已进入体系化发展和全球化服务的新阶段，建设自主开放、安全可靠、长期连续稳定运行的国家民用空间基础设施，加快推进卫星综合应用，日益成为发达国家和地区追求空间领域领先、抢占经济科技竞争制高点、发展新兴产业、维护安全利益的战略选择。《规划》中指出，到 2020 年，基本建成主体功能完备的国家民用空间基础设施，满足我国各领域主要业务需求，基本实现空间信息应用自主保障，形成较为完善的卫星及应用产业链。

一是加快卫星及应用基础设施建设。我国目前在轨稳定运行的卫星超过140颗，仅次于美国，位居世界第二。未来五年，我国卫星应用产业将迎来大有作为的战略机遇。《规划》中提出要通过基础设施建设打造全球观测数据获取能力，构建"大数据"地球，建成卫星通信广播系统和北斗全球卫星导航系统，并运用政府和社会资本合作（PPP）模式推进遥感卫星建设。

二是提升卫星性能和技术水平。为了支撑国家民用空间基础设施建设和升级换代，《规划》中提出发展先进卫星应用平台技术和有效载荷技术，优先发展遥感卫星技术，提升通信广播卫星的性能，推进卫星平台型谱化发展。

三是推进卫星全面应用。随着我国新型工业化、信息化、城镇化、农业现代化快速推进，面向国民经济和社会发展的重大需求推进卫星应用的要求日益紧迫。《规划》中提出面向多行业需求，开展典型区域综合应用示范，面向政府部门业务管理和社会服务需求，开展多领域卫星综合应用示范，打造空间信息消费全新产业链和商业模式，积极布局海外市场。

（四）强化轨道交通装备领先地位

近年来，我国以高铁为代表的铁路和城市轨道交通得到快速发展，在"高速"、"重载"、"便捷"、"环保"技术路线推进下，我国以高速动车组、大功率机车为代表的轨道交通装备产业规模不断扩大，产品研发能力显著提升、技术创新体系初步形成，"走出去"步伐逐步加快。2015年，我国轨道交通装备产业产值规模超过4000亿元，居世界首位。未来五年，轨道交通装备产业将继续朝着智能化、绿色化、轻量化、系列化、标准化、平台化快速发展。

一是打造具有国际竞争力的轨道交通装备产业链。我国已经建成了一批具有国际先进水平的轨道交通装备制造基地，具备世界领先的生产能力，并形成了以主机企业为核心、以配套企业为骨干，辐射全国的轨道交通装备研发、制造和服务产业链。《规划》中提出要推进新型列车研发和产业化，加强产品质量检验检测认证能力建设，加快"走出去"步伐。

二是推进新型城市轨道交通装备研发及产业化。随着新型城镇化不断推进、大城市的快速形成和发展，城市轨道交通需求量不断增大。因此，《规划》中明确鼓励创新，面向大城市复杂市域交通需求，发展跨座式单轨、自动导轨快捷运输系统以及中低速磁悬浮系统等技术和装备，建立新型城市轨道交通车辆技术标准和规范。

三是突破产业关键零部件及绿色智能化集成技术。我国轨道交通装备高端的基础零部件配套水平相对较低，尚未完全形成一批“高、精、特、专”的配套产品企业群体，产业核心基础器件体系对轨道交通装备主机产业的支撑不足。对此，《规划》中提出要进一步研发关键系统和零部件。另外，要顺应轨道交通装备产业绿色化、智能化的发展趋势，加强相关技术研发和产业化。

（五）增强海洋工程装备国际竞争力

随着陆地和浅海石油资源日益枯竭，深海油气资源将会成为未来的主要资源。海洋工程装备作为获取深海油气资源的重要工具，世界各国政府和企业纷纷布局。近年来，我国在海洋工程装备领域已经积累了一定的基础，2014—2015 年我国新接海洋工程装备订单连续两年居世界前列，占世界市场份额的35%左右。未来五年，海洋工程装备产业将实现向深远海、极地海域发展和多元化发展。

一是重点发展主力海洋工程装备。从市场需求来看，由于陆地石油和浅海石油资源即将枯竭，未来以深远海、极地海域、环境作业恶劣海域的海洋工程装备及其关键配套系统将成为发展的主要趋势。因此，发展深水半潜平台、钻井船、半潜运输船等主力海洋工程装备将成为我国船舶行业转型升级、落实供给侧结构性改革的重要方向。《规划》中提出要推进主力海工装备系列化研发，提升设计制造能力。

二是加快发展新型海洋工程装备。为提升我国海洋工程装备质量品牌竞争优势，推动产品结构升级，《规划》中提出要突破浮式钻井生产储卸装置、极地钻井平台、海上试验场等海洋工程装备的设计和建造技术，实现产品性能及可靠性达到国际先进水平的目标。

三是加强关键配套系统和设备研发及产业化。目前，能够满足深海和超深海作业需要，且具有较高附加值的动力定位系统、水下钻井系统等关键配套部件基本被国外供应商垄断。另外，我国用于深海领域的关键配套部件的国产化率较低，具有高附加值的关键配套部件的国产化率还不到 10%，相比韩国、日本 95% 的国产化率差距很大，这是制约我国海工装备长足发展的重要因素。因此，《规划》中提出要产学研用相结合，提高关键配套设备的设计制造水平，提升专业化配套能力。

工业和信息化部赛迪研究院　王鹏　王影

《规划》解读四：提高新材料支撑保障能力助推制造强国建设

新材料是先进制造业和国民经济发展的基础，是重要的战略性新兴产业。培育壮大新材料产业，是推动我国制造强国建设，抢占国际竞争新优势的必由之路。“十二五”以来，我国新材料产业规模不断扩大，创新能力逐步提升，产业体系日益完善。在国家和地方政府的大力推动下，新材料产业发展步伐明显加快，取得了一批有国际影响力的创新成果，培育了一批骨干企业，打造了一批特色产业集群，在支持重大工程建设和国民经济发展中起到了积极的作用。但与世界第一梯队相比，我国新材料在性能稳定性、核心技术掌控、专用装备配套、高端产品供给等方面还存在诸多不足。

“十三五”时期国内外形势发生深刻变化，全球新一轮科技和产业变革蓬勃兴起，美国、欧盟、日本等发达国家和地区为重塑制造业优势，以新材料为突破口，出台一系列政策支持新材料研发和产业化应用，力图巩固其在新材料领域的垄断地位；主要新兴经济体也竞相加快发展新材料产业，抢占新材料市场份额，全球新材料市场竞争愈发激烈。我国经济步入新常态，供给侧改革循序渐进，产业结构深度调整，新技术、新业态、新模式层出不穷，对新材料产业发展提出了新的要求。面对新形势，我国新材料产业必须立足国情，以下游应用为牵引，以创新为驱动，提升新材料产业发展档次和质量，初步实现我国从新材料大国向强国的转变。

一、推动新材料产业提质增效

质量和效益是产业发展的关键。“十二五”期间，我国新材料产业快速发展，产值从 2010 年的 6500 亿元增加到 2015 年的 2 万亿元，年均增速超过 24%，增速较快；产品品种不断增加，高性能钢铁、轻合金、工程塑料等品种结构不断优化，实现了材料由无到有，支撑了装备制造、航空航天、新一代电子信息等领域的发展。

尽管发展势头良好，但总体来看，我国新材料产业发展方式仍比较粗放，还处于规模扩张的初级阶段，自主创新能力偏弱，部分产业关键技术和核心工艺受制于人，支撑产业内涵式增长的动力不足，存在部分低端品种过剩、高端品种严重依赖进口的现象，如我国中低端钛加工材过剩，而高品质焊管用纯钛带、宇航及医疗用钛合金棒材、滨海电站用钛焊管等高技术含量的产品还不能批量生产，仍依赖进口；同样的问题也存在于硅材料、动力电池正极材料、化工新材料、稀土永磁材料等诸多品种中。此外，新材料推广应用难、评价体系不完善等问题也制约了新材料产业的发展。因此，必须把提高我国新材料产业发展质量和效益放到更加突出的位置，增强新材料产业的创新能力，推动新材料企业与下游国内外知名制造业企业开展供应链合作，扩大高强轻合金、高性能纤维、特种合金等新材料规模化应用范围，逐步进入全球高端制造业采购体系；同时建立新材料技术成熟度评价体系和“首批次”应用保险补偿机制等，逐步完善新材料产业体系，提高我国新材料产业国际竞争力。

二、构建新材料标准体系

全球经济一体化使得国家间联系更加紧密，竞争也日益激烈，除了资源、技术、资本、人才等层面的竞争，标准逐渐成为国际竞争的新工具。发达国家相继制定了标准化战略，力求在竞争中处于不败之地。标准化水平已经成为衡量一国核心竞争力的基本要素。作为技术创新的先导，新材料的标准自然成为各国竞争的焦点。各国都试图通过抢先制定标准，来促进新材料的开发和应用，规范市场秩序，助推企业参与国际竞争，维护本国产业利益和贸易安全。我国也高度重视新材料的标准化工作，“十二五”期间出台了《新材料产业标准化工作三年行动计划》，先后制定了碳纤维、光学功能薄膜等标准，但由于新材料种类繁多，涉及面广，材料性能、工艺、关键技术等数据缺乏，导致我国新材料标准体系多建立在传统材料基础之上，还没有形成完整的标准体系，只能被动跟随国外先进标准，在国际竞争中处于不利地位。此外，我国部分材料标准与下游高端装备、新一代信息技术、新能源等领域的设计规范无法有效衔接配套，导致“有材不能用”。因此，必须以应用为牵引，围绕新一代信息技术、高端装备制造、节能环保等产业需求，加强新材料产品标准与下游行业设计规范的衔接配套，加快重点新材料标准制定，推广应用现有标准，完善新材料标准体系，逐步推动国内标准向国际标准转化。

三、促进特色资源新材料可持续发展

我国是稀土、钨钼、钒钛、锂等资源大国，稀土储量约占世界储量的23%，钨资源储量约占60%，钼资源储量约占39%，钒资源储量占21%，钛资源储量约占37%，均居于世界前列。以资源优势为基础，我国大力发展稀土功能材料、稀有金属材料、电池材料等特色资源新材料，部分新材料的产能跻身世界前列。但过去粗放型增长方式使得我国对优势特色资源的保护力度不够，部分资源过度开发，大量低价出口，矿区生态环境破坏较为严重。我国的资源优势逐渐流失，且没有完全转化成新材料竞争优势。如南方部分地区采用落后的工艺开采、冶炼和分离离子型稀土矿，造成了严重的水土流失、土壤酸化、农作物绝收等问题，生态修复任务较重，生态治理成本较高，不仅影响了我国稀土资源的可持续利用，也阻碍了稀土功能材料的健康发展。部分特色资源新材料虽具有绿色环保属性，但材料生产过程能耗较高、污染较重，对环境造成一定伤害。此外，受技术和成本所限，我国特色资源新材料的回收利用率不高。矿产开采过程中存在采富弃贫现象，尾矿、伴生矿等利用率较低，新材料回收利用技术还不成熟，长此以往会削弱我国特色资源新材料的供给能力。随着国内外对可持续发展的重视，低碳、环保成为发展方向，我国必须以绿色发展理念为指引，大力发展绿色制造和循环经济，推动稀土、钨钼、钒钛、锂、石墨等特色资源高质化利用，加强专用工艺和技术研发，提高特色资源新材料的回收利用率。

四、前瞻布局前沿新材料研发

前沿新材料是具有技术引领性和颠覆作用强的材料，大多处于研发或产业化初期阶段，一旦实现规模化应用，将会产生变革性的影响，催生新的产业模式。根据当前新材料发展阶段和未来发展趋势，各国都将石墨烯、纳米材料、智能材料、超材料、3D打印材料等列入前沿新材料的范围给予支持。欧盟于2013年启动了“石墨烯旗舰计划”，确定了13个重点研发领域；美国于2014年年底出台了《材料基因组战略规划》，明确发展生物材料、高温超导体等重点新材料，同时美国国防部、国家自然科学基金会等部门和机构还开展了石墨烯研发和产业化应用的研究；日本、韩国、英国等也在石墨烯、3D打印材料等方面投入了大量资金。除此之外，国外优势材料企业和相关科研机构还在前沿新材料领域积极进行专利布局，以石墨烯为例，三星电子石墨烯专利申请数量全球第一，IBM、LG、东芝、索尼、诺基亚等企业，以及莱斯、普林斯顿、成均馆大学等都掌握了大量核心专利。为赢得前沿新材料的先发优势，我国不断加强前沿新材料的基础和应用研究，高温超导技术已经处于世界领先水平，纳米材料、生物材料应用规模不断扩大，石墨烯制备技术不断取得突破。但总体而言，我国前沿新材料的研究和应用积累还不够，规模化和高水平应用技术还不成熟，与先进国家还有一定差距。因此，"十三五"时期，我国必须加强前沿新材料的前瞻布局，突破石墨烯产业化应用技术，拓展纳米材料在光电子、新能源、生物医药等领域的应用范围，开发智能材料、仿生材料、超材料、低成本增材制造材料和新型超导材料，加大空天、深海、深地等极端环境所需材料研发力度，形成一批具有广泛带动性的创新成果。

工业和信息化部赛迪研究院　刘文强　肖劲松　曾昆

《规划》解读五：将生物经济加速打造成继信息经济后的重要新经济形态

近期，国务院印发《“十三五”国家战略性新兴产业发展规划》，明确提出加快生物产业创新发展步伐，培育生物经济新动力，到2020年生物产业规模达到8万亿～10万亿元，形成一批具有较强国际竞争力的新型生物技术企业和生物经济集群，将生物经济加速打造为继信息经济后的重要新经济形态。这为我国培育发展生物产业提出了新的、更高的奋斗目标。

一、生物技术革命最有可能成为继信息技术革命后又一引领经济社会发展的新动能

20世纪以来，生物技术发展日新月异、突飞猛进，特别是近年来，基因测序成本以超过摩尔定律的速度下降，标志着生物经济最有可能成为继信息经济后的新经济形态。

当前，生物技术不断在医学、农业、工业、环境、能源等领域展现出巨大的潜力，正在引发新的科技革命，并有可能从根本上解决世界人口、粮食、环境、能源等影响人类生存与发展的重大问题，生物经济的蓝图被越来越深刻地描绘。在医疗领域，以干细胞、基因测序、生物芯片等核心技术突破为基础，新兴生物技术在医学领域的广泛应用，不仅极大地改造了传统的医药产业，还使得医疗技术的核心从末端的疾病治疗，逐步走向前端的诊断和预防，并打开了未来个性化医疗的大门；农业领域也正在经历一场生物科技的“绿色革命”，现代种植业和养殖业正在出现翻天覆地的变化；从能源领域看，越来越多的国家努力寻找更加经济高效绿色的能源替代方案，生物乙醇、生物柴油、生物发电、生物氢等生物质能在全球能源生产消费中的比重越来越大；即使是传统制造业领域，也同样存在被生物科技革命的可能性，工业生物技术的突破，使传统化工、造纸、食品等工业领域的制造工艺发生质的变化，不仅提高了生产效率，还减少了污染物排放。有预测

认为，除了上述已经被生物技术改变的四大领域，在2025年之后，当人类跨入生物经济成熟期，生物技术将对那些现在看起来似乎与生物学没有关联的更多产业发生作用，并最终对整个人类经济社会发展产生重大影响。

二、我国生物产业发展基础较好、潜力巨大

“十二五”以来，生物产业被列为我国重点培育发展的七大战略性新兴产业领域之一，各级政府陆续出台实施了一系列财税、价格、金融等优惠政策，为促进生物产业发展创造了良好条件。据有关统计，我国“十二五”时期生物产业复合增长率达到15%以上，产业规模超过3.5万亿元，在部分领域与发达国家水平相当，甚至具备一定优势。比如，埃克替尼、康柏西普、重组人戊型肝炎疫苗等国产创新药物成功上市，一批新专利到期药成功实现了国产化，磁共振、PET-CT等大型医疗设备以及人工耳蜗、植入式脑起搏器等高性能植介入产品成功填补了国产空白，基因检测服务能力全球领先，超级稻亩产突破1000公斤，生物发酵产业产品总量居世界第一，乙醇汽油已在全国11个省区推广使用，北京、上海、天津、广东、江苏、山东、湖北、吉林等一批高水平、有特色的生物产业集群已经形成，《改革药品医疗器械审评审批制度的意见》等一系列重要改革措施陆续出台，已形成了生物产业加快发展的良好格局。

我国不仅要应对人口持续增长和人口加速老龄化的巨大挑战，还要受到资源能源和环保压力不断加大的约束，食品安全、医疗养老、节能环保等新需求层出不穷，为我国利用生物手段解决上述问题提供了更加广阔的市场空间。可见，我国无疑是全球最大的生物医药、生物农业、生物制造和生物能源市场，发展潜力巨大。

三、抓住窗口机遇期加快把我国建设成为生物经济强国

“十三五”是我国生物产业加快发展、做大做强、提升国际竞争力的关键时期，必须把握生命科学纵深发展、生物技术广泛应用和融合创新的新趋势，以基因技术快速发展为契机，在已有发展基础上，面向国内重大需求，重点推动实施以下六项重点任务。

一是在生物医药领域，更加聚焦人类面临的重大疾病和医学模式转换，大力

推动临床中大需求的原创药物和生物制品开发，提升药品生产水平，积极改革管理规制，提升和激发产业创新能力，推动大健康产业发展。二是在生物医学工程领域，围绕生物技术与信息技术深度融合的新趋势，发展智慧医疗、移动医疗、远程医疗等适应生命科学新技术发展的新仪器、新器械、新试剂，进一步促进高品质国产设备推广应用，以体制机制改革促进行业创新发展。三是生物农业领域，适应农业现代化发展的新要求，创制一批突破性新品种，突出重点品种和产品的产业化，培育一批具有国际竞争力的生物育种企业。四是在生物制造领域，延续“十二五”时期的发展思路与主要任务，进一步提升生物基材料的技术经济性，推广生物新工艺，深入推动“两个替代一个提升”，支撑我国制造业绿色发展。五是在生物服务领域，把握好我国生物技术服务蓬勃发展的新趋势，以专业化分工提升生物产业创新发展效率，培育合同研发、委托生产、检测评价等生物服务新业态，构建基因检测和解读、生物信息、细胞治疗等新兴技术专业化服务体系，创造生物经济新增长点。六是在生物能源领域，突破一批关键技术瓶颈，鼓励和支持商业模式创新，完善政策支持力度，进一步促进生物质能规模化发展。

中国宏观经济研究院　王昌林　韩祺

《规划》解读六：加快推动绿色低碳产业壮大加速构建可持续发展新模式

一、推进绿色低碳发展意义重大

（一）发展绿色低碳产业是应对全球共性问题、推进持续发展的共同行动

传统能源资源利用体系的不可持续性给全球带来巨大的环境压力，资源短缺、气候变化等全球性问题愈加紧迫，推进绿色低碳发展已经成为世界各国应对资源环境问题、推进持续发展的共识与行动。欧美等主要经济体均将推动绿色低碳发展作为未来国家经济发展的战略内容，在新能源、新能源汽车、节能环保等绿色低碳领域积极开展重大部署，培育发展绿色低碳技术与产业。我国积极参与应对全球气候变化、能源治理等国际行动，大力推进节能减排，发展新能源与新能源汽车，促进绿色低碳循环经济发展，并取得显著成效。“十三五”新时期，树立绿色低碳发展理念，推进绿色低碳产业发展，既是我国加快转变经济发展方式、战略调整经济结构的迫切需要，也是我国积极应对全球发展共性问题、同力推进持续发展的战略行动。

（二）发展绿色低碳产业是建设美丽中国、实现生态文明的战略要求

我国正处于工业化、城镇化快速发展时期，资源需求与排放压力巨大。我国已是世界上最大的能源生产和消费国，传统的以化石能源为主的能源生产消费结构已经引发了严重的环境问题，传统的高资源消耗支撑经济发展的模式已难以为继，可持续发展事关我国经济社会发展的全局。中央提出了建设生态文明和实现美丽中国梦的宏伟目标，提出了“创新、协调、绿色、开放、共享”的发展理念，为“十三五”时期我国破解经济社会发展所面临的资源环境问题指明了方向。加快推动绿色低碳产业发展是从根本上解决我国的能源环境问题，建设美丽中国、实现生态文明的战略要求，也是推进科学发展、建设两型社会的必然选择。

（三）发展绿色低碳产业是推动我国节能减排、推进能源革命的必由之路

“十二五”末，中央提出了推动能源生产和消费革命重大战略，并向国际社会发布了2030年左右二氧化碳排放达到峰值且将努力早日达峰、2020年和2030年非化石能源占一次能源消费比重达到15%和20%的国家目标。“十三五”时期是我国全面建成小康社会的关键期，随着经济社会发展，我国能源与资源需求持续增长，资源和环境约束进一步加剧，在经济发展新需求与传统资源消费矛盾日益突出的情况下，全面落实中央节能减排与能源革命战略部署，实现国家目标，迫切需要转变以化石能源为主的能源生产与消费模式，推动能源节约、提高能源效率，发展新能源、新能源汽车、节能环保等绿色低碳产业，构建清洁高效低碳的现代产业体系和能源体系，推动产业转型升级、能源生产与消费变革。

（四）发展绿色低碳产业是我国培育新经济、积聚新动能、发展新优势的重要内容

当前，世界经济复苏动力不足、国际金融危机影响犹存，全球经济发展正深刻调整，无论是发达国家还是发展中国家，都在拓展新的发展空间，寻找新的增长动力。同时气候变化、环境污染、生态退化等环境问题凸显，成为威胁各国经济安全、能源安全甚至国家安全的严峻挑战。加快培育发展技术含量高、资源消耗少、带动效应广的新能源、新能源汽车、节能环保等新兴产业，促进绿色低碳循环发展，成为世界各国培育新经济增长点、加快经济转型升级和提升国际竞争力的战略选择，绿色低碳产业也发展成为国际新经济博弈的重点领域。近年来我国经济步入新常态，经济增速进入中高速，经济发展需要培育新动力，经济转型需要发展新引擎，同时新能源、新能源汽车及节能环保等绿色低碳产业迅猛发展，产业关键技术不断突破，规模快速扩大，产业体系逐步完善，已经成为我国战略性新兴产业的重要组成部分。适应国际经济转型发展趋势，顺应国际产业变化规律，发展绿色低碳产业，是我国新时期经济转型发展的重要抓手，也是加快推进供给侧结构性改革，促进大众创业、万众创新，培育新经济、积聚新动能、发展新优势的重要举措。

二、重点实现一批重大产业目标

以绿色低碳技术创新和应用为重点，引导绿色消费，推广绿色产品，大幅提升新能源汽车和新能源应用比例，全面推进高效节能、先进环保和资源循环利用产业体系建设，推动新能源汽车、新能源和节能环保等绿色低碳产业形成支柱产业，到2020年，绿色低碳产业产值规模达到10万亿元以上。其中，新能源汽车累计产销超过500万辆，当年产销200万辆以上，形成一批具有国际竞争力的新能源汽车整车和关键零部件企业，电动汽车整车技术达到国际先进水平，动力电池技术与产能规模全球领先，燃料电池汽车实现批量生产和规模化示范应用，形成满足电动汽车需求的充电基础设施体系。新能源消费量占能源消费总量比重达到8%以上，产业产值超过1.5万亿元，风电、太阳能发电装机、核电分别达到2.1亿、1.1亿、0.58亿千瓦以上，形成国际先进的核电全产业链发展能力，建立新能源综合开发利用技术创新、基础设施及政策支撑完整体系以及适应新能源电力大规模发展的电网运行管理体系。高效节能、先进环保、资源循环利用产业产值规模超过8万亿元。

三、重点实施五项重大任务

（一）加快推动新能源汽车规模化应用

通过强化技术创新，不断完善产业链条，大力优化配套环境，提升纯电动汽车与插电式混合动力汽车产业化水平，推进燃料电池汽车产业化。包括：一是提升电动汽车整车品质与性能。加强安全技术创新与应用，推广运用大数据、云计算、移动互联技术保障车辆运行安全。产品质量是赢得市场的关键，要加强整车可靠性研究与应用。新能源汽车智能化是竞争优势的体现，要推动电动化与智能化融合发展。二是建设具有全球竞争力的动力电池产业链。实施动力电池提升工程，加快高性能、高可靠性动力电池产业化。培育和发展一批具有持续创新力的动力电池和关键材料龙头企业。三是推进燃料电池汽车研发与产业化。紧跟全球技术前沿，加强燃料电池基础研发，积极推进燃料电池汽车批量化生产与规模化示范应用。四是构建规范便捷的基础设施体系。积极推进城市充电桩建设，实现充电基础设施互联互通，提升充电服务的智能化水平，逐步建成满足需求的充电基础设施体系。

（二）大力推进新能源产业引领发展

通过加快发展先进核电、高效率光电光热、大型风电、高效储能、分布式能源、智能电网等新能源技术，加速提升新能源产品经济性，构建适应新能源高比例发展产业创新支撑体系。重点包括：一是安全高效发展核电。采用国际最高安全标准，坚持合作创新，重点发展大型先进压水堆、高温气冷堆、快堆及后处理技术装备，提升关键零部件配套能力，建设示范工程，逐步整合行业资源，形成系统服务能力，加快核电“走出去”。二是优质高效开发利用风电。发展智能电网技术，发展和挖掘系统调峰能力，提升风电消纳能力。发展海上风电、分散式风电技术，重点发展5兆瓦级以上风电机组、风电场智能化开发与运维、海上风电场施工等关键技术与设备，健全产业测试与监测公共服务平台。三是多元化规模化发展太阳能。发展高效太阳能光电光热与太阳能集成应用及关键设备技术，加速新技术新材料新产品产业化，完善产业检测与监测公共服务，推进光伏光热规模化发展以及多种形式的太阳能综合开发利用。四是多种形式综合利用新能源。加快发展生物质发电供气供热与先进燃料、地热能供暖、风光互补、先进燃料电池、高效储能、海洋能发电等新型技术，推进多产品联产联供，发展分布式能源，建设新能源高比例应用示范区，推动多能互补、协同优化的新能源综合开发。五是发展“互联网+”智慧能源。突破分布式发电、储能、智能化电网等技术，建设以太阳能、风能等可再生能源为主体的多能源协调互补、开放共享的能源互联网，促进新能源生产与消费智能化，发展与衍生服务融合的绿色能源产业新网络，培育智慧能源新业务业态。六是加快形成适应新能源高比例发展的制度环境。完善电力调度机制和运行管理方式，建立适应新能源发电大规模发展的电网运行管理体系，建立新能源优先消纳机制，做好新能源发电基地与配套送出工程的规划协调，建立新能源补贴政策动态调整机制和配套管理体系，实现分布式能源直供与无障碍入网。

（三）全力发展高效节能产业

适应资源节约、环境友好的“两型”社会建设需求，推进高效节能技术产品应用，促进能源节约。重点包括：一是提升高效节能装备技术及应用水平。示范推广高效节能设备产品，制定修订强制性能效、能耗限额标准，发布节能产品与技术推广目录，完善政府采购目录以及能效标识、节能产品认证制度，多领域实施能效领跑者制度，提高节能产品市场占有率。二是推进节能技术系统集成及示范应用。推进余能和低温余热发电，促进能源计量、诊断和监控分析智能化，建设工业企业能源管控中心，发展低温加热段太阳能集热器应用、化石能源近零消耗建筑、节能门窗、绿色节能建材、新能源综合应用等技术产品。三是做大做强节能服务产业。发展合同能源管理、特许经营等新业态，推动节能服务商业模式创新，促进企业规模化品牌化网络化发展，发展企业绿色融资，健全第三方评估机制及相关平台，规范节能服务。

（四）加快发展先进环保产业

推动水、大气、土壤污染防治行动计划，推动污染防治区域、流域联动与海陆统筹，推进先进环保技术产品与装备应用。重点包括：一是提升污染防治技术装备能力。发展工业废水、雾霾、土壤农药残留、水体及土壤重金属污染等治理技术及装备，建设重大环保技术装备产业化示范基地，研发危废防治技术，支持产业资源整合，拓展国际市场。二是推广应用和集成创新先进适用环保技术装备。完善国家鼓励发展的重大环保技术装备目录，推进重点领域应用，通过多产业融合创新推动技术集成，建设技术创新联盟。三是推广应用先进环保产品。研究扩大环保产品消费政策，推广环保材料、药剂等产品，扩大政府采购范围与比例，实施环保产品“领跑者”制度，提升产品标准，组织实施相关示范工程。四是提升环境综合服务能力。建设环保装备需求、技术交易、招投标等服务以及监管监控信息平台，推进环保服务业试点，发展环境修复服务，开展环境污染治理第三方试点、环境综合治理托管服务试点，探索第三方治理模式，推进产品绿色设计。

（五）深入推进资源循环利用产业

一是推动大宗固废和尾矿综合利用。推动冶金、化工等产业废物综合利用，加强先进技术装备推广与工业固废战略性稀有金属、尾矿伴生有价元素的回收利用以及高技术含量尾矿产品开发，研发复杂多金属尾矿选冶联合、清洁无害化综合利用、大规模尾矿高效浓缩与充填成套等技术与装备，开发低品位钛渣优化提质技术。二是促进“城市矿产”开发和低值废弃物利用。发展废弃电器电子、报废汽车拆解利用等装备技术，推动废有色金属、废塑料加工利用，建设城市餐厨废弃物、建筑垃圾、废旧纺织品自由化与无害化处理系统，建设城市低值废弃物协调处理基地，完善再生资源回收利用基础设施，落实优惠政策。三是加强农林废弃物回收利用。推广秸秆代木制浆制肥等农林废弃物回收利用技术，发展多种农林废弃物沼气其他生物质能利用技术，推广标准地膜，开发农林废弃物超低排放焚烧技术。四是开展新品种废弃物循环利用。推动废弃太阳能电池、废旧动力蓄电池、废碳纤维材料和废节能灯等新兴废弃物回收利用，开展回收利用体系示范，推广稀贵金属高效富集与清洁回收、电动汽车动力蓄电池梯级利用，促进二氧化碳捕集等技术研发。五是推动海水资源综合利用。发展海水淡化及利用核心材料与关键装备，建设集聚化制造基地与海水资源化利用示范工程，推进大型海水淡化工程总包服务，开展海水淡化试点示范，推进高耗水行业海水冷却技术规模化应用、海水淡化水生产生活应用以及海水化学资源高值化利用。六是发展再制造产业。推进机械产品再制造无损检测、绿色高效清洗、自动化表面与体积修复等技术装备产业化，实施再制造技术工业应用示范，推广成熟表面工程装备，开展发动机、盾构机等高值零部件再制造，建立旧件溯源及产品追踪信息系统。七是健全资源循环利用产业体系。推动危废、电子废弃物处置等领域的物联网电子监管，推动企业建立线上线下融合的回收网络，加强生活垃圾回收与再生资源回收衔接，建设资源循环利用第三方服务体系，落实生产者责任延伸制度，建立健全相关技术、产品的标准体系。

国家发展和改革委员会能源研究所　王仲颖　张庆分

《规划》解读七：发展数字创意产业打造新支柱

数字创意是通过数字科技手段表现创造性思维意识，挖掘、激活进而提升资源价值。数字创意产业是以创意为核心的相关产品、服务和应用所形成的新型产业形态，重点包括数字文化创意、设计服务和相关产业融合应用等领域。数字创意产业不仅通过创意带动了体验经济的发展，在推动实体经济发展中还具备独特的价值提升功能，已成为许多国家新兴产业发展的重要方向，创意经济作为一种新的发展模式正在兴起。此次在《规划》中，首次将数字创意产业列为战略性新兴产业重点发展方向，提出将数字创意产业打造成五个新兴支柱产业之一的目标，并提出了重点发展方向和思路，意义重大。数字创意产业不以满足基本的功能性需求为目标，而是力图满足用户高阶物质和精神需求，成为引领消费的新引擎，并以设计创新引领产品和服务创新，有力促进优质产品和服务的有效供给。规划的此番布局，显示出消费对拉动经济发展的重要性，也显示出供给侧结构性改革主攻方向是提高供给质量。

一、技术装备是数字创意产业创新发展的驱动力

新的技术催生新的装备，新的装备催生服务模式的创新。从百年前的电影、数十年前的电视、卡拉 OK，到近期以平板电脑和手机为载体的移动网络文化，技术创新形成的设备，往往带来全新的体验形式，进而催生新的消费模式。现代的数字创意产业是伴随着数字图形图像技术、互联网信息通信技术和大众传播技术的最新发展而产生的，技术和装备的创新是数字创意产业发展的重要的基础性驱动力。

数字创意产业中的技术装备主要包括内容生产型装备和数字消费型装备，《规划》从两个方面分别进行了部署。一直以来，我国在数字创意领域的生产型设备上落后于世界顶尖水平，行业中规模应用的大部分数字建模工具、交互引擎、后

期特效系统都来自国外。在这个领域，需要我们充分发挥空间信息、人工智能、情感感知等领域基础性研究能力，加大科技成果转化力度，强化系统工程能力，研发更成熟易用的内容生产型装备，缩小与世界领先水平的差距。与之相对的，我国在移动终端、社交应用、数字娱乐等数字创意消费领域已具备一定优势，且拥有巨大的消费市场，需充分利用用户规模化和产业生态立体化的优势，尽快建立国际领先优势。

二、文化是数字创意产业创新发展的灵魂

数字创意产业的繁荣离不开数字内容，数字内容的创作源泉是文化，文化资源的开发是数字创意产业价值创造活动的基础，文化创新是数字创意产业的灵魂。党的十八大以来，习近平总书记围绕如何对待中国传统文化的问题，有一系列精辟论述，指出弘扬中华优秀传统文化“要处理好继承和创造性发展的关系，重点做好创造性转化和创新性发展”。

《规划》要求以全民创意等方式激发文化创意，丰富和发展优质、多样、个性的数字内容，并基于“两创”方针从两个方面进行了部署。首先是鼓励和促进对传统优秀文化资源的创造性转化。从内容来源上强调了地方特色和民族特色数字创意产品的开发，意在把跨越时空、超越国度、富有永恒魅力、具有当代价值的中华民族优秀传统文化精神充分地发掘出来，赋予新时代内涵和现代表达形式；从文化传播上强调了场馆载体平台的数字化水平提升，意在使中华民族文化基因与当代文化相适应、与现代社会相协调，激活生命力。同时，《规划》还非常重视传统文化的创新性发展，鼓励当代数字创意内容精品的创作。从创新发展能力上要求充分利用高新技术加快行业数字化进程，从内容质量上强化文化品位和市场价值的提升，从创新模式上则鼓励业态联动，并且提出了建设世界级数字创意品牌和“走出去”的高要求，这些举措都要求对中国优秀传统文化的内涵加以补充、拓展、完善，增强其影响力和感召力。

三、提升设计水平是数字创意产业创新发展的关键

在很长一段时间里，中国在国际社会上扮演着“加工厂”的角色，却出现国人海外扫货的现象，这种现象一定程度上显示出对中国产品的质量信誉危机，本

质上则是随着我国迈向小康，居民财富增加，人们在解决温饱后，消费向追求更高品质的中高端升级，而供给侧的产品升级跟不上需求侧的消费升级。推进设计服务发展，是加快实现由“中国制造”向“中国创造”转变的内在要求，是促进产品和服务创新，满足多样化消费需求、提高人民生活质量的重要途径。

创新设计是数字创意产业的关键领域。《规划》提出挖掘创新设计产业发展内生动力，推动设计创新成为制造业、服务业、城乡建设等领域的核心能力。除文化消费外，与人民群众生活密切相关的是工业品消费和人居消费。规划对这两个领域进行了重点部署。在工业品供给方面，要求强化工业设计的引领作用，重视第三方设计服务，从企业战略、创新设计、工艺装备、品牌价值体系、行业标准、人才机制、公共服务平台等多方位入手推动中国制造向中国创造、中国产品向中国品牌转变。在人居环境供给方面，要求充分利用高新技术促进创意创新，从宏观、中观、微观多层面入手，全面提高城市规划设计、建筑设计、景观环境设计、装饰服饰设计水平，改善人居环境。

四、融合发展是数字创意产业发展的效能倍增器

由于创意是具有广泛性意义的社会生活总体性概念，数字创意有极大潜力在数字科技推动下，顺着“互联网 +”的春风迅速地向各行业渗透，培育更多新产品、新服务以及多向交互融合的新业态。要实现这种可喜的局面，落实融合发展理念是关键。

数字创意产业的融合发展，要兼顾其价值外延和内生融合两个方面，《规划》同样做出了相应的部署。拓展数字创意产业的价值外延，就是要借助文化创意和创新设计的广泛适应性，强化对不同领域的辐射，形成“创意经济无边界渗透格局”。《规划》重点提出了数字创意在商务、教育、旅游、三农、医疗、展览展示、地理信息、公共管理等领域的应用，鼓励提升各领域产品和服务的创意、文化内涵和数字化水平，促进跨领域交流合作。促进数字创意产业的内生融合，就是要加强数字创意产业生态体系建设。产业生态体系是影响产业发展的直接因素与间接因素的总和，各国在战略性新兴产业上的竞争实际上就是产业生态的竞争，能够率先建立起完整的产业生态体系的国家将会在战略性新兴产业的发展中占据先机。因此，有必要以知识产权保护体系建设、用户权益保护、改善行业管理规制为着力点，形成有利于数字创意企业集群发展、快速成长的政策支持环境。

总体来说,《规划》从高新技术、传统文化、设计水平、产业融合多个角度为数字创意产业在“十三五”期间的发展做出了立体化的周密部署。我们坚信，在全行业的共同努力下，我国将走出一条高创新度、高附加值、高技术、高质量和高效率的数字创意产业发展道路。

北京邮电大学世纪学院 陈洪 张静 孙慧轩

《规划》解读八：超前布局战略性产业 培育未来发展新优势

空天海洋、信息网络、生命科学、核技术等领域是关系人类未来发展、国家长治久安、产业国际竞争力的战略领域。党的十八届五中全会要求“构建产业新体系”，“培育一批战略性产业”。《规划》进一步明确提出要坚持前瞻布局、系统谋划，聚焦空天海洋、信息网络、生命科学、核技术领域培育一批战略性产业，为经济社会持续发展提供战略储备、拓展战略空间。必须深刻认识发展战略性产业的重大意义，准确把握战略性产业发展思路和方向，明确发展战略性产业的重点任务和举措，加快发展我国战略性产业。

一、深刻认识发展战略性产业的重大意义

（一）发展战略性产业是把握新一轮科技革命引发的重大产业发展机遇的必然选择

全球新一轮科技革命正在孕育兴起，深刻改变世界经济格局。物质结构、宇宙起源、复杂系统等基本科学问题不断突破，开辟新前沿新方向；信息网络、生物科技、先进能源、新材料与先进制造等颠覆性技术层出不穷，催生新产业新业态。发展战略性产业，整合创新资源，加强空天海洋、生命信息等科学前沿及交叉领域前瞻布局，不断突破组织和技术的界限，在关系国家全局和长远发展的重要科技领域实现跨越发展，牢牢把握新一轮科技革命引发的重大产业发展机遇。

（二）发展战略性产业是把握未来产业竞争主动权的战略举措

我国已具备了建设工业强国的基础和条件，产业投资需求旺盛，产业体系日益完备。但同先进国家相比，我国尚处于工业化进程之中，产业发展面临重大瓶颈，关键领域核心技术受制于人的局面依然存在，产业创新能力特别是原创能力还有很大差距。发展战略性产业，围绕国家重大需求，坚持创新驱动，着力攻克关键

核心技术，抢占产业发展制高点，深化产业结构调整，增创发展新优势，是我国把握未来产业发展主动权的战略举措。

（三）发展战略性产业是产业创新驱动转型升级发展的客观需要

全球产业分工和竞争格局正处于深度调整期，为我国产业结构调整和升级带来重大机遇和挑战。发达国家推动“再工业化”和“制造业回归”战略，新兴经济体利用其制造成本的比较优势，力图在新一轮产业分工中占据有利地位，对我国传统发展模式带来严峻挑战。发展战略性产业，着眼于在全球产业价值链中高端布局，是提升产业国际竞争力和实现产业创新驱动转型升级发展的客观需要，也是构建现代产业发展新体系的客观要求。

二、准确把握战略性产业发展思路和方向

空天海洋、信息网络、生命科学、核技术等战略性产业具有以下突出特点：一是国家未来战略需求导向。战略性产业是综合国力竞争的战略制高点，其发展水平将在很大程度上决定未来全球科技和产业竞争格局，属于大国战略必争领域。二是高度依赖科学技术重大突破。战略性产业科学技术高度密集，产业发展的前提条件是相关领域取得重大颠覆性技术突破，通过关键点上突破带动新兴业态培育和产业整体能力提升。三是前期研究资金需求巨大。战略性产业系统性、外部性强，仅靠市场机制无法有效配置资源，需要通过国家行为完成前期技术突破和能力积累。

培育和发展战略性产业要着眼未来经济社会发展和国家安全长远需求，适应未来科技发展新趋势和产业变革新方向，站在国家层面超前谋划和系统部署，加强与组织实施国家科技重大专项、培育壮大新兴产业、建设制造强国、发展现代服务业等领域的衔接协调，从科学技术、资金、人才和制度等方面进行整体设计，组织实施一批重大工程，突破一批核心技术，开发一批战略性产品，逐步引导和吸引社会资本参与，培育形成一批掌握核心技术、具有自主发展能力的战略性产业，成为支撑未来国家竞争优势的中坚力量。

三、加快发展战略性产业的重点任务和举措

综合考虑科技发展趋势、我国发展基础和未来战略需求，《规划》选择空天海洋、

信息网络、生命科学、核技术四大领域作为“十三五”时期我国战略性产业发展重点。

（一）空天海洋领域

深空、深海、深地、深蓝等“公地”对于拓展未来人类生存发展空间具有重要战略价值，日趋成为国际科技竞争的战略制高点。

面向未来探索和开发利用外层空间需求，《规划》提出从两方面着力提升我国空间探测和开发利用能力。在空间进入方面，通过发展重型运载火箭提升保障未来重大航天任务实施；通过快速、廉价、可重复使用的天地往返运输系统，适应未来商业航天发展需求。在空间探测利用方面，提出发展新型应用卫星、载人空间系统、小卫星等面向应用的新型航天器，以及邻近空间飞行器、可重复使用航天器等面向未来任务的新型航天器。

针对我国航空领域发展面临的航空发动机依赖进口、高水平产品不足等问题，《规划》面向未来航空产业发展需求，提出超前部署新型发动机关键技术研究，提升未来航空产业自主发展能力，大力发展多用途无人机、新构型飞机等战略性航空装备，并超前布局总体气动技术、机电技术、航电系统、航空新材料等配套技术和产品开发。

深海远海和极地不仅拥有巨大的空间资源，还蕴藏着丰富的矿产、能源和生物资源，对于人类未来发展具有重要战略价值。面向未来深海远海极地研究和开发利用需求，《规划》提出发展相关领域探测和开发利用的技术、产品和装备，为相关领域科学研究、观测勘探、资源综合开发利用、安全保障提供核心支撑。

（二）信息网络领域

针对互联网在安全性、可扩展性与可管理性等方面存在的固有问题，《规划》提出构建未来网络新体系，系统布局新兴网络架构和技术体系研究，研究构建泛在融合、绿色带宽、智能安全的新型网络。未来网络新体系的构建对于提升我国未来网络技术体系自主发展能力，为社会提供更便捷、更人性化的互联网服务具有广泛而深远的影响。

未来信息网络正在从互联网向物联网拓展，从人、机交互向人、机、物三元融合的方向拓展，进入万物互联时代。新技术新产品将成为未来信息网络产业发展的关键。《规划》提出加强信息网络领域关键技术和产品研发，发展物联网搜索引擎、E级高性能计算等技术和产品，开展虚拟现实、自然人机交互等前沿技术研发。信息网络关键技术突破将会加速万物互联时代的到来，对于加快信息网络技术在工业化和城市化过程中的应用和推广，奠定信息网络产业的战略地位具有举足轻重的作用。

传统的信息器件在性能、成本、功耗等方面面临发展瓶颈，亟须颠覆性新技术的出现。《规划》提出推动信息器件变革性升级换代，加强光电子领域前沿技术和器件研发，提升光网络通信元器件支撑能力；统筹布局量子芯片、量子软件以及相关技术的研发，推动量子计算机的物理实现和量子仿真的应用；加强类脑芯片、超导芯片、石墨烯存储等新原理组件研发，推进后摩尔时代微电子技术发展。信息器件变革性升级换代为抢占信息网络产业发展制高点奠定了必要的技术基础。

（三）生命科学领域

干细胞与再生医学代表了现代生命科学领域的前沿，有望成为继药物治疗、手术治疗后的第三种疾病治疗途径，具有广阔的应用前景。《规划》提出构建基于干细胞与再生的医学新模式。一是加快布局体细胞重编程科学与技术研发，开发功能细胞获得新技术；二是完善细胞、组织与器官的体内外生产技术平台与基地；三是规范干细胞与再生领域的法律法规和标准体系，持续深化干细胞和再生技术的临床应用；四是发展肿瘤免疫治疗技术。基于干细胞与再生的医学新模式和互联网服务业的融合发展将会带动精准医学、重大疾病治疗和智能护理等领域相关技术创新和产品化，有效提升居民健康服务保障水平。

基因编辑技术在生物医学、农业育种和工业微生物改造中具有重要应用前景，将成为下一代生物技术的核心。随着基因编辑技术的快速发展，我国亟须完善基因编辑研究的科学布局、监管和专利保护，为此，《规划》提出开发针对重大遗传性疾病、感染性疾病、恶性肿瘤等的基因治疗新技术，建立具有自主知识产权的基因编辑技术，促进基因编辑研究的产业化发展。

合成生物技术在发展新兴工业、缓解能源危机等方面具有重大意义，将对我国生物产业发展产生巨大影响。《规划》提出突破基因组化学合成、生物体系设计再造、人工生物调控等关键技术，通过合成生物技术推动生物育种、生态保护、能源生产等领域颠覆性技术创新，构建基础原料供给、物质转化合成、民生服务的新模式，培育构建合成生物产业链。

（四）核技术领域

随着化石能源的日益枯竭，核能在满足未来人类能源需求方面具有重要作用。其中，采用核裂变技术的三代核能系统已经较为成熟，并在世界范围内得到广泛应用；四代核能系统研发进展迅速，有望在2030年前后投入使用，为人类提供更加安全、可靠、高效的核裂变能，并显著降低温室气体排放。

《规划》提出在核能方面加快新一代核能装备系统研发，加快推动铅冷快堆、钠冷快堆、钍基熔盐堆等四代核能系统的试验验证和实验堆建设，开展小型和微型核动力堆的开发和应用示范。参与国际热核聚变试验堆（ITER）计划、完善托卡马克等国家重大科技基础设施，开展实验堆的概念设计、关键技术和重要部件的研发。四代核能系统的重大突破将显著提升我国核电产业自主发展能力和国际竞争力，小型和微型核动力堆的技术突破将带动我国核动力破冰船、海上浮动核电站的发展，ITER 计划的实施有可能突破核聚变能利用关键技术瓶颈，彻底解决人类能源问题。此外，《规划》还提出积极发展非动力核技术产品和装备，拓展非动力核技术在工业、农业、医疗健康、环境保护、资源勘探、公共安全等领域的应用，为相关产业发展拓展新的市场空间。

中国科学院科技战略咨询研究院　穆荣平　樊永刚　郭京京

《规划》解读九：促进战略性新兴产业集聚发展 构建协调发展新格局

过去五年,战略性新兴产业从“培育”走向“壮大”,在全国的分布也从“星星之火”渐成“燎原之势”，不仅在发展较为先进的地区形成了一批具有国际领先水平的产业集聚区，还在全国广泛形成了各有特色的产业集聚，成为各地经济增长方式转换、产业结构调整的引领力量。为了进一步发挥集聚发展这一发展形态对于促进战略性新兴产业的重大作用，国务院印发的《规划》首次对未来我国战略性新兴产业的区域集聚布局进行了统筹谋划，配合国家区域发展总体战略深入实施，通过推进分级发展，打造产业策源地，壮大产业发展集聚区，培育产业特色集群，在全国形成点面结合、错位发展、协调共享的产业发展新格局。

一、全面构建产业协调发展新格局

区域集聚发展是加快战略性新兴产业发展的重要机制。集聚发展可加快知识和技术在区域内的传播，这种典型的正溢出效应，对于知识技术密集的战略性新兴产业有极大促进作用，众多创新主体在区域内的集聚可为战略性新兴产业提供源源不断的创新动力，推动产业时刻追随技术变革的浪潮，提高产业竞争力。典型如硅谷，汇聚了斯坦福大学等创新源头，惠普、英特尔和苹果等 IT 巨头及众多创新能力极强的中小高科技公司，各创新主体之间频繁互动，造就了这一区域不竭的创新活力。区域集聚可以有效地发挥规模经济效应，通过推动产业在区域内的分工与合作，可以进一步降低成本，提高劳动生产率。战略性新兴产业发展往往是产业体系各环节综合竞争实力的比拼，分工合作带来的效率提升对于战略性新兴产业发展至关重要。典型如深圳，正是靠着无数不知名的电子企业分工协作，打造起了极高效率的制造供应体系，才能产生出华为这样的世界级企业。

对区域集聚做出规划，将有力促进战略性新兴产业形成协调发展新格局。“十三五”时期，我国战略性新兴产业将实现从部分地区集中发展向全面铺开协调发展的转变。“十三五”期末，战略性新兴产业规模将占全国 GDP 总量 15% 左右，产业规模的扩张和产业体系的完善将会带来产业链条分工的不断细化和区域分布的不断扩散，也就为越来越多区域参与战略性新兴产业发展提供了机遇。全国各地区都可以从自身的发展阶段、产业优势、区域禀赋等条件出发，选择适合本区域发展的战略性新兴产业。协调发展的新格局将会进一步放大战略性新兴产业的引领带动作用。未来五年，战略性新兴产业将不仅在少数地区产生正向作用，而且将发挥出更为系统立体的引领带动作用。包括成为向全国扩散知识技术，具备发展引领作用的产业策源地；在建设有全球影响力城市群中起着产业发展主力军的作用；在一大批城市中通过形成特色鲜明的优势产业增长极引领区域实现持续增长与转型升级。

二、打造战略性新兴产业策源地

按照《“十三五”规划纲要》提出的“加快实现创新驱动发展转型，打造具有国际影响力的创新高地”要求，立足产业发展基础，遵循产业演化规律，打造战略性新兴产业策源地。国内外历史表明，发展中的均衡是相对的，不均衡则占据大多数时期。推动产业集聚发展，必须遵循产业发展规律，利用好集聚中心的带动扩散作用。从发达国家和新兴经济体的发展经验来看，部分创新资源富集的中心城市利用其科研人才密集、学科齐全、国际交流频繁等优势，成为新兴、交叉技术的研发地，产学研用联动融合的产业化转化地，形成了具有强大带动力和辐射力的新兴产业策源地，如美国的硅谷、日本的筑波等，我国目前也显现出这种发展势头。“十三五”期间，这种趋势将愈发明显。我国几大创新资源密集的中心城市将采用多种措施：强化重点领域科技研究和产业转化，形成引领新兴产业发展的辐射源；加快体制机制改革攻坚，发挥策源地改革创新示范带动作用；支持高素质人才创新创业和建设相应平台，打造产业创业创新高地；实施知识产权强市战略，强化知识产权保护、运用和管理等一系列措施。持续引领战略性新兴产业相关领域原创性、颠覆性、支撑性知识技术的开发，不断利用全球创新成果，提高在世界新兴产业网络体系中的地位，形成辐射带动全国新兴产业发展的策源地。

三、壮大一批世界级战略性新兴产业发展集聚区

按照《"十三五"规划纲要》中以区域发展总体战略为基础，重点推进实施"一带一路"建设、京津冀协同发展和长江经济带三大战略的部署，以全面创新改革试验区域为重点，立足国际视野，壮大一批世界级战略性新兴产业发展集聚区。从区域发展总体战略看，未来五年，在东部地区打造国际一流的战略性新兴产业城市群；在东北地区打造国内领先的战略性新兴产业集聚区；在中西部地区，依托产业基础发展具有比较优势的特色战略性新兴产业，实现全面布局。从三大战略实施看，按照《"十三五"规划纲要》中"优化空间格局和功能定位"、"推进建设京津冀协同创新共同体"的要求，加强京津冀经济与科技人才联动，推进新兴产业对接合作，形成辐射带动环渤海地区和北方腹地发展的战略性新兴产业发展共同体。依托黄金水道长江经济带建设，按照《"十三五"规划纲要》中"推进长江经济带发展"和"打造特色优势产业集群，培育壮大战略性新兴产业"的要求，发挥长三角城市群的引领作用，构筑点面结合、链群交融的产业发展格局，促进长江经济带上中下游地区协同发展，加快促进战略性新兴产业发展空间从沿海向沿江内陆拓展。按照《"十三五"规划纲要》中"畅通'一带一路'经济走廊"的要求，促进一批城市群发展战略性新兴产业特色产业。从城市群建设角度看，依托山东半岛、长江中游、中原、成渝、海西、长株潭等城市群建设，按照《"十三五"规划纲要》中提出的"加快城市群建设发展"和"形成更多支撑区域发展的增长极"要求，因地制宜、因业布局，促进区域转型升级和结构调整，努力打造国内领先的新兴产业集聚区。

四、培育战略性新兴产业特色产业集群

按照《"十三五"规划纲要》提出的"促进区域协调、协同、共同发展"的战略目标，依托现有产业集聚区，创新区域发展政策，培育百余条特色鲜明的优势产业集群和特色产业链。截至目前，全国已部署 32 个战略性新兴产业区域集聚发展试点，在体制机制创新等方面取得了一系列积极进展，构建了一批优势产业集群和特色产业链。"十三五"期间，应正确把握区域集聚发展的总体思路，按照发挥优势、凸显特色、聚焦突破、错位发展的总体要求，采用多种手段培育各地

新兴产业集聚发展的内生动力：一是完善政府引导产业集聚方式，进一步扩大战略性新兴产业区域集聚发展试点范围；二是创新开放发展方式，充分整合利用全球创新资源和市场资源；三是聚焦重点产业领域，向产业链创新链协同转变；四是注重产城融合，促进不同创新主体良性互动。最终形成特色产业集群多点开花、覆盖全国的战略性新兴产业发展格局。

国家信息中心　黄路明　张振翼

《规划》解读十：推进战略性新兴产业开放发展拓展合作新路径

“十二五”期间，我国在推动新一代信息技术、生物、航空等战略性新兴产业国际化发展方面做了大量工作，取得了明显成效。《规划》适应国际国内形势变化，按照国家战略部署，贯彻国家开放发展的基本理念和总体要求，坚持问题导向，聚焦重点领域和关键环节，针对全球创新资源利用不足、国际创新合作不畅等问题，突出国际创新合作，突出产业深度融合，强调通过积极引入全球创新资源、打造国际合作平台、构建全球创新网络和深度融入全球产业链，拓展战略性新兴产业发展新路径。

一、积极引入全球资源

“十三五”期间，按照供给侧结构性改革的总体要求，以提升战略性新兴产业整合利用全球创新资源的能力和水平为目标，重视从全球范围内引进技术、资金和人才等创新要素，提升战略性新兴产业要素供给质量和水平。

一是鼓励引进国外先进技术。适应企业由封闭式创新转向开放式创新的新趋势，以“一带一路”建设为契机，推进国际产能合作，构建开放型创新体系，鼓励技术引进与合作研发。与此同时，对于从国外引进的先进技术和设备，强调引进消化吸收与再创新，注重二次创新。

二是积极引进国外资金。“十三五”期间，通过放宽投资准入限制、改革外商投资管理模式等多种方式，为外商投资战略性新兴产业提供良好环境，积极引导外商投资方向，鼓励外商投资战略性新兴产业，特别是鼓励扶持设立外资研发机构。充分利用外资研发机构的溢出效应，鼓励支持跨国公司、国际知名实验室等高层次的研发机构来华设立研发中心，重点集聚一批高能级、信誉好的世界500强研发机构及其他各类独立或非独立研发机构。

三是大力引进国外高端创新人才。针对利用全球高端创新人才方面的主要问题，《规划》提出要加大海外高端人才引进力度，畅通吸纳高端海外人才的绿色通道，为海外人才来华工作和创业提供更多便利。可以预见，“十三五”期间，外籍专家管理制度有望得到进一步优化，外籍华人高端创新人才“国民待遇”、外国专家证发放范围、各种就业许可证发放年龄限制条款等方面的问题有望得到明显改善，居留许可和出入境相关流程手续将会进一步简化，引进国外高端创新人才将会更加便利。

二、打造国际合作新平台

“十三五”期间，按照国家全面深化改革的总体要求，结合战略性新兴产业特征，为更好地发挥政府作用，在推进战略性新兴产业开放发展的过程中，政府将从制度保障、园区建设和公共服务等主要方面入手，搭建平台和载体，促进战略性新兴产业加强国际合作。

一是积极建立国际合作机制。从国家层面提供制度保障，通过签署各类合作协议，保障和推动战略性新兴产业国际合作。聚焦战略性新兴产业重点领域或关键环节，推动签署政府间新兴产业合作、科技合作或创新合作协议，推动签署政府间人员资质、产品标准和认证认可结果等方面的相互认可协议，参与国际多边合作互认机制，提高国外政府和机构对我国相关资质和检测认证结果的采信。

二是建设国际合作产业园区。各类园区建设是改革开放的成功经验之一，《“十三五”规划纲要》也提出要推进双边国际合作产业园建设。为更好地促进战略性新兴产业开展国际合作，《规划》从境外园区和国内园区建设两个方面，提出了战略性新兴产业国际合作园区建设的重点。境外园区建设方面，强调以发达国家和“一带一路”沿线国家为重点，结合双边产业发展现状和实际需求，建设双边特色产业国际合作园区，引导龙头企业到海外建设境外合作园区。国内园区建设方面，强调创新合作方式，采取“两国双园”等模式，加强自贸区等双边或区域合作框架下的产业园区建设，积极争取国家政策支持，开展产业开放及改革试点，提升重点领域开放合作水平。

三是加强公共服务平台建设。针对服务能力不足和服务缺失等方面的问题，《规划》指出，要加强促进战略性新兴产业国际合作的公共服务平台建设，加快建设国际科技成果转化和孵化、人才培训、信息服务、共性关键技术研发等各类公共服务平台，提升公共服务能力和水平。

三、构建全球创新发展网络

全球创新网络是在经济全球化背景下，企业由封闭式创新转向开放式创新、注重从外部寻求可用资源的一种创新模式。全球创新网络的形成，有助于高效整合全球创新资源，从而满足中国战略性新兴产业创新发展需求。基于此，《规划》重点从以下三个方面提出了构建全球创新网络的主要任务。

一是加强全球创新网络服务机构建设。设立协调推进机构和服务机构，搭建各类国际经济技术交流与合作平台。加强驻外机构服务能力，提升其对战略性新兴产业国际化发展的指导和服务能力。充分利用 G20、夏季达沃斯等现有合作机制的重要作用，积极参与并逐步提升话语权，开展新经济交流。充分发挥有关行业协会和商会作用，鼓励商协会等第三方机构充分发挥各自优势，着眼于重点领域和关键环节，大力推进国际经济技术交流与合作。

二是构建高效协同的国际化合作网络。强调引导社会资本设立一批战略性新兴产业跨国投资基金，组织一批城市对接战略性新兴产业国际合作，建设一批国际合作创新中心，发展一批高水平的国际化中介服务机构，建设一批海外研发中心，构建全球研发体系，形成政府、企业、投资机构、科研机构、法律机构、中介机构高效协同的国际化合作网络。可以说，为构建高效协同的国际化创新网络，国家在跨国投资基金、城市对接合作、国际合作创新中心、中介服务机构、海外研发中心等方面都将会采取一系列的重大举措。以建设海外研发中心为例，国家将大力支持符合条件的企业通过自建、并购、合资、合作、参股等多种方式在海外设立研发中心，重点扶持风能、太阳能、新型平板显示和高性能集成电路、新能源汽车、生物育种等行业在海外建立战略合作关系。

三是鼓励扶持参与国际科技合作计划。当前，各个学科之间相互交叉渗透，一些大科学研究项目或计划越来越具有全球性，节能环保、生命健康、空天海洋等领域的研究越来越需要各国科学家共同参与。“十三五”期间，政府将积极发挥引导和协调作用，整合资金，集中人力、物力资源，突出重点，支持企业、产业组织和科研机构参与各类国际科技合作计划、国际大科学计划和大科学工程，承担和组织国际重大科技合作项目，大力推进国际科技合作，促进我国国际科技合作再上新台阶，进入世界科技发展前沿。

四、深度融入全球产业链

“十三五”期间，我国战略性新兴产业在参与全球产业分工过程中，将从参与全球产业链某个或某几个环节向全面、深度融合方向发展。《规划》强调，我国战略性新兴产业将从以下三个方面深度融入全球产业链。

一是制订国别行动计划。着眼于从国家战略层面，加强顶层设计和统筹考虑，推动产业链全球布局，聚焦高端装备、新一代信息技术、新能源等重点领域，实施差异化的国别策略，针对重点国别地区确定不同的建设重点、推进方式和实施路径，推动产业链资源优化整合。

二是支持产业链“走出去”。针对我国企业“走出去”过程中存在的单打独斗、无序竞争等问题，支持企业、行业协会、商会、地方政府部门创新方式开展战略性新兴产业国际产能合作，推动国内企业、中外企业组团共同开拓国际市场，支持产业链“走出去”，向全球提供全产业链、全生命周期的产品，扩大“走出去”的范围和实力，提高服务水平和质量。与此同时，将“走出去”获得的优质资产、技术、管理经验“反哺”国内，形成综合竞争优势。

三是支持高层次的企业合作。推动高端装备、新一代信息技术、生物产业等领域的龙头企业与国际大企业开展更高层次的合作，学习国际大企业先进的公司治理、经营管理和技术创新经验，在不断提升企业自身国际竞争能力的同时，与国际大企业共同开拓国际市场，共同参与并主导产业链全球布局，实现优势互补，共赢发展。

商务部国际贸易经济合作研究院　顾学明　崔卫杰

《规划》解读十一："十三五"国家战略性新兴产业政策体系建设新方向

一、背景

战略性新兴产业的发展，是重大科技突破和新兴社会需求二者的有机结合。在经济发展新常态下，战略性新兴产业将突破传统产业发展瓶颈，为中国提供弯道超车、在国际竞争中占据有利地位的宝贵机遇。《规划》的出台，正是要推进战略性新兴产业的发展，并以此为抓手积极培育新动能，发展新经济，促进稳增长、调结构，实现经济社会健康发展。

"十三五"时期，我国战略性新兴产业发展面临着新的形势，而创新、包容、开放是推动战略性新兴产业发展实现既定目标的关键因素。创新是战略性新兴产业发展的灵魂；包容性的政府监管与治理模式会为新产业新技术发展营造良好的生态环境；开放理念需提高我国在全球经济治理中地位，要更强调对知识的保护、运用，以及内部创新体系的融合。相应地，《规划》提出了完善管理方式、构建产业创新体系、强化知识产权保护和运用、深入推进军民融合、加大金融财税支持、加强人才培养与激励等六方面政策保障支持措施。

二、具体政策措施解读

经过"十二五"时期的培育与发展，"十三五"期间战略性新兴产业发展主要任务已经转变为创新、壮大和引领。相比"十二五"时期，"十三五"时期的政策将更加体现国家创新驱动发展战略的有关精神。主要体现在：一是宏观政策体系将由"速度型"模式向"规制型"模式转变，把管理方式创新提到了很重要的位置。战略性新兴产业在发展过程中遇到了不少规制型障碍，出现了社会性规制缺位、经济性规制越位的现象，政府应该针对不同产业的特点，采用不同的规制形式，释放创新活力，为战略性新兴产业创造一个健康、协调的政策环境。二是更加注重创新环境，提出了构建创新体系，特别是构建公共创新体系和完善科技成果转化制度。三是强调了知识产权的保护和运用。2016年5月发布的《国家创新驱动发展战略纲要》特别强调了要加强知识产权工作，而《规划》针对战略性新兴产业的知识产权战略布局了一系列政策，这也是其一个重要亮点。四是突出了军民融合创新，更加注重军民技术的转化和应用。

具体来看，《规划》强调了以下六类政策措施。

第一，推进管理方式创新。“十三五”期间，我国强调改进战略性新兴产业的创新治理体系，进一步明确政府和市场分工，完善激励创新的政策体系、保护创新的法律制度。《规划》从三个方面来强调如何实现管理方式的完善：一是要推动产业规制的改革，二是要强化市场监管，三是要加强政策协调。“十二五”期间，我国的战略性新兴产业得到了快速的发展，但是在电信、医疗器械、新能源汽车等领域，新兴产业企业的生产和市场拓展常常会遇到准入限制，有时无法与传统企业进行健康的市场竞争，一定程度上阻碍了产业的积极发展；另外，“互联网+”和分享经济等新业态的快速发展，对传统的规制模式提出了重大挑战。而“十三五”期间，面对这些产业发展的新技术、新产业、新业态、新模式，我国会积极推进规制与治理方面的创新。2016年7月28日，“网约车”新政得到颁布，就是我国政府针对新业态的发展，尝试用定制化、更动态的监管模式来实现规制方式改革。并且，“十三五”期间还会对市场加强主动监管，营造平等竞争的市场环境。比如通过建设完善信用体系和信息平台，来降低市场中的信息不对称，使得创新主体能够得到更好的信息共享。在破除行业垄断方面，完善相关的规则，确保规则执行，保障创新企业的平等竞争。这些措施能够充分鼓励大家同台竞技，用市场竞争来促进创新，使得战略性新兴产业健康持续发展。此外，“十二五”期间，战略性新兴产业的政策体系得到很大改进，但在执行上仍然存在方向性不清晰，体系上碎片化，以及执行上协调不足等问题。《规划》对这几个方面也着重指出了改革方向，强调要加强部门间协调、建立政企对话机制、鼓励企业参与政策建议，在“十三五”期间建立更为高效完善的创新治理体系。

第二，构建产业创新体系。2016年5月，中共中央、国务院发布了《国家创新驱动发展战略纲要》，提出要按照“坚持双轮驱动、构建一个体系、推动六大转变”进行布局，构建新的发展动力系统。其中一个体系就是建设国家创新体系。在这个宏观战略的指引下，《规划》特别提出了构建战略性新兴产业创新体系，更高效率地促进战略性新兴产业的创新与发展。具体来看，《规划》将从大众创业万众创新、公共创新体系建设、企业创新能力建设、科技成果转移转化制度等四个方面着手，推进产业创新体系的建设。2014年9月，李克强总理在夏季达沃斯论坛上公开发出“大众创业、万众创新”的号召，并将其写入2015年政府工作报告予以推动。“双创”与“互联网+”、“中国制造2025”一起，作为主要抓手推动着我国创新驱动战略的实施与发展。《规划》部署在战略性新兴产业领域，从创新平台、示范基地、法律体系等方面推动“双创”工作，以“双创”引领产业创新体系的构建。另外，产业在发展过程中，基础研究、共性技术、标准制定、检测认证等创新活动存在着公共品属性及正外部性，很难由产业创新体系中的企业单独完成。在这方面，《规划》强调了要加强公共创新体系的建设，以重大项目和工程、技术创新联盟、共性技术平台、公共研发服务平台等方式推动战略性新兴产业的公共创新供给，完善产业创新体系建设。《规划》还强调了企业创新能力建设，充分发挥企业作为技术创新体系的主体作用。最后，《规划》从制度优化的角度出发，提出用更优化的制度鼓励科技成果服务于战略性新兴产业的发展，实现各类创新主体协同互动和创新要素顺畅流动、高效配置的生态系统，形成战略性新兴产业创新驱动发展的制度安排和体系保障。

第三，重视知识产权保护。“十三五”期间，战略性新兴产业的知识产权工作将受到更高度的重视。2015年以来，国务院颁布了一系列的关于知识产权的政策文件，例如，《国务院关于新形势下加快知识产权强国建设的若干意见》、《〈国务院关于新形势下加快知识产权强国建设的若干意见〉重点任务分工方案》，等等。我国对知识产权开始加快工作布局。针对战略性新兴产业的知识产权政策，《规划》特别强调要加强推进知识产权保护与维权、知识产权布局和运用、知识产权制度和机制等三方面的工作。一是要从完善立法上来开展针对新技术、新产业、新业态、新模式的知识产权工作。“十二五”以来，战略性新兴产业中涌现了如互联网、电子商务、大数据等新产业，催生了一大批独具创意的新兴产业商业模式、商业秘密、艺术品外观设计等。而传统的知识产权法律条例《专利法》、《著作权法》对这些新模式缺乏涵盖，以至于产生了很多知识产权保护和利用上的难题。《规划》特别强调要加强对这些创新，及时地修订相关法律条例，快速地更新规则，提供相关知识产权保护和利用的法律依据。二是要从战略上来加强知识产权工作。《规划》鼓励战略性新兴产业企业及其集聚区加强知识产权战略储备和前瞻布局，要建立专门的知识产权布局与运营机构，要探索知识产权金融产品，更要综合运用知识产权打造品牌、参与国际技术标准制定。另外,《规划》还特别强调要加强知识产权的体制机制，例如建立知识产权集群管理制度、建立知识产权评议机制、建立海外知识产权的跟踪及风险预警机制等，要能够使知识产权保护和运用落到实地，更加全面有效地促进战略性新兴产业蓬勃发展。

第四，深入推进军民融合。推进军民融合是“十三五”时期我国创新体系建设的重要任务之一。2016年6月，中共中央、国务院、中央军委印发《关于经济建设和国防建设融合发展的意见》，将军民融合发展提升为国家战略。依据这样的国家战略,《规划》突出强调了要构建军民融合的战略性新兴产业体系，加强军民融合重大项目建设两方面的工作。一是要加强产业领域统筹、深化国防科技工业体制改革、推进社会化大协作、推动军工技术向国民经济领域的转移转化，实现军民两用技术的产业化发展，等等。在新科技革命、产业变革、军事革命迅猛发展的今天，社会生产力、国际竞争力、军队战斗力的关联性日益增强，国防经济与社会经济、军用技术与民用技术的融合程度也不断加深。军民融合发展已成为世界发展潮流，例如，美国国防部先进项目研究局等最先提出并研发互联网，全球定位系统先后在军用、民用领域都取得了很大的成就。“十三五”期间，我国应该从发达国家的创新发展中学习经验，从实际情况出发，构建有我国特色的军民融合体系。二是从重大项目出发，要统筹航天、航空、网络、海洋等战略性重大项目的布局与发展，从共性技术、示范应用、标准建设、设施共享等方面推进军民创新的深度融合。“十三五”期间，我国会以军民融合重大项目为抓手，促进军民技术的协同发展。开创经济建设和国防建设合发展的新局面，从而实现安全与发展、强军与富国的统一发展。

第五，创新金融财税支持。“十三五”时期，金融支持对战略性新兴产业发展将发挥更重要的作用。《规划》强调将在金融产品与服务创新、多层次资本市场融资功能、财税优惠支持方式等三方面开展工作。“十二五”时期，我国战略性新兴产业的金融服务开展了广泛的创新与尝试，总结凝练了很多有益的经验。在此基础上,《规划》针对中小企业融资难的问题，提出了一系列的解决方案，如完善信贷管理和贷款评审制度，提出了无形资产的确权、知识产权质押融资等新的融资模式。特别是针对飞机、海洋工程装备、机器人等产业，提出了用政策性、开发性金融机构引导推动民间融资租赁和金融租赁等服务公司的发展，用有限的政策性资金撬动广泛的社会投资参与,实现金融服务的多主体参与治理创新。同时,《规划》提出了大力发展绿色金融，在投融资决策中要考虑潜在的环境影响，注重对生态环境的保护以及环境污染的治理，这也是非常重要的创新，顺应了我国绿色发展的需要。另外，针对“十二五”期间突出显现的战略性新兴产业企业资本市场融资难的问题，《规划》强调从上市融资机制、证券交易融资、吸引机构投资等几个方面推动工作。在财税方面，《规划》更多地强调了社会资本的作用，提出了运用政府和社会资本合作（PPP）方式鼓励社会资本参与重大项目建设，通过创业投资基金带动社会资本的投资等方式，这也是不同于“十二五”的地方。

第六，加强人才培养激励。人才是发展战略性新兴产业的根本与基础。《规划》提出从培养产业紧缺人才、引进产业高端人才、鼓励科技人才向企业流动等三个方面推进工作，加强“十三五”期间的人才培养与激励。《规划》瞄准战略性新兴产业的领军人才和战略性新兴产业的骨干技术技能人才，强调要用人才计划、教学实践、继续教育等方式推动产业紧缺人才的培养。另外，《规划》还提出了要探索优化外国人永久居留制度，在发挥现有人才的基础上持续引进产业高端人才，鼓励他们投身于战略性新兴产业的建设工作。除此之外，《规划》特别提出了探索事业单位科研人员在职创业及离岗创业，鼓励科技人才向企业流动，激发科研人员创新积极性，充分在体制机制上激励创新人才发挥作用，推进科技成果的有效转化，使得我国战略性新兴产业有源源不绝的原动力。

三、意义

总体来看，《规划》强调要在“十三五”期间，推进完善管理方式、构建产业创新体系、强化知识产权的保护和运用、深入推进军民融合、加大金融财税支持、加强人才培养与激励等六个方面的工作，加快落实创新驱动发展的战略部署，加快转变政府职能，持续深化重点改革，强化创新制度建设。这些政策措施能够全方位促进“十三五”战略性新兴产业健康快速地发展，对于我国稳定经济增长、加快经济发展方式转变、推进产业结构优化升级、构建国际竞争新优势、实现可持续发展具有重要的意义。

清华大学公共管理学院　薛澜　周源

综合篇

战略性新兴产业发展情况及展望

2016 年，在我国经济增速放缓的大背景下，战略性新兴产业持续快速增长，国际竞争力进一步提高，大批新增长热点蓬勃涌现，为稳增长、调结构、促转型发挥了重要作用。展望 2017 年，国际国内经济发展形势均出现较大变化，国际贸易风险性增强，产业自身增长势头尚显脆弱，但随着“互联网 +”和“创意 +”热点不断涌现，预计 2017 年战略性新兴产业仍将保持稳中有进的增长势头。

一、战略性新兴产业 2016 年发展情况

（一）战略性新兴产业总体发展态势良好

2016 年战略性新兴产业 27 个主要行业主营业务收入达到 19.1 万亿元，同比增长 11.3%，新兴产业一批新动能加快蓄积。具体来看，太阳能发电产业增长 41.2%，锂电子电池制造业增长 31.6%，信息化学品制造业增长 17.8%，软件和信息技术服务业增长 14.9%。

从上市公司角度分析，战略性新兴产业企业已成为资本市场的重要组成部分，是支撑我国上市公司总体业绩稳定增长的重要力量。2016 年三季度，战略性新兴产业上市公司营收总额达 21317.8 亿元，同比增长 18.2%（见图 1），高于上市公司整体 13.3 个百分点，较上年同期提升 0.5 个百分点；实现利润总额 2264.4 亿元，增速高达 29.7%，同期上市公司整体盈利继续下滑，战略性新兴产业良好的利润收益为其后续持续发展提供了保障。上半年，战略性新兴产业持续涌现一批营收增速超过 20% 且利润增速超过 15% 的高增长企业，这些引领战略性新兴产业上市公司整体增长的“排头兵”企业多集中在生物医药、智慧、信息安全等领域。

从行业景气角度来看，战略性新兴产业蓬勃发展，企业对行业充满信心。据战略性新兴产业企业景气度调查显示，2016 年四季度，战略性新兴产业行业景气指数为 147.8（见图 2），创本年新高；企业家信心指数达到 151.6，好于上年同期

水平，并创 2015 年以来新高。总体来看，超过七成省市行业景气度较上期提升，分项指标呈现全面回升态势，产销景气整体大幅上涨，资金总体活跃程度反弹至年度最高点。分领域来看，新一代信息技术、新能源汽车及生物产业的行业景气指数均超过 140，行业具有明显领先优势。

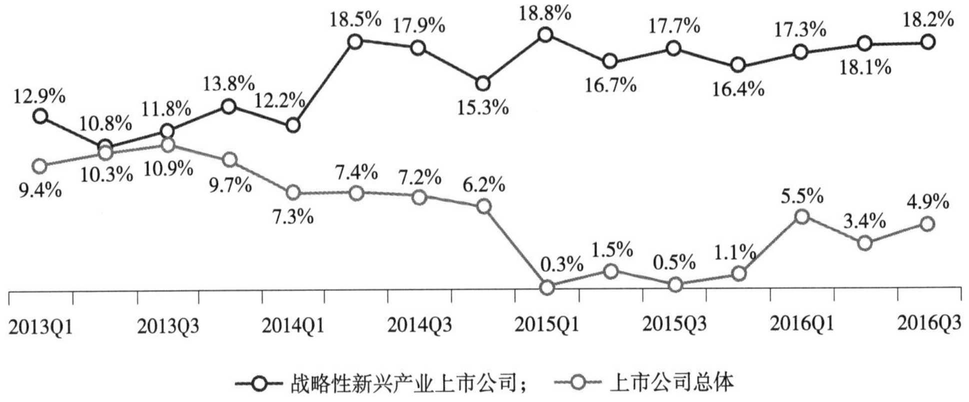

图 1　战略性新兴产业上市公司营收累计增速季度变化

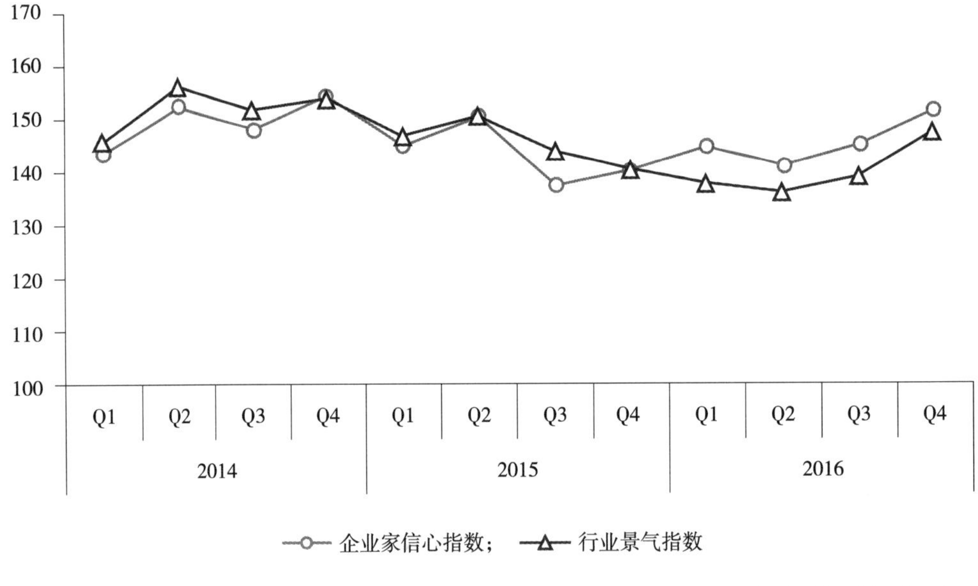

图 2　2014 年以来战略性新兴产业企业家信心指数和行业景气指数时间序列

（二）战略性新兴产业国际化发展成绩突出

2016 年，战略性新兴产业国际化发展不断取得新进展。与一批先进国家达成合作框架协议，并在具体工作方面取得积极进展。中英签署加强新兴产业合作的谅解备忘录后，英国投资贸易署与深圳国家高技术产业创新中心在深圳合建了中英创新中心，并于 2016 年 3 月召开中英创新大会，目前已有上百家企业完成对接。

在中以经济技术合作机制框架下，以大连高新技术产业园、广州开发区（含黄埔智能产业园）、东莞松山湖科技产业园、常州西太湖科技产业园（江苏武进经济开发区）等区域作为中以高技术产业合作首批重点合作区域，通过共同设立投资基金，开展项目对接，促成了双方在航空、卫星、生物等领域的一系列合作，如大连中以创投基金领投了大连的首例海外投资，将以色列IOPtima公司引入中国大连，填补了国内青光眼激光手术疗法的技术空白。

一批新兴产业企业以并购和国际合作等手段为路径，凭借具备行业先进技术水平的产品占领国际市场，提高企业国际影响力。一是长春合心机械制造有限公司成功并购几倍于自身规模的国际装备制造行业领导者德国GRG集团，后者通过敞开所有技术和管理体系，以共享市场的方式，使合心机械在技术、管理、市场三个维度上逐步达到世界领先水平。二是中国中车于2016年3月份成功赢得芝加哥地区846辆地铁车辆项目，这是芝加哥历史上规模最大的一次轨道车辆采购，也是中国轨道交通装备企业向发达国家出口的最大地铁车辆项目，"中国造"地铁将登陆芝加哥。

（三）战略性新兴产业领域新热点纷纷涌现

2017年，部分战略性新兴产业技术临近突破，具备较好发展前景，有望形成规模化产业。一是虚拟现实、增强现实产业快速演进。随着数据处理芯片和显示芯片功能的发展，应运而生了许多有利于突破VR行业瓶颈的新技术，Amoled等降低延迟的显示技术及视觉、声觉和触觉的快速反馈技术的出现，有助于在一两年内解决交互技术等瓶颈问题，相关硬件正在逐渐放量。暴风魔镜、小宅魔镜头盔、灵镜、珠海真幻3D影魁、聚众创科VR BOX、乐侣魔镜等产品不断涌现。而且随着技术、资金和人才的不断融入，虚拟现实、增强现实产业将会打造一个包含相关硬件、软件和内容的全新产业链，并会大批更新现有设备，从而带来巨大产业增量。二是无人技术应用渐露曙光。无人机技术已经得到广泛应用，凭借全球顶尖的技术水平，我国企业大疆的无人机成为全球同行业的领军企业。北京首条无人驾驶地铁线燕房线也进入动车调试阶段，正在或即将开工建设的五条地铁新线同样将实现无人驾驶。我国无人驾驶进入验收检测环节，百度日前在北京已完成无人驾驶技术的首次路测，京东也将在未来推出无人快递车。无人技术的发展将会对原有产业带来变革性影响，拓展出全新的产业发展空间。

二、战略性新兴产业发展面临形势

（一）国际环境不确定性因素增多

展望 2017 年，国际环境出现明显变化，欧美发达国家反全球化倾向加剧，英国公投脱欧、特朗普当选美国新任总统均是这个变化趋势的重要体现。在两个发达国家的示范效应下，各国反全球化声音增多，国际环境风险性增强，对我国战略性新兴产业发展将造成一定影响。

英国脱欧后，中英、中欧贸易关系或将受到影响，关税、贸易服务项目、技术采购等系列内容都将重新定义，两国包括新兴产业在内的贸易合作将受到谈判结果影响。而中欧新兴产业贸易将遭遇更大挑战。此外，英国退出欧盟，中国将失去一个在欧盟内部推动中欧自由贸易的重要力量，中国通过英国加强与欧盟合作的战略计划将会变得困难重重。

特朗普上台后，很可能会调整美国当前的全球创新链体系，通过对公司海外收入征税等方式迫使企业将产业链条的更多部分放在美国，减少对我国的技术外溢。近年来我国新兴产业的众多领域依靠承接美国相关业务外包，培养了优秀的创新能力，如药明康德通过承接医药研发外包已经成长为具有较强自主创新能力的创新药研发公司。美国政策的调整将对我国新兴产业进一步获取技术外溢产生不利影响；受特朗普反对贸易自由化体制倾向影响，中美贸易壁垒也将有所提高。近年来我国对美出口的光伏产品、智能手机等众多新兴产业产品均曾受到“双反”调查，未来新兴产业产品出口态势将更加严峻，对我国已有一定国际竞争力的通信装备、轨道交通装备、新能源装备、数字创意服务等新兴产业可能产生不利影响；特朗普强调国家安全优先，尤其将信息安全放在重要位置，我国集成电路等重要新兴产业领域赴美收购将遭遇更大阻力。

日本于 2016 年 11 月宣布将取消对中国进口商品的特惠关税。作为中国第三大贸易伙伴国，日本和我国贸易量巨大，2015 年日本适用优惠税率的进口产品当中，60% 来自中国。实行新规定后，预计 1000 ~ 2000 个品目的关税将上涨，涉及新材料等新兴产业品类，将一定程度上影响中国对日新兴产业商品的竞争力。

（二）战略性新兴产业增长势头尚不稳固

国内经济发展步入新常态，经济增速换挡、产业结构性问题突出，有利于战略性新兴产业发展壮大的宽松环境和外部条件发生变化。虽然近年来我国战略性新兴产业增长迅速，积累了一定产业基础和研发实力，但同时也要看到，产业增速已开始放缓（见图3），进一步壮大基础仍显脆弱。

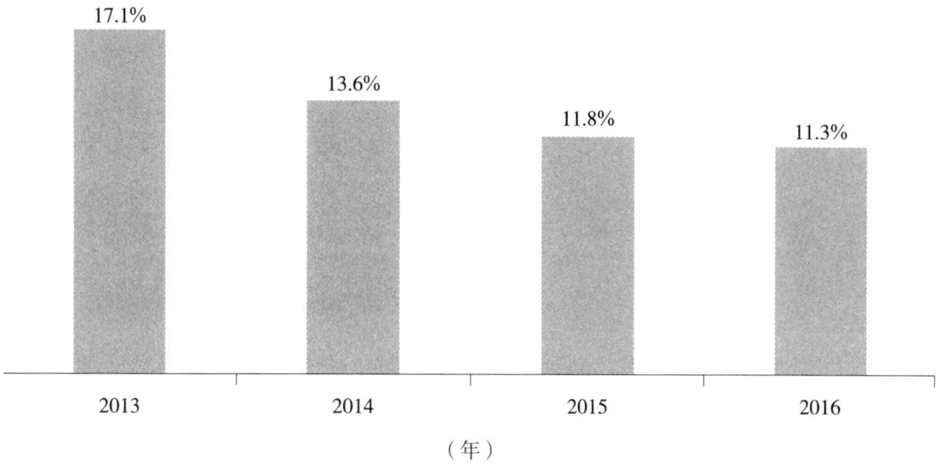

图3　27个战略性新兴产业重点行业营收增速

根据国家信息中心对1000多家战略性新兴产业企业跟踪调查，虽然2016年四季度战略性新兴产业企业家信心指数和行业景气指数有所上扬（见图2），但创新研发等先导性指标表现不佳，如图4所示，研发投入指数和专利指数环比均出现下降，说明企业的研发积极性受挫，对未来的判断并不乐观。此外，我们调研中还发现，企业2017年订单增长堪忧，如长春轨道客车集团表示2016年9月之后一半以上的产能已无单可产，预计2017年还将持续订单不足，照此趋势2017年营收很可能相较于2016年下降一半。海工装备企业接单困难，2016年我国海工企业接单金额同比下降24%。

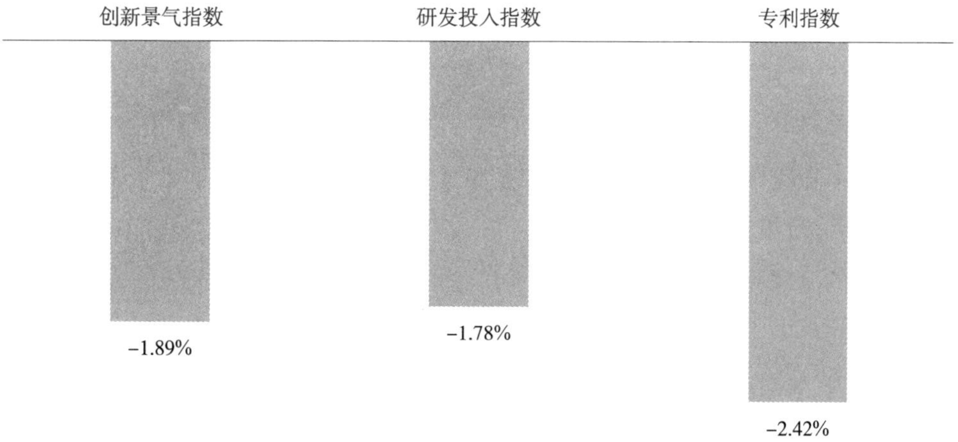

图4　战略性新兴产业企业调查增幅较低指数

三、战略性新兴产业 2017 年发展展望

（一）国际环境变化危中有机

国际经济环境变化在增加不确定因素的同时，也为我国带来了一定机遇，若能充分做好应对，因势利导，即可化弊为利，撬开新的发展机会。

英国“脱欧”为中英新兴产业共赢发展提供新的契机。英国脱欧后，企业和资产价格下跌将给中国资本投资英国新兴产业带来机遇。生物医药、IT、节能环保等主要新兴产业集聚于英格兰南部以伦敦为核心的区域以及苏格兰、北爱尔兰等区域，而欧洲大陆是这几个地区的主要贸易市场，脱欧的短期效应会冲击这些地区的相关产业，为中国在英新兴产业投资迎来机遇。与此同时，受欧盟贸易政策负面影响的新兴产业可能迎来新的机遇。如英国是新崛起的光伏运用市场，2014 年英国太阳能光伏发电量增长了 60%，是中国光伏制造企业出口的重要目标国。英国“脱欧”后,中国出口到英国的组件有可能不受“双反”的影响,因为“双反”出自欧盟决定，英国本身并不认同。

美国政策环境变化也危中含机。一是特朗普上台后将大力改善国内投资环境，吸引包括中国资本在内的国外资本进入，这为我国搭建新兴产业全球创新体系创造了良好机会，可以借机通过股权收购、战略合作等方式，与富有活力的创新型中小企业展开合作，积极从创新源头引入创新资源。二是抓住美国可能收紧移民政策的机遇争取全球创新型人才向我国流入。从目前状况看，美国收紧 H-1B 签证可能性较大，H-1B 签证每年发放 65000 个，是新兴产业公司招揽人才的重要手段，科技公司可以借此从世界各地招聘专业开发人员和工程师，并协助雇员申请无限期留驻美国。这一政策如果发生变化，将不利于世界各类创新人才留在美国，我国若看准机会，可加大力度从美国招募各类优秀人才，充实我们的创新人才队伍。三是抓住美国战略收缩机遇，加紧实施“一带一路”等国际化发展战略。特朗普上台后,政策重心将从全球转向国内,这将为我国新兴产业发展带来新的机遇。尽管美国的全球化在国内遇到危机，但是尚有以“一带一路”沿线国家为代表的一大批国家尚未充分享受全球化红利，仍旧具备较高意愿参与全球化，且市场开发潜力很大,如国内自主研发的手机游戏《列王的纷争》仅在 2016 年 1—7 月在“一带一路”沿线国家的出口收入就达到 6.1 亿元。我国应抓住机会,加快开发相应市场,不断拓展战略性新兴产业的国际化发展空间，提高我国新兴产业的全球竞争力。

（二）“互联网 +”与“创意 +”带来融合发展新机遇

2017 年，互联网、创意等要素和载体将加速与其他产业渗透融合，推动传统产业转型升级，催生大批新兴业态，为壮大新兴产业带来更多机遇。

互联网在 O2O 消费领域蓬勃发展，构筑经济社会发展新优势和新动能。在 O2O 消费领域，已形成一批现象级互联网平台企业，2015 年滴滴平台完成 14.3 亿个订单，2016 年仍然保持快速增长态势。国家信息中心预测，未来十年，我国有望诞生如滴滴体量的 5 家到 10 家分享经济平台型企业。

数字创意作为战略性新兴产业新的热点，与电商、旅游、教育等领域广泛融合，形成一批新的经济增长点。三只松鼠利用动漫形象促进销售，在坚果电商的红海中脱颖而出，2016 年销售额超过 50 亿元。轩创国际的《新视野华语》《话说汉字》等系列教育产品，利用动漫形象打造教育课件，目前产品销售覆盖东南亚及西亚地区，已形成合作的大中专院校达 4000 余家。水晶石公司研发的数字敦煌用现代技术将传统文化资源数字化、虚拟化，创新性地保护传统文化资源的同时，也开拓了新市场，目前已与柬埔寨政府合作将吴哥窟运用动漫虚拟现实技术进行数字化展示，市场开发前景看好。

国家信息中心信息资源开发部　黄路明　张振翼　朱蕊　张立艺

战略性新兴产业国际化发展情况及展望

2016年上半年，我国战略性新兴产业国际化发展表现良好，其中，高附加值产品成为外贸增长亮点，高技术制造业吸收外资增幅明显，先进制造业投资呈现良好发展势头，“一带一路”海外项目扎实推进，技术标准输出获得突破性进展。面对未来复杂的国内外形势，预计2017年，部分技术领域对外贸易呈逆势增长态势，先进制造业利用外资快速增长，海外投资布局保持快速增长，战略性新兴产业国际化发展态势总体良好。

一、总体发展情况

（一）高附加值产品成为外贸增长亮点

2016年1—6月，在全国外贸进口、出口同比“双降”态势下，高技术产业中的部分技术领域实现正增长且增幅明显，部分技术领域跌幅低于外贸总体水平。从出口增长率来看，材料技术和航空航天技术领域出口实现逆势增长，增幅分别为12.2%和8.1%，分别较同期外贸出口增长率高出约20个百分点、16个百分点，生物技术、生命科学技术、电子技术、计算机集成技术等领域跌幅低于整体外贸跌幅；从进口增长率来看，计算机集成制造技术、生命科学技术和生物技术等技术领域进口逆势上涨，增幅分别为3.7%、4.6%、17.8%，分别较同期外贸进口增长率高14个百分点、15个百分点、28个百分点，电子技术及整体高新技术产品等领域外贸跌幅低于整体外贸跌幅。

（二）高技术制造业吸收外资增幅明显

2016年1—6月，在我国吸收外资总体保持增长、制造业吸收外资整体下降的背景下，高技术制造业吸收外资快速增长。从引资规模上看，高技术制造业实际利用外资49.2亿美元，占全国吸收外资整体规模的1.1%，占同期制造业实际利用外资的25.2%。从引资增幅来看，高技术制造业上半年增幅达到6.2%，超过同期全国外资总体增幅（5.1%）约1个百分点，超过同期制造业利用外资增幅（–2.8%）约9个百分点。其中，医药制造业、医疗仪器设备及仪器仪表制造业实际利用外资增幅较高，同比增长分别为 107.8% 和 74.9%，分别约为同期全国平均水平的 21 倍、15 倍。从新设立及增资的大型企业来看，新设立投资总额超过 1 亿美元的大型外商投资企业 380 余家，增资超过 1 亿美元的企业 210 余家。其中，新材料、新能源汽车及电池、飞机零部件、集成电路和芯片等高技术制造业投资额较大。

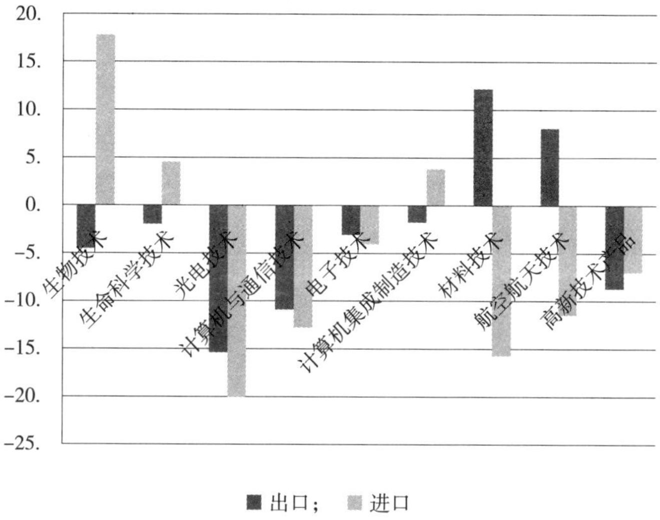

图 1　2016 年 1—6 月高新技术各领域进、出口增长率

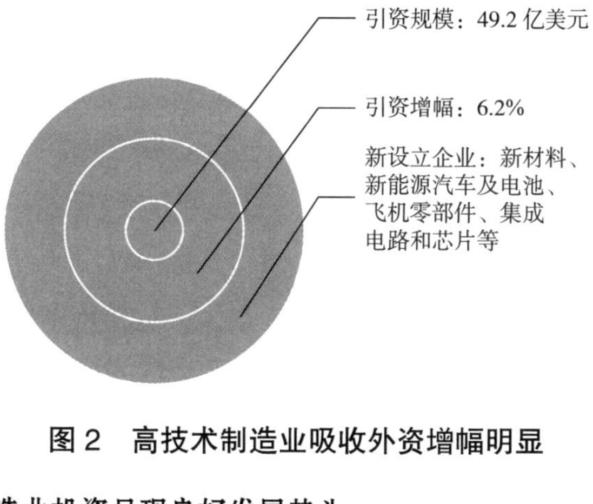

图 2　高技术制造业吸收外资增幅明显

（三）先进制造业投资呈现良好发展势头

2016 年 1—6 月，我国对外投资行业布局进一步优化，对制造业投资增长迅速，其中对先进制造业投资呈现良好势头。从对外投资的增长幅度来看，2016 年上半年，我国对外投资中对制造业投资额达 175.9 亿美元，其中流向装备制造业 120.4 亿美元，是 2015 年同期的 5.4 倍，占制造业对外投资的 68.4%，对医药

制造业、废弃资源综合利用业等领域的对外投资均实现 4 倍以上高速增长。从对外投资的主要方式来看，企业境外并购活跃，2016 年上半年中国海外并购的交易额增长近三倍，超过前两年中企海外并购的总和，其中高科技行业继续受到重点关注，根据普华永道《2016 年上半年中国企业并购年中回顾与前瞻》报告，在 20 项最大并购交易中，超过三分之一属于科技行业。从对外投资的单笔规模来看，中资企业海外并购活动创历史纪录，其中中国化工以 430 亿美元收购全球最大的农药生产商先正达（Syngenta）项目，成为目前为止最大的中国企业海外并购交易。

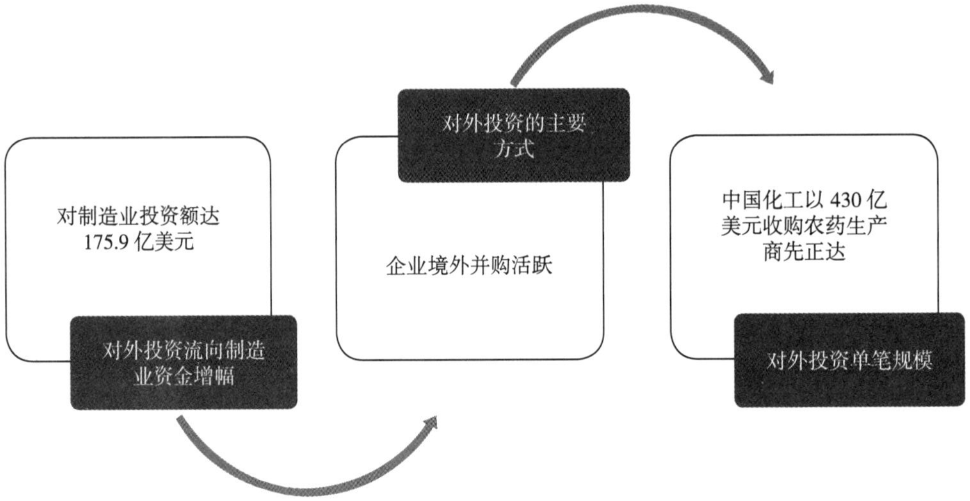

图 3　先进制造业投资呈现良好发展势头

（四）“一带一路”海外项目扎实推进

伴随着“一带一路”国家战略的提出以及各项配套措施的出台，战略性新兴产业重点企业在“一带一路”早期收获的基础上，加快向“一带一路”沿线国家和地区布局，带动全产业链加快落地。在核电“走出去”项目中，2016 年上半年，中广核与捷克能源集团以合作备忘录形式推动核能及可再生能源领域全面合作，中广核与法国电力集团共同投资兴建的英国欣克利角核电站项目获得批准，中广核与罗马尼亚签署的切尔纳诺德核电三、四号机组项目进入预投资阶段。此外，中核集团也加紧与英国、法国、俄罗斯、埃及、巴西、罗马尼亚等 20 多个国家商谈核电及核工业产业链合作。在高铁走出去项目中，印尼雅加达—万隆高铁已启动先导段建设，标志着中国第一条全系统、全产业链对外输出的高铁项目正式落地，俄罗斯莫斯科—喀山高铁签署谅解备忘录以及勘察设计合同并确定了工作路线图和时间表，伊朗德黑兰—马什哈德铁路高速改造项目签署商务合同，印度德里—金奈高速铁路可研工作稳步推进。

（五）技术标准输出获得突破性进展

随着我国战略性新兴产业的快速发展，我国在国际标准中扮演着愈加重要的角色，正加快从产品输出向技术标准输出转变，多项“中国制造”技术获国际市场认可，部分技术领域标准成为国际标准。其中，在核电领域，2016年上半年，中核集团自主设计、研发的多用途模块化小型反应堆ACP100成为世界首个通过国际原子能机构（IAEA）安全审查的小堆技术，中国具有完全自主知识产权的“和睦系统”通用平台完成IAEA审评，填补了我国在该技术领域的空白，我国装备技术实现突破，达到全球先进水平。在信息技术领域，2016年上半年，由中国信息通信研究院牵头的可信云服务定义、需求和场景等三个提案写入国际电信联盟发布的“云计算框架及高层需求ed2版本”，是我国在云计算国际标准领域实现的重大突破，标志着我国制定的“可信云服务”标准获得国际认可。

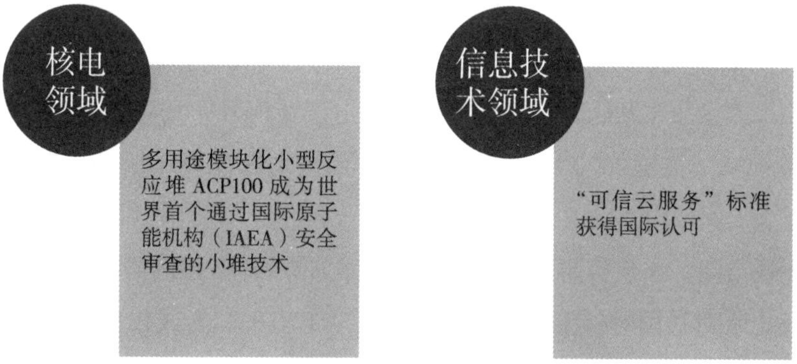

图4　技术标准输出获得突破性进展

二、面临形势

（一）国际形势

新一轮科技革命和产业革命不断深化为战略性新兴产业国际化发展提供重要的战略机遇。随着新一轮科技革命和产业革命不断走向深化，全球科技创新速度日益加快，世界主要国家纷纷将新兴产业作为发展重点，加大新兴产业的资金投入力度，为我国战略性新兴产业国际化发展提供发展契机。美国公布的《美国创新新战略》提出，强化在先进制造、精密医疗、大脑计划、先进汽车、智慧城市、清洁能源和节能技术等九大领域发展；日本公布的“新增长战略”，提出将着重拓展能源环境、医疗健康、科技信息通信等七大领域；韩国投资 6 万亿韩元研发绿色能源新技术，大力打造包括智能型服务机器人、未来型汽车、新一代信息技术、生物科技等新兴成长型产业；德国提出“信息与通信技术 2020 创新研究计划”，着力增强信息通信领域的国际竞争力；英国重点发展包括海洋风力发电、潮汐发电、民用核电、超低排放汽车研制以及可再生建筑材料等产业。因此，从未来发展趋势看，科技创新将成为引领经济发展的核心驱动力，世界主要国家的资金投入和政策倾斜将有效推动全球新兴产业朝向规模化、效益化方向发展，将为我国战略性新兴产业国际化发展提供重大的历史机遇。

“一带一路”沿线国家发展需求加快释放为战略性新兴产业国际化拓展提供新的市场空间。“一带一路”是西北东南走向的经济区域，由大约 65 个国家构成，沿线多数国家为发展中国家，这些国家产业发展需求加快释放，将为我国战略性新兴产业国际化发展形成有效支撑。在核电领域，“一带一路”沿线 65 个国家中，有 28 个国家计划发展核电，规划核电机组台数达到 126 台，占全球规划建设机组一半左右，批量化建造后的造价约为 17000 元 / 千瓦，“一带一路”1.5 亿千瓦核电装机至少需要 2.5 万亿元投资，为我国核电产业海外布局提供了发展机遇。在电力设备领域，截至 2020 年，“一带一路”沿线地区非 OECD（经济合作与发展组织）国家年均约进口 1396.06 亿美元的电气设备，为我国电力设备出口提供了巨大的市场空间。在装备制造领域，“一带一路”沿线对基建的需求或达到每年 1.05 万亿美元，将对我国对外工程承包施工企业“走出去”形成较大的出口拉动。随着“一带一路”建设的加快推进，未来我国战略性新兴产业企业“走出去”的步伐将大幅加快，海外市场空间将加快拓展。

（二）国内形势

宏观利好政策出台为我国战略性新兴产业国际化发展提供良好的政策支持。2016 年是“十三五”规划的开局之年，也是我国经济新常态下继续深化经济结构调整、深化改革的关键时期，战略性新兴产业的各项扶持政策将有力促进产业发展。一方面，宏观利好政策将助推战略性新兴产业国际化发展。近年来，国家制定了一系列促进战略性新兴产业及其国际化发展的扶持政策，在发展方向、人才和资金等方面发挥了积极引导作用。2015 年，国务院发布《关于推进国际产能和装备制造合作的指导意见》《中国制造 2025》《关于全面推进大众创业万众创新若干政策措施的意见》《关于积极推进“互联网 +”行动计划的指导意见》，加快促进战略性新兴产业发展。2016 年 1—6 月，国家陆续发布《“十三五”国家科技创新规划》《关于做好国家新兴产业创业投资引导基金参股基金推荐工作的通知》《国务院关于通用航空业发展的指导意见》《机器人产业发展规划（2016—2020 年）》《国务院办公厅关于促进医药产业健康发展的指导意见》等，从政策上进一步加大对战略性新兴产业的扶持力度。另一方面，改革深入发展将有效推动战略性新兴产业走向国际市场。“十二五”以来，国家加快推进推动对外投资和外商投资的备案体系改革，先后推出《境外投资项目核准和备案管理办法》《外商投资项目核准和备案管理办法》等，提高对外投资及外商投资的便利化水平，为我国战略性新兴产业国际化发展扫平了制度障碍，为战略性新兴产业加快走向国际市场提供了良好的体制机制环境。此外，我国政府加快国际政策对接，目前，中国已经同哈萨克斯坦、埃塞俄比亚、巴西等 20 多个国家签订了产能合作协议，在产能合作方面开展了规划、政策、项目和机制化等多层面的对接。预计未来，随着各项扶持政策的细化及落地，促进战略性新兴产业国际化发展的各项措施的政策效应将不断显现。

战略性新兴产业良好发展为走向国际市场提供重要的产业支撑。2016 年以来，在我国经济增长放缓的大背景下，战略性新兴产业重点产业经济效益快速增长，产业投资增速加快，整体保持良好增长态势。从产业发展效益来看，2016 年 1—5 月，战略性新兴产业 27 个重点监测行业规模以上企业营业收入增速 11.5%，较同期工业增速高 8.6 个百分点，比上年同期增速高 0.1 个百分点；企业利润增速 15.9%，较同期工业高 9.5 个百分点，比上年同期高 9.5 个百分点。其中，高端装备制造业呈中高速增长，通用航空、卫星导航、工业机器人三大领域产值均保持 15% 以上增幅。从产业投资来看，2016 年 1—7 月，工业高技术产业投资增长 11.7%，增速较全部工业投资高 8.3 个百分点，占全部工业投资比重达到 9.8%，较上年同期提高 0.7 个百分点，医药制造业投资增长 11.3%，信息传输业投资增长 35.4%。预计未来，随着战略性新兴产业不断加大投入，产业培育和发展水平不断提升，产业发展的各项积极因素将持续发力，为提升产业国际竞争力水平及其海外拓展提供良好支撑作用。

三、展望

综合战略性新兴产业国际化发展总体情况及国内外经济形势分析，预计 2017

年我国战略性新兴产业国际化将呈现如下特征。

（一）部分技术领域对外贸易逆势增长

2016 年，在我国整体外贸形势不振的情况下，高新技术产业的部分技术领域逆势增长。根据世界贸易组织预测，2016 年世界贸易量增长率为 2.8%，与 2015 年持平，2017 年世界贸易量增长率 3.6%。预计 2017 年受国际市场低迷影响，高新技术产品贸易整体形势仍比较严峻，整体进出口下行压力较大，但部分技术领域有望正向增长。

（二）先进制造业利用外资快速增长

2016 年，随着中国改革不断走向深入，中国仍是最具吸引力的投资目的地之一。根据联合国贸易和发展组织预测，预计 2016 年全球外国直接投资下降 10% ~ 15%，2017 年恢复增长。预计 2017 年，中国先进制造业吸引外资仍非常强劲，外资将持续向资本和技术密集型行业倾斜，FDI（外国直接投资）行业结构将进一步优化。

（三）海外投资布局保持快速增长

2005—2015 年间，我国对外投资实现 10 倍以上增长，2016 年跨境投资驱动力仍非常强劲。根据联合国贸易和发展组织报告，在大规模海外并购浪潮的推动下，除了发展中国家外，中国还成为一部分发达国家的外资来源国。预计 2017 年，随着“一带一路”建设和国际产能合作的不断推进，中国海外投资布局将保持快速增长，在发展中国家的投资也将继续保持高速增长。

商务部国际贸易经济合作研究院　张威　崔卫杰　张丹

发达国家战略性新兴产业发展新情况及启示

进入21世纪以来，各国综合国力竞争包括科技竞争和产业竞争日趋激烈，全球形势发生了深刻变化，随着产业变革加速推进，需求结构深入调整，世界多极化、经济全球化也在深入发展。同时，国际金融危机仍旧影响深远，气候变化等全球性问题更加突出。新兴产业早已成为多国应对金融危机、实现经济可持续发展的共同选择，各国竞相出台发展战略，加大政府扶持力度，以抢占新一轮经济科技发展制高点，构建全球经济新优势。

新兴产业成为带动全球经济复苏的重要引擎，日趋规模化、效益化。2016年全球新兴产业继续保持良好增长势头，各国抓紧时机进一步部署，以形成和巩固本国产业优势。

从发展态势来看，美国、德国、日本、韩国、英国等世界各主要国家均抓紧时机采取各种方式，积极落实各项战略计划，不断攻克优势领域技术难题，进一步形成和巩固本国产业优势。

从技术发展方面来看，科技创新是新兴产业发展的源泉，全球新兴技术发展迅猛，成果显著，信息技术、新材料技术、新能源技术、生物技术引领了全球新兴产业发展新态势，科技创新方向引导着全球未来的新兴产业发展方向。2016年6月世界经济论坛发布了2016年十大新兴技术报告，评选出2016年十大新兴技术，分别为纳米传感器和纳米级别物联网、下一代电池、区块链技术、二维材料、无人驾驶汽车、器官芯片、钙钛矿型太阳能电池、开放的人工智能生态系统、光遗传学、系统代谢工程，这些技术在2016年已达到成熟水平，在改善人们生活、推动行业变革和维护地球生态等领域已表现突出，并将继续产生重要影响。2016年9月Gartner公司预测了2017年重大技术趋势，包括人工智能（AI）和高级机器学习、智能应用程序、智能物件、区块链和分布式账本、会话系统、格网应用程序和服务架构、数字技术平台、自适应安全架构等十项内容，大力强调人工智能（AI）和算法的未来影响力，并指出这项技术将是2017年最具战略性和潜在颠覆性的技术之一，未来三到五年内，将有数以亿计的事物运用数字孪生模型来呈现。

从资金投入方面看，各国持续平稳地对产业发展进行预算投入，增加对未来将影响行业发展的新技术领域的预算投入，表现出领域更加集中、总额大幅提高、数额更加明确等特点，使得全球新兴产业的发展呈现出规模化、效益化趋势，对全球经济复苏的拉动作用更加明显。

本文从分析几个发达国家 2016 年上半年战略性新兴产业发展态度出发，从政策支持、技术研发、预算投入等三方面因素入手，对其采用的不同措施和实施路径进行梳理和比较分析，以此得出对我国战略性新兴产业发展的几点启示。

一、主要国家战略性新兴产业的发展态势

（一）美国：以前期部署为基础，持续创新，大力发展重点领域新兴产业

2015 年 10 月美国发布了 2015 版《美国国家创新战略》，提出维持美国创新生态系统的新政策，此战略提出了美国创新战略的六个关键元素，认识到联邦政府在投资建设创新区块、推动私营部门创新和武装国家创新者方面扮演的重要角色，阐述了基于以上三点创新元素制订的三套战略计划，三套计划分别关注了“创造高质量工作”、“持续的经济增长”和“催生国家重点领域的突破”三个方向，立志为人民提供一个创新型政府。

继此之后，为确保美国“作为世界上最具创新能力的经济体保持领先地位”，2016 年 1 月，美国政府又宣布一项新的科研战略目标——抗癌“登月计划”，以期在癌症研究领域再迈一大步。奥巴马说，癌症研究正处于重大突破的关头，加速推进在预防、疗法和治愈方面的进展对国家至关重要。领导这项计划的副总统拜登则指出：“我们想要的不是渐变，而是在通往攻克癌症道路上的巨大跃进。”为推动这一计划，奥巴马提议在未来两年投入约 10 亿美元，重点支持的领域将包括癌症预防与疫苗研发、早期癌症检测、癌症免疫疗法与联合疗法、对肿瘤及其周围细胞进行基因组分析、加强数据分享、儿童癌症研究等。

2016 年 2 月 19 日，美国商务部部长、总统行政办公室、国家科学与技术委员会、先进制造国家项目办公室，向国会联合提交了首份国家制造创新网络年度报告和战略计划。其中，《国家制造创新网络计划年度报告》中描述了该计划的历史和现状，以及各个制造创新机构的详细情况；《国家制造创新网络计划战略计划》列出了该计划的战略目标，可以概括为提升竞争力、促进技术转化、加速制造劳动力、确保稳定和可持续的基础结构这四点。该计划的内容来自国家制造创新网络各个利益相关方的反馈与建议，它表达了国防部、能源部等计划参与部门和各家工业

领袖企业对该计划未来至少三年该如何发展的共识，并识别了实现这些目标的方法手段，以及评价该计划的标准。

2016年6月，在第三届美国投资峰会上，奥巴马总统宣布，将总部位于加利福尼亚的财团正式命名为智能制造创新研究所。新的智能制造创新研究所由SMLC主导并同美国能源部合作。于2006年成立的智能制造领导力联盟（SMLC），总部位于加利福尼亚州洛杉矶,它负责的“智能制造”计划是“智能美国”计划的一部分，是美国唯一的由政府、工业界、学术界、研究机构、协会组建的智能制造研发促进机构，拥有来自学术界、工业界和非营利组织的近200个成员伙伴，旨在推动传感器和数字过程控制技术进步，以快速提升美国先进制造业的效率。SMLC提出的相关智能制造概念、路线图和行动计划反映了美国官方对智能制造的见解以及业界发展的典型路线。

智能制造创新研究所是奥巴马政府颁布的第九个制造中心，其总部位于加利福尼亚州洛杉矶，将在美国范围内发起五个地区制造创新中心，每个中心将专注于本地区的相关技术迁移和劳动力开发。加利福尼亚大学洛杉矶分校（UCLA）将主导加州地区的创新中心，同洛杉矶市合作挖掘美国最大制造业基地的能力；得克萨斯A&M大学将主导墨西哥湾海岸中心（一个化学、石油和天然气区域）；伦斯勒理工学院（RPI）主导东北部中心（玻璃、陶瓷和微电子制造区域）；太平洋西北国家实验室将引领西北中心；北卡罗来纳州立大学将主导东南部中心。为了确保所有美国企业，不论其规模或潜在的资源限制，都有机会受益于智能制造创新研究所的进步成果，该研究所还将采用开源的数字平台和技术市场，以将先进的传感器、控制器、平台和建模技术集成于民用智能制造系统。该研究所也将通过一种制造社区提供对实时分析工具、基础设施和工业应用的简易和可承受性使用。通过美国国家制造创新网络，新的智能制造创新研究所也将同现有的三个制造创新研究所合作，推动它们的独特能力技术融合发展。

另外，数字创意产业也已发展成为美国经济增长的主要驱动力。2016年美国创意产业产值达到7000亿美元；其电影、音像等视听产品出口额仅次于航空航天工业，成为利润最大的行业之一；在美国最富有的400家公司中，从事文化产业的企业有72家；在全球500强企业中，美国的时代华纳、迪士尼、维亚康姆、新闻集团、贝塔斯曼等都是典型的文化创意企业，仅这几家公司的年收入额之和就超过了1000亿美元；从事创意产业的人员近500万人。

技术研发方面，2016年中美国陆军公布了《2016—2045年新兴科技趋势报告》，该报告在美国过去五年内由政府机构、咨询机构、智囊团、科研机构等发表的 32 份科技趋势相关研究调查报告的基础上进行提炼，通过对近 700 项科技趋势的综合比对分析，最终明确了 20 项最值得关注的科技发展趋势，既帮助了美国陆军及相关部门对未来 30 年可能影响国家力量的核心科技有一个总体上的把握，又为国家及社会资本指明了科技投资方向，以确保美国及美军在未来世界中的战略优势。

预算投入方面，在美国 2016 财年财政预算案中，重点关注了投资创新研究，加强制造业基础，保持美国的技术领先，该预算因此对先进制造、研究与开发、清洁能源和能源效率技术的创新进行了重点投资。在 2012 年美国政府已拨款 10 亿美元成立 15 个制造业创新研究所组成国家制造创新网络的基础上，2016 年预算又额外提供 3.5 亿美元的自由资金帮助七家新兴制造业创新机构，并在未来将持续投资，在预算案中还另外加入了一个强制性的经费提案，即为余下的 29 家未开始建设的创新机构提供 19 亿元的基金资助；预算案中对研发、基础与应用研究经费总额高达 2130 亿美元，以保持美国科研世界领先的地位；预算增加了能源部对清洁能源技术的投入。除此之外，政府还提出了对“抗癌登月计划”未来两年持续投入 10 亿美元的建议。美国政府还通过金融创新支持市场的发展，吸引各方机构的参与及投入，通过保护和利用知识产权等方式，吸引工业界资金，为新兴产业发展创造一个良性循环的资金发展系统。

（二）德国：以传统产业为基础，科学务实，高效协同，以科技创新促进新兴产业发展

德国经济一直以来都在持续稳定健康发展，关键原因在于德国坚持发展实体经济和生产性服务业，与时俱进，不断创新，走专业化、技术型道路，牢牢守住全球产业链中的高端地位，树立象征优质、高效和创新的金字招牌“德国制造”，保持产品的竞争力，持续发展汽车、机械制造、化工医药和电子电气等四大传统支柱产业，大力发展新能源和环保技术等优势产业。早在 2013 年 4 月，德国政府就提出了“工业 4.0”战略，力图推动信息技术与工业技术深度融合，力争在新一轮工业革命中抢占先机，该战略在实施过程中遇到了较多困难和阻力，尤其是跟美国、中国等国家相比，凸显出其对数字化时代的到来准备不足，在技术上、人才供给上、制度支持上，甚至是社会心理接受能力上，都表现出明显的不足。为防止“工业 4.0”战略就落空，解决如何在推动“工业 4.0”过程中更好地适应数字化趋势，更有效地提升德国制造业的核心竞争力这一道难题，德国政府在 2014 年发出“数字议程”倡导的基础上，又部分借鉴了《中国制造 2025》的提法和思路，于2016年3月通过联邦经济与能源部正式发布《德国数字化战略2025》，此战略被称为“工业4.0”战略的进阶版，是德国探索“自下而上”智能制造模式的一个新路标，将对德国制造业加快数字化转型产生积极而深远的影响。

该战略聚焦千兆光纤网络、新创业时代、智能互联、数据主权、新商业模式、政策框架、数字教育等关键词，重点提出了十大行动步骤:（1）构建千兆光纤网络；（2）开拓新的创业时代，支持初创企业发展；（3）建立投资及创新领域监管框架；（4）在基础设施领域推进智能互联以加速经济发展；（5）加强数据安全，保障数据主权；（6）促进中小企业、手工业和服务业商业模式数字化转型；（7）帮助德国企业推行“工业4.0”；（8）注重科研创新，数字技术发展达到顶尖水平；（9）实现数字化教育培训；（10）成立联邦数字机构。

技术研发方面，2016年4月，世界上规模最大的工业技术博览会德国汉诺威工业展举办并将主题命名为了“融合的工业——发现解决方案”。此次展览展示了100多项“工业4.0”的具体应用方案，明显地让世界感知到：在数字化概念的统领下，从德国政府到企业，都在探索如何让工业4.0越来越具象化。来自德国的企业分别推出了包括智能机器人、3D打印机、工业自动化信息技术、能源和环境科技、动力和控制、工业产品的生产工艺及服务和产品研发方面的前沿产品，技术和解决方案等创新成果。

预算投入方面，德国政府在2014年推出《新一轮高技术战略——创新德国》时，遴选出15个尖端集群进行特别资助，由德国政府出资4000万欧元，企业等比例筹资4000万欧元，用于联合研发项目。地方政府负责随后出资建设公共服务平台的基础设施、职业教育机构等。这一预算支持政策既解决了联合研发项目平台的资金和科研人员问题，又减少了企业尤其是创业企业的负担。此外，企业必须等比例筹资，也避免了企业假借科研项目骗取政府资金支持的情况发生，有利于加强公共资金的管理和高效使用。随后有相关评估报告表明，这些尖端集群在2014年内就获得了900项创新、300项专利、450篇博士论文和教授资格论文、1000篇学士和硕士论文以及40个新创企业，成果产出很显著。据德国智库欧洲经济研究中心于2016年1月13日发布报告称，2016年德国企业对创新活动的投入预计达1581亿欧元，同比增长5.7%，并将主要在汽车制造、机械制造、金融服务、交通运输等领域增加创新预算。德国联邦政府于2016年5月11日发布的《2016联邦研究与创新报告》中显示，德国研发投入近年来持续增长，2016年联邦政府的研发预算达到158亿欧元，较2005年的90亿欧元增长75%，研发领域从业人员数量也创下历史新高。

（三）日本：以本国需求为目标，着重优势领域，建设“超智能社会”

日本的产业发展及技术创新长期以来以本国需求为导向。为迎合国内实际需要，日本很早就开展了智能制造战略研究，并保持着智能工厂建设与机器人研发等领域的优势。日本政府于2015年1月23日公布了《机器人新战略》，提出了三大核心发展目标，即“世界机器人创新基地”、“世界第一的机器人应用国家”、“迈向世界领先的机器人新时代”，认为在世界快速进入物联网时代的今天，日本要继续保持自身“机器人大国”（以产业机器人为主）的优势地位，就必须策划实施机器人革命新战略，将机器人与IT技术、大数据、网络、人工智能等深度融合，在日本积极建立世界机器人技术创新高地，营造世界一流的机器人应用社会，继续引领物联网时代机器人的发展。为达到这一目标，该战略制订了详细的“五年行动计划”，将围绕制造业、服务业、农林水产业、医疗护理业、基础设施建设及防灾等主要应用领域，展开机器人技术开发、标准化、示范考核、人才培养和法规调整等具体行动。该战略预测，通过在各个领域推进机器人化，将大幅度提高作业效率和质量，增强日本制造业、服务业等的国际竞争力。预计到2020年，日本机器人产业自身产值将超过2.67万亿日元（约合1376.3亿元人民币），达到其2012年产值的4倍以上。

2016年1月22日，日本内阁会议通过第五期科学技术基本计划。日本国家科研计划每五年更新一次，这次的科研计划实施周期为2016—2021年，提出建设全球领先的“超智能社会”的核心计划。这一目标是根据日本当前国情提出的。日本政府表示，日本正面临人口减少和老龄化问题，社会保障费用正在提高，而税收却增长乏力，因此，需要通过科技创新提高生产率，以实现经济增长和创造就业。“超智能社会”旨在通过最大限度地利用信息通信技术，将网络空间与现实空间融合，使每个国人最大程度享受高质量服务和便捷生活。继狩猎社会、农耕社会、工业社会、信息社会之后，“超智能社会”将是一个由科技创新引领的全新社会，信息通信与人工智能技术将结合在一起，根据用户多种多样的需求提供订制化的商品或服务，每个国人都有可能成为服务提供方。“超智能社会”也被称为“第五社会”。

2016年5月23日，日本文部科学省确定了“人工智能/大数据/物联网/网络安全综合项目”（AIP项目）2016年度战略目标。AIP项目是日本新出台的重要规划，自2016年起由文部科学省负责推进，旨在汇聚全球顶尖人才，以革命性人工智能技术为核心，融合大数据、物联网和网络安全领域开展研究，并为开展创新性研究的科研人员提供支持。AIP 项目 2016 年的战略目标是，利用快速发展与日益复杂的人工智能技术，开发出能利用多样化海量信息的综合性技术。日本政府将 AI 视为经济增长战略的支柱。2016 年 4 月文科省、经济产业省及总务省携手在日本理化学研究所成立了“革新智能统合研究中心”。该中心今后将在东京站附近设立研究基地，聚集研究人员。此外预计将与大学开展研究合作。

技术研发方面，有资料显示，在 2016 年，日本在人工智能、网络通信、医药、智能制造、新能源、新材料等领域均有显著的研发应用成果。日本已连续三年摘取了诺贝尔自然科学奖，且在进入 21 世纪后已陆续有 17 位科学家获得诺贝尔自然科学奖，但这是在前期长时间投入的基础上产生的成果。目前，在人工智能研究领域，日本已呈现出落后美国和中国的态势。从最具权威的美国人工智能学会的国际会议来看，最近三年来，美国和中国的发表成果出现激增。2015 年美国的大学和企业的发表成果达到 326 项，占比 48.4%，比例最高；其次中国为 138 项，占比 20.5%。两国约占整体的 70%。而日本排在第 8 位，仅为 20 项，占比 3%。日本在 AI 基础研究方面进展缓慢，要卷土重来，还需要根本性的应对措施。

预算投入方面，为建成“超智能社会”，日本政府和民间的研发投资总额预计要占到 GDP 的 4% 以上，其中政府投入将占 GDP 的 1%。按照这一计划期间日本 GDP 增长率为 3.3% 估算，政府研发投资总额将达到 26 万亿日元（约合 1.54 万亿元人民币）。日本政府将扶持“超智能社会”计划的时间暂定为 10 年，期间也会根据项目成果考虑延长，日本政府已在 2017 年度预算申请中列入了 100 亿日元（约合 6.6 亿元人民币）左右的相关经费，另为积极应对研发实力相对落后的现状，日本政府还为 AI 相关研究申请了 924 亿日元（约合 54.5 亿元人民币）预算，达到 2016 年度最初预算的 9 倍，并计划在日本理化学研究所建立代表日本的人工智能研究所，以加强与企业的合作，同时启动基于人工智能的新药开发计划等战略。

二、国外发展战略性新兴产业对我国的借鉴和启示

从资料上显示，未来几年，上述几个国家和地区中，美国的科技创新方向是机器人技术、大脑计划技术和人工智能技术等；日本的科技创新方向是人工智能技术、健康护理技术和信息通信技术等；欧盟的创新方向是 3D 打印技术、新能源技术及再生医学技术等。科技创新及其产业化是影响产业发展的主要因素，从引

领全球技术创新走向的美日欧国家科技创新方向来看，今后几年，全球将在人工智能及智能制造产业、生物科技产业、互联网产业等新兴产业领域飞速发展。

早在金融危机前，世界各国就已陆续推出了本国的新兴产业发展战略，金融危机后，新兴产业更是成为拉动全球经济增长的引擎。为支持新兴产业发展，美国提出《先进制造业国家战略计划》，德国推出“工业 4.0”战略，日本连续出台《科学技术基本计划》，欧盟持续制订《科研框架计划》。世界主要经济体都把绿色节能环保、互联网信息、生物工程、新能源、智能制造业、新材料等新兴产业作为本国优先发展的产业，特别是绿色环保产业和智能制造业发展步伐加快，如美国、日本、德国等国都加速推动智能制造业的发展，支持节能和新能源汽车的发展，并重视绿色创新领域和新增长领域的投资。在各国政府的鼓励及政策支持下，各主要经济体都致力于推动新兴产业的发展，虽然在发展新兴产业的某些政策中，也有实施情况不如预期的现象，但预计 2016 下半年至 2017 年全球新兴产业将继续保持较快的发展趋势。

表 1　主要发达国家产业发展措施

时间	美国	德国	日本
1791 年	《制药业报告》《版权法》《专利法》		
1794 年	开办 4 家兵工厂为部队提供武器，奠定制造方式基础		
1862 年	大学赠地法，发展工程教育和推动农业科技		
第二次世界大战后	建立任务导向的军事和国家技术研发体系，通过政府采购制造“需求”和“供给”市场两要素		
1953 年			《扶植合成纤维工业五年计划》
1955 年			《扶植石油化学工业的对策》
1956 年			《扶植机械工业的临时措施法》
1957 年			《电子工业振兴临时措施法》
1958 年	《国防教育法》		

续表1

时间	美国	德国	日本
1980—2000年		1996年：《德国科研重组指导方针》	1986年："科学技术政策大纲"； 《第五代计算机发展计划》； 《新一代智能机器人计划》； 《开发新型工业材料计划》； 《人体极限研究计划》； 《月光计划》； 《阳光计划》； 1996年：《第一期科学技术基本计划》
2001年			《第二期科学技术基本计划》
2002年	《不让一个孩子落后法案》	《高校框架法第5修正法》	
2003年	启动"国家创新计划研究项目"		
2004年	《创新美国》报告出台	《研究与创新协议》	"新能源产业化远景构想"
2006年	布鲁斯金研究所启动"汉密尔顿研究计划"； 年底发布《创新和基础设施研究报告》； 提出"美国竞争力计划"	《德国高科技战略》； 《科技人员定期聘任合同法》	《第三期科学技术基本计划》； 《新国家能源战略》
2007年	下一代照明计划（NGLI）		
2008年	"智慧地球"计划		
2009年	《美国国家创新战略》； 《重整美国制造业政策框架》	《国家电动汽车发展计划》	3月：《信息技术发展计划》； 4月："新增长战略"、《经济危机对策》； "下一代"汽车计划； 12月：《到2020年的中长期发展战略方针》
2010年	《美国竞争力法案》	《2020高科技战略》； "纳米创新计划"； 《能源战略2050：清洁、可靠和经济的能源系统》； 《生物经济2030国家研究战略》	《第四期科学技术基本计划》
2011年	修订《美国国家创新战略》 先进制造伙伴计划（AMP）	《国家电动汽车发展规划》；"工业4.0"计划	

续表 1

时间	美国	德国	日本
2012 年	《先进制造业国家战略计划》； 纳米技术签名倡议； 《国家生物经济蓝图》； 电动汽车国家创新计划（“EV Everywhere”）； 《大数据研究与开发计划》	“高科技战略行动计划”； 《科学自由法》(《关于非大学研究机构财政预算框架灵活性的法律》)	
2013 年		《德国工业 4.0 战略计划实施建议》	《海洋基本计划》
2014 年			“新增长策略”； 《能源基本计划》； “创建最尖端 IT 国家宣言”
2015 年	发布新版《美国国家创新战略》		
2016 年	抗癌“登月计划”； 《国家制造创新网络计划年度报告》； 《国家制造创新网络计划战略计划》	《德国数字化战略 2025》	《第五期科学技术基本计划》； “人工智能 / 大数据 / 物联网 / 网络安全综合项目”（AIP 项目）2016 年度战略目标

随着各国新兴产业发展之间的竞争已进入激烈状态，我国战略性新兴产业发展面临着严峻挑战。主要表现在三个方面：一是第一集团国家已抢占战略性新兴产业制高点，给我国相关战略性新兴产业发展造成压力，面临着在技术、品牌、资本和市场份额等各方面的激烈竞争。二是金融体系仍无法满足支撑战略性新兴产业快速发展的需求。我国长期存在金融创新能力不足，金融资源配置效率不高，难以满足战略性新兴产业融资需求的现象，很大程度上制约了新兴产业的发展。三是缺乏核心技术。虽然我国科研实力已有显著提高，科研成果也硕果累累，但第一集团国家利用其主导的全球价值链分工体系，整合了全球优势资源以增强市场控制力，并利用其关键技术垄断和终端渠道进行控制，对我国进行“结构封锁”，压缩了我国产业发展空间。

从上述发达国家发展新兴产业的经验中可以得出：培育发展新兴产业必须坚持政府引导，加强金融支持，以市场为主导，着力提高自主创新能力以及培育激发消费需求。

面对我国新兴产业的现状，针对实际发展需求，我国新兴产业的发展可以从发达国家汲取以下几点经验：

（一）超前部署，持续投入，树立产业发展的信心

从上述发达国家产业发展的历程来看，各国均于21世纪乃至多个世纪前就开始了对产业发展的部署与扶持，其新兴产业发展能占据全球制高点，是政府前期部署并持续支持及投入的必然结果。

现代经济理论研究表明，在充分发挥市场配置资源的基础性作用并坚持企业的主体地位的同时，必须充分发挥政府对经济社会发展的引导作用。新兴产业因其系统性、复杂性和风险性，极其需要发挥政府在信息资源量大、信息渠道广泛、信息网络发达等方面的巨大优势，做到统筹全局、通盘考虑、高效整合，从而尽可能确立正确的方向，在培育发展过程中就更需要充分发挥政府的先期引导作用。从上述几个国家地区的做法中可以十分清楚地看出，政府一直在发展方向、资金流向、人才流动和舆论环境四个方面不遗余力地积极引导，特别是发展方向的引导起关键作用。

我国因建国时间短，工业发展基础相对薄弱，面对目前激烈竞争的国际态势，不应盲目追赶，需沉着应对，依托我国现已取得的成就，根据国情制定新兴产业发展战略，可包括中长期发展战略和短期发展战略。

（二）全面引导，区分重点，驱动力创新引领发展

依托创新驱动战略，发展新兴产业，在各种危机的影响下，美国、德国、日本三个国家经济仍然保持较好的发展态势。提升技术创新能力、完善产业创新体系已是新兴产业发展的重要基础。创新是引领发展的第一动力，创新驱动越来越成为各国推动经济社会发展的主要动力。近年来，三个国家秉持扶持企业创新研发的政策方针，在创新系统中拥有一批具有强大创新能力的企业。为今后各国发展新型产业的战略方针的实施奠定了坚实的技术基础。

各国长期以来通过制订国家层面的战略计划，通过营造创新环境、搭建中介服务桥梁、培养专门人才等各种方式为新兴产业发展制造温床。2016年各国不单贯彻执行前期的各项发展方针，还不约而同都制定了发展重点产业的战略方针。

通过驱动力技术创新，引领产业发展。美国在《2016—2045年新兴科技趋势报告》中公布了包括机器人与自主系统、增材制造、大数据分析、人效增强、移动和云计算、医疗进步、赛博、能源、智慧城市、物联网、食物与水技术、量子计算、社交媒体使能、先进数码产品、混合实境（即虚拟现实与增强现实）、气候变化技术、先进材料、新型武器、太空、合成生物等在内的 20 项核心科技趋势，以这些技术发展为基础，为巩固制造地位，美国还制订了“制造创新网络计划”，新增了抗癌“登月计划”；德国制定了《德国数字化战略 2050》，以期用信息化建设加强德国制造业优势，制造智能制造新优势；日本在其人工智能技术持续研发进步的基础上，仍将发展重点集中在之前就曾有部署的“超智能社会”建设上。

现代产业发展只有与科技实现紧密结合，产业才会有活力、产能才会有保障、产品才会有市场、产出才会有效益。战略性新兴产业是充分利用科技革命和重大技术创新成果建立起来的，因此，对产业和企业的持续创新能力要求更高。

我国现在正处于从要素驱动和投资驱动向创新驱动跨越的重要阶段，近年来，我国研发投入增长迅速，全社会研发投入现在已位居世界第二位。在此支撑下，我国科技发展日新月异，取得了巨大成就，很多科技领域已逐步实现从“跟随”向“同行”和“引领”的跨越。但由于体制机制关卡原因，还有不少科技成果未能很好地转化为现实生产力。为此我国要推动创新实现价值，要突破诸多体制机制的关卡，从“政、产、学、研、用、介、经”等产业发展的七要素出发，发挥科研院校、中小企业的创新力量，力争关键技术的创新突破，以创新驱动全面引导产业发展及升级。

（三）细化措施，重点培养，以技术提升拉动产业发展

好的战略的执行需要依托系统有效的实施措施。

美国在制订抗癌“登月计划”同时，还制定预算投入方案，圈定了重点发展领域；制订《国家制造创新网络计划战略计划》，明确列出了计划目标的同时还识别了实现目标的方法及考核标准。德国制定的《德国数字化战略 2050》中，也详细阐述了战略目标及实施措施。日本在发布《第五期科学基本计划》后，综合科学技术创新会议依据该计划制定了年度“综合战略”，根据计划中提出的主要指标和数值目标，将灵活落实计划中的各项政策措施。

德国通过打造产学研三位一体的科研创新共同体、促成多方利益相关者三赢的良性循环、制定合理的科技创新成果转化与激励政策法规等实施途径，成功完成了高校科技创新推动产业发展的战略部署。

美国之所以成为数字创意产业的全球引领者，在于其高度重视数字技术在创意产业的应用以及对原创的重视和知识产权的保护，健全的版权保护法律体系也促进了数字创意产业的繁荣。美国国会先后通过了《版权法》《半导体芯片保护法》《跨世纪数字版权法》《电子盗版禁止法》《伪造访问设备和计算机欺骗滥用法》等一系列有关版权保护的法律法规。

我国发展新兴产业，不单要制定长远的战略规划，还要制订较为具体的行动计划及与产业发展有关的法律与协议。要重点培养装备制造、新能源、新材料、电子信息、航空航天、石油化工、生物医药、轻纺和国防等优势产业，瞄准世界科学技术发展前沿和产业高端，有重点、有步骤地在最有基础、最有条件的领域突破核心和关键技术，抢占产业竞争制高点，引领未来发展的方向。同时避免两种错误发展方向，一是避免走入全球产业链制造低端的“高端产业、低端环节”的倾向；一是避免技术开发、产品生产乃至产业集聚方面“低端过热、高端不足”的倾向。要解决“政、产、学、研、用、介、经”七个要素产生的制约问题，通过政产学研结合，通过政府采购等方式制造市场用户，搭建中介服务平台提供科研项目管理服务，为中小企业提供和政府之间的桥梁服务、职业培训服务和政策及信息咨询服务，为研发机构提供技术转移服务，除政府给予的预算投入及优惠政策外，为产业发展制定优良的金融支持体系，还可以完善金融资本包括民间投入的管理机制，充分发挥市场机制，搞活新兴产业的发展。

清华大学公共管理学院　薛澜　周源　杨榕　朱含蓄

网络经济篇

宽带运营产业发展情况及展望

一、国内发展态势

（一）宽带用户平稳增长并加速向高速率迁移

截至 2016 年 12 月底，固定宽带接入用户达到 29720 万户，用户普及率为 21.6%；移动宽带（3G/4G）用户达到 9.4 亿户，普及率超过 71%。

2016 年宽带光纤用户发展情况良好。随着覆盖范围扩展，宽带用户加快向 FTTH（即光纤到户）网络迁移，1—12 月 FTTH 宽带用户新增 10794 万，用户占比达到 76.6%，超过韩国（71.3%）和日本（73.3%）等 OECD 国家领先水平。截至 2016 年 12 月，我国使用 8M 及以上速率的固定宽带接入用户占比达到 90.3%，使用 20M 及以上速率的固定宽带接入用户占比达到 76%。从近年来 FTTH 用户与高带宽用户发展来看，20M 及以上速率的固定宽带接入用户占比与 FTTH 用户占比增速呈现明显正相关，20M 及以上速率的固定宽带接入用户占比增速快于 FTTH 用户占比增速。

移动 4G 网络具有更强的数据流量承载能力和更低的流量成本，不但能够提高传统业务的使用量，更能够促进高清视频、基于位置服务的互联网业务、在线游戏等多种业务繁荣发展。2016 年，我国移动 4G 用户已经突破 7.7 亿户，在短短一年时间内，4G 用户渗透率已从 2015 年年底的 29.6% 上升到 58.2%。尤其是得益于 4G 网络的逐步普及和提速降费等政策利好，移动宽带用户流量潜在需求得到持续释放。截至 2016 年 12 月，全国移动互联网接入流量累计达到 93.6 亿 GB，同比增长 123.7%。4G 网络流量规模已经远超过 3G 网络，流量占比超过七成，中国移动 4G 网络流量占比甚至高达 86%。月户均移动互联网接入流量达到 772MB，同比增长 98.3%。

（二）高速宽带网络接入能力持续提升

2016 年中国电信与中国联通为保持自身在固定宽带市场的优势，通过合作等方式对城市老旧小区和重点乡镇继续加大 FTTH 网络建设改造力度，中国移动继续在固定宽带市场加速发展，全年全国 FTTH 新增覆盖家庭规模保持持续增长，覆盖家庭规模达到87984万户。其中，全国主导运营企业FTTH覆盖家庭平均比例已超过95%，部分省份如天津、江苏等已覆盖100%的家庭。

我国移动运营企业继续加大移动宽带基础设施投资。截至2016年年底，我国4G基站总规模达到263万个，其中室外宏基站超过200万个，室内分布基站超过60万个，是当前全球最大的4G网络。我国主导的TD-LTE技术体制得到大规模应用，TD-LTE基站在基站总量中占比接近60%。

（三）云计算应用及产业市场步入爆发期

2016年5月，主题为"技术融合应用创新"的第八届中国云计算大会在北京国家会议中心隆重召开，标志着云计算在我国兴起已进入第八个年头。过去八年，云计算作为互联网基础设施一部分独立出来形成一个产业，其应用逐渐渗透到各行各业。

2016年国内云计算行业巨头动作频频。国产科技三巨头BAT（百度、阿里巴巴、腾讯）分别于6月29日云栖大会·成都峰会、7月5日腾讯云+峰会、7月13日百度开放云战略发布会高调宣布云计算领域战略。2016年3月中国联通对外发布了公司未来的云计算发展策略，成为我国通信业率先发布云计算策略的运营商。6月30日，中国电信携手华为发布天翼云3.0产品及服务。7月中国移动宣布2016年年底前将建成全球最大的OpenStack开源公有云。国内云计算市场一时间风起云涌。

根据中国信息通信研究院数据，我国云计算市场总体保持快速发展态势。2015年我国云计算整体市场规模达378亿元，整体增速31.7%。其中专有云市场规模达到275.6亿元人民币，年增长率27.1%，预计2016年增速仍将达到25.5%，市场规模将达到346亿元人民币左右。我国公共云服务逐步从互联网向行业市场延伸，2015年市场整体规模约102.4亿元人民币，比2014年增长45.8%，增速略有下滑。预计2016年国内公共云服务市场仍将保持高速增长态势，市场规模可望达到近150亿元人民币。[1]数据中心联盟数据显示，2013年10月至2016年5月，可信云评测已完成5期，接入可信云可用性监测服务的云服务商已达35个。[2]国内云计算领导者阿里云增长远超全球公有云计算龙头亚马逊云服务（AWS），目前我国云计算产业正在步入远高于全球市场的快速爆发阶段。

[1] 中国信息通信研究院.云计算白皮书（2016）[R].2016（9）.

[2] 陈屹力.可信云云主机服务2016年5月可用性监测结果[R].数据中心联盟网站，2016-06-17.

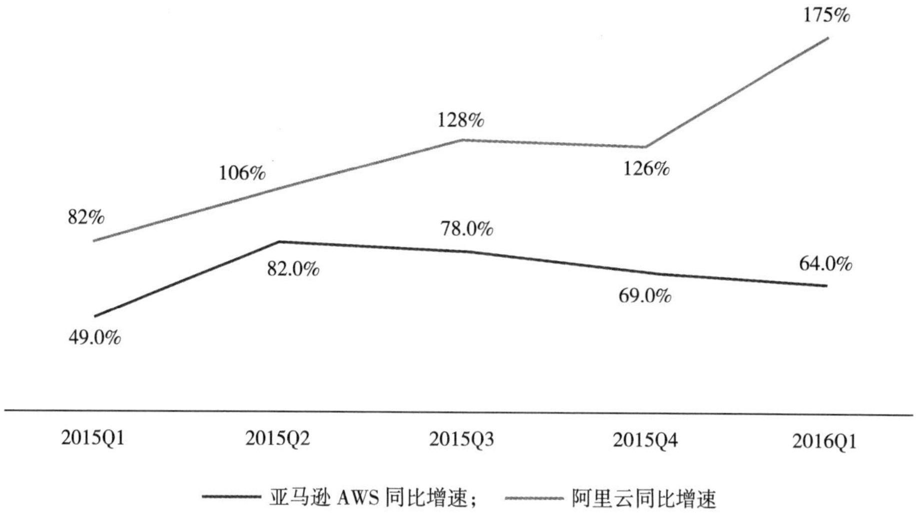

图 1　2015 年一季度以来阿里云营收增速远超亚马逊 AWS[1]

（四）流量需求带动内容分发网络（CDN）市场持续发展

随着互联网、移动互联网流量的爆发式增长，尤其是来自视频以及云计算的高速增长，我国 CDN 市场潜力逐渐释放，CDN 市场格局也在逐步发生着改变，传统与新兴势力多方角逐。

一方面，传统 CDN 服务商加快网络建设和节点布局，强化对大客户的定制化服务能力。网宿科技 2016 年企业盈利 11.64 亿元至 13.30 亿元，净利润增长 40% 至 60% 之间，目前在全球覆盖 30 多个国家，在 70 多家主流运营商上建设超过 600 多个 CDN 节点，2016 年启动海外 CDN、云安全、社区云三大战略，国际上在非洲、欧洲、亚太地区设立分公司扩展业务，国内通过社区云将 CDN 节点进一步下沉。蓝讯目前全球覆盖 116 个城市，近 700 节点，并在 2016 年推出免费 SSL 证书，帮助用户向 HTTPS 平滑迁移。

另一方面，互联网企业杀入 CDN 市场，在满足自己业务需求的同时，加强商用化市场拓展。阿里云推出基于 CDN 的云存储服务，已在全球部署超过 500 个节点，覆盖 30 多个国家，2016 年成功助芒果 TV、浙江卫视顺利度过跨年演唱晚会。腾讯云推出的 CDN 服务已在全球部署超过 550 个节点，覆盖 30 多个国家，2016 年发布全球视频直播解决方案，为企业在中国香港、东南亚、北美、中东及欧洲等地搭建一套覆盖全球的直播网络架构。各方参与不仅促进了市场竞争，同时也推进 CDN 市场快速发展。

[1] 数据来源：公司财报［R］. 兴业证券研究所 .

互联网内容资源爆炸式增长，4K、VR、云游戏等家庭端应用快速发展以及用户对服务性能高要求，促进了CDN技术与模式的创新。一方面，靠近用户端的存储需求越来越高，推动了CDN的下沉并边缘化，另一方面，CDN不仅要求具备存储功能，还需要处理、传输、支持各种应用，对终端计算能力的要求进一步推动了CDN与边缘计算的融合。早在2003年CDN服务商Akamai就和IBM合作边缘计算，网宿科技也计划3年内在全国建设3000多个社区云节点，每个节点覆盖10万左右家庭用户，最终服务我国2亿多的宽带家庭用户。

（五）手机终端和运营商网络设备产业规模持续扩张，国际化稳步推进

2016年我国计算机、通信和其他电子设备制造业增加值累计增长10%，相比2015年10.5%的增速略有下降，但是整体发展势头不变。全年出口交货值累计4.8万亿元，2016年以来累计增速由下滑转为上升趋势，全年接近零增长（–0.1%）。

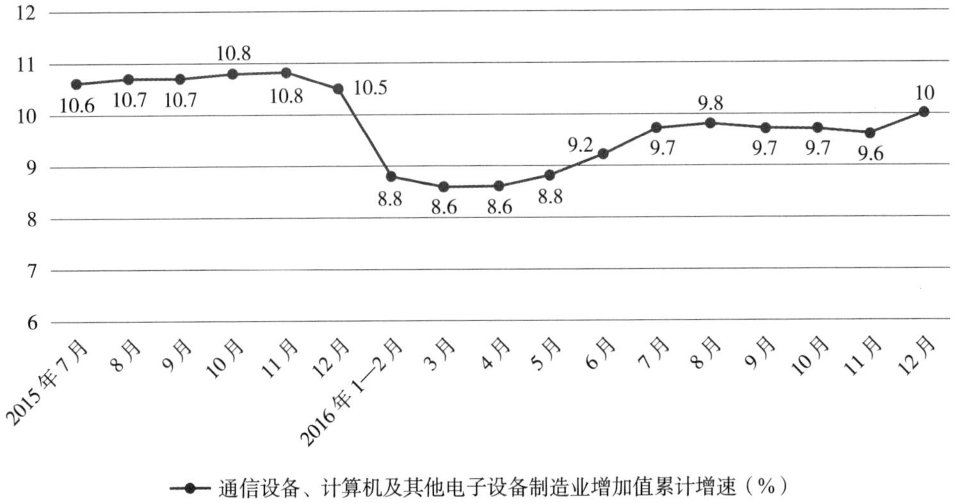

图2　我国电子信息制造业增加值累计增速情况（%）

数据来源：国家统计局。

从手机终端生产来看，产量高速增长，厂商国际竞争力提升。2016年我国手机产量达到22.6亿台，[1]相比2015年，手机产量增速稳定保持在15%以上较高水平。从国内市场来看，2016年手机出货5.6亿部，[2]同比增长8%。其中，4G手机出货5.2亿部，占比达到92.8%。厂商方面，我国厂商华为、OPPO、vivo已经进入全球智能手机销量前五位，且国产手机品牌正不断向高端市场进军，2016年国

[1] 数据来源：国家统计局.

[2] 数据来源：中国信息通信研究院.

内市场 2000 ~ 3000 元价位段的手机出货量中，国产品牌手机占比已经高达 90% 以上。

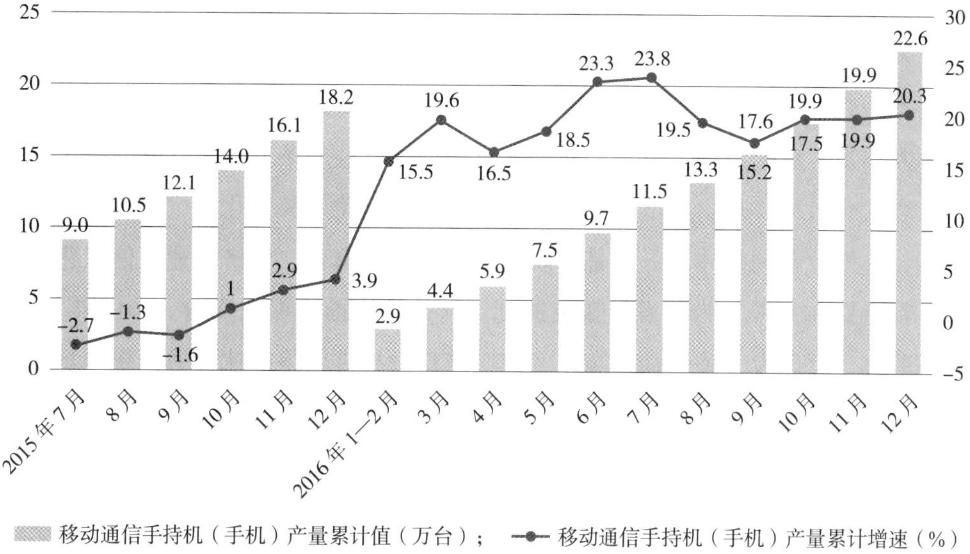

图 3　2015 年 7 月—2016 年 12 月我国手机产量情况

数据来源：国家统计局。

国产厂商在运营商网络设备市场持续领跑，国际化步伐稳定。根据 Gartner 数据显示，2016 年我国运营商路由交换和光传输设备市场规模约为 42 亿美元，同比增长 10.8%。受益于市场规模扩张，国产厂商在全球地位不断加强，华为在全球光传输市场居于首位，中兴位列第三。同时，国产厂商不断向外拓展，2015 年在中国以外市场的收入占华为收入比重接近 58%，其中欧洲中东非洲、美洲、其他亚太市场收入分别占到 32%、10% 和 13%；在国际市场的营业收入占中兴收入的比重为 47% 左右。

二、发展要素分析

未来几年，宽带运营产业的发展一方面将继续行业自身较高速发展规律和趋势；另一方面，在建设网络强国战略的推动下，尤其是持续大力推进网络提速降费，我国宽带运营产业的发展将进一步加速。

（一）多因素影响固定宽带业务市场发展

一是整体投资结构调整。移动宽带网络和固定宽带网络既相互促进，也会有所替代。尤其受移动 4G 网络深度覆盖的影响，光纤宽带、行政村通宽带等方面的投资与以往相比存在一定调整和变化的可能性。二是固定宽带市场格局变化。中国移动（集团公司）的宽带用户从 2016 年已纳入统计，目前固定宽带市场竞争形势已发生明显变化，今后其发展态势将继续对我国宽带网络覆盖、用户发展、资费等产生较大影响。三是电信行业向民资开放，接入网开放试点、移动业务转售等不断推进，新的市场主体不断涌现，竞争环境日益复杂。四是互联网骨干网网间互联优化效果体现。新增直联点和网间扩容机制化、长效化，优化了网络整体架构，有效改善网络体验。五是宏观环境，包括城镇化、经济增速、信息化进程等，都会影响光纤宽带的发展普及速度。六是持续推进提速降费。2015 年 5 月，国务院办公厅印发《关于加快高速宽带网络建设推进网络提速降费的指导意见》，要求加快推进宽带网络基础设施建设，进一步提速降费，提升服务水平；2016 年、2017 年国务院常务会议持续推进部署，对光网城市建设，积极引导宽带用户加快向光纤宽带网络迁移等起到巨大的推进作用。

（二）技术演进与应用是移动宽带运营产业快速发展的关键推力

自 2014 年 4G 移动通信技术在我国正式商用以来，移动宽带基础设施建设投资得到持续拉动，移动用户信息消费需求得到有力刺激，带来近年来移动宽带运营产业的蓬勃发展。到 2016 年，LTE-A 相关技术将在我国规模部署。三大运营企业正在重点推进 VoLTE、RCS（融合通信）、CA（载波聚合）、高阶调制、多流传输等技术的商用和普及，打造更加优质的移动宽带基础设施。面向未来，依托无处不在的网络，智能硬件和移动应用的快速普及，社会将进入万物互联的时代。这带来的不仅仅是更高的速率、更广的连接、更优的体验，更会给整个产业带来更多的创新机遇。

在 4G 移动通信技术不断成熟的同时，加速发展 5G 移动通信技术已成国际社会的共识。第一届全球 5G 大会（The 1st Global 5G Event）于 2016 年 6 月 1 日落下帷幕，这次由我国 IMT-2020（5G）推进组、欧盟 5G PPP、韩国 5G 论坛、日本 5GMF 和美国 5G Americas 首次跨区域合作召开的大会，第一站选择于 2016 年 5 月 31 日至 6 月 1 日在北京举行，意味着在 5G 时代中国将会扮演极为重要的角色。中国介入制定 5G 移动通信技术全球统一标准，有望从通信技术 3G、4G 时代的跟随者成为 5G 时代的引领者，带动产业新一轮技术升级。

在“提速降费”政策的推动下，资费下调也是促进移动宽带运营产业发展的重要因素。2015 年 5 月，国务院总理李克强要求确定加快建设高速宽带网络，鼓励电信企业尽快发布提速降费方案计划，促进提速降费的实施。除了推出流量不清零、闲时流量等服务外，针对民众最为关心的主流套餐资费，三家主要电信运营企业均已制定面向全国移动用户每月 50 ~ 80 元包含 1GB 流量的资费套餐。根据工信部数据显示，2015 年我国移动互联网接入流量平均资费大约在 80 元 /G，同比下降 35%。然而，由于用户实际使用的流量规模出现了大幅提升，导致总体资费下降幅度并不明显，影响移动用户对流量资费消费的感知。工信部“关于推进网络提速降费相关政策简要情况”中提到，争取到 2017 年年底，4G 网络全面覆盖城市和农村，移动宽带人口普及率接近中等发达国家水平；手机流量和固定宽带平均资费水平将大幅下降。可以预期，到 2017 年“提速提量”效果将会更加显著，进一步激发产业发展的活力。

（三）安全问题和监管体系的完善是云计算发展面临的最大挑战

影响中国云计算发展的问题第一是安全问题，第二是法律法规问题。云计算具有信息化资源高度汇集和通过网络访问的特性，为信息安全带来了很大挑战。同时因为云计算是新事物，监管法律法规还不健全，也缺乏云计算服务的相关标准，因此距离让用户像信赖银行一样信赖云计算还有很长的路要走。

近年来我国加强云计算相关政策制度的完善。2015 年年初国务院印发《关于促进云计算创新发展培育信息产业新业态的意见》，部署加快发展云计算，打造信息产业新业态，推动传统产业升级和新兴产业成长，培育形成新的增长点，促进国民经济提质增效升级。意见提出，到 2020 年，云计算成为我国信息化重要形态和建设网络强国的重要支撑，为我国云计算发展的政策环境提供了顶层设计。此外，我国于 2016 年 3 月 1 日起实施的《电信业务分类目录（2015 年版）》将云计算纳入目录中，进一步为云计算安全和服务监管提供了法律依据。

随着产品线的完善，云计算企业也日益重视安全和服务质量，并视其为重要的核心竞争能力。6 月 29 日，国内云计算龙头企业阿里云在云栖大会·成都峰会发布《数据安全白皮书》，首次披露完整的云安全运营体系，包括阿里云在保障 230 万用户数据安全方面建立的流程、机制以及具体实践办法。而且，针对用户最关心的云上数据传输、使用和存储等问题，阿里云也给出了翔实的解读和承诺。

6 月 13 日，中国信息通信研究院牵头的三个提案：可信云服务定义、需求和场景成功写入 ITU（国际电信联盟）国际标准。我国制定的“可信云服务”标准获得国际认可，充分体现了我国公有云产业的竞争力，为我国公有云服务商“出海”

奠定了坚实基础。

（四）“云大移物”爆发式需求推动 CDN 市场快速发展

互联网的快速发展，带动了多媒体内容的不断丰富、应用数量的激增，移动互联网、云计算、大数据等新兴技术的快速成熟，促进了 CDN 技术与模式的创新，而物联网、工业互联网的兴起，为 CDN 的发展提供了新动力。

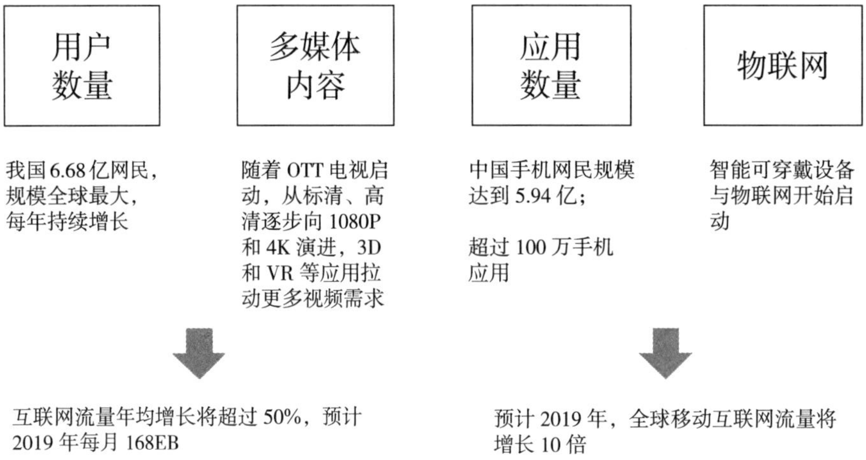

图 4　全球互联网流量将持续增长

数据来源：中国产业信息网。

随着包括网页、网络视频及直播、移动互联网等流量用户的急剧攀升以及网络游戏等应用容量的不断扩大，据初步估计，互联网流量年均增长将超过 50%。

以视频产业为例，视频分发速度和画面质量已成为视频网站的核心竞争力，在线视频行业的持续演进和发展势必将为未来的数据流量贡献主要增长，从而带动 CDN 的发展。此外在三网融合的大背景下，IPTV、OTT 的出现一举打破了原有“电视屏”用户被动式接受信息的局面，增加了“互动”新特性的“电视屏”正逐步被互联网化，带来了 CDN 的巨大需求。

随着我国“互联网 +”计划的推进，2015 年“宽带中国”专项行动的落地，我国发布了多项涉及 CDN 发展的战略规划和发展政策，CDN 已经成为宽带中国战略中不可或缺的应用基础设施。

（五）资源需求驱动下一代互联网 IPv6 发展

随着全球 IPv4 地址的耗尽以及物联网、移动互联网、云计算和工业互联网等产业不断发展带来的地址资源压力，全球 IPv6 产业正加速部署。早在 2011 年，全球 IPv4 地址已被 ICANN 分配完毕，此后几年各地区的实际可用地址也陆续告罄。

近两年欧美国家明显加快了IPv6发展，基础网络、终端、应用、芯片和操作系统等产业环节良性协同发展，推动IPv6商用部署。IPv6网络覆盖率和应用支持率大幅上升，IPv6用户和流量出现猛增。美国IPv6用户从2014年的200万户一跃达到了2016年的9700万户，而2016年全球IPv6平均数据流量则达到了41.7G。预计到2020年，全球网络总流量的34%将由IPv6产生。

从国内来看，除了传统的互联网业务，我国的物联网业务、移动互联网业务和云计算业务近几年也在不断发展，特别是VoLTE业务实现商用化部署，同时移动互联网业务应用发展异常迅猛。物联网业务和云计算业务目前处于业务成长期，在未来几年有望出现爆发式增长。我国的工业互联网也正处于蓄势待发的态势。这些都将对我国下一代互联网IPv6建设发展形成巨大的潜在驱动力。但也应该看到，由于我国现网大量使用NAT技术，在一定程度上对IPv6的发展驱动力又有所削弱。从长远来看，推进下一代互联网IPv6部署及规模商用是大势所趋，国际IPv6的快速发展已抢得先机，我国加快发展下一代互联网IPv6已经具有现实紧迫性。

（六）国内政策红利，新业务、新技术发展对通信设备需求产生正面促进

国内政策环境利好，持续推动我国通信设备产业快速发展。近年来，我国信息通信领域相关政策相继推出，从“宽带中国”、信息消费到“互联网+”和“中国制造2025”，均为通信设备产业发展提供强劲的市场动力，有利于攻克掌握一批重点领域关键技术，巩固提升制造业大国地位。随着信息安全重视程度日渐提升，信息设备国产化进程仍在加速，国内企业面临发展良机。

比如目前新业务、新应用推动大规模数据中心部署，带动高带宽、大容量网络设备增长。而未来，随着虚拟现实、超高清（3D）视频等新终端业务发展，移动医疗、车联网、智能家居等物联网应用爆发，将对数据中心处理能力提出更大需求。再如，当前移动通信4G技术发展逐步成熟，5G尚未铺开，网络覆盖盲点补充需求推动设备增长，在新旧技术交替期，微基站补点增长明显，近年稳定保持35%以上增速。

三、近期发展预测

（一）固定宽带增速放缓，FTTH用户占比将位居全球第一

根据国际固定宽带发展的成长规律，人口普及率达到5%时进入快速成长期，人口普及率超过20%时进入平稳增长期。未来几年我国固定宽带发展基本处于成长末期，增速会有所放缓。尽管如此，未来几年我国FTTH覆盖家庭规模仍将不断增长，随着FTTH网络覆盖范围扩展，宽带用户将继续保持快速向FTTH网络迁移，未来几年将进一步加速FTTH用户的增长，光纤宽带用户占比在位居全球第一后，仍将持续提升。从速率上来看，未来几年20M宽带产品将成为基本配置，考虑到20M套餐越来越为更多的用户接受，更高速率宽带产品因4K电视等业务推进也会逐步增长，预计未来几年50M及以上高速宽带产品将加快普及。

从网络建设来看，未来几年，主导运营商重点针对城市地区剩下的铜缆接入小区开展攻坚，加快完成光纤到户网络改造，难度将进一步加大。为保证城市家庭宽带100M的接入能力，10G PON为代表的高速宽带技术将在城市地区得到积极推进。宽带应用推广和普遍服务补偿项目等将推动光纤到户国家标准的贯彻落实向乡镇、新农村新建住宅延伸，农村FTTH将得到大发展。

（二）移动宽带4.5G网络将占据市场主体地位

我国目前正处于2G/3G/4G网络深度共存的阶段。随着4G网络逐渐普及、成熟，网络演进步骤将逐步展开。预计到2017年，我国4G网络流量占比将接近90%，3G网络流量承载作用逐步弱化。到2018年4.5G网络将成为市场主流，2G将逐渐退出移动数据流量市场。5G网络第一版本标准将于2018年完成，在2020年有望实现5G网络商用。

移动用户方面，预计2017年我国总LTE用户数将有望突破8亿户，2020年我国LTE用户将超过11亿户，在总移动用户中的渗透率将接近80%。其中我国市场将以TD-LTE为主，TD-LTE用户规模占总LTE规模的比例保持在70%以上，2020年有望达到8.6亿户。

得益于移动宽带的不断普及与流量资费的进一步下降，我国移动互联网接入流量将保持高速增长。预计到2017年年底，我国移动宽带用户的移动互联网月户均流量将达到1.2GB。在现有移动应用业务形态下，国内2016—2020年间移动互联网月户均流量年复合增长率将达到63%左右，月户均流量增长6倍多，2020年月户均流量将达到4.9GB。未来随着3D视频、虚拟现实、增强现实等新业务的引入，有可能再次促进移动数据流量需求大幅提升。

（三）云计算市场规模发展空间巨大

2015年相关数据显示我国云计算市场占到全球市场总规模尚不足1%，[1]这与

［1］ Gartner，2016年1月：2015年全球公共云服务市场规模为1750亿美元。

我国人口规模、商业规模、GDP 水平占全球的份额极不匹配，市场提升空间巨大，前景广阔。

首先，“十三五”期间我国云计算将进入规模发展阶段。“十二五”我国云计算市场规模发展很快，但是体量很低，预计“十三五”期间我国云计算市场将快速形成规模，我国云计算企业也将迅速壮大。2016 年 6 月 28 日，美国五大投行之一的摩根士丹利发布报告称，阿里云正在迅速崛起，其单独估值已经高达 390 亿美元。在国际市场上，阿里云与亚马逊云服务（AWS）的营收差距将不断缩小。摩根士丹利预估阿里云在未来三年保持 89% 以上的年复合增长率，2020 财年营收达到 580 亿元人民币，到 2022 财年营收达到 1200 亿元人民币（约 185 亿美元），由此与亚马逊的收入差距由 5 年缩短至 3.5 年。[1]

其次，云计算作为信息基础设施的作用不断增强。从云计算细分的 IaaS（基础设施即服务）、PaaS（平台即服务）、SaaS（软件即服务）三层来看，以在线 CRM 等在线企业软件为代表的 SaaS 应用是最早为人所知的云计算形态，近年来 SaaS 增速缓和，IaaS 增速明显加快，占比不断扩大。预计“十三五”期间，作为基础设施的 IaaS 云及其相关的 PaaS 云的份额会继续不断扩大，代表云计算作为信息基础设施的地位不断增强。

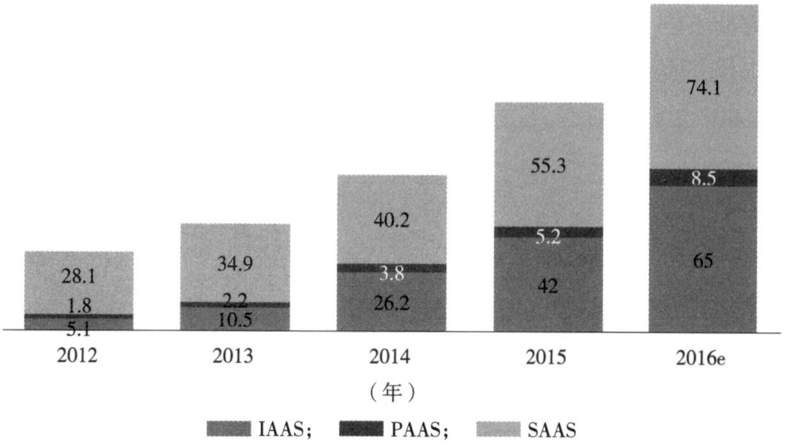

图 5　我国公共云 IaaS、PaaS 和 SaaS 云市场规模（单位：亿元）

最后，云设施替代传统 IT 的趋势日益显现。据 IDC 预测，2016—2020 年，全球云 IT 基础设施的支出还将持续增长，年复合增长率将达 13.9%，预计到 2020 年全球云 IT 基础设施支出将超过全球非云 IT 基础设施支出；与此同时，非云 IT 基础设施的支出将持续降低，年复合增长率为 -1.9%。

[1] 摩根士丹利 . 阿里云进一步缩小与亚马逊差距［N］. 国际商报，2016-07-03.

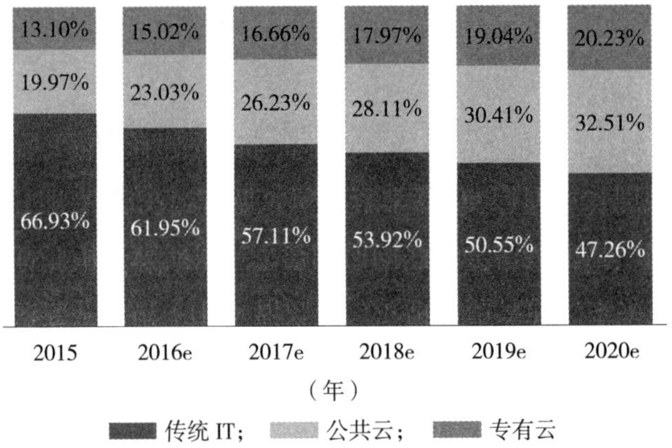

图 6　全球云 IT 设施市场规模分类预测 [1]

总之，我国云计算经过“十二五”的起步和蓄势阶段，“十三五”将迎来规模发展阶段，云计算将成为信息社会重要基础设施，未来大部分科技创新都要用云来支撑实现，人工智能、物联网，甚至未来的无人驾驶、机器人等，它们的后台的核心一定有一颗在云端的“大脑”。

（四）CDN 市场需求稳步增长，产业快速发展仍将持续

未来几年 CDN 市场规模仍将持续发展。据测算，全球 CDN 市场规模预计将从 2016 年的 60.05 亿美元，增长至 2020 年的 157.3 亿美元，其中亚太地区将会是增长最快的市场。[2] 而我国 CDN 市场规模将远超出国际 CDN 市场的增长速度，预计未来五年复合增长率将超过 50%。

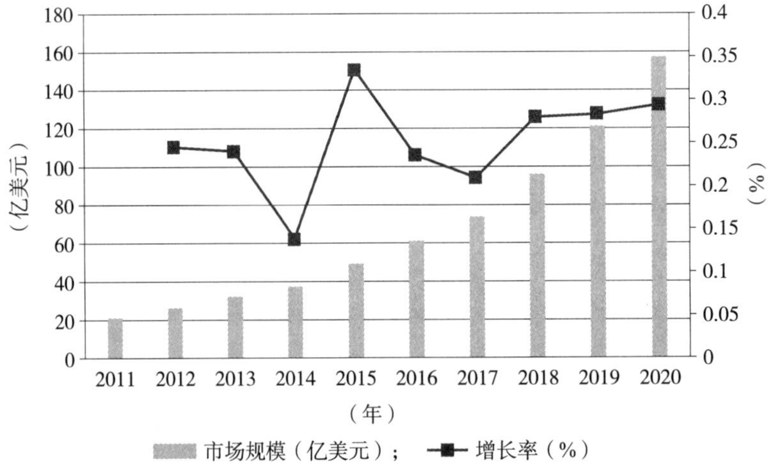

图 7　全球 CDN 市场规模预测 [3]

[1] 数据来源：IDC Worldwide Quarterly Cloud IT Infrastructure Tracker, 2016 Q3.

[2] 数据来源：MarketsandMarkets.

[3] 数据来源：MarketsandMarkets.

随着 CDN 市场进入者增多，标准化通用产品服务竞争激烈，差异化、个性化、定制化服务成为新潮流。无论传统的专业 CDN 服务提供商还是互联网公司，均将通过自身优势开展服务，CDN 正在从传统的互联网内容加速服务，向针对互联网资源提供有效管理的综合服务的方向演进。

技术上，在未来几年 CDN 将在计算能力、存储能力、网络架构、内容部署等方面，不断吸收新的思想和技术，提升 CDN 服务能力和服务质量。目前，我国 CDN 在云上的渗透率约为 26.8%，预计未来，CDN 和云的融合将更加紧密，在 2018 年将达到 72%。此外随着 SDN 和 NFV 等技术的出现，共享经济模式的运用，CDN 服务提供商也陆续开始探索将这些先进技术与自己的 CDN 网络结合起来。各种创新的 CDN 加速技术将会不断冲击传统 CDN 服务市场，给 CDN 市场带来新的活力。

（五）IPv6 发展需加强产业协同，或将迎来新的快速发展

在 IPv4 地址耗尽和新业务不断发展需求的双重驱动下，我国近些年在不断推进下一代互联网试验建设和商用部署推进的同时，不断加快对 IPv6 地址的申请。截至 2016 年 12 月，我国 IPv6 地址申请数达到 21188/32 地址块，位居全球第二。预计在 2017 年，我国还将不断加大对 IPv6 地址的申请力度，同时进一步加快下一代互联网的商用部署。

根据目前的部署现状，基础网络的升级改造仍将是未来几年的重点产业发展方向。未来几年，我国互联网骨干网络将基本具备 IPv6 支持能力，接入网、城域网和数据中心网络的 IPv6 覆盖比例将不断上升，LTE 网络也将具备全面的 IPv6 支持能力。同时，广电网络和电子政务外网等基础网络的升级改造也将进一步深入推进。

但也应该看到，目前我国的下一代互联网产业在发展过程也出现了一些亟待解决的问题，主要是产业应用的升级改造进程相对缓慢，应用和终端的协同升级改造尚需协调推进。

我国政府部门和相关行业管理机构也充分认识到下一代互联网产业建设发展的重要性，近年来在国家宏观规划和行业规划中一直将下一代互联网产业作为重要战略发展方向，特别是在 2016 年 7 月发布的《国家信息化发展战略纲要》和 2016 年 12 月发布的《“十三五” 国家信息化规划》中，将下一代互联网确定为支撑国家信息化建设发展的核心先进技术和重要的宽带基础设施，明确提出要加快其商用部署进程。相信未来几年，在国家的统一协调推进下，我国下一代互联网产业应用环节的升级改造将有所突破，重点网站和业务系统的IPv6支持率将不断上升，用户侧设备和操作系统等的IPv6支持情况也将不断改善，我国下一代互联网产业将逐渐形成终端、网络、应用等不同环节紧密联动以及产业各方相互协同的发展格局。

（六）我国通信设备产业仍保持稳步增长态势

全球ICT产业开始进入深度调整与转折期，我国通信设备产业增长将保持高于GDP总体增速的水平，技术创新带来新的战略机遇窗口。2016年全球智能手机增长率进入个位数阶段，我国手机市场收入规模回缩6%，预计2017年恢复增长，整个规模将达到4200亿元左右。国内手机市场技术创新进入新一轮加速期，云计算、大数据、物联网等新市场正形成爆发式增长态势。2016年以来，智能终端领域进入智能手机向智能硬件转型的关键时期，培育我国产业新增长点的战略机遇窗口正在打开。通信基础设施平滑演进，国际化进程稳步推进。当前，全球5G网络商用之前，运营商网络设备整体仍将保持2%～5%增速，2016年市场规模约814亿元，2017年接近840亿元。路由交换等设备向高速率方向持续演进。在“一带一路”等政策推动下，我国通信设备厂商不断走向全球。

中国信息通信研究院　余晓晖　辛勇飞　刘铁志　李想　付有奇　袁媛　刘小林

互联网产业发展情况及展望

当前，我国互联网产业在推动国民经济发展、促进社会进步、引领创新等方面发挥了巨大作用，国际影响力日益增强。互联网经济贡献不断提升，互联网企业规模突破性增长；互联网技术进步推动产业发展，成果惠及百姓民生；互联网跨界融合，推动产业升级和经济结构优化；互联网国际交流合作日益深化，有效提升中国互联网产业的国际影响力。

正如习近平主席在杭州 G20 峰会指出的，“以互联网为核心的新一轮科技和产业革命蓄势待发，人工智能、虚拟现实等新技术日新月异，虚拟经济与实体经济的结合，将给人们的生产方式和生活方式带来革命性变化”。我国拥有世界排名第一位的网民数量，用户市场规模庞大，市场需求的潜力巨大。我国拥有门类齐全的现代工业体系，传统产业有一定基础，互联网跨界融合的前景广阔。同时，网络强国战略、国家大数据战略、“互联网 +”行动计划等重大国家政策不断细化落实，将为互联网产业发展提供有力的外部环境支撑。

一、互联网产业的主要发展动态

本文将从互联网经济贡献、技术进步、产业融合、国际影响等方面介绍当前互联网产业的主要发展动态。

（一）互联网经济贡献显著增强，互联网企业规模突破性增长

互联网经济市场规模及增长率保持较高速发展的态势，对经济增长的贡献率明显提升。据艾瑞咨询统计，[1]2016 年第三季度中国网络经济营收规模达到 3525.3 亿元，较上季度环比增长 2.6%。其中，电脑端网络经济营收规模为 1661.0 亿元，营收贡献率为 47.1%，移动网络经济营收规模为 1864.4 亿元，营收贡献率为 52.9%，移动互联网对整体网络经济的营收贡献率进一步提升，季度营收占比已过半。

互联网企业市值、用户双丰收，企业规模实现突破性增长。从市值规模来看，

---

[1] 艾瑞咨询 . 互联网行业相关数据和报告［R］. 2016.

截至 2015 年 12 月 1 日，中国主要上市互联网公司市值前五为：腾讯（2257.0 亿美元）、阿里巴巴（2096.2 亿美元）、百度（751.7 亿美元）、京东（430.6 亿美元）、网易（213.5 亿美元）。从用户规模来看，由于移动互联网的兴起和快速发展，各大互联网企业用户规模出现爆发性增长，拥有数亿用户的互联网企业迅速增加。从企业数量来看，互联网创新创业企业大量涌现，为行业发展注入新活力。据统计，2015 年全国新登记市场主体 1479.8 万个，其中企业 443.9 万户，平均每天新登记企业 1.2 万户。[1]

（二）互联网技术进步推动产业发展，成果惠及百姓民生

以大数据、云计算、物联网、移动互联网、人工智能、虚拟现实等为代表的互联网技术发展加快，基础平台技术模式逐渐成熟，技术融合创新加快、引领作用增强，有效推动着互联网应用的快速发展，并向百姓生活的方方面面渗透。

"大智移云"相关产业发展迅速。近年来，大数据、云计算、智能化等得到国家战略层面的重视，一系列促进其发展的政策文件密集出台。以大数据为例，通过数据的采集、存储、管理和分析，进而形成智能化决策和评价，应用于大数据相关的各个领域。基于大数据的发展，正在形成上游数据、中游产品、下游服务的产业体系。东兴证券初步估计，2016 年中国通信大数据市场规模达 342 亿元，较上年增长 163%。其中大数据基础设施占比 60.5%，市场规模 207 亿元；大数据软件占比 29.5%，达 101 亿元；大数据应用占比 10%，达 34 亿元。在智能化方面，车联网、智慧医疗、智能家居等物联网应用产生海量连接，远远超过人与人之间的通信需求。智能硬件底层传感技术需求持续增加，窄带物联网成为万物互联的重要新兴技术，带来更加丰富的应用场景。

人工智能带来新的变革。2016 年 5 月，国家发展改革委、科技部、工业和信息化部、中央网信办发布《"互联网 +"人工智能三年行动实施方案》，培育发展人工智能新兴产业、推进重点领域智能产品创新、提升终端产品智能化水平。人工智能不断突破新的极限，部署新的应用，带来新的变革。2016 年，人工智能成为各大互联网巨头的必争之地，以 BAT 为代表的互联网企业把更多的人工智能技术应用到产品中，并组建专门的研究机构进一步加速技术的发展，通过发展人机交互、深度学习、自然语言理解、机器人等核心技术，全方位布局人工智能产业。根据相关分析机构的数字评估，2016 年中国人工智能市场规模达到 15 亿美元左右。

（三）互联网跨界融合，推动产业升级和经济结构优化

互联网的创新成果正在与经济社会各领域跨界深度融合，更广泛的以互联网

[1] 数据来源：国家工商总局.

为基础设施和创新要素的经济社会发展新形态正在形成，对我国经济社会发展产生着全局性的影响。

2015 年 7 月国务院发布《关于积极推进“互联网 +”行动的指导意见》。“互联网 +”行动计划发布一年多来，在全国形成“互联网 +”的热潮，各地方、各部门制定实施了一系列卓有成效的政策规划；各行业、各企业也开展了一系列革故鼎新的创新实践，将有助于充分发挥我国互联网的规模优势和应用优势，推动互联网在 O2O 消费领域蓬勃发展以及向生产领域拓展，加速提升产业发展水平，增强互联网支撑大众创业、万众创新的作用，构筑经济社会发展新优势和新动能。

互联网与工业制造业不断融合发展。互联网已经融入机械、电气、汽车、纺织、冶金、制药等工业制造领域，在工业流程监控、产品质量跟踪、检验检测、设备维修、安全生产、物资供应链管理等环节实现了应用示范，显著提高了工业生产效率和产品质量，促进了节能降耗，强化了企业的智能化管理。2016 年，我国数字化研发设计工具普及率、工业企业数字化生产设备联网率分别达到 61.8% 和 38.2%，制造业数字化、网络化、智能化发展水平不断提高。[1]

互联网与农业的融合走上快速发展轨道。互联网正在构建新型农业生产经营体系，通过运用互联网技术打造智能农业信息监控系统、建立质量安全追溯体系、开展智能化精确饲喂等，实现自动化、精准化生产，最高效率利用各种农业资源，降低农业能耗及成本，促进智慧农业发展。2016 年，全国农产品电子商务持续呈现快速增长态势。中央和地方政府纷纷出台扶持政策，电商企业积极布局，为传统农产品营销注入现代元素，在减少农产品流通环节、促进产销衔接和公平交易、增加农民收入等方面优势明显。全国农产品电商平台已逾 3000 家，农产品生产、加工、流通等各类市场主体都看好网络销售，农产品网上交易量迅猛增长，并通过实践积累了很多经验。

此外，在政策的指引下，互联网与其他行业融合创新的步伐也在加快。

（四）互联网国际交流合作日益深化，国际影响力快速提升

中国的互联网企业国际影响力快速提升。国内市场主体对外投资，积极扩展海外市场。我国已成为美国之后的全球互联网第二大力量，国际影响力进一步提升。目前，全球互联网公司排名前 10 位中有 5 家中国本土企业，按市值排名分别是阿里巴巴、腾讯、百度、京东和网易，前 30 位企业中，中国占 40%。

中国积极参与国际网络空间治理。近年来，中国多次在国际场合阐述中国互

[1] 中国互联网协会 . 中国互联网发展报告（2016）[R]. 2016-07.

联网治理的立场和主张并积极开展合作，国际话语权和影响力明显提升。中国还发挥主场优势，积极搭建互联网领域国际交流的中国平台。在 2016 年第三届世界互联网大会上，习近平主席通过视频发表讲话，强调推动全球互联网治理朝着更加公正合理的方向迈进，推动网络空间实现平等尊重、创新发展、开放共享、安全有序的目标。中国互联网业界机构和人士还积极参与互联网国际组织，提升中国国际规则制定中的话语权。

除了互联网经济贡献、技术进步、产业融合、国际交流方面的发展动态，中国互联网产业发展的基础指标位居世界前列，为行业的发展奠定了基础。截止到 2016 年 12 月，我国网民规模达到 7.31 亿（相当于欧洲人口总量），互联网普及率过半达到 53.2%；手机网民规模达 6.95 亿，手机上网的主导地位强化；我国域名总数 4228 万个，中国网站总数为 482 万个，域名数量和网站数量均稳步增长。[1]

二、影响互联网产业发展的主要因素

综合考虑外部和内部因素、短中长期因素以及生产要素等，以下将从六个方面分析影响我国互联网产业发展的主要因素，包括宏观环境因素、基础资源因素、创新因素、市场因素、人才因素和区域因素，并根据目前发展动态，判明这些影响因素未来的变化趋势，主要结论如下：

（一）宏观环境因素：经济增长迫切需要，国家政策大力支持

宏观经济形势缓稳，互联网发展挑战与机遇并存。国际上，各国面临着全球经济复苏艰难、亟须形成新的经济增长点的局面。国内，经济发展进入以“中高速、优结构、新动力、多挑战”为特点的新常态，出现经济增长动力与经济下行压力并存的复杂情况。一方面，互联网行业受宏观经济景气情况的影响，发展压力增大；另一方面，互联网行业正成为重振经济的新增长点。

相关政策密集出台，互联网发展受到党和政府高度重视。十八届五中全会公报明确指出，实施网络强国战略，实施“互联网 +”行动计划，发展分享经济，实施国家大数据战略。围绕“互联网 +”、“大众创业、万众创新”，国务院和有关部门已密集出台了一系列政策文件。随着相关政策的持续深入推进，将为行业持续健康发展营造出良好的政策环境。

[1] CNNIC. 第 39 次中国互联网络发展状况统计报告［R］. 2017-01.

此外，互联网法治建设全面推进，为互联网行业健康有序发展提供重要保障。一方面，网络空间法规体系将进一步完善，网络空间法制化进程将加快，网络安全人才培养机制将进一步完善，并产生更多围绕网络安全的活动；另一方面，互联网行业管理能力将进一步提升，行业主管部门加快建立互联网企业市场竞争行为争议处理机制、行业自律公约体系、版权合作机制等，确保市场竞争发展更加规范有序。

（二）基础资源因素：网民规模稳步增长，带宽扩容全力推进

网民规模稳步增长，互联网应用业务发展潜力巨大。截至2016年12月，中国网民规模达7.31亿，超过全球平均水平和亚洲平均水平，网民规模连续九年位居全球首位。网民数量的激增，对生活各领域的市场需求旺盛，推动了更广泛的互联网应用发展热潮，也极大提升了各种服务的水平。但同时，我国各省、自治区、直辖市的互联网普及率参差不齐，数字鸿沟现象依然存在，而且网民的个体差异较大，互联网具体业务的开展需要进一步深入了解网民构成，找准目标群体。

“宽带中国”战略全力推进，为互联网发展打下坚实基础。随着“宽带中国”战略、提速降费行动的深入实施，我国信息基础设施向高速宽带、泛在融合、天地一体迈进。宽带网络的光纤化改造工作取得快速进展，预计到2016年年底，光纤用户占比将达到75%，超越日韩跃居全球第一；20M以上高速宽带用户占比首次超半，固定宽带全面迈入20M时代。4G网络建设也在继续稳步推进，覆盖深度和广度进一步扩展。

（三）创新因素：技术创新持续发展，商业模式创新呈现新机

技术创新持续推动互联网行业发展。以信息通信技术为核心的高新技术成为21世纪国家产业竞争力的决定性因素之一。其中，以大数据、云计算、物联网、移动互联网、人工智能、虚拟现实等为代表的互联网技术将进一步发展，有效推动着互联网应用的迅速扩散。除了已经发展较成熟的大数据、云计算、物联网和移动互联网技术，人工智能和虚拟现实成为发展新热点。谷歌的AlphaGo与李世石人机大战引起全社会关注，智能机器人、智能汽车、智能家居等智能化产品将越来越广泛地融入生活的方方面面。但同时，我国对核心技术的掌控与发达国家相比仍存在差距。

商业模式创新带动分享经济等新模式新业态蓬勃兴起。我国互联网领域商业模式创新持续活跃，以分享经济为例[1]，国内出现了井喷式发展，分享经济的模式

[1] 国家信息中心，中国互联网协会，分享经济工作委员会．中国分享经济发展报告（2016）[R]．2016.

开始从交通出行领域向房屋租赁、家政服务、酒店、餐饮、旅游等领域渗透，出现了滴滴出行、PP租车、易到用车、小猪短租、途家等有一定影响力的企业。展望2016年，随着全球分享经济的快速兴起，移动互联网的广泛应用，分享、协作的理念将日益深入人心，越来越多的创业者或公司将探索分享经济的新商业模式。但同时，转变商业模式也给传统企业带来包括人才、供应链改造、渠道改变等转型代价，创新发展的同时也要充分考虑与已有模式的平滑过渡。

（四）市场因素：消费结构升级，投融资理性发展

我国居民消费结构加快升级，激发互联网跨界融合新需求。随着居民收入水平不断提高，城乡居民对消费质量提出了更高的要求，消费需求将从生存型消费升级为发展型、享受型消费，比如教育、医疗保健、文化、娱乐、旅游等方面的消费需求，消费结构将向多样化、个性化、高品质的消费转型，进而促进互联网与生产、流通、消费各环节的深度融合与创新，实现消费结构升级与产业创新发展的协同共进。

投融资活动理性发展，促进企业科学调整。投融资活动是促进互联网行业持续健康发展的重要力量，资本动向能够有效反映出行业发展的最新态势。2016年中国创投市场，多重因素引发互联网投资笔数和投资金额走低，本轮的资本寒冬虽然对部分互联网企业产生了一定程度影响，但也推动了整个行业的理性调整，加速了企业优胜劣汰和细分行业的洗牌整合，同时有利于企业重新梳理自身业务体系。

市场格局优化调整，互联网产业生态建设进入夯实期。面对经济下行压力，互联网企业开始抱团取暖，以打造端到端服务和业务共生为特征的互联网生态圈，塑造产业竞争新优势。投资并购重组是互联网企业加快规模扩张的主要手段，但是一味扩张规模不是健康的发展方式，也很难持续带来盈利。互联网行业的竞争层次将从规模和业务扩张升级到以提高效率和创新商业模式为主的行业生态系统的竞争，打造成熟的商业生态系统成为各大互联网企业首要任务。

（五）人才因素：急需专业人才

对创新型人才的需求，促进人才培养，催生新兴群体。互联网正在深刻改变着企业的组织结构、运营体系、管理方式、品牌推广、战略制定、人才管理等方面，传统思维已经难以适应新时代的要求，这就需要满足互联网时代需求的创新型人才。在业务能力和技术能力上都有别于传统的人才培养机制。而传统的人才激励模式和人才保留政策需要适时地做出适当的调整。以新农人[1]为例，相比传统农民，新农人普遍具备相对较高的文化水平，这也是推动新农人持续创新的重要保证。过去几年时间里，一批接受过高等教育的年轻人，抱着创业造福家乡的愿望回归农村。

（六）区域因素：中西部省份发展加快

中西部省份互联网产业发展取得新突破。我国互联网发展存在显著的区域差异：东部沿海地区的互联网发展水平明显高于中部和西部地区。但随着各地对于互联网产业的重视程度空前提升，扶持力度不断加大，配套政策加速落地，中西部地区的互联网产业也开始呈现欣欣向荣的发展态势。其中，一些中西部省份利用地理气候优势，大力发展数据中心、云计算中心等，输出互联网运行基础能力，促进全国的互联网行业发展，加速当地产业转型升级。在 2016 年的互联网百强企业排行榜[2]中，来自河南、湖北、湖南、黑龙江、重庆、四川和云南等七个中西部省份的七家企业名列其中，比上年度增加了四家，互联网业务收入总额为 124.3 亿元，取得新突破。

三、互联网产业近期发展趋势

根据服务的群体以及在互联网产业中所起的作用，将从四大类分别探讨互联网产业在未来一到两年的发展趋势。

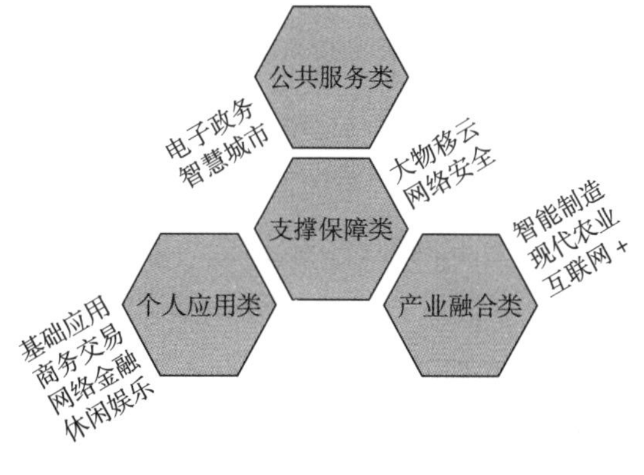

图 1　互联网产业划分图

[1] 引自阿里研究院《中国新农人研究报告》。狭义的新农人，指的是以互联网为工具，从事农业生产、流通、服务的人，其核心是“农业 + 互联网”。广义的新农人，指的是具备互联网思维，服务于三农领域的人，其核心是“三农 + 互联网”，从事非农产业的农村网商也涵盖在内。

[2] 中国互联网协会，工信部信息中心．互联网百强企业排行榜［R］．

（一）个人应用类：渗透进社会生活各领域

基础应用：搜索引擎由信息服务向生态化平台的转型将持续推进。依托基础搜索业务，搜索引擎平台将融合人工智能、机器学习等多种先进技术，打通地图、购物、本地生活服务、新闻、社交等多种内容的搜索服务，在流量、营收、电商化交易规模等不同方面实现新增长、新突破。社交应用和即时通信工具的商业模式将不断丰富和成熟并创造更多盈利机会，利用社交应用的大流量、高时长，各社交平台进一步推进电商化，形成多入口流量导入模式，同时借助大数据和移动社交技术，陌生人社交正向健康的方向发展。网络新闻资讯未来竞争的关键是优质内容，同时自媒体竞争将更激烈，变现方式也将更多样化。

商务交易：我国电子商务将继续保持快速增长态势，拥有更广的范围、更多的形态、更好的质量与服务。消费升级、电商下乡、数据智能、移动社群、线上线下融合互动、跨境电商产业升级等驱动因素将进一步扩大我国电子商务与主要发达国家的规模优势，同时以供应链电商、中小企业 B2B、大宗商品交易、企业级服务等为代表的行业电子商务也将获得更多发展空间。而且电子商务的发展将推动制造业等传统产业发展升级，促进供需对接。得益于中国拥有规模最大的网民群体，本地生活服务市场（包括餐饮外卖、餐饮团购、网络叫车、电影票等）发展潜力巨大，但在市场竞争方面已基本完成行业洗牌形成行业格局，未来将在平衡供需关系、平台服务标准化、去同质化等方面有所发展。

网络金融：互联网支付市场中，网上支付厂商、银联和手机厂商三方的市场竞争与合作将进一步加强，目前网上支付是互联网支付市场的主流，但银行、银联与国内外手机厂商积极合作布局国内移动支付市场，将挑战网上支付厂商的市场主流地位。互联网理财市场在日益规范的监管制度框架内，其发展呈现出平台化、场景化、智能化等趋势，各大互联网理财企业扩充产品类型、延伸服务链条、向“一站式”理财平台转型，并通过加速营造场景、对接场景、变场景为入口不断深耕市场，同时借助用户网络行为数据和理财产品信息，融入大数据、人工智能以及深度学习等技术，为用户提供智能化理财服务。区块链技术发展较快，未来拥有巨大的应用空间，区块链技术提升了数据的真实性与不可篡改性，相关技术标准的制定将推动该项技术的落地。

休闲娱乐：网络游戏、网络视频、网络音乐、网络文学等文化产业将进一步繁荣，未来主要趋势体现在四个方面，设备多样化、版权（IP）正规化、内容影视化和产业生态化。设备上，PC 端网络游戏用户保持向移动端流转的态势，网络视频在手机端、智能电视等多屏趋势明显，VR 设备也成为视频厂商争夺的硬件入口；版权上，版权的正规化进程加快，推动行业树立知识产权保护意识、建立依法公平的竞争秩序，视频版权购买上的竞争趋缓，IP 的市场价值将进一步被挖掘；内容上，自制内容精品化、差异化发展，网络游戏作为泛娱乐产业生态的重要组成部分与其他网络文化娱乐形式加速融合；产业上，积极打通相关产业链，打造娱乐生态系统并丰富其盈利模式，培养用户付费习惯。

（二）产业融合类：构筑经济发展新动能

智能制造：互联网推进制造业生产向基于互联网的个性化、网络化、柔性化制造模式和服务化转型，加快智能制造发展，提升制造业企业价值链。《中国制造2025》，是我国实施制造强国战略第一个十年的行动纲领，并制定了战略目标：力争到 2020 年，迈入制造强国行列，基本实现工业化，制造业大国地位进一步巩固，制造业信息化水平大幅提升。掌握一批重点领域关键核心技术，优势领域竞争力进一步增强，产品质量有较大提高。制造业数字化、网络化、智能化取得明显进展。重点行业单位工业增加值能耗、物耗及污染物排放明显下降。

现代农业：互联网推进现代农业建设和农业供给侧结构性改革，使得现代信息技术在农业生产、经营、管理、服务各环节和农村经济社会各领域深度融合，提高农业在线化和数据化水平。在农业部、发展改革委、中央网信办、科技部、商务部、质检总局、食品药品监管总局、林业局八部门联合印发的《“互联网 +”现代农业三年行动实施方案》中明确了未来三年的总体目标，提出到 2018 年，农业在线化、数据化取得明显进展，管理高效化和服务便捷化基本实现，生产智能化和经营网络化迈上新台阶，城乡“数字鸿沟”进一步缩小，大众创业、万众创新的良好局面基本形成，有力支撑农业现代化水平明显提升。

“互联网 +”行动：为了充分发挥我国互联网的规模优势和应用优势，推动互联网由消费领域向生产领域拓展，加速提升产业发展水平，增强各行业创新能力，构筑经济社会发展新优势和新动能，国务院发布《关于积极推进“互联网 +”行动的指导意见》。《意见》提出，到 2018 年，互联网与经济社会各领域的融合发展进一步深化，基于互联网的新业态成为新的经济增长动力，互联网支撑大众创业、万众创新的作用进一步增强，互联网成为提供公共服务的重要手段，网络经济与实体经济协同互动的发展格局基本形成。到 2025 年，网络化、智能化、服务化、协同化的“互联网 +”产业生态体系基本完善，“互联网 +”新经济形态初步形成，“互联网 +”成为经济社会创新发展的重要驱动力量。

（三）公共服务类：拥有巨大的发展潜力

电子政务：互联网与政府公共服务体系的深度融合将加快。大数据等现代信息技术的运用，有助于推动公共数据资源开放，促进公共服务创新供给和服务资源整合，构建面向公众的一体化在线公共服务体系，提升公共服务整体效能。政府门户网站建设方面，地级市政府网站发展势头较快，整体呈现健康发展水平；政府信息公开方面，重点领域（如食品药品安全类、环境保护类、安全生产类等）政府信息公开的力度将加大；政府网站在线办事方面，将会在服务深度、服务质量和服务水平上加强；政府在线服务方面，互动交流水平持续提升，并建立较完善的政务咨询、调查征集类互动渠道等。

智慧城市：我国智慧城市建设总体上尚处于起步探索阶段，但已在逐步从理念走向实践、从无序变为有序、从政府自建走向社会共建共赢发展、从注重形式变为追求时效。具体来说，互联网将作为创新要素对智慧城市发展产生全局性影响，大数据应用将为智慧城市发展带来更多智慧建设的核心要素，集约化、延伸化、多渠道服务将促进公共服务创新发展，公私合营PPP模式将成为社会资本参与智慧城市建设的主流模式。同时，智慧城市建设也与我国的城镇化进程相结合，提供了一种新型城镇化建设的发展路径。

（四）支撑保障类：发展迅速日渐成熟

“大物移云”:大数据、物联网、移动互联网、云计算市场总体保持快速发展态势。其中，大数据作为基础性战略资源，在国家大数据战略的推动下，将获得快速的发展，尤其是海量数据采集、存储、清洗、分析挖掘、可视化、安全与隐私保护等领域的关键技术；大数据产业的发展也离不开人工智能技术、移动互联网入口和云计算的处理能力，而大数据、物联网、移动互联网、云计算技术的蓬勃发展将为更多互联网创新模式的出现奠定基础。

网络安全:网络安全市场发展迅速,且潜力巨大。在《“十三五”规划纲要》中，明确提出要强化信息安全保障，强化重要信息系统和数据资源保护，提高网络治理能力，保障国家信息安全。在国家政策和行业需求的大力推动下，网络安全产业将迎来快速发展机遇，尤其是在信息管理、信息保护、安全审查和基础支撑关键技术，以及关键信息基础设施核心技术装备威胁感知和持续防御能力建设等方面。[1]

中国互联网协会　卢卫　孙立远

［1］ 国家互联网应急中心（CNCERT/CC）. 中国互联网网络安全报告［R］.2016.

物联网产业发展情况及展望

一、发展动态

（一）物联网技术产业务实推进积极探索

2016 年以来，我国关键技术研发和标准研制接连取得重大进展。在 5G 技术研发方面，我国 5G 推进组在需求、技术、标准、频谱、试验、国际合作等方面形成了大量研究成果，并在 2016 年 6 月举办的第一届全球 5G 大会上发布《5G 网络架构设计》；中国移动牵头成立 5G 联合创新中心，其下蜂窝物联网开放实验室促进了产业界合作开展面向物联网的 5G 技术研发。在 NB–IoT 标准研制方面，华为提供标准提案已达 1008 项，在 3GPP 成员企业中排名第一，推动核心标准协议于 2016 年 6 月正式冻结。在物联网标识标准化方面，物联网产业技术创新战略联盟核心企业在 2016 年 1 月的 ITU SG20 标准会议上，共同获得“物联网物体描述”标准制定权。

在产业发展方面，我国物联网产业集聚区的几大中心城市产业规模继续保持高速增长。北京借助产学研资源优势，充分发挥中关村物联网产业联盟等联盟作用，截至 2016 年年初已发展物联网企业达 2000 家以上，产业规模接近 1000 亿元。[1]重庆发布《2016 年南岸区物联网产业发展工作计划》，整合全市优势资源打造以南岸区为中心的物联网产业基地，将重点推动软件开发、系统集成、硬件制造、平台运营服务等领域企业发展。无锡积极推进全国物联网示范基地建设，在技术研发和产业化方面发挥出引领和示范作用，截至 2016 年年初已发展物联网企业达 2000 家以上，从业人员数超过 15 万人，[2]并提出 2016 年产业规模将在 2015 年的 2658 亿基础上实现 20% 的增幅。

（二）各路领军企业积极布局物联网

2016 年以来，我国信息产业各路领军企业加紧布局物联网，积极推动产业生态建设。

---

[1] 数据来源：北京市经济和信息化委员会.

[2] 数据来源：2016 年 2 月无锡市物联网工作会议.

电信运营商以5G和NB-IoT为重点部署物联网战略。随着5G和NB-IoT试商用步伐不断加快，运营商积极布局物联网。中国移动重点发力养老、车联、工业三大领域，开展一系列NB-IoT产品的自主研发和实地测试。中国联通提出2016年将在超过5个重点城市中启动NB-IoT外场规模组网试验和业务示范，2018年则将开始全面推进国家范围内的商用部署。中国电信与华为签署NB-IoT创新研究合作协议，并计划于2017年上半年部署基于800M覆盖全网的NB-IoT网络，加快构建完整的物联网产业链条。

互联网企业以构建特色物联网平台抢占物联网市场。腾讯的微信硬件平台在2016年5月升级并新增网关模式，联合Wulian公司推出业内首套微信管控的智能家居系统，以抢占智能家居系统入口端优势。阿里巴巴集合旗下阿里云、阿里智能、YunOS等事业群打造融合云上网关、规则引擎、共享智能的阿里云物联网平台，并于2016年7月与上汽集团联合推出首款互联网汽车OS'Car，意图将汽车打造成为互联网服务平台和智能硬件平台。百度同样于2016年7月推出天工智能物联网平台，将专注于工业、物流、车联网、能源和零售O2O等五大行业领域，助力国内工业互联网发展。

各类制造商围绕核心业务推出整体解决方案，向服务领域拓展。据美国独立市场研究机构Forrester预测，未来物联网产业70%市场价值将由系统集成商、服务提供商和应用商分享。[1]当前，物联网骨干企业均积极向系统集成业务转型。深圳远望谷作为国内RFID行业的领军企业，继续保持在铁路、图书等行业市场占有率的领先位置，并积极开拓智慧旅游、电子车牌、医药等新业务。华为则基于海思芯片、LiteOS操作系统和其网络接入优势，聚焦智能制造、能源、交通、智能家居等领域提供端到端NB-IoT解决方案，并已于2016年6月与福州市政府签署NB-IoT项目合作备忘录，以在福州推进完成全国首个NB-IoT实验室建设和商业化部署。

（三）"双创""四众"激发物联网产业活力

物联网从体系架构、技术产品到应用服务等各方面尚未成熟，产业集中度低，应用领域发散，与"双创"发展模式极为契合。当前，我国积极开展"双创"和"四众"，集聚社会智慧和创造力，激发了物联网产业活力。一是各地政府积极建设完善"双创"公共服务体系，无锡已建成53个涵盖检验检测、技术中介、标准和知识产权服务、应用推广等物联网公共服务平台；重庆市政府与中关村也积极

[1] Forrester Reaserch. 2014年物联网调查报告——机遇与挑战［R］.

推进物联网创新创业基地建设，将提供线上到线下的全方位服务。二是各类“双创”载体快速发展，北京、深圳、上海、成都等地已形成一批物联网特色创客空间；中关村海龙和鼎好等电子卖场也已向智能硬件“双创”载体转型。三是全国高校物联网应用创新大赛、中国大学生 iCAN 物联网创新创业大赛等高校物联网“双创”比赛持续火爆，我国四个大学团队参加了 2016 年国际大学生物联网创新创业大赛总决赛，并获得一项二等奖。四是各类开源社区和开放平台发挥支撑作用，华为和海尔分别推出开源操作系统 LiteOS 和开放服务平台海极网，意图打造面向软硬件开发者的开源生态圈和交互平台。

二、影响因素

（一）政策环境与体制机制

1. 物联网产业的发展仍需产业政策的支持和引导

“十二五”期间，我国政府发布《国务院关于推进物联网有序健康发展的指导意见》等顶层设计文件，实施了技术研发、标准研制和应用示范等十项发展行动计划，连续四年安排物联网发展专项资金，并将物联网企业纳入高新技术企业认定和支持范围。对于促进尚处于起步阶段的物联网产业的发展，上述产业政策的制定取得了显著成效。当前，我国物联网产业发展迈入新阶段，面临突破关键核心技术、推动标准协调统筹和实施、争夺国际产业生态主导权等更为艰巨的历史任务。因此，进一步完善产业政策环境，对于实现“十三五”期间我国物联网产业健康快速发展至关重要。

2. 物联网新业务新模式的推广亟待突破体制机制的制约

“十二五”期间，物联网技术、产品、应用发展迅速，引发的新业务新模式层出不穷，与现有监管政策和体制机制间的矛盾也日趋突出。一方面，新一代信息技术产业与传统行业之间的协调机制尚不完善。以医疗健康领域为例，健康物联网应用的可持续发展在现有政策和管理下面临一系列问题，包括远程医疗服务尚未纳入医院收费项目范畴、专业远程医疗诊断中心缺少资质认定办法、医保无法覆盖远程医疗服务、远程医疗合规性、责任认定和追究制度欠缺等。另一方面，各类物联网融合创新产品面临标准缺失和认证困难问题，且市场化进程受到传统管理模式的阻碍。以 Wi-Fi 插座等产品为例，由于在产品技术认证方面推进缓慢，限制了产品的进一步市场化推广。“十三五”期间，行业机制体制能否得以突破和调整，将对物联网应用的规模化发展产生关键性影响。

3. 我国政府对物联网的战略重视程度日益增强，将有力推动产业政策健全和体制机制创新

2015 年以来，我国政府在多个国家级规划和战略中对物联网产业发展进行部署，凸显出物联网重要的战略地位。《“十三五”规划纲要》提出积极推进物联网发展，推进物联网感知设施规划布局，发展物联网开环应用；《中国制造 2025》提出加快开展物联网技术研发和应用示范；《国务院关于积极推进“互联网 +”行动的指导意见》要求加快物联网在制造、农业、能源、物流、交通和绿色生态等领域的应用。“十三五”期间，随着我国全面深化改革的推进和上述政策文件的落实，各行业监管政策和体制机制将更适应于物联网新业务新模式，物联网产业将迎来更有利的政策环境。

（二）技术创新能力

1. 我国物联网核心基础技术发展的挑战和机遇并存

从全球技术发展趋势来看，新一代信息技术创新进入加速期，为我国物联网核心基础技术的发展带来新的挑战和机遇。一方面，随着物联网技术演进速率的不断加快，我国已形成的局部技术优势面临艰巨考验，占据多数的中小型物联网企业承担技术研发的成本压力更大。另一方面，物联网技术与大数据、移动互联网等其他技术的融合缔造出更为广阔的发展空间，提升我国物联网核心基础技术水平的机遇也正在到来。

从我国核心基础技术发展情况来看，我国在“十二五”期间自主研发水平大幅提升，取得一系列创新成果，但不同环节存在明显差异。在网络层技术方面，我国与发达国家基本保持同步，尤其在 NB-IoT、5G 的技术攻关和应用上已具备一定领先优势；在感知层和应用层技术方面，我国与国外仍有较大差距，芯片、高端传感器和基础软件的进口依赖性较强，综合软硬件和业务流程的高端系统集成技术水平偏低。

当前，物联网已初步形成一个涵盖芯片、感知器件、操作系统、设备互联、边缘计算、关键软件、数据整合分析到各个垂直应用的生态系统。打造具有国际竞争力的物联网产业生态，要求我国必须巩固核心基础技术，提升各关键环节的技术研发水平。因此，技术创新能力是影响我国物联网产业未来发展的关键因素。

2. 随着创新驱动发展战略的实施，我国技术创新能力将稳步提升

当前，我国创新驱动发展战略已步入深入实施阶段，科技创新将在全面创新中发挥引领作用。我国不断加大对物联网技术创新的投入，将在“十三五”期间取得显著成效。一是各类创新载体的发展呈现良好态势。一批物联网国家制造业创新中心、车联网创新中心、智能家居创新中心等融合创新载体将建设成立；骨干企业正在与高校和科研院所对接，推进物联网研发实验室建设；以物联网产业技术创新战略联盟为代表的产业和技术联盟已在关键技术研发和创新成果转化方面发挥巨大作用。二是物联网人才队伍的建设力度不断加大。高校和科研院所加强跨学科交叉整合，以培养物联网复合人才；国家科技计划也促进了物联网高层次人才的引进。三是核心基础技术研发已有针对性布局。物联网总体架构、传感器、低功耗广域网、芯片、操作系统、智能信息处理等技术的研发攻关已全面开展。总体来看，随着上述工作在“十三五”期间的推进，我国技术创新体系将不断完善，技术创新能力将进一步增强。

（三）应用需求

1. 物联网等新一代信息技术已成为经济发展新引擎，在传统行业的市场需求将持续增长

近几年来，物联网等新一代信息技术有力推动了传统产业提质增效，已成为经济发展新引擎。“十三五”期间，物联网对经济社会发展的支撑作用将不断凸显。一是体现在促进经济结构调整和发展方式转变上，物联网和“互联网 +”联合推动我国产业之间相互渗透、交叉和重组，激发产业链、价值链的分解、重构和功能升级，引发产业功能、形态、组织方式和商业模式的重大变化。以工业制造为例，生产线通过物联网技术动态地根据多样化的订单去供料、加工以满足大规模个性化的制造需求，带动技术研发、企业管理、市场营销乃至整个工业生产方式的深刻变革。二是体现在驱动工业文明和生态文明融合发展上，物联网在污染源监测、危化品定位、产品追溯、节能减排等方面的优势和作用将得到充分发挥。同样以工业制造为例，在有效推广应用以物联网为核心的制造系统后，预计在 2020 年钢铁与石化、水泥、造纸行业的能源消费强度下降比例分别可达到 5% ~ 7%、15%、29%，主要污染物排放强度下降空间在 10% ~ 30%。[1] 因此，“十三五”期间物联网在传统行业的市场需求将进一步增长。

2. 万物互联时代正在来临，物联网在消费领域的市场需求将持续火爆

“十三五”期间，物联网将进入万物互联的新阶段。数以万亿计的新设备将接入网络并形成海量数据，各类应用呈现爆发性增长，促进生产生活和社会管理方

[1] 中国信息通信研究院. 2015 物联网白皮书［R］.

式进一步向智能化、精细化、网络化方向转变。从当前发展趋势来看，可穿戴设备、智能家电、智能网联汽车等物联网在消费领域的市场需求将继续保持高速增长。其中，可穿戴设备仍将独领风骚，用于运动健身、休闲娱乐、智能开关、医疗健康、远程控制、身份认证，眼镜、跑鞋、手表、手环、戒指、纽扣等不同形态的可穿戴设备渗透人们生活，带来更多的便利。相比个人计算机、智能手机和平板电脑等传统智能终端出货量下滑或增速持续下跌的形势，2015 年第三季度物联网可穿戴设备的出货量同比增长达到近 200%。[1] 根据 BI Intelligence 预测，2018 年物联网设备数量将超过个人计算机、智能手机和平板电脑存量的总和。

3. 智慧城市进入实质推进建设阶段，物联网感知设施将迎来更大市场

我国中型以上的城市数目在 500 个以上，大多数城市的智慧城市建设已进入深层次推进阶段。在此基础上，我国在“十三五”期间将有针对性地组织 100 个城市大力推进新型智慧城市建设，以促进城镇化发展质量和水平的全面提升。当前，物联网在支撑智慧城市建设与管理方面已经发挥出重要作用，但应用层次和应用范围都还处于初级阶段。针对我国城市管理和公共服务普遍存在的能力不足、手段落后等问题，通过物联网实现自动感知、快速反应和科学决策将成为主要技术解决手段。“十三五”期间，随着我国智慧城市建设的推进，物联网在基础设施管理、公共事业管理、能源管理、环境保护、交通管理、公共安全等领域的应用将进一步推广，物联网感知设施的市场需求也将更加旺盛。

（四）国际竞争

从国家层面来看，发达国家不断加强物联网战略统筹和资金支持。美国政府在 2015 年宣布向智慧城市计划投入 1.6 亿美元，[2] 将物联网应用试验平台的建设作为首要任务，并加快以网络物理系统（CPS）为核心的“工业互联网（Industrial Internet）”战略布局。欧盟在 2015 年成立了横跨欧盟及产业界的物联网创新联盟（AIOTI），并计划在 2016 年投入超过 1 亿欧元支持物联网大范围示范和未来物联网重点领域。在亚洲发达国家中，韩国政府在 2015 年起投资 370 亿韩元用于物联网核心技术；日本政府出台多种政策支持农业物联网发展；新加坡不断加强传感器网络以及特定领域产品标准的研制。

从企业层面来看，巨头企业积极进行生态布局，物联网产业生态主导权成为竞争焦点。一方面，英特尔、IBM、谷歌、微软等芯片巨头、设备制造商、IT 厂商、

[1] 中国信息通信研究院 . 2015 物联网白皮书 [R] .

[2] 2015 年美国白宫智慧城市行动倡议 [R] .

电信运营商、互联网企业从各自优势出发，积极进行物联网生态布局，芯片、云平台和操作系统成为布局的关键点。另一方面，巨头企业还积极通过构建产业联盟以稳固物联网产业生态，构建竞争优势，其中工业、车联网、智能家居等领域成为布局热点。

物联网已经成为互联网之后又一个产业竞争制高点，国际竞争局势对我国物联网产业的未来发展造成显著影响。由上述国家和企业动向可以看出，我国物联网企业在“十三五”期间将面临更为复杂的国际竞争环境，必须牢牢把握物联网新一轮生态布局的战略机遇，加快构建具有国际竞争力的产业体系，否则可能错失发展良机，造成与发达国家之间的差距逐渐拉大。

三、发展展望

（一）物联网与其他新一代信息技术加速融合创新发展

物联网产业具有产业链长、涉及领域宽等特点，是信息产业的继承和延伸。“十三五”期间，物联网产业进入与其他新一代信息技术产业融合发展的新阶段，将呈现以下发展趋势。

1. 物联网与移动互联网加速融合

我国移动互联网产业迅猛发展，已建立一定国际领先优势。当前，我国移动互联网和互联网领域骨干企业依托应用层技术优势，积极布局物联网产业，将有力推动服务的平台化发展。在此基础上，移动互联网与物联网正形成从芯片、终端到操作系统的全方位融合，将对物联网发展起到强大的带动作用。“十三五”期间，随着融合发展的深化，面向移动终端和物联网融合应用的人机交互、微型智能传感器、操作系统、低功耗蓝牙等关键技术将不断突破，从而带动智能硬件市场和民生领域应用市场的大幅增长。

2. 物联网与大数据、人工智能加速融合

随着物联网应用的发展，物联网与大数据、人工智能的融合将成为必然趋势。一方面，物联网是大数据的主要来源，预计 2020 年机器产生数据将占数据总量的 42%；[1]另一方面，对于物联网感知设备产生的海量、异构数据，只有依靠大数据的存储、处理和分析等技术才能发挥其价值，而人工智能技术则能将其价值最大化。

[1] IDC 数字宇宙报告［R］.

当前，物联网大数据平台作为物联网与大数据融合发展的重点，已成为全球信息产业龙头企业构建物联网产业生态的关键环节。亚马逊、IBM、SAP 等纷纷推出 AWS IOT、Watson 和 HANA 等物联网平台，在管理连接的物联网设备基础上，重点实现数据存储、处理和分析等功能；我国百度、阿里巴巴和腾讯等互联网企业也相继有类似平台推出。"十三五"期间，物联网、大数据和人工智能各自领域技术和融合技术快速发展，将不断优化消费领域物联网应用的功能和用户体验，更有力地支撑传统行业发展，提升城市管理和运行的智能化水平。

（二）物联网产业将加速转型升级

"十三五"期间，我国不断强化物联网产业生态布局，推动物联网产业加速转型升级，将呈现以下发展趋势。

1. 产业规模保持快速增长

2015 年物联网产业规模约为 7500 亿元，"十二五"期间年均复合增长率为 25%，[1] 保持了快速发展的势头。"十三五"期间，万物互联时代即将到来，随着我国战略布局和投入的加强，信息产业各界均高调转型并加强生态布局，物联网产业规模将继续保持高速发展态势（见图 1）。预计 2020 年物联网产业规模将突破 1.5 万亿元，年均复合增长率达到 16.2%，信息处理与信息服务产业的比重将大幅提升。

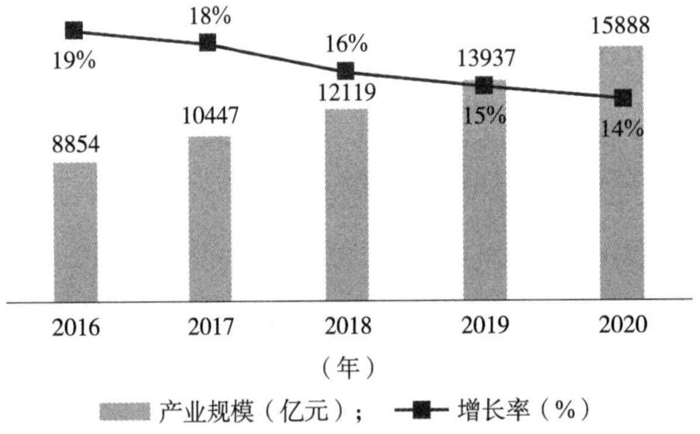

图 1　2016—2020 年我国物联网产业规模预测

数据来源：中国信息通信研究院预测。

2. 具有较强国际竞争力的产业体系基本形成

在政府引导和企业主体的作用下，我国将在"十三五"期间加快构建具有较强国际竞争力的产业体系，在产业生态竞争中抢占有利地位。一是构建泛在安全

[1] 中国信息通信研究院 . 2015 物联网白皮书［R］.

的基础设施，我国将加强物联网感知设施的规划布局，加快升级通信网络基础设施，推动5G网络技术在物联网垂直行业的应用。二是形成先进产品服务体系，我国将在突破操作系统、核心芯片、智能传感器和窄带广域网络等关键核心技术的基础上，在感知识别和网络通信设备制造、运营和应用服务等重要领域，发展先进产品和服务，打造一批优势品牌。三是构建协同发展的产业链，我国互联网、电信运营、芯片制造、设备制造等领域龙头企业将进一步发挥对产业链的整合作用，带动一批“专精特新”中小企业发展，形成大中小企业协同发展、良性互动格局。

3. 产业聚集发展效应进一步凸显

加快建设物联网产业集聚区对于培育经济增长点、调整经济结构具有重要意义，受到各地政府高度重视。随着各地政府不断优化物联网产业集聚发展环境，我国物联网产业集聚、协调发展将在“十三五”期间取得新进展。一方面，在无锡国家传感网创新示范区和重庆、杭州、福州等物联网新型工业化产业示范基地的引领下，已形成四大产业集聚区的自主创新能力和应用示范水平将大幅提升，辐射带动作用将进一步增强。另一方面，在“一带一路”、长江经济带、京津冀协同发展等国家区域战略的指引下，我国各地将立足自身优势，积极推动物联网产业的差异化发展，向规模化、专业化、协作化方向建设一批新的物联网特色产业集聚区。

4. 产业公共服务体系的支撑作用更为突出

“十三五”期间，我国物联网产业公共服务体系将不断完善，各类资源共享、优势互补的物联网产业公共服务平台将加快建成，公共服务能力将显著提升。在技术创新方面，随着现有实验室、工程中心、企业技术中心、大学科技园等各类创新载体资源的整合，开源社区建设的不断加快，面向物联网的技术研发、标识解析、标准测试等公共技术服务平台将快速发展。在金融、法律和人才服务等方面，科技金融、投融资担保、政策咨询、知识产权代理、成果转化、人才培养等综合公共服务平台建设将快速推进。在政府引导下，多方参与、合作共赢的商业模式和市场化、专业化的运营模式将不断成熟，有力促进公共服务的健康发展。

（三）物联网应用聚焦三大方向规模化发展

“十三五”期间，各行业主管部门对物联网应用的推动力度将不断加大，跨行业的数据开放机制将探索形成，运营商等产业链中间关键环节进一步发挥主导作用，将极大促进物联网应用规模化的高速发展。M2M连接数作为反映物联网应用推广情况的重要指标之一，在“十三五”期间将仍将保持高速增长（见图2），预计2020年将突破17亿，年均复合增长率接近76%，继续保持全球第一大市场份额。具体各领域的发展将呈现以下趋势。

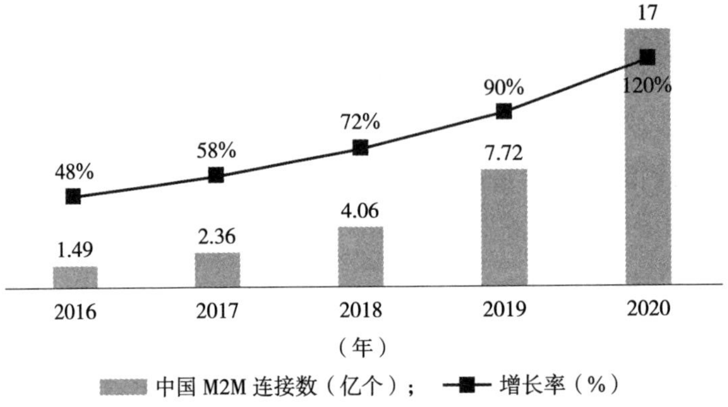

图2　2016—2020年我国M2M连接数规模预测

数据来源：中国信息通信研究院预测。

1. 传统行业领域

面向传统行业等重要领域，一批物联网运营服务平台将建设形成并发挥重要作用，物联网开环应用快速发展，物联网与行业的融合不断深化。尤其在工业制造领域，信息物理系统、工业互联网、工业云、工业大数据等物联网应用将成为发展重点，支撑工业体系向个性化定制、智能化生产、网络化协同、服务化转型发展，助力《中国制造2025》战略实施和制造强国目标实现。在农业领域，基于物联网技术的大田作物耕种精准化、园艺种植智能化、畜禽养殖高效化等应用将广泛开展。在仓储、运输、配送和港口等物流领域，物联网应用的规模化发展将有力推动智能高效物流体系的构建。在能源领域，物联网在生产、传输、存储、消费等各环节应用将不断深化，能源管理的智能化、精细化水平将显著提升。

2. 消费领域

面向个人消费者市场，智能家居、健康医疗、车联网、可穿戴设备等市场需求将更为活跃，驱动基于移动智能终端的互联网与物联网融合应用的创新和规模化发展，促进智能化个人生活时代的到来。在健康医疗领域，物联网企业将与疾病预防、医疗、保险、体育等机构开展深入合作，推动物联网在药品流通和使用、电子健康档案、远程健康管理等环节的应用，实现健康大数据创新应用和服务发展。在智能家居领域，随着底层通信技术的发展和设备互联、应用交互的标准化发展，居家养老、家庭安防和节能控制仍将是物联网应用的重点发展方向，以智能手机为中心的解决方案应用规模将进一步增长。在教育领域，物联网应用将推动泛在学习环境的建立，实现图书、设施、实验设备等教育在线的智能化管理。

3. 城市管理领域

当前，物联网应用极大丰富了城市管理手段，增强了城市管理能力。“十三五”期间，越来越多的城市将打造物联网接入管理与数据汇聚平台，并制定政府数据共享开放目录，从而推动感知设施统一接入、集中管理和数据共享利用。在此基础上，物联网应用将在地下管网监测、消防设施管理、城市用电平衡管理、水资源管理、城市交通管理、智慧政务、危化品管理和节能环保等重点领域继续深化，并向其他领域拓展，形成“前端设备智能化 + 后端服务平台化 + 大数据分析”的通用模式。

中国信息通信研究院　余晓晖　辛勇飞　刘铁志　路博　许珊　郭丽

电子信息产业发展情况及展望

2016 年是“十三五”的开局之年，随着《中国制造 2025》《关于积极推进“互联网 +”行动的指导意见》等国家战略的相继实施，电子信息产业面临新的需求与挑战，我国电子信息产业发展也迎来了新的历史时期。2016 年，我国电子信息产业处于新旧动能交替的发展阶段，虽然进出口形势不容乐观、计算机产业仍然低迷，但产业整体维持稳步增长态势，关键元器件核心能力持续提升，集成电路稳中有进，新型显示应用推广深入，太阳能光伏蓬勃发展，LED 产业整合速度加快，虚拟现实产业进入爆发期，智能硬件发展步入上升期。未来，随着虚拟现实、OLED、多架构服务器芯片、智能汽车与智慧交通等新兴增长点的加速创新，将有望引领产业步入新的发展阶段。

一、电子信息产业发展平稳，仍将保持平稳增长

2016 年，我国电子信息制造业保持平稳增长态势。最新数据显示，1—11 月，规模以上电子信息制造业增加值同比增速为 9.6%，高于同期工业增加值（6%）3.6 个百分点。利润增长显著提升，1—11 月全行业主营业务收入同比增长 7.4%，实现利润增长 17.7%，主营业务收入利润率为 4.7%。随着《国家创新驱动发展战略纲要》《关于深化制造业与互联网融合发展的指导意见》等政策的相继出台，电子信息制造业开始探索新的爆发点，更多新技术有望实现产业化，新产品有望进入创新叠加阶段。

2016 年，我国电子信息产品进出口形势不容乐观，整体规模有所下降。1—12 月，我国电子信息产品进出口总额 12245 亿美元，同比下降 6.4%，其中，出口 7210 亿美元，同比下降 7.7%；进口 5035 亿美元，同比下降 4.6%。受全球电子信息制造业市场需求依旧疲软的影响，2017 年我国电子信息产业进出口双降态势难以扭转，出口形势不容乐观。

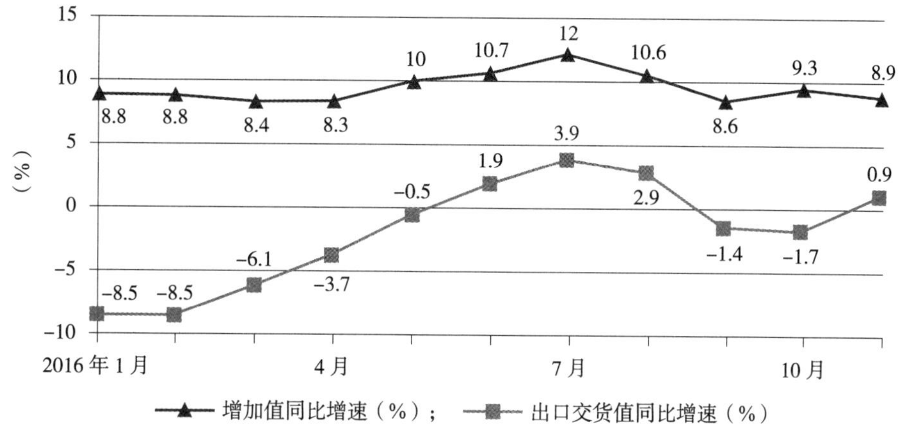

图 1　2016 年我国电子信息制造业增加值和出口交货值分月增速

数据来源：工业和信息化部运行局，赛迪智库整理，2017 年 2 月。

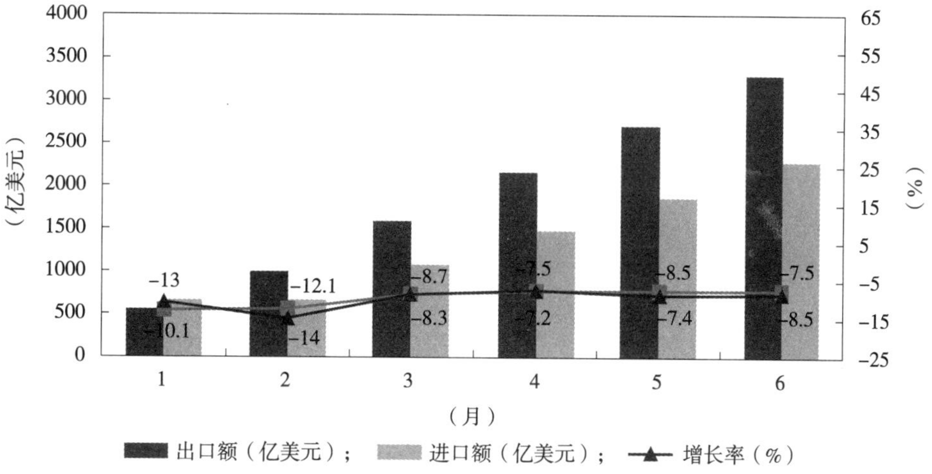

图 2　2016 年上半年电子信息产品累计进出口额情况

数据来源：工业和信息化部运行局，赛迪智库整理，2016 年 12 月。

2016 年，我国软件和信息服务业业务收入保持平稳较快增长，增速小幅回升，嵌入式系统软件增长变化显著，新兴信息技术服务保持较快增长。1—12 月，我国软件和信息技术服务业共完成软件业务收入 4.9 万亿元，同比增长 14.9%。实现利润总额 6021 亿元，同比增长 14.9%。软件产品实现收入 15400 亿元，同比增长 12.8%；信息技术服务实现收入 25114 亿元，同比增长 16%；嵌入式系统软件实现收入 7997 亿元，同比增长 15.5%。在宏观经济弱势企稳、结构调整加速推进背景下，预计软件和信息服务业未来仍将保持平稳增长态势，云计算、大数据加速产业化，人工智能、虚拟现实进入爆发期，区块链技术持续升温。

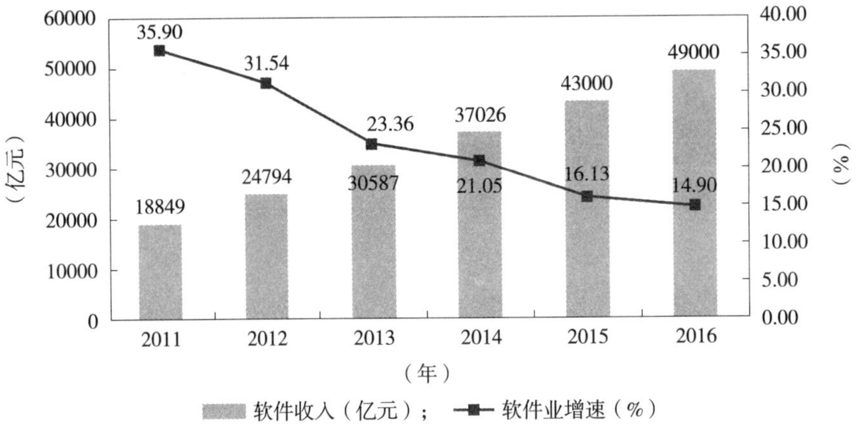

图 3　2011—2016 年软件和信息技术服务业收入及增速

数据来源：工业和信息化部运行局，赛迪智库整理，2017 年 2 月。

二、计算机产业持续低迷，企业市场占有率保持稳定

2016 年，我国笔记本电脑产量继续大幅下降。1—11 月，生产微型计算机设备 26204 万台，同比下降 10%。其中笔记本电脑 14931 万台，下降 7.5%；平板电脑 7659 万台，下降 3.6%。全行业出口交货值同比下降 5.5%。在全球计算机行业低迷的背景下，预计未来我国计算机行业仍将维持下滑态势。但值得肯定的是，国产 PC 品牌在全球市场的占有率保持稳定，在出货量前五名中，联想始终维持全球市场第一的地位，2016 年全球市场占有率均达 20% 左右。

表 1　2015—2016 年全球 PC 出货量及市场份额

排名	企业	2016 年 Q4 出货量（千台）	2016 年 Q4 市场占有率（%）	2015 年 Q4 出货量（千台）	2015 年 Q4 市场占有率（%）	2016 年 Q4 出货量增长（%）
1	联想	15781	21.7	15535	20.6	1.6
2	惠普	14808	20.4	14204	18.8	4.3
3	戴尔	10723	14.8	10175	13.5	5.4
4	华硕	5452	7.5	5960	7.9	-8.5
5	苹果	5440	7.5	5312	7.0	2.4
6	宏碁	4999	6.9	5228	6.9	-4.4
	其他	15408	21.2	18970	25.2	-18.8
总计		72611	100.0	75384	100.0	-3.7

数据来源：Garter，赛迪智库整理，2017 年 1 月。

由于关键核心技术与国际先进水平差距较大、新兴领域布局缓慢等问题仍未得到有效解决，2016 年，我国计算机产品进出口增速整体延续前期下行态势，1—6 月，计算机产品进口额为 220 亿美元，同比下降 14.8%；计算机产品出口额为 800 亿美元，同比下降 13.1%。预计全年将延续这一态势。

表 2　2011—2016 年上半年我国计算机产品进出口额及增速

类别	计算机进口额（亿美元）	计算机进口额同比增速（%）	计算机出口额（亿美元）	计算机出口额同比增速（%）
2011 年	602.3	2.1	2293.9	5.6
2012 年	665	10.4	2382	3.8
2013 年	599	-9.9	2245	-5.7
2014 年	610	1.8	2267	1
2015 年	533	-12.6	1941	-14.4
2016 年上半年	220	-14.8	800	-13.1

数据来源：工业和信息化部运行局，赛迪智库整理，2016 年 12 月。

三、家用视听产业规模稳步扩大，彩电产量快速提升

2016 年，我国家用视听产业规模稳步扩大，1—11 月，彩色电视机产量 15677 万台，同比增长 8.2%。其中，液晶电视机产量为 15147 万台，增长 8.2%。受企业加速布局客厅经济影响，互联网企业加速推出智能电视新品，传统彩电巨头进一步加强电商渠道的运作，并加深跨界融合，推动整体彩电产业的互联网化转型升级，使得 2016 年智能电视机产量增幅较大。1—11 月，我国智能电视产量 9517 万台，同比增长 17.1%。预计 2017 年，智能电视产量仍将得到提升。

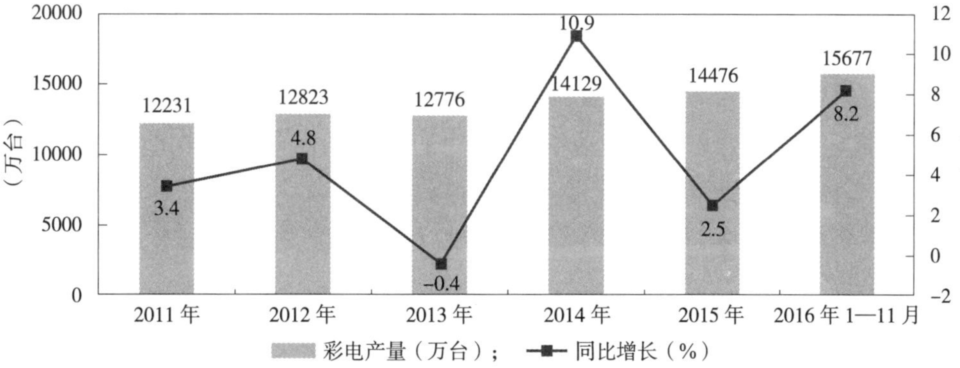

图 4　2011—2016 年彩电产量及增速

数据来源：工业和信息化部运行局，赛迪智库整理，2016 年 12 月。

由于全球经济逐渐复苏，且超高清电视对平板电视的更新换代效应逐渐显现，2016 年上半年，我国彩电出口量整体呈现增长态势，出口总量达到 3529 万台。其中，1 月为 499 万台；2 月有所回落，降至 397 万台；3 月大幅提升，达到 587 万台；4 月再度提升，增至 667 万台；5 月基本持平，为 698 万台；6 月小幅回落，为 681 万台。从出口金额来看，6 月当月出口总金额 63.2 亿元，较去年同期增长 13.7%。总体看来，彩电出口市场向好。

表 3　2011 年至 2016 年上半年我国彩电出口情况统计

年份	出口（万台）	同比增长（%）	出口额（亿美元）	同比增长（%）
2011 年	6537	-1.4	136.7	-7.9
2012 年	6148	-6	121.1	-11.4
2013 年	5959	-3.1	110.5	-8.7
2014 年	7406	24.3	135.5	22.6
2015 年	7183	-3.0	125.1	-7.7
2016 年上半年	3529	15.2	—	—

数据来源：海关总署，赛迪智库整理，2016 年 12 月。

四、集成电路稳中有进，企业实力持续提升

2016 年以来，我国集成电路产业继续保持稳中有进的发展态势。根据中国半导体行业协会统计，2016 年中国集成电路产业销售额为 4335.5 亿元，同比增长 20.1%。其中，设计业继续保持高速增长，销售额为 1644.3 亿元，同比增长 24.1%；制造业受到国内芯片生产线满产以及扩产的带动，2016 年依然快速增长，同比增长 25.1%，销售额 1126.9 亿元；封装测试业销售额 1564.3 亿元，同比增长 13%。集成电路产业投资基金撬动作用进一步凸显，2016 年上半年国内先后设立了 4 只地方性集成电路产业投资基金，总规模超过 500 亿元。技术水平方面，集成电路产业在多领域取得进展：芯片设计方面，16/14 纳米先进设计水平进一步提升；芯片制造方面，中芯国际成为大陆首家能够同时提供 28 纳米多晶硅和高介电常数金属闸极工艺的晶圆代工企业；封装测试方面，高端 SiP 项目得到积极布局。与此同时，国内骨干集成电路企业整体实力也在持续提升，海思半导体、清华紫光分列全球设计企业排名第六、第十位。

表 4 2016 年全国集成电路产量统计表

月份	集成电路产量当期值（亿块）	集成电路产量累计值（亿块）	集成电路产量同比增长（%）	集成电路产量累计增长（%）
2 月	—	160.6	—	12.6
3 月	104.8	267.8	23.4	15.9
4 月	103.4	371.5	14.5	14.7
5 月	110.1	482.1	18.3	16.7
6 月	117.2	599.3	20.5	16.5
7 月	113.8	713.2	16.1	16.6
8 月	114.9	829.3	25.6	17.9
9 月	116.3	943.9	21.9	18.2
10 月	119.5	1063.1	34	19.7
11 月	125.2	1191	31.5	20.9
12 月	140.4	1329.2	23.2	21

数据来源：国家统计局，赛迪智库整理，2017 年 2 月。

受全球半导体市场销售规模整体下滑影响，2016 年我国集成电路进出口额均出现不同程度的下滑。其中，2016 年集成电路进口 3425.5 亿块，同比增长 9.1%；进口金额 2270.7 亿美元，同比下降 1.2%。出口集成电路 1810.1 亿块，同比下降 1%；出口金额 613.8 亿美元，同比下降 11.1%。从数据可以看出，我国集成电路领域存在进口增量不增额的现象，造成这一现象的主要原因是：我国电子信息产业快速发展对高端集成电路产品需求量持续增加，其中存储器芯片是整个集成电路进口中最大宗的产品，占比约为四分之一。而 2016 年以来，以 DRAM 为代表的国际存储器芯片产品价格持续走低，导致进口方面增量却不增额。

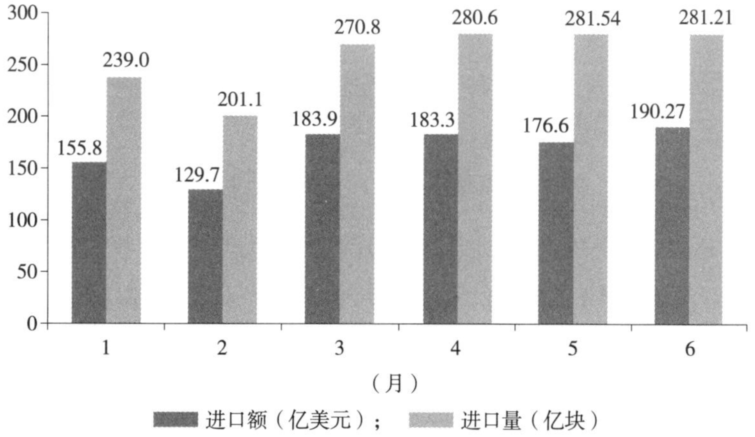

图 5 2016 年上半年中国集成电路进口情况

数据来源：海关总署，赛迪智库整理，2016 年 12 月。

五、新型显示技术应用推广深入，产业布局加速

2016 年新型显示面板出货面积为 2.02 亿平方米，同比增长 8%。多条面板产线加速建设，成都京东方 6 代 LTPS/ 柔性 AMOLED 产线二期项目签约，天马厦门 6 代 LTPS 面板产线全线贯通，首款 5.5 代英寸 FHD LTPS 产品成功点亮，华星光电武汉 6 代 LTPS 面板产线投产。国产化配套水平稳步提升，东旭光电投资 69 亿元在福建建设 8.5 代 TFT-LCD 玻璃基板生产线项目，进一步完善国内 8.5 代面板产线国产化配套。OLED 技术产业化逐步推进，和辉光电发布 6 英寸 4K 柔性显示屏，并推出用于车载、VR、智能穿戴装备的 AMOLED 显示屏，维信诺发布 5 英寸全高清 AMOLED 显示屏、透明 PMOLED 显示屏等最新产品。预计 2016 年下半年，在智能手机、可穿戴设备、曲面电视等终端需求的拉动下，中国 OLED 产业布局将加速。根据 UBI Research 预测数据，2016 年 AMOLED 市场规模有望达到 150 亿美元，OLED 电视达到 90 万台。随着 OLED 显示技术在可穿戴设备、平板电脑以及车载显示的应用逐渐深入，2020 年 OLED 显示设备将有望占据整体市场份额的 30% 以上。

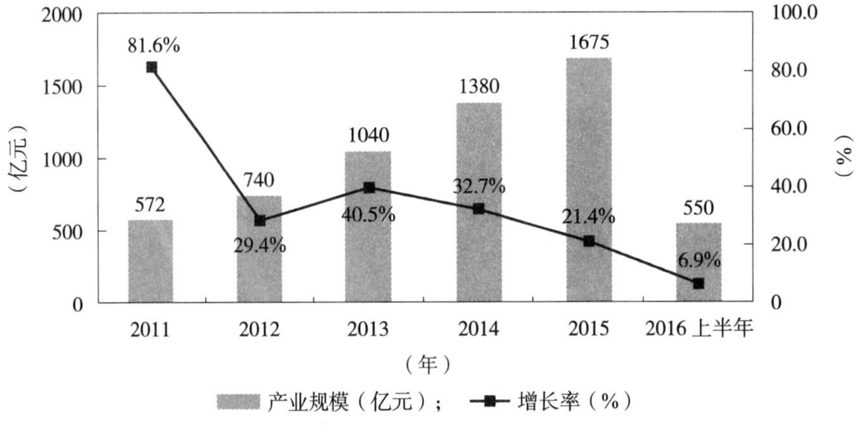

图 6　2011—2016 年上半年我国平板显示产业营业收入及增速

数据来源：中国光学光电子行业协会液晶分会（CODA），赛迪智库整理，2016 年 12 月。

六、太阳能光伏发展强劲，企业海外布局加速推进

2016 年，我国光伏新增装机量继续位居全球首位，同比增长超过 100%，企业产能利用率得到有效提高，盈利能力显著提高，产业技术水平持续进步，先进

科研成果的产业化进程明显加快。另外，在“一带一路”战略引导及国际贸易保护形势的影响下，我国光伏企业海外布局加速推进，“走出去”步伐不断加快。预计2017年，在领跑者、光伏扶贫、保障性收购等利好政策的相继实施下，我国光伏市场仍将蓬勃发展，新技术应用和新产品开发速度加快，企业加速拓展新兴市场，通过海外投资设厂、海外企业并购等方式，推动国际光伏贸易格局加快演进。

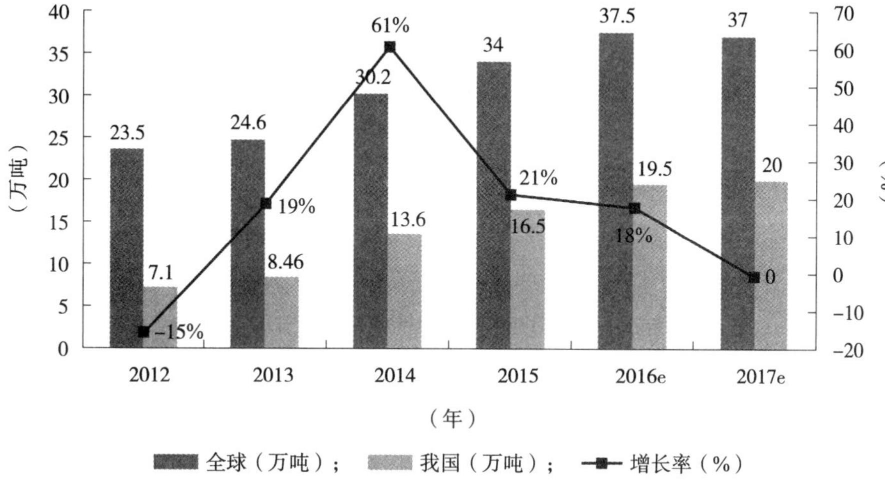

图 7　2012—2017 年我国多晶硅产量及增长率

数据来源：中国光伏行业协会，2016年12月。

七、虚拟现实产业步入爆发期，技术应用走向大众消费市场

随着技术的升级，移动智能设备的普及和移动互联网的进一步发展，虚拟现实产业进入爆发期。根据艾瑞咨询测算，2016年中国虚拟现实行业市场规模预计达到56.6亿元，2020年市场规模预计将达到556.3亿元，VR设备出货量达到820万台，用户量超过2500万人。由于目前已经有大量内容公司投入虚拟现实内容的开发制作，预计2016年虚拟现实内容的数量和质量将会得到质的提升。基于这些内容，虚拟现实设备的普及率和活跃度将得到坚实保障，虚拟现实技术已经开始走向大众消费市场，并渗入各个垂直行业应用，实现产业化发展。未来，更多企业、资本涌入虚拟现实市场，更多不同层次的设备产品涌现，虚拟现实的内容产业和技术支撑将更加成熟，用户规模将不断扩大。

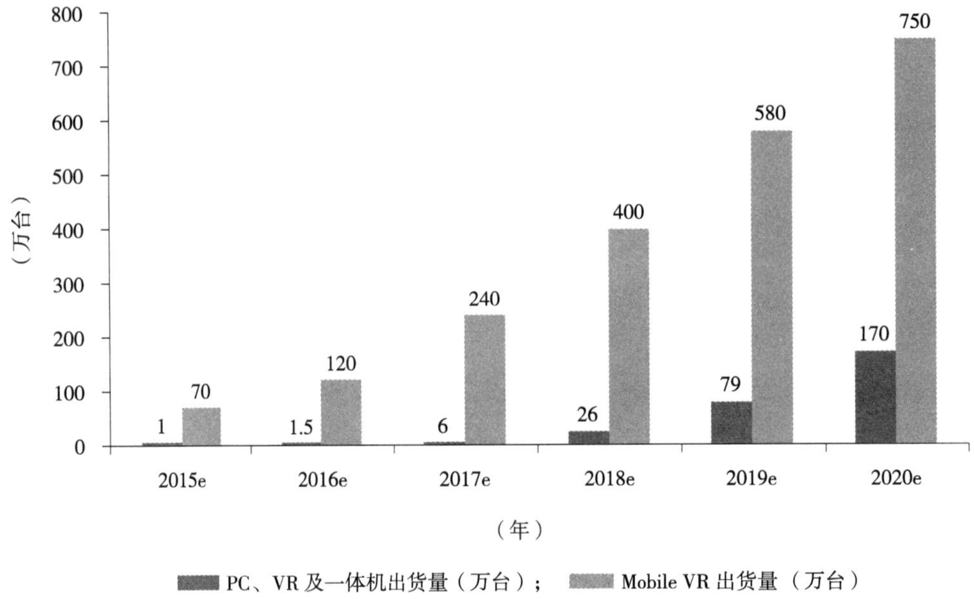

图 8　2015—2020 年中国 VR 设备出货量

数据来源：艾瑞咨询，2016 年 12 月。

八、智能硬件发展进入上升期，产品种类不断丰富

随着智能终端产业的内涵和外延发生变化，智能家居、智能车载、智能可穿戴设备、智能医疗、智能无人系统和工业级智能硬件等一系列新兴智能硬件快速兴起。根据艾瑞咨询预测，2016 年我国智能硬件市场规模将达到 552 亿元，并在未来几年保持较快速增长态势，预计 2018 年将达到 909 亿元。从分类来看，智能家居和可穿戴设备在智能硬件规模中占据半壁江山，渗透率接近 20%；智能手环、智能路由器成为热门产品，销量已成规模；智能交通、智能医疗开始兴起，用户偏好度将进一步提升。展望未来，在智能家居、可穿戴设备的带动下，智能硬件企业将扩展生态布局，不断丰富产品种类，并逐步完成产品从研发、生产到市场营销等各个环节的落地，构建出完整的智能生态链。随之而来的将是消费者生活习惯的改变，以及智能生活时代的到来。

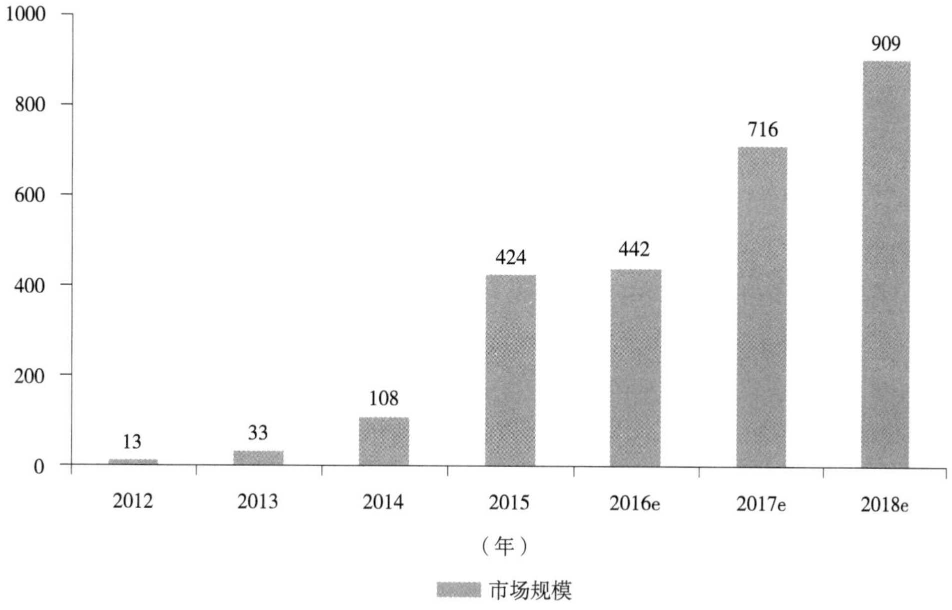

图 9　2012—2018 年中国智能硬件市场规模

数据来源：艾瑞咨询，2016 年 12 月。

中国电子信息产业发展研究院　王鹏　安晖　李艺铭　王茜

集成电路产业发展情况及展望

一、我国集成电路产业的发展现状

"十二五"期间，尽管2011—2012年欧债危机持续，世界经济增长乏力，全球半导体市场徘徊不前且小幅衰减，但我国政府继续大力支持集成电路产业发展，政策力度不断加强，先后出台了《国务院关于进一步鼓励软件产业和集成电路产业发展的若干政策》(国发〔2011〕4号)、《国家集成电路产业发展推进纲要》和"国家重大科技专项"等一系列产业优惠政策和研发项目等扶持政策，使产业规模、技术创新、产业结构、企业发展等方面呈现稳步快速的发展，产业的整体实力得到进一步的提高，取得了显著的成绩。

（一）产业发展速度较快

2016年中国集成电路产业销售额为4335.5亿元，同比增长20.1%，是2011年中国集成电路产业销售额的2.2倍。2011—2016年年均增长率为20.3%，远远高于全球半导体市场的增长。

（二）产业结构发展合理

从国内集成电路产业的发展来看，我国在封装测试业的比例一直占首位，设计和制造业相应不足，"十二五"期间随着设计业的高速增长和晶圆制造的投资加大，IC设计、晶圆制造和封装测试三业的格局也正不断优化。总体来看，IC设计业所占比重呈逐年上升的趋势。2016年，IC设计业所占比重达到37.9%，晶圆制造业比重为26%，封装测试业所占比重则进一步下降至36.1%。

（三）产业集聚度高

我国集成电路产业集聚度较高，主要集中在四个区域：一是北京、天津环渤海地区；二是上海、江苏、浙江长三角地区；三是广州、深圳珠三角地区；四是中西部地区。随着集成电路领域的投资不断向中西部地区集聚，中西部地区在国内集成电路产业中的地位不断上升，所占份额也不断增加。

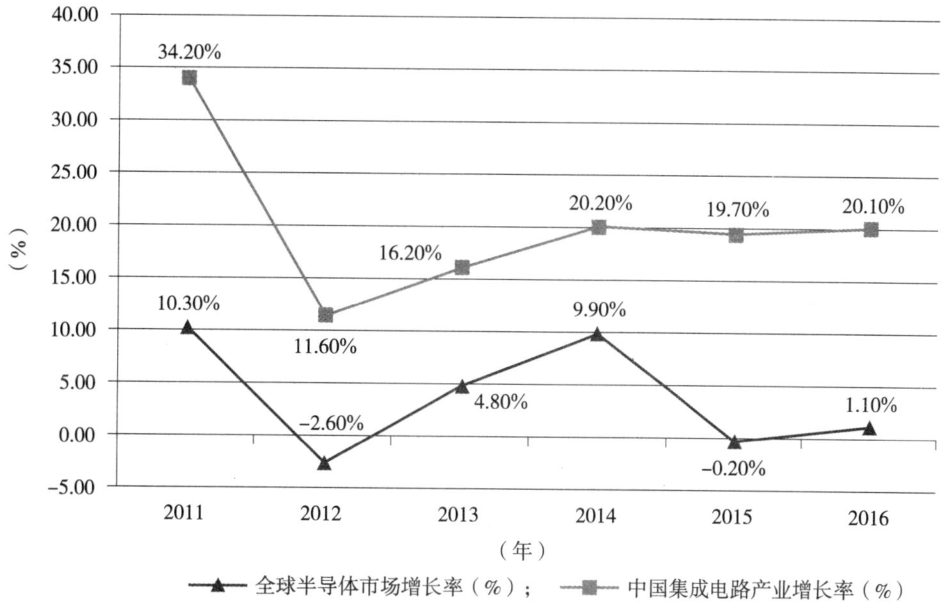

图 1　2011—2016 年全球半导体市场与中国集成电路产业增长率

资料来源：WSTS、CSA。

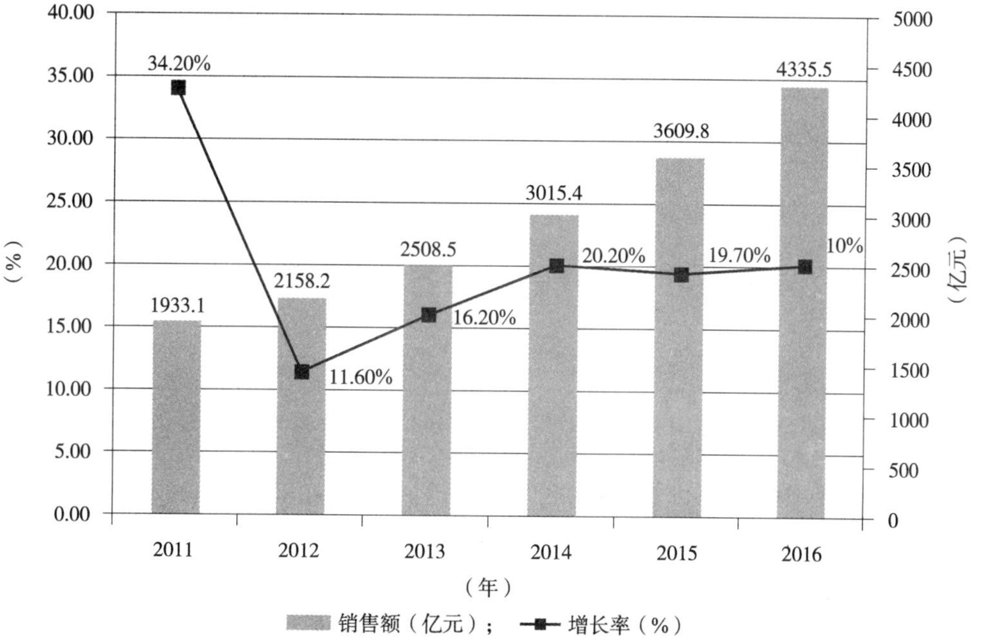

图 2　2011—2016 年中国集成电路产业销售额及增长率

资料来源：CSIA。

（四）集成电路产品进出口逆差大

集成电路产品进口额一直位居我国进口产品第一大产品。根据海关统计，

2016 年进口集成电路 3425.5 亿块，同比增长 9.1%；进口金额 2270.7 亿美元，同比下降 1.2%。出口集成电路 1810.1 亿块，同比增长 1%；出口金额 613.8 亿美元，同比下降 11.1%。2016 年进出口逆差 1656.9 亿美元。

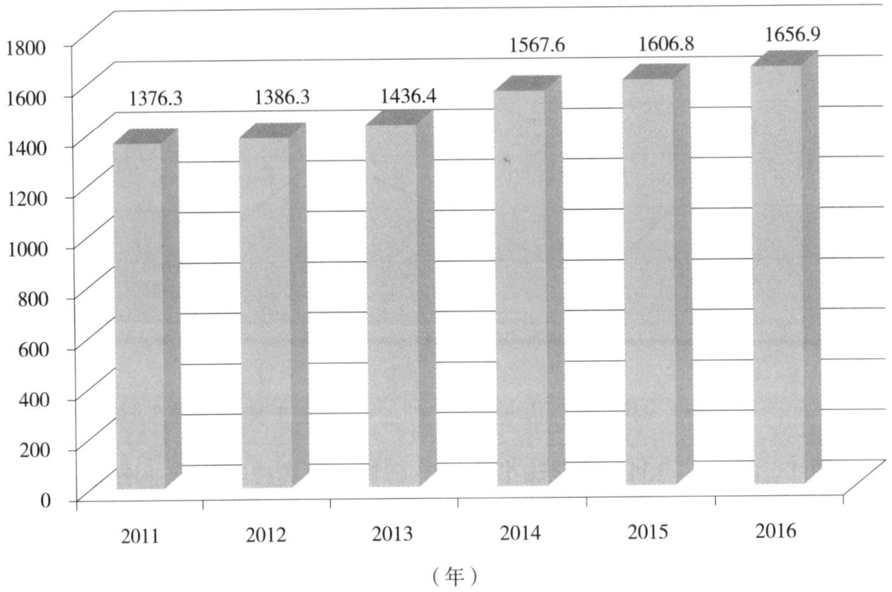

图 3　2011—2016 年中国集成电路产品进出口逆差额

资料来源：海关总署。

二、我国集成电路面临的机遇与挑战

（一）面临的机遇

第一，2016 年是中国“十三五”开局之年，随着国家供给侧改革以及调结构、去产能、补短板等一系列宏观政策影响，“十三五”重点项目的实施都将给国内集成电路产业的发展带来新的机遇。

第二，当前全球制造业格局面临重大调整，更加凸显出发展集成电路产业的重要性。由于信息产品生产结构不断变化，生产组织方式的不断优化，制造业的价值持续向电子器件生产环节转移。随着信息产业创新发展，集成电路产品已经成为整机系统企业市场竞争力和未来发展的关键和核心。建设一个完整的信息产业体系，是我国提升综合国力、保障国家安全、建设世界强国的必由之路。

第三，产业基础已经建立，产业链已经形成。经过多年的发展，我国集成电路产业已经初具规模，设计、晶圆制造、封装测试、半导体设备和材料产业链已经初步建立，部分满足国内信息产品配套的需求，一些企业已经具备国际竞争的能力。

第四，全球集成电路制造工业已经遇到发展瓶颈，目前16纳米制造工艺已经投产，10纳米、5纳米正在研发之中，5纳米之后的技术发展还不明朗，这就为我们实现跨越式发展提供了机遇。

第五，带动半导体市场高速增长的通信、计算机产品现在增长乏力逐渐饱和，而新兴市场汽车电子、医疗保健电子、物联网、存储产品等的发展为半导体市场的发展带来了新的机遇，随着半导体产品结构的调整也为国内集成电路产业的发展创造了快速发展的环境。

第六，《国家集成电路产业发展推进纲要》的落实，集成电路产业发展基金的投资，国家进一步扶持发展集成电路产业的政策落实也将为国内集成电路产业快速发展产生促进作用。

（二）面临的挑战

1. 产业集中度趋势加强

世界半导体产业调整变革的一个重要特征是产业集中度进一步向跨国企业集中。这些企业不断加大投资力度，加快整合的步伐，加紧在全球的产业布局。这种趋势无疑将进一步挤压我国发展中的集成电路产业的生存空间。

2. 核心关键技术亟待突破

制造业是强国的基础。制造业发展靠产品，产品的发展靠技术。我国集成电路产业技术水平与世界先进水平相比存在明显的差距，又面临着资金、知识产权、标准等多重壁垒。我国集成电路产业发展，若不尽快掌握自主可控的核心技术，就无法实现产业可持续的发展。

3. 高端团队极度缺乏

集成电路产业发展最终取决于人才。当前我国高端人才缺乏，特别是系统级高端设计人才缺乏；市场营销人员和高端管理人才和团队匮乏，严重影响了我国集成电路产业的发展。加快高端人才引进、人才培养，成为“十三五”期间亟待解决的问题。

4. 投资压力巨大

集成电路产业是高投入产业，也是高回报、高风险产业。特别是晶圆制造业，资产投入巨大，并且要持续投资，投资压力极大，多年来国内投融资市场望而却步。要完成“十三五”发展目标，需万亿元以上的投入。面对这样的巨额资金投入，在目前我国集成电路产业现状下，需要国家坚持不懈给予政策支持和资金支持。

5. 产业链整合能力不足

我国集成电路产业已具备一定规模，但是价值链整合能力不强，整机带动性差，芯片与整机联动机制尚未形成，国内多数设计企业缺乏定义产品和提供系统解决方案的能力，难以满足整机企业需求，整机产品引领国内集成电路产品设计创新的局面也尚未形成。另外专用设备、仪器和关键材料等产业链上游环节比较薄弱，不足以支撑集成电路产业发展。

三、我国集成电路产业发展预测

未来几年我国集成电路产业的应用市场，呈现如下特点。传统的应用领域走入下降通道，智能手机市场增速正在逐步放缓，而被市场寄予厚望的平板电脑市场在大屏手机的冲击下也已风光不再，可穿戴设备市场则一直未达到市场预期，至于无人机、AR/VR（虚拟现实）等新兴热点应用，受限于其技术成熟度不足、应用领域较窄、产业生态尚未建立等因素，暂时难以成为引领我国集成电路产业发展的主要动力。

与智能手机市场增速放缓、个人电脑持续萎缩形成鲜明对比的是，云计算、大数据、物联网、智能制造、新能源汽车等新兴增长点正在逐步形成，全球集成电路市场进入换挡期，市场潜力巨大，这为我国集成电路产业发展创造了良好机遇。

2016年是我国“十三五”开局之年，随着国家供给侧改革和调结构、去产能、补短板等一系列宏观政策影响，以及“十三五”重点项目的陆续实施，国内半导体产业发展将迎来新的机遇。

未来几年，在市场需求牵引以及政策与资本的支持下，国内半导体产业将保持更好的发展势头。随着《中国制造2025》、《国务院关于积极推进“互联网+”行动的指导意见》以及“国家大数据战略”相继组织实施，创新创业的氛围逐步形成，国内半导体产业面临着更好的发展机遇窗口。随着国内集成电路企业实力的提升，有望在服务器芯片等重点核心领域取得突破，国内集成电路产业的自主程度将再上一个新台阶。

（一）市场预测

从应用市场角度看，随着国内整体工业水平的升级、工业物联网的推广以及《中国制造 2025》等战略的实施，工业控制领域的半导体产品需求将持续走高。嵌入式处理器、微控制器、功率器件、MEMS 等产品将成为工控市场关注的焦点。在汽车领域，随着高级驾驶辅助系统、新能源汽车、车联网、自动驾驶等技术的不断成熟，汽车电子领域的半导体产品将保持高速增长态势。智能家居、智慧城市、智能医疗的发展，将推动传感器、图像处理与无线传输等产品的发展。

未来几年，在国家集成电路产业基金的支持和推动下，我国集成电路市场将会持续平稳增长，集成电路产品市场中，Memory、ASSPs、Analog IC 仍将是我国集成电路市场所占份额最高的三类产品。在未来三年中，这几类产品的复合增长率将分别达到 16.7%、8.3% 和 8.4%。但是随着智能手机及个人 PC 市场的逐渐饱和，我国集成电路市场增速将有所放缓。

预计 2016 年中国集成电路市场将实现 5.7% 的市场需求增长率，而随着云计算、大数据、物联网等领域的逐步成熟，到 2018 年，我国集成电路市场规模将达到 13178.2 亿元。

（二）产业预测

当前，全球集成电路市场进入换挡期，这为我国集成电路产业发展创造了良好机遇。中国拥有目前全球第一大手机产业集群和全球第二大的互联网产业集群，集成电路产业正在积极融入电子信息大生态，而这也为集成电路产业的持续快速增长带来了强劲的推动力。

1. 产业经济规模持续增长

根据中国半导体行业协会统计，2016 年第一季度中国集成电路产业销售额为 798.6 亿元，同比增长 16.5%。预计 2016 年全年，国内集成电路产业销售额将达到 4284.8 亿元，增长 18.7%。2017 年销售额达到 5100 亿元，增长约 19%。从中长期来看，随着新兴应用领域的拓展以及产业生态的逐步建立，集成电路产业会一直维持较高的增长幅度。

到 2020 年，集成电路产业与国际先进水平的差距逐步缩小，全行业销售收入年复合增长率为 20%，达到 9300 亿元，其中全国集成电路设计业年销售收入将达到 3900 亿元，新增 2600 亿元，年复合增长率 25.9%，产业规模占全国集成电路产业比例为 41.9%，我国的集成电路设计产业规模将位居全球第二；集成电路晶圆制造产业销售额达到 2500 亿元，新增 1600 亿元，年复合增长率达到 22%，产业规模占全国集成电路产业比例为 26.88%；国内集成电路封测业销售收入达到 2900 亿元，新增 1400 亿元，年复合增长率达到 15%。产业规模占全国集成电路产业的 31.1%，先进封装销售收入占封测业总销售收入比例目标为 45% 以上。

2. 技术水平快速提升

2016—2017 年，集成电路产业将在技术水平上得到快速提升。

集成电路设计聚焦移动智能终端和网络通信领域，开发量大面广的移动智能终端芯片、数字电视芯片、网络通信芯片、智能穿戴设备芯片及操作系统，提升信息技术产业整体竞争力。加快云计算、物联网、大数据等新兴领域核心技术研发，开发基于新业态、新应用的信息处理、传感器、新型存储等关键芯片及云操作系统等基础软件，抢占未来产业发展制高点。分领域、分门类逐步在工业控制、智能电网、智能交通、卫星导航、金融电子、汽车电子、医疗电子等领域关键集成电路方面有所突破。通用处理器、存储器等高端通用产品技术取得重大进展，形成良好的产业生态环境。

集成电路制造业实现 45/40nm 芯片产能扩充，加紧 32/28nm 芯片生产线建设，迅速形成规模生产能力。推动 22/20nm、16/14nm 工艺开发和芯片生产线建设，进一步缩小与国外先进水平的差距，同时大力发展模拟及数模混合电路、微机电系统（MEMS）、高压电路、射频电路等特色专用工艺生产线。

集成电路封装测试业积极开发更可靠、更高性能、更加多样化的 BGA、PGA、CSP、QFN 以及各类陶瓷封装和金属封装和新型 RF 射频封装、MEMS 封装、生物电子封装、系统级封装等封装类型产品。

3. 晶圆产能实现迅速扩张

随着《国家集成电路产业发展推进纲要》的实施和国家集成电路产业基金的推动，集成电路晶圆制造成为投资的热点，我国已经成为全球集成电路产业投资的热点地区，根据国家集成电路产业基金的投资思路，集成电路制造投资规模约占大基金投资总规模的 45% ~ 50%，主要投资方向包括 40nm 产能扩充、28nm 量产、14nm FinFet 等先进制程，特色工艺制造线技术升级和产能扩充，GaAS、GaN、SiC 等化合物半导体，军民融合项目。

中国集成电路发展的势头也影响到世界集成电路的产业格局，世界集成电路的龙头企业纷纷在中国大陆投资建厂，布局中国市场，未来几年中国集成电路制造将实现规模扩张。全球半导体投资不分海内外均向中国集中，这是中国倾国家之力发展半导体所创造的结果。

2015 年我国集成电路晶圆制造业产能为 12 英寸 47.1 万片 / 月，约占世界 12

英寸产能的 9.7%，主流工艺技术为 40 ～ 28 纳米。根据目前建设项目规划实施的前景预测，2016—2018 年中国新增 12 英寸晶圆厂产能预计高达 63.50 万片 / 月，占全球 12 英寸产能比重将有大幅度提升，有效缓解国内产能不足的状况。

表 1 中国 12 英寸晶圆生产线建设情况

企业名称	地点	技术水平（nm）	产能（千片）	产品	建设进度
华力微电子	上海	40	35	晶圆代工	量产
Sk 海力士	无锡	20	135	DRAM	量产
英特尔	大连	65	15	3DNAND Flash	量产 3DNAND Flash2016 年年底投产，达产 30-40K
三星	西安	20	72	3DNAND Flash	扩产 2016 年达产 100K
中芯国际 B1	北京	40	45	晶圆代工	量产，2016 年达产
中芯国际 B2	北京	28	18	晶圆代工	扩产 2016 年量产 18K，达产 35K
中芯国际 Fab-8	上海	28	14	晶圆代工	扩产 2016 年年底 20K
武汉新芯	武汉	40	22	晶圆代工	量产
力晶	合肥	90	40	LCD 驱动 IC	2017 年完工
联电	厦门	40&55	50	晶圆代工	2016 年 3 季度投产 6K，达产 50K
台积电	南京	16	20	晶圆代工	2018 年投产
长江存储	武汉	—	200	存储芯片	2018 年投产
长鑫	合肥	—	125	存储芯片	2018 年投产
德科码	淮安	—	20	CIS、CMOS	2018 年投产
晋华	晋江	—	60	存储芯片	2018 年土产

资料来源：CSIA 整理。

4. 企业竞争力进一步加强

兼并整合是集成电路企业实现实力扩张的最有力的手段，技术水平和产能在短期内有可能得到迅速提高。国际上集成电路企业兼并重组已成为近两年的热潮，英特尔、高通、恩智浦、美光、博通等全球排名前二十的半导体产业厂商都加入了并购大军。敦泰、力成、矽品、紫光、长电科技、日月光等规模较小厂商之间的并购重组也异常火热。

随着世界集成电路行业的新一轮结构调整，未来几年我国集成电路产业的兼并整合仍然会持续升温，预计兼并重组的领域将集中到集成电路设计和集成电路封装。目前集成电路设计业的清华紫光已完成了与展讯公司和锐迪科公司的整合，成立了展瑞公司，在未来几年内仍将开展进一步的整合兼并工作；大唐半导体设计有限公司完成了对联新科的并购，同时国际并购、成立合资公司等工作目前尚在进一步推进中；华大半导体完成了内部整合的同时并购了华虹设计公司，实现了智能卡芯片业务整合。

企业通过有效的规模扩张，在 2016 到 2017 年间我国集成电路设计领域将会有两到三家企业进入世界前十大集成电路设计企业。2016—2017 年封装测试领域将有三到四家进入世界前十大集成电路封装企业。

展望今后几年，有国家战略的聚焦、巨大市场的支撑、国内半导体产业链的基础、产业资本的日渐发力，可谓是“天时、地利、人和”，中国半导体产业正面临着前所未有的发展机遇。我国集成电路产业与国际先进水平的差距将逐步缩小。集成电路设计业仍将引领产业发展，移动智能终端、网络通信、云计算、物联网、大数据等重点领域集成电路产品技术将达到国际领先水平，通用处理器、存储器等核心产品将形成自主设计与生产能力，产业生态体系初步形成。16/14nm 制造工艺实现规模量产，封装测试技术进入全球第一梯队，关键装备和材料进入国际采购体系，基本建成技术先进、安全可靠的集成电路产业体系。

中国半导体行业协会　徐小田　林伯涛　郑忠行　任振川

高端制造篇

机器人产业发展情况及展望

2016年是“十三五”开局之年，我国机器人产业继续保持较快发展势头，利好政策持续释放，技术研发不断突破，应用领域稳步拓展。未来两到三年，我国机器人产业机遇与挑战并存，随着《机器人产业发展规划（2016—2020年）》及相关配套政策的逐步落实，我国机器人产业将向着快速、健康、可持续发展之路迈进。

一、2016年我国机器人产业发展动态

（一）产业继续较快增长，国产品牌竞争力提升

2015年我国市场工业机器人销量达到6.7万台，同比增长16.8%，占全球市场销量的比重超过1/4，连续三年成为全球第一大工业机器人市场。其中，国产工业机器人销量达到2.1万台，同比增长27.8%。2016年，我国机器人产业在政策指导下及市场需求推动下，产业规模继续增长，预计全年工业机器人市场销量有望达到8万台。国产工业机器人产品性能不断提高，市场竞争力日渐增强；国产服务机器人如扫地机器人、消费级无人机、教育娱乐类机器人等市场影响力也在不断提升。

（二）新技术不断涌现，新产品上市速度加快

面对愈加激烈的市场竞争，众多机器人生产企业和科研机构更加注重技术及人才储备，纷纷加大研发投入，新技术不断涌现，新产品上市速度也在加快。2016年以来，行业多项蕴含新技术的新产品表现亮眼。新松机器人自动化股份有限公司（简称沈阳新松）自主研发的复合型机器人综合了工业机器人和智能移动机器人的应用特点，精度达到世界领先水平，沈阳新松也成为全球第一家将复合型机器人投放市场的企业；哈尔滨博实自动化股份有限公司研制的（高温）炉前作业机器人在新疆中泰矿冶有限公司电石生产示范应用中取得成功；南宁宇立仪器有限公司研发的国内首台智能铸件打磨机器人，能够感知铸件尺寸的差异并自动调整；中科院沈阳自动化研究所自主研发的深海机器人“潜龙二号”正式投入

使用；天津深之蓝海洋设备科技有限公司拥有多项自主知识产权的“白鲨”系列全新水下机器人，攻克了缆控水下机器人的多个控制难题；中国科学技术大学发布的特有体验交互机器人“佳佳”，初步具备人机对话理解、面部微表情、口型及躯体动作匹配、大范围动态环境自主定位导航和云服务等功能；大连四达高技术发展有限公司自主研发的“虚拟五轴爬行系列机器人”打破了我国航空航天飞行器装配领域核心特种机器人长期依赖国外进口的被动局面，填补了国内空白；国防科学技术大学研制的我国首款智能安保机器人在定位技术、智能视频分析技术等一系列的关键技术方面有了新突破。

（三）外资品牌继续在华扩张，国内企业海外并购步伐加快

近年来，由于十分看好我国机器人产业广阔的发展前景，外资品牌机器人生产企业纷纷来华建厂，加快在我国的扩张速度，力图抢占更多的中国市场。2016 年年初，安川电机成都新机器人中心落成，成为继上海、广州之后安川在我国的第三个集销售、展示、培训、售后、新技术开发等为一体的全方位机器人中心；3 月，安川电机与美的集团合资成立的美的安川服务机器人公司开始对外运营，主要聚焦养老助残、康复护理机器人产品。6 月，发那科机器人重庆技术中心项目签约活动在两江新区管委会举行，上海发那科机器人有限公司将投资 1 亿元人民币在两江新区水土园区建设重庆技术中心项目，最终将建成发那科机器人的西南地区生产基地。另一世界机器人巨头 ABB 的机器人应用中心也于 2016 年 12 月落户重庆。

我国企业也加快了海外并购和战略合作步伐，以期提升技术水平，扩展海内外市场。2016 年 2 月，由沈阳新松部分出资的中德新松教育集团并购德国陶特洛夫职业培训学院，以引入德国双元制先进教育理念及办学经验，解决机器人领域高级技师和工程师人才缺口；3 月，安徽埃夫特智能装备有限公司收购意大利系统集成商 EVOLUT，以期快速提升其在相关行业的系统集成能力并获得相关机器人单元技术；4 月，浙江万丰科技开发股份有限公司斥资 3.02 亿美元收购美国焊接机器人应用系统服务商 Paslin，力图成为全球焊接机器人集成系统的领跑者；5 月，美的集团正式宣布收购世界工业机器人巨头库卡，希望借助库卡在其生产制造及供应链的技术优势来提高生产效率并合力拓展未来的服务机器人市场，8 月 8 日，美的集团发布了本次收购的最终结果，其持股比例达到了 94.55%。

（四）国际交流不断深入，为产业合作提供良好机遇

为促进中外在技术、标准、知识产权、检测认证等领域的交流合作，我国政府和部分协会组织搭建了一系列国际交流平台，包括举办世界机器人大会、召开中德机器人产业论坛、举办国际机器人及智能装备大会、引入国际机器人论坛（ISR）等，国际交流不断深入。中德两国在机器人产业的互补性很强，是非常理想的合作伙伴。自2014年10月李克强总理访问德国并签订《中德合作行动纲要》以来，中德两国机器人产业在技术研发、人才培养、产业园区建设、标准化建设等领域的合作不断深入。2016年3月，哈工大机器人集团与库卡机器人（上海）有限公司签订战略合作协议，今后双方将在人才培养方面加强合作，互派科技人才进行交流；6月，第一届中德机器人产业论坛在慕尼黑召开，中、德两国工业机器人代表性企业的高管对机器人产业未来发展进行了充分交流；同月，德国萨克森－安哈特州政府代表团赴沈阳新松机器人自动化股份有限公司参观访问，其下一步将联合开展搭建中国机器人智库平台。中韩机器人产业合作进程也在不断推进。2016年3月，由工业和信息化部和韩国产业通商资源部共同举办的第二次中韩产业合作部级对话在北京举行，会议一致同意将在中韩产业合作部长级对话平台下设立以行业协会为主导、以企业为主体、由政府支持的中韩机器人产业合作工作小组，在机器人产品认证、国际标准制定、举办机器人产业合作研讨会和开展产学研合作等方面展开合作。国际交流平台的搭建促进了中外机器人产业技术交流的不断深入，也为中国与其他国家间的产业合作提供了良好机遇。

（五）标准及检测认证体系建设逐步推进

长期以来，由于我国在机器人及机器人部件产品方面标准和检测认证体系不健全，各厂家设计产品时参考依据不清，产品质量参差不齐，进而导致应用企业对国产机器人信任度差等问题出现，严重影响国产机器人的进一步应用推广。为促进国产机器人产品质量稳步提升、推动行业健康有序发展，我国政府及有关行业组织高度重视机器人标准体系建设。自2015年国家机器人检测与评定中心（简称“国评中心”）以及国家机器人标准化总体组成立以来，我国机器人产业标准体系建设不断推进。2016年，国评中心在机器人标准制定、机器人检测方面做了大量工作，重点推动制定了《国家机器人标准化白皮书》和《国家机器人标准体系框架》。2016年5月，在国家认监委的支持和指导下，国家机器人检测与评定中心总部单位——上海电器科学研究所（集团）有限公司倡议并牵头组建机器人检测认证联盟，成为我国在机器人领域认证制度建设与实施的重要平台。这种以联盟的形式统一开展检测认证活动，有利于增强联盟内检测机构和认证机构之间的合作与配合、优势互补，形成合力，提高机器人检测和认证活动的规范性、一致性和采信度，促进国家自主检测认证品牌的建设和发展，从而有效提升机器人产品质量、推动行业健康有序发展。

二、我国机器人市场主要影响因素分析

（一）产业升级助推工业机器人高速增长

1. 用工荒及用工成本上涨加快“机器代人”步伐

据美国波士顿咨询集团（BCG）2014 年发布的《全球制造业的经济大挪移》报告显示，以美国为基准 100，中国制造业指数已达到 96，我国制造业成本已接近美国。[1] 随着人口老龄化速度加快、人口红利衰退、劳动力成本上升，我国传统的以低成本劳动密集型制造的优势正在逐渐被削弱。中国人力资源市场信息监测中心发布的《2016 年第一季度部分城市公共就业服务机构市场供求状况分析》显示，市场对具有技术等级和专业技术职称劳动者的需求均大于供给。此外，一些劳动强度大、生产环境恶劣、劳动乏味枯燥的岗位也出现明显的招工难现象。机器人既能够代替人工从事搬运、打磨、喷涂等工作环境恶劣的岗位，同时也能替代部分技术工人（如焊接工人），可有效缓解劳动力短缺问题，并为企业节约一大笔用工成本。未来一段时间，制造业用工荒及用工成本上涨将进一步加快我国制造业应用机器人的步伐。

2. 制造业提质增效为机器人创造巨大市场空间

工业机器人在制造业生产过程中能代替人做某些单调、频繁和重复的长时间作业，可以 24 小时不间断地工作，从而缩短生产周期，提高生产效率，实现产品快速交付。同时工业机器人在生产过程中减少了人工因素的介入，能够提高装配精度与自动化水平，实现人工难以企及的精细化技艺和标准化操作，从而提高了交付产品的可靠性，满足对精密高端加工产业的需求。例如，在造船业，采用焊接机器人代替人工焊接，可大大提高加工精度和建造质量，标准化的焊接工序使得焊缝质量的均一性得到保证，降低焊缝返修率，提高生产效率；在乳制品生产企业，利用机械手灵活地模拟人手将乳品从流动的生产线上分拣装箱，相较于不同工人有不同

[1] BCG.Harold L. Sirkin, Michael Zinser, Justin Rose. The Shifting Economics of Global Manufacturing: How Cost Competitiveness Is Changing Worldwide[EB/OL].(2014-08)[2017-02-13] https://www.bcgperspectives.com/content/articles//lean_manufacturing_globalization_shifting_economics_global_manufacturing/.

的操作手法，机器人每次拾料的数量和码放的路径可以固定下来，可以确保生产计划的精准完成。我国制造业体系庞大，产品种类繁多，传统制造业提高产品质量和生产效率的需求，成为推动我国工业机器人产业快速增长的一个重要因素。

3. 在个性化及柔性化生产中机器人大有可为

当前，以数字化、网络化、智能化为核心特征的智能制造模式，正在成为制造业发展和变革的重要方向。随着人们对个性化、小批量、多品种的制造需求趋势越来越明显，新的制造业生产方式正在向柔性、高效、智能、灵活、安全、精细化、个性化生产转变，而适应这种变化就需要用智能化的机器人来配合传统的人工来实现。工业机器人能够与数控加工中心、自动导引运输车（AGV）以及自动检测系统等组成柔性制造系统和计算机集成制造系统，实现生产自动化，可替代传统的自动化加工装备，以满足对材料加工的柔性需求，同时可以适应多品种、小批量、现场加工、自由曲面、复杂型腔等现代和复杂加工的生产要求。随着个性化及柔性化生产需求的不断增多，将进一步推动工业机器人产业的发展。

（二）多样化需求带动服务机器人发展

1. 生活水平提高，服务机器人走进普通家庭

21 世纪以来，随着信息网络、传感器、智能控制、仿生材料、生物医学工程等高新技术的进步，服务机器人获得了快速发展，并随着居民消费水平的不断提高逐渐走入百姓生活，满足着人们对智能、便捷、舒适生活方式的需求。其一，现代年轻人群对家务劳动的时间投入不足，而家用服务机器人可以帮助人从繁复的家务劳动中解脱出来，如近两年产业化最为成熟的扫地机器人需求十分旺盛，市场规模迅速增加；其二，随着学龄前儿童对教育质量要求不断提高，同时工作节奏加快导致父母、子女对孩子、老人的陪伴时间减少，早教机器人、陪伴机器人等新产品开始出现；其三，人们不断升级的新消费需求也推动了消费级无人机、两轮自平衡车和智能可穿戴设备等消费类服务机器人的发展。总之，随着居民人均收入的逐年提高，新的消费观念和生活方式使得娱乐、教育、智能居家等服务机器人市场空间迅速扩展。

2. 老龄化加剧，服务机器人迎来高需求

当前，我国面临着人口结构快速老龄化、残疾人总数增加、慢性病患病率提高、医疗资源分配不均衡[1]的挑战。国家统计局数据显示，截至 2015 年年底，我

---

[1] 世界银行集团，世界卫生组织，财政部等. 深化中国医药卫生体制改革，建设基于价值的优质服务提供体系［R］. 2016.

国 60 岁以上老年人口已经占总人口的 16.1%，较十年前提高 5 个百分点，老年护理人员缺口逐年加大。同时，人口绝对数的增加和老龄化导致残疾人数、慢性病患病率大幅增加。目前我国中风病人约有 660 万，其中致残率约 1/3；老年人自报慢性病带病率超过 70%。与上述现状相矛盾的是，我国医护资源极度匮乏，地区分配严重不均衡，基层医护人员短缺。由于强烈的需求拉动，助老助残、医疗康复类服务机器人等相关产品一经面世就会引起广泛的社会关注，具有非常好的经济前景，未来市场空间巨大。

3. 救援救灾、科学考察领域对机器人提出了新的需求及挑战

近年来我国地震、洪涝、台风等自然灾害频发，加之近年来矿难、火灾、危险品爆炸等非自然灾难事件较多，对公共安全和社会稳定造成了严重威胁。此外，在太空、水下、危险开采区等特殊环境下作业也威胁到人的生命安全。机器人技术的发展为这些问题提供了解决方案。机器人能够在一些特殊的危险环境下从事高危和高难度工作，到达常人难以企及的区域，替代人在水下、危险开采区、太空等特种环境下作业，如搜索救援机器人可在自然灾害、火灾、核事故、危险品爆炸现场代替救灾人员完成任务，水下机器人、空间机器人可协助完成海底勘探、空间探测、科学考察等重大科学研究工作。未来，救援救灾、科学考察领域将对机器人提出更多新的需求和挑战。

（三）制造强国战略背景下政策 + 资本助力产业发展

1. 政策扶持促进机器人产业快速发展

在国家促进工业转型升级、建设制造强国的战略背景下，国务院及中央各部委陆续出台了一系列涉及机器人领域的政策措施，力推机器人产业的发展。2015 年《中国制造 2025》落地，明确将工业机器人列入大力推动突破发展十大重点领域之一，并提出将大力促进机器人标准化、模块化发展，扩大市场应用。2016 年《机器人产业发展规划（2016—2020 年）》出台，为我国机器人产业快速健康可持续发展提供目标指引。此外，各地方政府也纷纷出台相关产业扶持政策，安排专项财政扶持资金鼓励企业科技创新、对机器人示范应用进行补贴、对企业应用机器人给予财政奖励、大力推动机器人产业园区建设等。如广东顺德通过采取“事后扶持”、“事后补贴”和政策性金融产品的方式，支持企业使用机器人，机器人研发生产企业每年最高补助 100 万元；河南启动机器人示范应用“十百千”工程，在 10 个行业 100 余家重点企业示范应用 1000 余台机器人，通过示范应用促进机器人产业规模壮大、水平提升；江苏扬州技改专项补助将机器人补助单独开列，并将补助标准提高至15%；山东鼓励高危关键岗位使用机器人，对符合条件的企业最高给予一次性奖励500万元。从中央到地方，我国机器人产业的政策支持力度空前，对我国机器人产业的快速发展起到了极大的促进作用。

2. 机器人产业站上资本市场投资风口

在市场需求和产业政策的大力推动下，机器人产业成为资本市场关注的焦点，金融资本也陆续进入这一领域，上市公司携重金不断涌入，涉足机器人产业的公司数量和投资力度都在不断加大，上市公司加速对机器人产业链进行布局，机器人市场的投资与并购也在持续升温。2016年以来，机器人产业资本市场投资案例层出不穷。图灵机器人获得中一资本数千万元人民币投资，并将共同发起设立10亿元规模的服务机器人产业基金，完善产业链布局；中发科技拟定增募资7.7亿元投资,其中1.7亿元用于智能机器人研发及产业化项目;楚天科技拟定增不超6.78亿元，投向医药智能装备及机器人建设；优必选科技完成B轮1亿美元融资，由鼎晖资本领投，中信证券、金石创投等跟投。

在国家实施制造强国战略背景下，在各项政策和资本市场的大力支持下，我国机器人产业将逐渐成长壮大，自主创新能力将不断提高，产业链也将日趋完善。

三、我国机器人产业发展趋势

（一）市场规模将持续扩张

从工业领域来看。目前我国工业机器人使用密度（每万名工人使用工业机器人数量）同工业发达国家相比仍然偏低，随着我国制造业转型升级的持续推进，我国工业机器人市场仍有较大提升空间，市场规模将继续扩张，应用领域将更加广泛，世界第一大工业机器人市场的地位仍然稳固。预计到2017年末，中国工业机器人销量有望突破10万台。工业机器人一方面将继续加深在汽车、电子、金属制造、食品加工等行业的应用，另一方面将扩展在轻工、纺织、冶金、建材等行业的应用范围。

从服务领域来看。当前,个人/家用服务机器人在我国的产品普及率依然较低，随着技术的日渐成熟，产品价格、外观、性能不断改进和完善，居民购买力不断增强，越来越多种类的个人/家用服务机器人将被国内用户接受。预计未来两到三年，将有部分陪护机器人、教育娱乐机器人等产品实现批量化生产及销售，当前已批量化应用的消费级无人机、扫地机器人等市场渗透率将进一步提升。此外，用于医疗领域的骨科手术机器人、宫腹腔镜手术机器人等的常规临床应用范围也将逐渐扩大；服务于老年及残障人群的智能轮椅、辅助行走机器人等产品随着功能的不断完善将有望从样机阶段开始走向市场；用于反恐防暴、救灾救援、科学研究等领域的特种机器人将越来越多地参与到灾害防范、灾后救援、极地科考等工作中来；各类智能巡检机器人在电力、水利、燃气、铁路、通信、工矿等监测、改造、维修过程中也将发挥越来越重要的作用。

（二）国产机器人的质量及可靠性将有所提高

未来两到三年，随着我国机器人标准及检测认证体系建设工作的进一步推进，一批机器人国家标准、行业标准和团体标准将陆续发布，我国机器人产业标准体系将逐步形成；随着国家机器人检测与评定中心的建成及不断完善，面向关键功能部件、控制系统、机器人整机、集成应用等方面的检测与评定工作将全面推开。在逐步健全的行业标准规范下以及权威的第三方检测认证机制约束下，国产机器人的质量及可靠性将有所提高，同时将带动国产机器人品牌认可度的提升。

（三）国产品牌市场占有率进一步提升

中国是全球最大的市场，同时中国也是全球机器人竞争最激烈的战场。从国内市场竞争格局来看，外资品牌机器人占据了我国工业机器人市场近 80% 份额。2016 年 4 月发布的《机器人产业发展规划（2016—2020 年）》针对这一问题，将“积极培育龙头企业”作为主要任务之一，提出要在“十三五”时期“加快培育管理水平先进、创新能力强、效率高、效益好、市场竞争力强的龙头企业，打造知名度高、综合竞争力强、产品附加值高的机器人国际知名品牌。大力推进研究院所、大专院校与机器人产业紧密结合，充分发挥龙头企业带动作用，以龙头企业为引领形成良好的产业生态环境，带动中小企业向‘专、精、特、新’方向发展，形成全产业链协同发展的局面”。随着自主创新能力的不断增强及扶持政策的进一步聚焦，预计未来两到三年，我国机器人企业的市场集中度将有所提升，行业龙头企业的带动效应进一步显现，国产品牌的市场占有率将进一步提高。

中国机械工业联合会机器人产业联盟　宋晓刚　赵军平　陈丹　王昕

3D打印产业发展情况及展望

3D打印又称“增材制造”技术，属于快速成型技术的一种，其以数字模型文件为基础，运用粉末状金属或塑料等可粘合材料，通过打印的方式来构造物体的技术。相对于传统的切削加工技术，增材制造是一种“自下而上”的制造方法，其优势是可快速精密地制造出形状复杂的零件，从而大幅缩短加工周期，所制产品结构越复杂，其优势就越明显。随着技术的不断提升，3D打印以其全新的制造理念和技术优势，迅速成为制造技术领域重要的发展方向。3D打印作为前沿性、先导性的智能制造技术，将引领传统生产方式和生产工艺的变革，有望成为推动新一轮工业革命的原动力。

一、国内产业的主要发展动态

数据显示，全球3D打印产品和服务收入的年复合增长率为27.3%。其中，2014年，全球3D打印产品和服务产值达到41亿美元，同比增长35.2%；2015年市场规模达到了52亿美元左右。并且全球3D打印市场潜力正不断超预期，预计到2017年，3D打印市场规模将突破100亿美元，年均复合增长率有望达33%。目前，全球3D打印市场主要集中在北美、欧洲和亚太等地区，累计装机量占全球的95%左右。另外，目前知名桌面3D打印机制造商MakerBot，在全球已售出逾10万台3D打印机，其中超过4万台都具备Wi-Fi连接功能，成为3D打印产业具有里程碑意义的重大跨越。未来几年，我国3D打印市场规模年均复合增长率将达到40%左右，超过同期全球市场规模增速，2015年我国3D打印市场规模达到78亿元。2017年我国3D打印产业规模将达到173亿元，未来五年（2017—2021年）年均复合增长率约为41.36%，2021年产业规模将达到691亿元（见图1）。

2015年我国3D打印领域企业发展较快，各类企业如雨后春笋一般破土而出，推动了我国3D打印产业的应用推广。2015年，华曙高科推出FS271M型号的粉末床熔融设备，该设备配备500瓦纤维激光器，成型尺寸达到

275mm×275mm×320mm，2015 年销售工业级装备 35 台，同时提供尼龙粉末、碳纤维 / 玻璃纤维改性粉末等材料体系。同年，华曙高科与 Prodways、BASF 等企业建立合作伙伴关系，推动 3D 打印材料、装备与应用的产业化。2015 年成立 3D 打印国家工程实验室；太尔时代以材料挤出工艺为主，提供工业级和桌面级产品，以 ABS 和 PLA 为主要原材料，2015 年销售工业级装备 119 台；铂力特公司作为德国 EOS 在中国的授权代理，工厂设有 24 台设备（EOS11 台），提供零件加工服务，与国内外 70 多家企业开展金属零件制造的合作，2015 年销售工业级设备 9 台；易加三维从 2015 年开始销售设备，主要以高分子、金属粉末床熔融设备为主，2016 年度销售工业级设备 52 台；华科三维从 2014 年开始销售 3D 打印设备，主要研发团队来源于武汉滨湖机电公司，提供六种型号的高分子、覆膜砂粉末床熔融成型设备，包括 HK P500 和 HKM250，同时也销售光固化设备，2015 年度售出工业级设备 37 台；陕西恒通以立体光固化设备为主，同时开展低成本材料挤出设备、覆膜砂粉末床熔融成型设备，2015 年分别售出 136 台和 41 台相应设备；上海联泰开展了 DLP 光固化设备的产业化推广，与 DSM Somos、Materialise 等公司开展材料、软件等方面的合作，2015 年共销售相应设备 153 台。

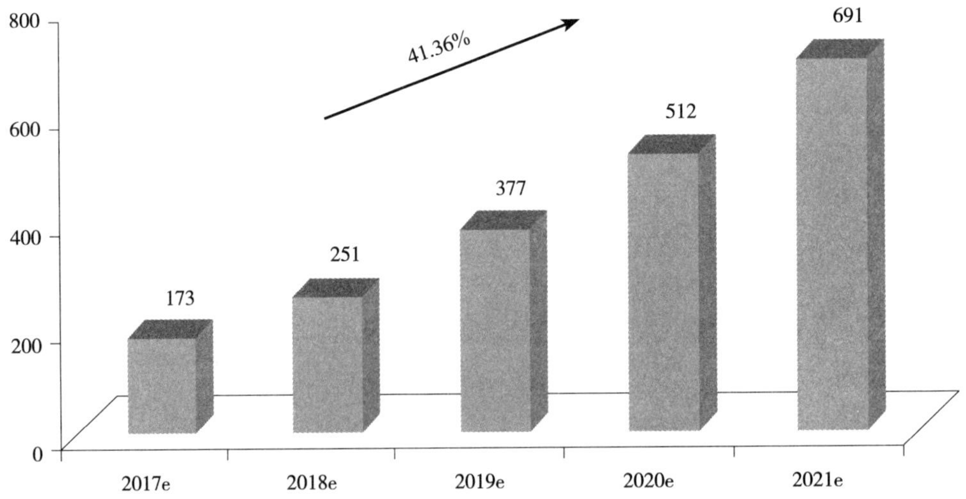

图 1　未来五年（2017—2021 年）我国 3D 打印市场规模（亿元）

数据来源：中投顾问产业研究中心。

除上述 3D 打印领域的传统企业外，我国还有一大批最新涉足 3D 打印产业领域的相关企业，也有大量资本投资工艺参与到新企业的建立与推广中来。

然而，相比3D打印工艺与装备全球领先国家如美国、德国，我国3D打印（增材制造）产业化仍处于起步阶段，与先进国家相比存在一定差距，尚未形成完整的产业体系，大规模产业化、工程化应用的空间较大。为进一步推动我国3D打印产业的发展，2015年2月，工信部、发展改革委联合发布了《国家增材制造产业发展推进计划（2015—2016年）》，对3D产业的发展做出了整体计划。2016年4月21日，全国增材制造（即3D打印）标准化技术委员会在北京成立，该委员会的成立将加强3D打印领域的标准研制、实施和服务，对推进增材制造标准化工作，促进增材制造技术和产业发展具有重要意义。扶持政策以及增材制造标准化的加快，将提升我国3D打印技术和产品的竞争力，国内相关设备企业也将迎来快速发展机遇。

二、市场变化的主要影响因素

目前中国3D打印技术发展面临诸多挑战，总体处于新兴技术的产业化初级阶段，未来3D打印技术最有可能在美国和中国率先大规模产业化。然而，在过去的几年内，我国3D打印技术在产业化推广过程中并未取得显著成效，市场发展的主要影响因素主要有如下几个方面：

（一）缺乏核心技术支撑，创新体系不健全

我国3D打印领域尽管专利数量多，但是质量较领先国家仍有很大差距。我国3D打印领域被引用频率高的专利明显较少，而且专利的权利要求书条目也相对少一些。条目数量在一定程度上反映了技术的先进性和复杂性，同时也体现了专利的质量。缺乏核心技术与人才是制约中国3D打印发展的关键因素。

（二）产业规模化程度不高，企业研发能力不强

目前我国3D打印技术大多停留在高校与科研机构的实验室内，相应研究成果与实际产业应用仍有很大距离，而我国大多数3D打印领域企业缺乏研发能力，使得研究成果的产业化转移不能够顺利进行，应用推广较为缓慢，产业化规模化程度不高。

（三）产业链不完善，缺乏上下游企业推动

从技术层面看，我国开展了大部分主流增材制造技术的研究与开发工作，在汽车和航空领域进行了卓有成效的局部应用，并自主研制了系列商品化的增材装备，获得了应用。但是，我国在增材制造领域并没有形成如美国和欧洲那样的产业规模。首先，没有形成像 Stratasys、Zcorp、EOS 同等规模的专业增材装备生产商。设备研制大多依托于高校和研究所，技术主要应用于国内，装备产能及市场规模极其有限。其次，我国缺乏增材材料、工艺软件及服务等产业链，极大地限制了装备的应用范围。另外，我国企业自主创新能力较欧美发达国家低，缺乏自主创新动力和积极性，对增材制造技术的需求没有那么迫切。

（四）专业技术人员稀少，缺乏人才培养体系

3D 打印技术的产业化离不开专业技术人员，包括具有工艺、装备开发能力的高级技术人员，具有 3D 打印装备操作能力的技工，更为核心的是需要一批了解 3D 打印技术的各领域产品设计人员，这三类人才对推动 3D 打印产业的发展至关重要。

（五）合理的研发经费投入与资金引导

在过去的十多年间，我国 3D 打印领域缺乏研发经费投入（包括国家政策性投入和企业自身研发投入），造成了大范围的技术与人才断层。近两年来我国相继推出了重点研发计划增材制造专项，用于引导 3D 打印技术的发展，与此同时，大量流动资金也通过资本运作的形式流入 3D 打印领域。资金注入一方面将会对 3D 打印产业或市场起到推动作用，但也可能会因盲目投资，反而不利于 3D 打印产业的健康发展。

三、产业近期发展趋势

作为工业 4.0 时代最具发展前景的制造技术之一，3D 打印技术已经进入医疗、建筑、航天、教育、机械工业等产业领域，而它对生产方式的变革，很有可能进一步颠覆今天的商业模式。

（一）桌面级市场已陷入“红海”，掘金工业级正当时

近几年，桌面 3D 打印机“叫好又叫座”，销量呈现大幅增长，而工业级 3D 打印机则略显惨淡。

根据大数据公司 CONTEXT 的数据，2015 年全球桌面 3D 打印机销量增长了 33%，工业级 3D 打印机则下降了 9%；2016 年上半年全球桌面 3D 打印机同比增加 15%，工业级 3D 打印机却减少 15%。桌面 3D 打印机门槛低、设计简单，是企业进军 3D 打印领域的较好入口。

但经过多年的发展，桌面级市场竞争已近“白热化”，加之利润小、精度低、实用性不佳，天花板效应明显。而工业级市场契合了智能制造的理念，可广泛运用于汽车、航空航天、机械工业、医疗等市场需求大、发展潜力大的领域，随着技术的逐渐成熟和成本的不断降低，将会爆发出难以想象的巨大能量。

2015 年年底，全球 3D 打印巨头 3D Systems 公司宣布停产消费级桌面 3D 打印机，转向更赚钱的专业级和工业级市场；2016 年年初，国内 3D 打印技术“大咖”西通电子在珠海宣布全面进军工业级 3D 打印领域。

（二）金属 3D 打印领域快速发展，应用端空间渐打开

金属 3D 打印被称为“3D 打印王冠上的明珠”，是门槛最高、前景最好、最前沿的技术之一。同样来自 CONTEXT 发布的数据，2015 年全球金属 3D 打印机销量增长了 35%，2016 年上半年同比增长 17%，可以说是工业级 3D 打印领域逆势上涨的一朵“奇葩”。

在汽车制造、航空航天等高精尖领域，有些零部件形状复杂、价格昂贵，传统铸造锻造工艺生产不出来或损耗较大,而金属 3D 打印则能快速制造出满足要求、重量较轻的产品。2015 年 11 月，奥迪公司使用金属 3D 打印技术按照 1 ∶ 2 的比例制造出了 Auto Union（奥迪前身）在 1936 年推出的 C 版赛车的所有金属部件；2016 年 9 月，GE 斥资 14 亿美元收购了瑞典 Arcam 公司和德国 SLM Solutions 集团两大金属 3D 打印巨头,加快布局 3D 打印航空发动机零部件业务。此外,医疗器械、核电、造船等领域对金属 3D 打印的需求也十分旺盛，应用端市场正逐渐打开。

（三）3D 打印产业化还需时日，“增”“减”制造长期共存

3D 打印采用增材制造技术，是对以“减材制造”“等材制造”为基础的传统制造业的创新与挑战，但并不是非此即彼的关系，而是并存互补的关系。

从历史看，传统制造业经过了几千年的积累和发展，技术、工艺、材料等已经非常成熟，而 3D 打印则是一个新生事物，只有 30 多年的发展历程，在速度、精度、强度等方面还有诸多限制。从现状看，当前 3D 打印市场份额十分有限，专业咨询机构 Wohlers Associates 发布的数据显示，2015 年全球 3D 打印市场规模为 51.65 亿美元，至 2020 年将达到 212 亿美元，而这与数十万亿美元的制造业市场相比，还微乎其微。

相比传统制造，3D 打印研发周期更短、用料更省，在小批量、个性化定制等方面优势明显，但在大规模生产方面存在着许多不足之处。增材制造虽然不能完全替代减材制造、等材制造，但作为传统制造技术的有益补充，3D 打印将极大地推动制造业的转型升级。

（四）产品生产方式加速变革，“整”“分”制造携手共进

3D打印是工业4.0时代最具发展前景的先进制造技术之一，它从两个方面改变了产品的生产方式。

一方面，传统制造业以“全球采购、分工协作”为主要特征，产品的不同部件往往在不同的地方进行生产，再运到同一地方进行组装。而3D打印则是“整体制造、一次成型”，省去了物流环节，节约了时间和成本。

另一方面，传统制造业以生产线为核心、以工厂为主要载体，生产设备高度集中。而3D打印则体现了以大数据、云计算、物联网、移动互联网为代表的新一代信息技术与制造业的融合，生产设备分散在各地，实现了分布式制造，从而省去了仓储环节。“整体制造”和“分布式制造”在字义上看似矛盾，在3D打印技术上则实现了统一，前者强调生产过程，后者强调生产行为，共同推动着产品生产方式的变革。

（五）成型尺寸向两边延伸，大小产品颠覆想象

随着3D打印应用领域的扩展，产品成型尺寸正走向两个极端。

一方面往“大”处跨，从小饰品、鞋子、家具到建筑，尺寸不断被刷新，特别是汽车制造、航空航天等领域对大尺寸精密构件的需求较大，如2016年珠海航展上西安铂力特公司展示的一款3D打印航空发动机中空叶片，总高度达933mm。

另一方面向“小”处走，可达到微米纳米水平，在强度硬度不变的情况下，大大减轻产品的体积和重量，如哈佛大学和伊利诺伊大学的研究员3D打印出比沙粒还小的纳米级锂电池，其能够提供的能量却不少于一块普通的手机电池。

未来，3D打印的成型尺寸将不断延伸，从大得不可思议到小得瞠目结舌，“只有想不到的，没有做不到的”。

（六）材料瓶颈待攻克，“质”“量”趋升“价”趋降

“巧妇难为无米之炊”。3D打印材料是3D打印技术发展不可或缺的物质基础，也是当前制约3D打印产业化的关键因素。近年来，随着3D打印需求的增加，3D打印材料种类得到了迅速拓展，主要包括高分子材料、金属材料、无机非金属材料等三大类。但与传统材料相比,3D打印材料种类依然偏少。以金属3D打印为例，可用材料仅有不锈钢、钛合金、铝合金等为数不多的几种。

另外，3D打印对材料的形态也有着严格的要求，一般为粉末状、丝状、液体状等，相比普通材料价格比较昂贵，根本无法满足个人与工业化生产的需要。足够多“买得起”的材料才能为技术的发展提供足够多的选择空间、为应用的扩展提供足够多的想象空间。

未来，3D 打印材料将成为研究开发的焦点、资本涌入的风口，材料种类、形态将得到进一步拓展，价格下降可期，精度、强度、稳定性、安全性也更加有保障。

（七）手术可排练、治疗更精准

3D 打印的“个性化定制”与医疗行业的“对症下药”有着天然的契合性，二者的结合主要体现在四个方面。

一是术前演练，利用 3D 打印技术还原出病患部位模型，让医生更直观地了解病理结构，增加了手术的成功率。

二是医疗器械，包括助听器、护具、假肢等外部设备以及关节、软骨、支架等内植物。

三是“量身”制药，根据患者的生理特点、具体需要调配药物，提高了药物的有效性。

四是生物打印，用人造血管、心脏、神经、皮肤等来修复、替代和重建病损组织和器官。

尽管 3D 打印在医疗领域的应用还面临着材料、成本、精度、标准等制约，市场规模也较小，但考虑到医疗领域巨大的需求潜力与极小的需求弹性，3D 打印在医疗领域的应用将不断扩展，在实施更为精准的诊疗方案、提供更为充足的移植器官等方面大显身手。

（八）牵手云制造，有商业影响力的平台不断涌现

全球已经进入了高度的信息化时代，互联网作为信息化的重要工具正在重新定义各行各业。3D 打印设备尚未普及，技术使用也不“傻瓜”，没有设备、没有技术的普通人该怎样实现自己的设计想法呢。

成立于 2008 年的 Shapeways 公司搭建了一个基于互联网的 3D 打印平台，担当起服务供应商和需求用户之间的“红娘”，解决了用户的这个“痛点”。如今，MakeXYZ、3DLt、3DHubs、先临三维、光韵达、魔猴网等也做着类似的事情，南京壹千零壹号自动化科技公司的“1001 号云制造平台”还被选为 2016 年中国“互联网 +”在工业应用领域十大新锐案例之首。“互联网 +3D 打印”开拓了一种全新的商业模式——“云打印”，并将共享经济的思维引进来，闲置的 3D 打印机得到了有效使用，客户也能选择称心如意的设备和供应商。

（九）混合打印创造更多可能，功能材质色彩也混搭

随着 3D 打印技术的发展，人们对 3D 打印机的期望越来越高，早已不满足于单一功能、单一材质、单一色彩等。

未来,3D 打印机可实现 3D 打印技术与传统数控机床技术(或不同 3D 打印技术)的自由切换，实用性将变得更强；3D 打印机的“口粮”更加丰富，金属、塑料、橡胶等多种材料(或不同属性的材料)的混合使用,将加工出结构更为复杂的产品；打印出的产品也会五彩缤纷。

如日本研发出的一款五轴混合 3D 打印机(由 3D 打印机与数控铣床混合而成)，能够在现有工业级 5 轴控制技术的基础上连续进行挤出式 3D 打印和铣削作业；MIT 研发的 MultiFab 3D 打印机能同时处理包括晶状体、纺织物、光纤等十种材料；加拿大的 ORD Solutions 公司推出的一款 3D 打印机，可以使用五种不同颜色的线材打印出多彩作品。

（十）我国 3D 打印起步早发展慢，产学研协同是突破口

在 3D Systems、Stratasys、先临三维等行业巨头纷纷跑马圈地之时，哈佛大学 Wyss 研究所、加利福尼亚大学劳伦斯·利弗莫尔实验室（LLNL)、卡内基梅隆大学 Adam W. Feinberg 研究团队等科研机构凭借其雄厚的研发实力也不断实现技术突破。

我国 3D 打印的研究起步于 20 世纪 90 年代，发端于高校，如今已形成清华大学颜永年团队、北京航空航天大学王华明团队、西安交通大学卢秉恒团队、华中科技大学史玉升研究团队和西北工业大学黄卫东团队等骨干科研力量，论文和申请专利的数量处于世界第二位。2016 年 10 月又成立了中国增材制造产业联盟，国家增材制造创新中心建设方案也通过了专家论证。

随着我国科技体制机制改革的不断推进，走产学研协同之路，形成长效合作机制，成为我国推进 3D 打印产业化的现实选择。

西安交通大学机械工程学院　卢秉恒　田小永

航空产业发展情况及展望

一、航空产业发展现状

航空运输和通航运营保持快速增长。2016 年，我国航空运输总周转量为 960.9 亿吨公里，同比增长 12.8%。航空运输量为 4.88 亿人次，同比增长 11.8%。货邮运输量为 666.9 万吨，同比增长 6%。旅客周转量为 8359.5 亿人公里，同比增长 14.8%。货邮周转量为 221.1 亿吨公里，同比增长 6.3%。旅客周转量的增速和货邮周转量的增速均快于旅客运输量和货邮运输量的增速，说明航空运输的平均距离有所增加，与出国游的发展以及电子商务的发展密切相关。2016 年，国际航线旅客运输量达到 0.52 亿人次，增速为 22.7%，远高于国内航线 10.7% 的增长速度（其中港澳台航线旅客运量同比下降 3.6%）。

2016 年，我国新增通用航空运输企业 27 家，新增通用航空器 182 架，发展势头非常喜人。

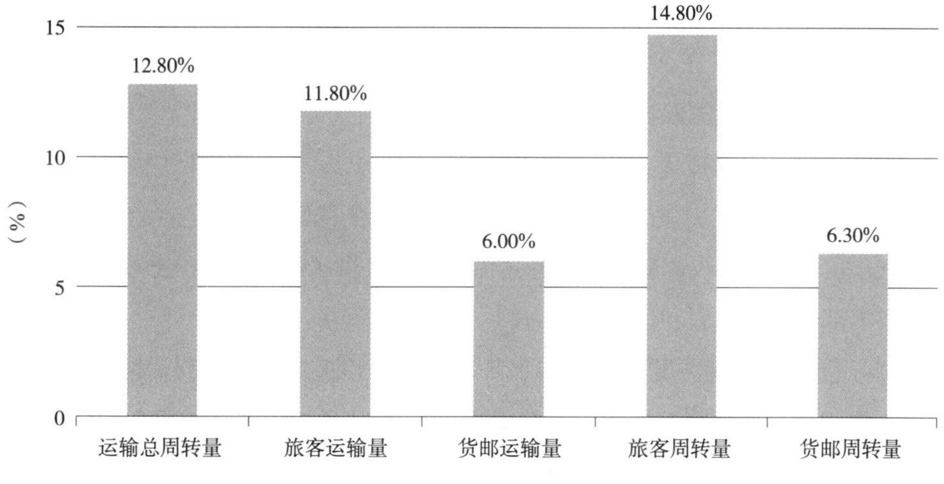

图 1　2016 年航空运输业增速

国家重点型号航空器研制进展顺利。2016 年，国产大型灭火 / 水上救援水陆两栖飞机 AG600 在珠海总装下线，标志着该型首架机机体结构和机载系统安装工作正式完成，全面进入地面联调联试阶段。该机填补了我国在大型水陆两栖飞机的研制空白，是当今世界在研的最大一款水陆两栖飞机。同年，大型客机发动机验证机项目初步设计阶段研制工作已基本完成，完成验证机各部件、系统设计，完成首轮部件 / 系统试验验证，并根据试验结果完成部件、系统及整机优化设计以及首台核心机零部件试制工作。250 ~ 300 座级双通道大型干线飞机列入《战略性新兴产业重点产品和服务指导目录（2016 版）》。

通用飞机和直升机研制实现新突破。2016 年 2 月，我国自主研制的新一代先进多用途涡桨飞机运 –12F 获得美国联邦航空管理局（FAA）颁发的型号合格证，这是继运 –12 Ⅳ和运 –12E 型飞机取得 FAA 型号合格证后，运 –12 系列中第三个获得 FAA 型号合格证的机型。运 –12F 获得 FAA 型号合格证，标志着该型号飞机设计能力达到了最新的国际适航标准，是国产民机制造业又一具有里程碑意义的重大突破，标志着该型飞机获得了全球市场通行证，对国产民机参与国际市场竞争、提升国际影响力具有重大意义。2016 年 8 月，国产 AC311A 型直升机获得中国民用航空局型号合格证（TC）。该型直升机是中航工业昌飞和直升机设计所在 AC311 的基础上共同研制成功的一款轻型多用途民用直升机，可广泛应用于公务飞行、航拍摄影、护林防火、应急救援、公安执法等多个领域。AC311A 型机的研制成功，提升了国产直升机自主研发能力，丰富了国产民用直升机产品。2016 年 12 月，中法合作研制的 7 吨级先进中型多用途直升机 AC352 首飞成功，该机型的问世填补了中国民用直升机 7 吨级产品谱系的空白，是国产直升机家族中的一颗新星。2016 年 7 月，在 AC312 基础上改进研制的 4 吨级民用直升机 AC312E 成功首飞，使国产直升机家族再添新成员。

海外并购获得新成果。2016 年，中国航空工业集团公司逐步扩大航空零部件制造能力海外并购的力度，旗下中航国际先后收购了西班牙航空自动化装配线供应商 Aritex 公司和飞机客舱内饰全球主流供应商英国 AIM Altitude 公司，提升了我国航空零部件制造能力和国际竞争力。

国际合作取得新进展。2016 年 3 月，空客公司天津 A330 宽体飞机完成和交付中心在天津滨海新区开工建设，标志着我国和空客公司航空工业合作从单通道飞机领域扩展至宽体飞机领域。该交付中心负责 A330 飞机的接收、客舱安装、飞机喷漆和飞机测试，以及飞机交付等工作，合作期限十年，计划 2017 年向客户交付第一架“天津产”A330 飞机，2018 年达到月产 2 架的稳定生产速率，届时天津将成为继法国图卢兹、德国汉堡和美国西雅图之后，全球第四个同时生产单通道和双通道飞机的城市。

二、航空产业影响因素

航空产业的影响因素包括市场需求、产业政策、工业基础、关键技术、产业体系等。

（一）市场需求

我国航空运输业持续发展带动干支线飞机市场需求快速增长。近年来，中国的经济发展、居民收入的增加、旅游业的发展，为我国航空运输业发展提供了基础条件，航空运输业保持了快速增长，“十二五”期间航空旅客运输量的年均增速为 10.2%。航空运输的发展带动了飞机需求量的增加，近年来我国年交付干支线飞机的数量都在 300 架以上。预计未来三年，我国的民航运输业仍将保持稳定增长，飞机的交付量将继续增长。

我国通用航空产业快速增长，“十二五”期间的增速超过了同期 M2 和名义 GDP 的增速。我国通用航空飞行时间从 2010 年的 36.76 万小时增加到 2015 年的 73.5 万小时，年均增速为 15%。机队规模从 2010 年的 1010 架增加到 2015 年的 2235 架，年均增速为 17%，年均增加 245 架。通用飞机（含海外并购企业交付量）和国产民用直升机年交付量占全球总量的比例从不足 2% 提高到目前的 10%。通航运营企业数量从 2010 年的 111 家增加到 2015 年的 281 家，年均增速为 20%。预计未来三年，我国通用航空产业仍将保持快速发展，飞机需求量仍将呈现高增长态势。

（二）产业政策

近年来，为了促进通用航空产业的发展，国家密集出台了一系列政策。2016 年 5 月 17 日，国务院发布《国务院办公厅关于促进通用航空业发展的指导意见》，对进一步促进通用航空业发展作出部署，提出“三个五”的目标，即到 2020 年，建设 50 个综合或专业示范区，建成 500 个以上通用机场，通用航空器达到 5000 架以上，实现通用航空产业经济规模突破 1 万亿元。在国家政策的引领下，地方政府和企业积极采取举措，大力发展通航产业。

支持通航发展仍是中国民航局 2017 年的“重头戏”之一。民航局将通过降低经营性通航企业许可审定门槛、降低通用航空器引进门槛、拓展通用航空服务领域等方式创新通用航空发展政策；通过编制通用机场管理规定、完善通用机场标准建设、加快通航基础设施建设、鼓励支线机场增设通用航空设施和开展通航业务等方式创造通用航空发展环境；通过坚持“放管结合”的通用航空监管模式、构建支持性的通用航空市场管理体系等方式改进通用航空管理模式。2017年，还将积极推动空管调整改革进程，把中南地区空域精细化管理改革试点经验推广到京津冀、长三角地区，使通航能够在广大的空间里释放能量，发挥作用。

（三）工业基础

工业基础能力主要体现在基础零部件、基础制造工艺、基础材料及技术基础等四个方面，是整个工业赖以生存和发展的基础，其发展水平也直接决定着航空产品的性能、质量和可靠性。工业基础差，就会导致民机研制在材料、工艺、技术等方面无法得到支撑，研制进度缓慢，或者产品的性能、可靠性和出勤率等无法保障。现阶段，我国航空试验条件和能力与世界先进水平存在差距，一些重大试验设施还不能确保型号研制、关键技术验证以及创新探索工作的需要。国产民机发展所需的材料、标准件、元器件，特种装备、工装甚至刀具、试验设施乃至通用软件、关键研发制造核测试/实验/验证手段等也很大程度上存在配套能力弱的问题，造成大部分配套成品依赖进口。即使部分国产专用设备、元器件或连接件已经实现了给国产民机配套，但在稳定性、寿命、可靠性等方面还存在问题，影响整机运营的市场声誉。

（四）关键技术

民机产业需要在总体气动领域重点突破总体多目标优化设计技术和系统集成技术等；在结构强度领域突破满足适航需求的民机结构设计、分析、验证技术等；在材料制造领域重点突破民用飞机复合材料结构设计、制造与验证技术等；在机载系统领域研究高可靠性、长寿命、环境适应性强、标准化、经济环保的航空设备与系统技术等。提升在基础性、前瞻性技术领域的原始创新能力与水平，形成原始性创新成果，建立优势技术领域，形成核心技术自主创新能力，才能真正为民机型号的研制提供支撑。

（五）产业体系

健全的产业体系，是民用航空产品发展的基础和保障。我国民用航空产业脱胎于军用航空，所以发展的重点过去一直放在研发制造端，导致适航、市场营销、售后服务等能力一直是薄弱环节，制约了国产民机的发展。提升我国民机适航取证和适航审定能力是当务之急，目前国产民机主要机型如新舟60飞机和ARJ21飞机均未取得美国FAA和欧洲EASA的适航证，显著增加了国产民机开拓国际市场的难度。而且，大部分国产机载设备也因为没有独立获得适航认证，在与国外产品竞争时不堪一击。加快市场营销与客户服务体系建设也是发展国产民机的当务之急。随着“一带一路”战略和中非区域航空合作计划的实施，国产民机将有更多的机会销售到海外地区，建立海内外协同的市场营销体系和售后服务保障网络将对国产民机的销售和运营形成必要的、有效的支撑，为国产民机运营保驾护航。

三、2017 年航空产业发展形势

（一）产业规模持续提升

随着民机型号交付的增加、无人机等新兴市场的迅猛发展、航空转包市场规模的扩大、航空维修市场的增长、通航产业的快速发展，我国民用航空产业规模将保持两位数的增速，预计 2017 年产值将超过 750 亿元。

（二）国产民机研制异彩纷呈

重点型号研制将取得重要进展。C919 大型客机项目将实现首飞，C919 已基本完成机载系统安装和主要的静力、系统集成试验，进入首飞前最后的冲刺阶段，预计在 2017 年上半年实现飞上蓝天的梦想。AG600 大型灭火 / 水上救援水陆两栖飞机项目整体按系统集成调整测试、静力试验、铁鸟试验、首飞前研发试验、适航准备、试飞准备等几条主线稳步推进，预计 2017 年上半年实现首飞。“新舟”700 新型涡桨支线飞机已于 2017 年 1 月通过了初步设计评审，标志着已完成预发展研制，将正式转入详细设计阶段。

通用飞机研发和改进改型全面推进。“海鸥”300 水陆两栖飞机适航取证工作将完成主体工作，AG100 低成本教练机研制将正式启动。以市场为导向开展现有机型改进改型，运 5B 将换装综合航电系统和涡桨发动机、内饰改造等升级改造，焕发新的生命力；“小鹰”500 飞机将实施质量提升计划，持续增强系列产品的市场竞争力，并通过换装综合航电系统、换装航空煤油发动机、改固定起落架，形成两座轻型教练机机型。

民用直升机家族将再添新成员。国产 AC 系列直升机持续改进项目加快推进，产品寿命、可靠性等关键指标将得到提升，产品竞争力得到改善。在研项目取得新成果，AC312E 将完成适航取证进入市场；AC352 研制进入适航取证攻坚阶段；包括三吨级直升机 AC322、轻小型直升机在内的一批具有世界先进水平的新一代民用直升机研制工作将全面启动。

（三）无人机产业迅猛发展

预计 2017 年，我国无人机产业的规模将突破 100 亿元。目前，我国在消费类无人机领域占据了全球 70% 的市场份额，中国越来越多的企业进入无人机领域，预计 2017 年消费类无人机的产值仍将保持快速增长，消费级无人机市场规模将在 80亿元以上。2015年7月至2016年6月，我国工业级无人机的市场规模为13.3亿元，其中最大的用途为测绘，市场份额占 56%，预计 2017 年我国工业无人机的市场规模将增加到 20 亿元以上。

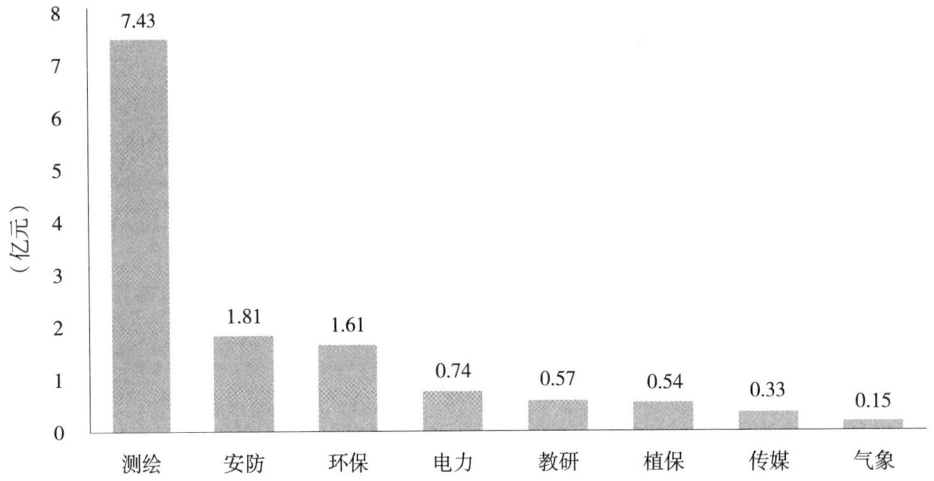

图 2　各应用领域工业无人机的市场规模

（四）国际合作进一步加强

中欧、中美在干线飞机领域的合作将开启新篇章。中欧航空合作将从窄体干线飞机领域扩展到宽体飞机领域，预计 2017 年，天津 A330 交付中心将开始交付，并逐步将交付速率提高到 2 架 / 月。中美整机项目合作开启新征程，波音 B737 在华完成中心项目将进一步推进。

航空转包规模进一步扩大。随着配套机型产量的提升，国内航空制造企业能力的不断增强，我国转包生产在提升速率、扩大工作份额、获取新的工作包等方面将取得新的成果，并在 737MAX、777X、A320Neo 等畅销机型转包合作中取得新进展。

民机合作研制继续深化。民用飞机整机和航空产品风险合作研制、联合研制进一步加强，2017 年 AC352 等中外合作研制项目将继续推进，在涡桨多用途飞机、轻型飞机、喷气公务机等领域的合作研制也将会有突破，将会有一到两个条件成熟的项目开始启动，助推国产民机快速发展。积极参与国外航空产品研制，学习技术、提升能力，中法联合研制 60 吨重载飞艇项目将在合资公司组建、中方技术团队组建和派遣方面进一步推进。通用飞机合资合作深化。中航工业通飞公司将持续推进与美国德事隆航空公司的合资合作，以中美合资石家庄中航赛斯纳飞机有限公司为平台，在现有合资生产赛斯纳 208B 飞机的基础上，探索更深层次、更大范围的合作，不断提升合资公司的生产交付能力和维修能力，为中国及亚太等新兴市场提供服务。

（五）民航业保持良好发展态势

民航运输业保持快速发展。在居民消费升级和旅游业发展的带动下，我国航空运输业仍将保持快速增加。2017 年民航发展主要预期指标是：运输总周转量 1072 亿吨公里、旅客运输量 5.36 亿人次、货邮运输量 697 万吨，分别比上年增长 11.8%、10.8% 和 5.0%。运量的快速增长推动了我国民航机队规模的扩大，预计 2017 年运输类飞机的数量将突破 3200 架。

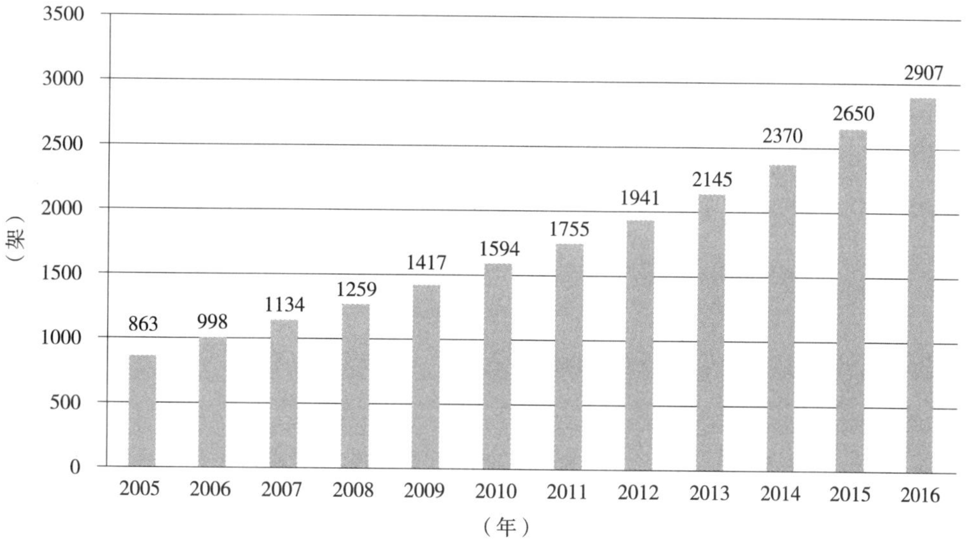

图 3　干支线飞机的机队规模

通航运营保持两位数增长。在国家政策的持续支持下，预计 2017 年通用航空飞行小时数仍将保持两位数的增长，通用航空器的规模将突破 2500 架。通用航空飞行时间结构进一步优化，消费型通航服务等新兴业务占比进一步提高，新兴业务飞行时间的占比将达到 20%。

（六）产业化发展面临局部挑战

国产支线飞机面临市场考验。ARJ21 新支线飞机正式投入商业运营仅仅半年，正处于新产品投入市场运营的初期，必然经历一段持续改进期，面临来自技术、性能等多方面的挑战。此外，民机的维修、运营、售后服务体系建设也难以一蹴而就，这些因素不仅对 ARJ21 这款全新的机型是极大的挑战，对新舟 60 系列涡桨支线飞机的市场拓展，也已经形成了瓶颈。

轻型通用飞机引进项目迎来市场洗礼。随着 6 吨 /9 座以下通用飞机和 3 吨以下直升机制造项目审批权放开（从国家下放到省级政府），地方政府和民营企业投资航空产业热情不断升温，各地发展民机的成果也不断涌现，如福建通航航空产业有限公司与澳大利亚野马飞机有限公司成立合资公司，设立野马 600、610 轻型运动飞机生产线各一条；江苏大汉飞龙集团在诸城出资成立山东飞龙航空科技股份有限公司，组装生产 XL-5 小型私人飞机；中电科设立芜湖钻石飞机制造有限公司，将生产 DA42 双发四座轻型飞机和 DV20E 单发两座轻型飞机；雷奥特（江苏）飞机工业有限公司生产 AERO AT-3 飞机；此外，沈阳等一些地方政府也引进了一些国外轻型通用飞机总装线。2017 年，这些通用飞机制造项目将开始形成产能或产品要走向市场，产品是否能得到市场认可，项目能否取得商业成功，有待市场的检验。

中国航空工业发展研究中心　黄毓敏　王战超　杨薇

航天产业发展情况及展望

未来一到两年，航天战略性新兴产业仍将保持快速发展，产业规模和影响力将有较大提升。北斗卫星导航系统、高分辨率对地观测以及载人航天与月球探测等国家科技重大专项加速推进。航天发射继续保持高密度，长征五号运载火箭首飞成功使得我国运载能力跻身世界一流水平。空间基础设施体系建设正在推进，2017 年我国在轨运行的民商用应用卫星将增加至 70 余颗，空间信息产品类型基本实现全覆盖。卫星应用将越来越多地以卫星导航、遥感、通信以及与物联网、地理信息、移动互联网等应用融合的形式出现，“互联网 + 空间信息”的综合解决方案日渐丰富，卫星应用在“京津冀协同发展”、“长江经济带”、“一带一路”等国家发展战略中的作用日益明显。在政策和市场的双重推动下，商业航天发展更加蓬勃，社会资本更广泛地参与卫星系统、地面站、应用服务平台等设施建设及运载火箭发射，并将深度参与和引领空间信息产业发展。航天战略性新兴产业将成为推动大众创业、万众创新的“沃土”，迎来市场化、国际化发展的春天。

一、载人航天第二步进入收官，探月工程启动“回”任务

我国载人航天工程分“三步走”，目前已进入第二步即空间实验室阶段的收官期（主要工程任务见图 1）。

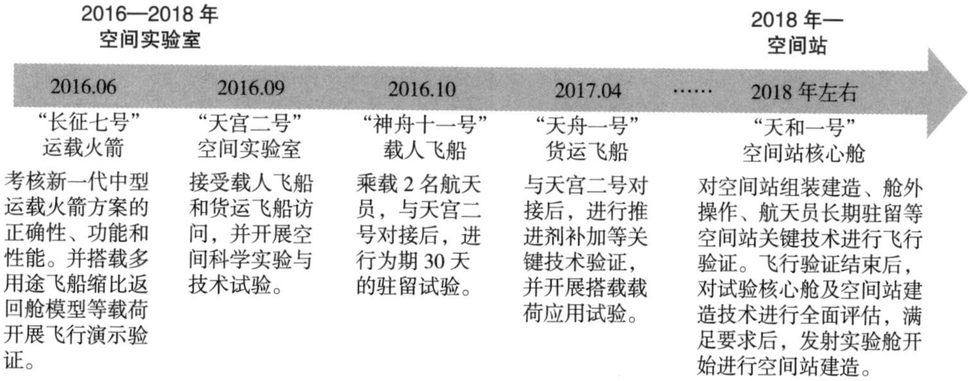

图 1　近期载人航天工程各型号的主要工程任务

2016 年 9 月和 10 月，“天宫二号”空间实验室和“神舟十一号”载人飞船先后成功发射，形成组合体并稳定运行，开展了较大规模的空间科学实验与技术试验。中国空间站工程应用研究主要方向有：航天医学、空间生命科学与生物技术、微重力流体物理与燃烧科学、空间材料科学、微重力基础物理、空间地球科学及应用等。[1]突破掌握了航天员中期驻留、地面长时间任务支持和保障等技术。目前，中国已掌握载人天地往返、空间出舱、空间交会对接、组合体运行、航天员中期驻留等载人航天领域重大技术。[2]

2017 年上半年，“天舟一号”货运飞船计划在海南文昌发射中心由新一代运载火箭长征七号发射升空。[3]“天舟一号”采用两舱构型，能够将 5 吨货物送到太空，[4]“天舟一号”任务的成功将使中国具备向在轨运行航天器补给物资、补加推进剂的能力，是确保未来中国空间站在轨长期载人飞行的基本前提，届时，载人航天工程第二步也将圆满收官。[5]

2017—2018 年，我国探月工程进入第三阶段（见图 2），“嫦娥五号”计划于 2017 年年底实施“奔月—落月—采样—返回”的任务，实现区域软着陆及采样返回，全面实现月球探测工程“三步走”战略目标。“嫦娥五号”有望实现我国航天活动的四个“首次”：首次在月球表面自动采样；首次从月面起飞；首次在 38 万公里外的月球轨道上进行无人交会对接；首次带着月壤以接近第二宇宙速度返回地球。届时，我国将成为全球第三个自主掌握月球探测返回技术的国家。2018 年前后，我国还将发射“嫦娥四号”月球探测器，实现人类探测器在月球背面首次软着陆，开展原位和巡视探测，以及地月 L2 点中继通信。

---

［1］ 中国载人航天工程办公室 . 空间站工程研制进展［EB/OL］.［2017-02-28］.http://www.doc88.com/P-5939751187056.html.

［2］ 国务院新闻办公室 . 2016 中国的航天［EB/OL］.［2017-02-28］.https://wapbaike.baidu.com/item/2016 中国的航天 /20346270?adapt=1&fr=aladdin.

［3］ 李国利，杨欣 . 天宫二号空间实验室安全运抵发射场　天宫二号与神舟十一号载人飞行任务进入实施阶段［EB/OL］.［2017-02-28］.http://news.xinhuanet.com/tech/2016-07/10/c_1119193098.htm.

［4］ 央广网 .2017 航天日历：航天领域今年将实现哪些“小目标”［EB/OL］.［2017-02-28］.http://china.cnr.cn/xwwgf/20170201/t20170201_523546466.shtml.

［5］ 张素 . 中国将于 2017 年完成载人航天工程第二步［EB/OL］.［2017-02-28］.http://politics.people.com.cn/n/2014/1113/c70731-26017481.html.

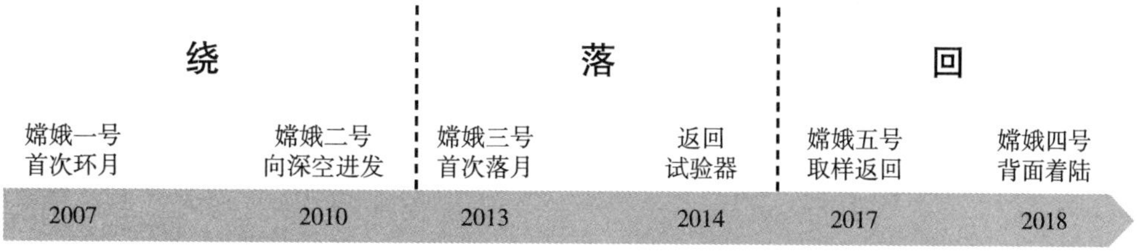

图 2　中国探月工程“绕”、“落”、“回”三个阶段

二、“长征五号”首飞成功，大幅提升我国中近地轨道运载能力

2016 年 11 月 3 日，中国最大运载能力新一代运载火箭“长征五号”成功首飞，实现中国液体运载火箭直径从 3.35 米到 5 米的跨越，大幅提升“长征”系列运载火箭运载能力，成为中国运载火箭升级换代的重要标志。“长征五号”将服务于我国探月三期工程、载人空间站工程和火星探测工程等，并用于不同轨道大型载荷及深空探测任务载荷的发射。[1]2017 年中期，“长征五号”将执行第二次验证飞行试验，年底执行“嫦娥五号”发射任务。

“长征五号”运载火箭总加注量达到 780 吨，起飞时 10 台发动机产生 1078 吨的推力，具备近地轨道（LEO）25 吨、地球同步转移轨道（GTO）14 吨的运载能力，比现役火箭运载能力提高了 2.5 倍以上，运载能力超过俄罗斯质子 -K、欧空局阿里安 -5、日本 H-2A 等（见表 1），跻身世界一流。

表 1　世界各主要航天大国运载能力比较

运载能力	美国	俄罗斯	欧洲	日本	印度
LEO（千克）	21892	20000	21000	10000	5000
GTO（千克）	12757	6200	10500	5700	2000
典型型号	宇宙神 -5	质子 -K	阿里安 -5	H-2A	GSLV

［1］ 百度百科 . 长征五号系列运载火箭［EB/OL］.［2017-02-28］.http://baike.baidu.com/link?url=V3CllHPvAm2vv7pUF8F1uTeXcu9tALuxI3iNJiUW2Af2LJhiT0uGhiwpUw9VI6vReVGc7r7BCCDfkRsdW2iFi4prD8TPhAf0oHehKOCH8K3JwVn9koKEmpAlYsUbkDJuFV_YEEdpReFYXJGmIHIx5Zs4z07coLhxJkS_Me-swBIWp5qziVoXvLuzzjnlwLwz8WsSRKAUWFT4j8de_tGNOq.

三、移动与高通量通信卫星陆续应用，卫星通信市场迸发新活力

近年来，全球卫星移动通信、卫星宽带通信服务等业务快速发展，特别是卫星移动宽带用户比例迅速攀升，基于卫星的机载、船载、车载宽带通信（如航空 Wi-Fi、高铁 Wi-Fi）等新兴应用市场正在孕育，将成为卫星通信的新蓝海。我国正在加速发展卫星移动通信系统、高通量宽带通信系统，2017 年计划发射 6 颗通信卫星，其中包括中国首颗高通量通信卫星“实践十三号”，以及基于东方红五号卫星平台的技术试验星“实践十八号”，[1]将为卫星通信市场产业化提升注入新动力，并助推“一带一路”建设、我国企业“走出去”以及卫星应用国际化。

（一）天通一号 01 星升空，开启我国卫星移动通信新纪元

2016 年 8 月，我国卫星移动通信系统首发星天通一号 01 星顺利升空，标志着我国迈入了卫星移动通信的“手机时代”。[2]天通一号 01 星可为中国及周边、中东、非洲等相关地区，以及太平洋、印度洋大部分海域的用户提供全天候、全天时、稳定可靠的移动通信服务，支持语音、短消息和数据业务。天通一号 01 星填补了我国民商用自主卫星移动通信服务的空白，除满足我国应急通信需求外，服务范围涵盖个人通信、海洋运输、远洋渔业、航空客运、两极科考、陆地和海上资源开发、国际维和等方面。[3]

天通一号 01 星以及后续天通系列卫星的在轨稳定运行，将加速推进我国卫星移动通信产业链形成。区别于我国现有的固定卫星通信终端，天通一号应用终端小型化、手机化，更便于向消费通信服务领域推广，据预计，我国卫星移动通信系统终端用户十年内将超过 300 万，国产卫星移动通信终端规模应在百亿元以上，而运营规模未来有望达到数十亿元 / 年。[4]

---

［1］ 央广网 .2017 年我国计划发射实践十三号等 6 颗通信卫星［EB/OL］.［2017-02-28］. http://www.mod.gov.cn/photos/2017-02/16/content_4772760.htm.

［2］ 中国证券报 . 天通一号开启卫星移动通信时代［EB/OL］.［2017-02-28］.http://finance.ifeng.com/a/20160813/14738336_0.shtml.

［3］ 新华社 . 天通一号升空中国版海事卫星来了［EB/OL］.［2017-02-28］.http://news.xinhuanet.com/tech/2016-08/06/c_1119347505.htm.

［4］ 长城证券 . 计算机行业动态点评：“天通一号”发射升空，卫星通信发力在即［EB/OL］.［2017-02-28］.http://finance.qq.com/a/20160810/021550.htm.

（二）高通量宽带卫星通信系统发射在即，未来蕴藏巨大商机

高通量宽带卫星，采用多波束复用技术，区别于传统宽波束卫星，系统容量比常规通信卫星高出数十倍，传输速率价格下降50%，可让用户通过卫星传输随时随地享受高速、低廉的互联网服务，主要应用于海事宽带通信、航空机载宽带通信、陆地动中通和应急通信、互联网宽带接入等四个领域。根据《2016年卫星产业状况报告》，2010—2015年，全球卫星宽带接入收入增长了50%，用户数量已增长至180万，宽带接入是卫星通信市场的重要发展方向。

2017年4月，我国计划发射首颗Ka频段多波束宽带通信卫星“实践十三号”，通信总容量达到20G以上，超过我国此前所有通信卫星容量的总和。“实践十三号”卫星在国内首次采用电推进技术完成全寿命的轨道维持，电推进系统的比冲是常规化学推进的十倍以上，理论上可将卫星携带的推进剂减少至十分之一，可使卫星减轻自重、承载更多有效载荷，为我国高轨卫星带来革命性的技术突破。

同时，为抓住卫星宽带通信的高速增长机遇期，2016年7月，深圳市政府和中国航天科技集团公司共同设立亚太卫星宽带通信（深圳）有限公司，计划投资100亿元建设国际一流的高通量宽带卫星通信系统，首颗卫星计划于2018年年底发射，2019年开展卫星通信运营服务。该系统将带动卫星制造、基础芯片研制、地面设备制造和商业卫星运营模式创新，建立健全卫星通信产业服务体系。

四、卫星导航与位置服务产业仍将高速增长，应用服务呈现平台化、泛在化趋势

2017年前后，北斗全球卫星导航系统计划新增4 ~ 6颗中圆地球轨道卫星，星座规模快速增加，将进一步提升我国及周边地区的定位授时精度，并助力北斗全球卫星导航系统的国际化发展，服务“一带一路”建设。与此同时，随着导航定位技术与新一代信息技术、智能信息产业的深度融合，我国卫星导航与位置服务市场将持续走高，面向大众消费领域的位置服务平台、室内定位无疑是近期发展热点和重点，高精度应用是当前行业市场最值得关注的领域。

（一）受政策和市场双向驱动，公共位置服务平台发展潜力大

基于位置的信息推送、智能出行、物流、运动健康、送餐等热门O2O服务的成熟，大大推进了公共位置服务平台的建设，特别是2016年7月我国出台的《网络预约出租汽车经营服务管理暂行办法》更是对专业的位置服务平台发展注入强

心剂。位置服务平台融合大数据技术、人工智能技术，提供更智能、更高效、更具想象力的移动产品和服务，将是下一阶段的重点。[1]

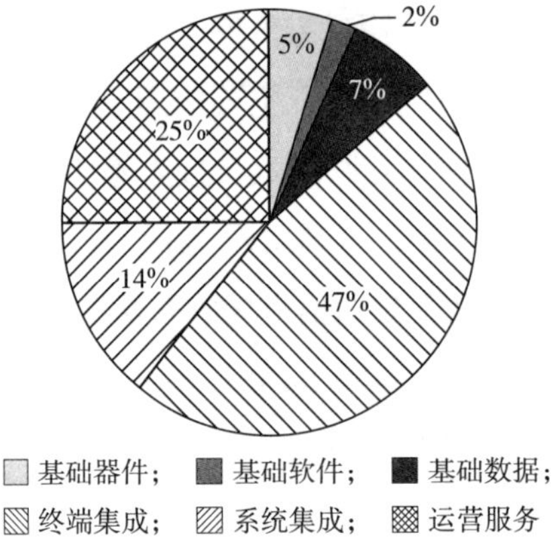

图 3　2015 年我国卫星导航与位置服务产业链产值比例

数据来源：中国卫星导航与位置服务产业发展白皮书（2015 年度）。

与全球卫星导航产业中运营服务占 60% 相比，我国卫星导航与位置服务产业链产值主要集中在中游，下游运营服务产值占比 25%，后续将有较大的涨幅空间。

（二）导航业界已着手布局室内定位，未来发展模式仍待探索

室内外无缝定位导航授时是全球时空服务的发展大趋势，我国在广域室内定位技术方面的研究较为领先，当前“羲和”高精度室内外定位导航系统已经具备室外亚米级、城市室内优于 3 米的无缝定位导航能力。[2]

近两年，我国室内定位技术开始走向应用，并逐步推广，一些大型城市在地下停车场有快速找到停车位、在医院帮助患者找到空余床位、在展览馆找到感兴趣展品等室内定位服务示范。高德、四维图新、百度以及一些创业公司也先后推出了基于不同信号的定位技术和应用方案，苹果也有意利用增强现实（AR）技术发展室内导航。[3]而室内定位要想取得良好的应用和经济效益，需要重点解决应用服务推广模式和室内定位数据的商业价值挖掘两大障碍。

（三）高精度应用领域不断细分，市场发展活力不断增强

高精度应用是当前行业应用最值得关注的领域，随着 GNSS 高精度技术越发

---

［1］ 卫星与网络 .2015 年度《中国卫星导航与位置服务产业发展白皮书》发布［EB/OL］.［2017-02-28］.http://www.aiweibang.com/yuedu/134317993.html.

［2］ 卫星与网络 .“光华工程科技奖”邓中亮：要将“羲和”做成世界上最好的导航［EB/OL］.［2017-02-28］.http://www.aiweibang.com/yuedu/130990966.html.

［3］ 天极网 . 专利暗示苹果或推出 AR 室内导航无需 GPS 模块［EB/OL］.［2017-02-28］. http://toutiao.com/i6322233020891791874/.

成熟，北斗兼容产品价格逐渐下降，除传统测绘领域外，我国在精细农业、驾考驾培、无人机、智能交通、形变监测、铁路航运等领域的高精度应用市场逐渐显现出巨大潜力。

高精度应用产值从 2010 年的 11 亿元人民币增长到 2015 年的 51 亿元人民币，复合增长率高达 35%。各类高精度终端推陈出新，高精度行业解决方案日渐成熟，各地高精度应用示范如火如荼，市场对高精度应用的热情远超过其目前的产值，未来高精度的泛在化应用值得期待。[1]

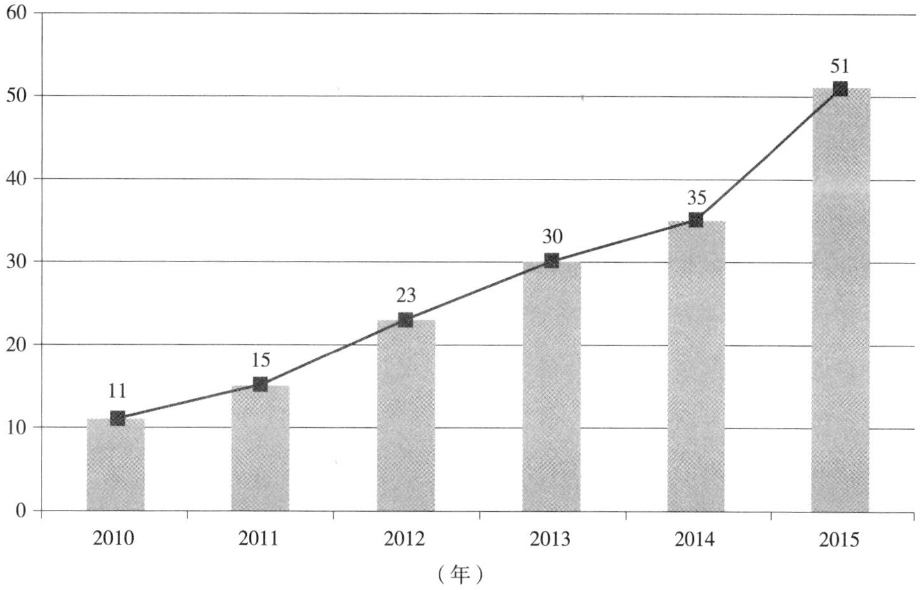

图 4　2010—2015 年国内高精度市场规模（亿元）

五、高分卫星数据进一步丰富，数据集市成为促进遥感商业化和规模化发展的主要载体

我国高分辨率对地观测卫星数据已进入重点行业主要业务，数据自给率达 80%，已实现进口替代，基本摆脱了对国外的依赖。2017 年前后，我国还将陆续发射高分五号、高分六号等科研卫星，上述工程任务的成功不仅会大大提升我国遥感卫星的研制水平，为我国陆地观测卫星的更新换代打好坚实基础，同时也将显著提高我国高分辨率对地观测的能力。

［1］ 北斗星空 .2015 年我国高精度卫星导航产业市场分析［EB/OL］.［2017-02-28］. http://sanwen.net/a/ncbluoo.html.

卫星资源的丰富对数据高效共享和应用开发提出了更急迫的要求，为引导卫星遥感应用产业集约化、规模化发展，国家近期已计划支持多个遥感卫星应用综合服务网络平台的建设。遥感卫星应用综合服务网络平台，涵盖空间信息服务中心、技术服务中心和应用服务中心，可为行业、区域、企业及个人在线提供遥感信息、产品和应用服务，商业化运作的数据集市已成为其主要载体，也是近期我国遥感市场投资的热点。

（一）首颗1米C-SAR卫星服役，全天候全天时服务陆海观测

2016年8月，我国首颗1米C-SAR（合成孔径雷达）卫星高分三号发射升空，创下了我国乃至世界微波遥感卫星发展史上的多个第一：世界上分辨率最高的C频段多极化合成孔径雷达卫星；世界上工作模式最多的合成孔径雷达卫星（12种）；我国低地球轨道上开机时间最长的大功率雷达成像卫星；我国低地球轨道上设计寿命最长的卫星（8年）；我国第一颗大尺度、大翼展卫星。

高分三号最大的特点就是具备全天时、全天候的成像能力，无论白天或黑夜、晴空或雷雨多云，都可以随时对地成像。将极大改善我国民用天基高分辨率SAR数据严重依赖进口的现状，为海洋、减灾、水利、气象等多个领域提供技术支撑，主要应用领域见图5所示。[1]

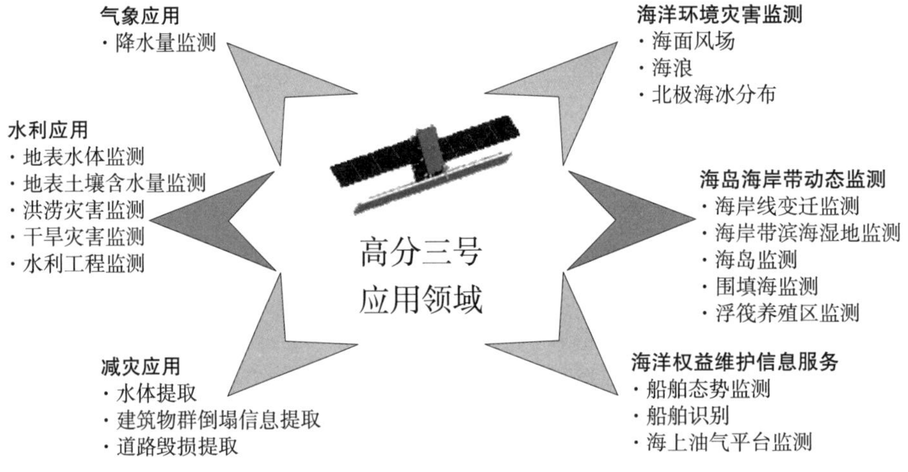

图5　高分三号的主要应用领域

（二）自主商用遥感图像进入0.5米级，高起点助推产业跨越

2017年初，“高景一号”01组下传高质量卫星图像（见图6），标志着中国首

[1] 七夜军事.中国第五颗高分卫星4天拍遍全球让航母无处藏身[EB/OL].[2017-02-28].http://mini.eastday.com/a/160801123544424-2.html.

个完全自主研制的 0.5 米高分辨率商业遥感卫星星座正式具备运营能力，我国成为全球第三个公开销售 0.5 米分辨率卫星图片的国家。2017 年，“高景一号”02 组两颗卫星也将入轨，首批 4 颗卫星完成组网，重访周期可达 1 天。[1]

图 6　高景一号首批公开影像——西藏会展中心

“高景一号”卫星重量轻、机动能力强、图像质量达到国际一流水平。高景卫星星座建成后，将可以为全球用户提供以高空间、高时间、高光谱分辨率和全天候对地观测能力为核心的遥感数据及其增值应用服务，以及应用系统解决方案。“高景一号”0.5 米分辨率的图像，将有利于我国卫星遥感走向全球开展商业化运营。

高景卫星星座由中国航天科技集团公司下属中国四维测绘技术有限公司运营，标志着中国航天科技集团公司这支卫星研制生产的“国家队”，正式进军商业卫星遥感市场，迈出了商业化发展的一大步。

（三）产业发展布局逐渐清晰，空间信息集成服务将成为核心

随着遥感数据资源的丰富，2016—2017 年，卫星遥感产业发展重点已显现出向产业链中、后端倾斜的势头，更加注重打造数据、软件、解决方案、平台支持一体化协同的遥感空间信息服务产业链。

二十一世纪空间技术应用股份有限公司（拥有并运营“北京二号”星座）收购北京天目创新科技有限公司，这次并购不仅使得该公司能够获取 16 个国外遥感卫星影像源，提升了数据服务能力，在遥感影像处理、自主软件研发以及国际市

[1] 新华网 . 从太空可分辨车型：高景一号卫星发布高清影像［EB/OL］.［2017-02-28］. http://military.china.com/jctp/11172988/20170112/30167515_all.html.

场开拓方面的能力也将大大加强。[1]

中科遥感（深圳）卫星应用创新研究院成立，旨在瞄准卫星、遥感以及空间大数据领域的全面协调发展，构筑遥感技术创新链和产业链。该研究院不仅要建设覆盖全国、面向全球的遥感卫星应用综合服务网络平台，还将推动深圳遥感小卫星群、卫星应用产业创客空间等建设，营造遥感信息应用和创新创业生态环境，推动深圳卫星产业集聚发展。[2]

中国四维测绘技术有限公司已着手整合旗下卫星管控与运营、数据加工处理、数据增值、导航电子地图等资源，打造遥感信息全产业链龙头企业，基于“互联网 + 空间信息”商业模式，通过与移动互联网、导航定位、智能终端和虚拟现实等新兴技术的融合，为全球用户提供遥感数据服务和应用系统解决方案，以及针对国土资源调查、测绘、国防安全、环境监测、金融保险以及互联网行业的增值服务。

综上，遥感行业已经意识到，卫星遥感产业要实现规模化、产业化发展，发射卫星仅是第一步，提供从数据到信息产品、从平台到终端、从系统到服务的一站式综合服务，特别是创新遥感应用的下游服务，才是产业发展的制高点。据此，多源多尺度的数据融合处理、遥感大数据智能分析是未来技术发展的重点。

六、“一带一路”助力中国航天“走出去”，国际市场空间将进一步拓展

北斗全球卫星导航系统国际化合作全面开花，近期在东盟、阿拉伯国家的推广应用具有较大市场潜力。在国家“一带一路”战略的牵引下，北斗系统走进东盟的工作已经打开局面，泰国、马来西亚、印度尼西亚等国都已逐步引入北斗系统；北斗系统在阿拉伯国家矿产石油、船舶航运、精准农业、交通监管、智慧城市的推广合作已经开启，将是后续发展重点之一。[3]

政府着力搭建空间信息服务体系框架，企业参与面向沿线国家的空间信息增值服务发展空间大。我国正在实施中国—东盟卫星信息海上应用中心、澜沧江—湄

[1] 51GPS 世界新闻 . 程晓阳：中国商业遥感崛起，还有几座大山要翻！［EB/OL］.［2017-02-28］.http://www.51gps.com/news/HTML/32557.html.

[2] 中科院遥感与数字地球研究所 . 第 20 届中国遥感大会在深圳成功召开［EB/OL］.［2017-02-28］.http://www.radi.ac.cn/dtxw/rdxw/201608/t20160811_4649618.html.

[3] 中国产经新闻报 . 卫星打开中阿合作新领域［EB/OL］.［2017-02-28］.http://money.163.com/15/0918/22/B3R0H45T00253B0H.html.

公河空间信息交流中心建设等项目，在空间信息服务体系框架下，鼓励企业参与建设和运营基于空间信息的行业和区域云数据中心，提供空间信息“一站式”服务；支持企业开展公共服务领域合作经营，提供应急通信、位置服务、资源调查、环境生态监测、灾情监测与评估及空间信息综合服务平台等产品；鼓励企业创新“空间信息+”，与大数据、物联网、移动通信、数字电视和云计算等高新技术的融合发展，拓展空间信息在智慧城市、智慧水利、智慧港口、智慧物流、智能电网等领域的服务。

为推动与“一带一路”国家的空间信息合作，带动提升我国空间信息产业市场化、国际化水平，2016年11月底，国防科工局、发展改革委联合发布了《关于加快推进“一带一路”空间信息走廊建设与应用的指导意见》。由此预见，围绕建设设施齐全、服务高效的“一带一路”空间信息走廊，商业卫星系统、空间信息共享服务网络、空间信息装备与服务出口、重点领域的空间信息服务推广应用都将成为航天“走出去”的重点投资领域。[1]

七、商业航天热度不减，相关政策将日渐明朗

2016至2017年初，中国商业航天发展迅猛，除自主0.5米商业遥感卫星投入运营外，在商业发射方面，由于国际上多个百颗近地轨道小卫星星座项目面世，也为我国长征-11、快舟一号等小型运载火箭带来了不少机会，据报道我国某民营航天企业已承接到第一笔国际市场商业发射服务的订单。[2]

随着政策逐步开放、社会资本的快速涌入，商业航天仍是近几年军工行业关注的热点，多个军民融合类的产业基金已将商业航天作为重点投资领域。“互联网+航天”的跨界融合也将频频被提起，并认为是未来一段时间商业航天的主流趋势。同时，在空间基础设施建设领域，我国积极推行政府和社会资本合作（PPP）模式，后续将针对我国军民二元管理体制、准入政策、数据政策、保密政策、政府采购与价格机制等，进行科学、合理的顶层设计和部署。

中国航天系统科学与工程研究院　谢平　周晓纪　王亚琼　孙胜凯　宋超

[1] 国家发改委.关于加快推进“一带一路”空间信息走廊建设与应用的指导意见[EB/OL].[2017-02-28].http://www.sdpc.gov.cn/zcfb/zcfbqt/201611/t20161123_827548.html.

[2] 澎湃新闻.中国民营航天企业承接第一笔国际商业火箭发射订单[EB/OL].[2017-02-28].http://www.thepaper.cn/newsDetail_forward_1600383.

铁路产业发展情况及展望

2016年上半年，我国铁路工程建设和客货运输继续保持良好势头，科技攻关和创新能力建设工作稳步推进，国际交流和海外市场拓展取得新进展，实现了“十三五”良好开局。京沈客专、拉林铁路等重点工程项目加快实施，郑徐客专顺利开通运营。全国铁路完成旅客发送量13.67亿人次，同比增长12.4%；截至2016年7月，动车组投入运行以来累计旅客发送量已突破50亿人次，安全运行里程超过37.4亿公里。关键领域技术创新取得新进展，时速350公里中国标准动车组综合试验取得成功，在世界上首次实现实际运营环境下高铁动车组列车时速420公里交会及重联运行；列控系统、高铁地震预警系统等自主化工作持续深化；基础理论及前瞻技术研究进一步加强。国际交流与合作不断深入，海外铁路工程项目取得新突破，铁路装备制造出口稳步增长。

铁路行业发展，既是推动战略性新兴产业发展和实施创新驱动发展战略的重要阵地，也是实施“走出去”和“一带一路”战略的重要领域。当前，我国铁路正处于创新发展的关键时期，全球铁路行业科技竞争也在不断加剧，依靠技术创新提高发展质量、推动铁路“走出去”实现重大突破的需求日益迫切。

总体来看，我国铁路行业发展所处的政策环境良好，产业发展基础牢固，科技创新能力较强，国际影响力持续提升，海外市场前景广阔，整体发展向好。预计2016年下半年至2017年，铁路工程建设和运输工作将继续稳步推进，在系列中国标准动车组、列控系统、无砟轨道、安全保障、养护维修技术及装备等关键领域将形成一批自主化产品，知识产权和技术标准工作不断加强，对外技术交流将不断深化，重大海外工程稳步推进，装备出口、海外投资将实现持续增长。展望未来，中国铁路行业发展将取得更大进步，为国家经济社会转型发展提供更强有力支撑。

一、当前铁路发展基本态势

（一）工程建设和客货运输总体情况

1. 工程建设

按照党中央、国务院关于加快铁路建设的部署，2016 年将完成铁路固定资产投资 8000 亿元以上，投产新线 3200 公里、复线 3800 公里、电气化铁路 5300 公里；计划新开工项目 45 个。2016 年上半年，积极推进北京至沈阳、郑州至徐州、长沙至昆明等客运专线，哈尔滨至佳木斯、重庆至贵阳、川藏铁路拉萨至林芝段等客货共线铁路，以及长株潭、北京至唐山等城际铁路[1]建设，加快推进新开工项目前期工作，保持了铁路建设加快推进的势头。2016 年上半年，国家铁路固定资产投资完成 2926.7 亿元，同比增长 10.4%，是历史同期完成铁路投资任务最多的。

2. 客货运输

2016 年 1—6 月，全国铁路完成旅客发送量 13.67 亿人次，同比增长 12.4%，完成货物发送量 15.74 亿吨。5 月 15 日起，铁路实施新的列车运行图，加大了京沪、京广、沪昆等高铁线路开行密度，增开了“朝夕”高铁列车、地级市间始发终到普速列车和中西部地区旅客列车，旅客列车开行数量较原图增幅达 7%，进一步满足了人民群众日益增长的出行需求。[2]2016 年上半年，全国动车组旅客发送量 7.4 亿人次，超过 2013 年动车组旅客发送量总和，接近 2015 年动车组旅客发送量的 64%。截至 2016 年 7 月，全国每天开行动车组 4200 多列，运送旅客 400 多万人次；动车组开通运行以来累计旅客发送量已突破 50 亿人，安全运行里程超过 37.4 亿公里。

（二）科技攻关和创新能力建设

1. 关键技术装备自主化

深入落实国家创新驱动发展战略，紧密围绕铁路工程建设、安全生产、运输经营和“走出去”需求，充分发挥铁路总公司在铁路技术创新中的主体作用，协调组织铁路工程施工、装备制造等企业和有关高等院校、科研机构，大力开展重

---

［1］ 中国铁路总公司．铁路重点工程项目建设情况［EB/OL］．［2017-02-15］.http://www.china -railway.com.cn/cpyfw/tljs/201604/t20160413_56911.html.

［2］ 中国网．2016 年铁路暑运明日启动［EB/OL］［2017-02-15］.http://www.china-railway.c-om.cn/xwdt/jrtt/201606/t20160630.html.

点领域科技攻关和协同创新，在中国标准动车组研制、自主化列控系统研发和高铁地震预警系统研发等方面取得显著成效。

一是中国标准动车组综合试验取得成功。组织对拥有全面自主知识产权的中国标准动车组开展了型式试验和运用考核，在郑州至徐州高速铁路综合试验中成功实现时速 420 公里单组交会及双组重联运行，创造了动车组在实际运营环境下的世界最高运行速度。试验的成功，标志着我国已全面掌握高速铁路核心技术，高铁动车组技术全面实现自主化，中国高铁总体技术水平跻身世界先进行列，部分技术达到世界领先水平。这对于打造中国标准动车组品牌，助力中国高铁“走出去”，具有重要意义。

二是列控系统自主化工作深入推进。为全面掌握安全计算机平台等国外未转让核心技术，开展适用于车载和地面设备的安全计算机平台自主研发和技术攻关，完成车载 ATP 和无线闭塞中心 RBC 等核心装备研制，实现了关键系统源代码自主编制。自主化 CTCS-3 级列控系统在进一步试验验证后将全面推广，列控系统技术水平将跻身世界先进行列。

三是高铁安全风险防控技术创新持续深化。针对我国地震活动频度高、强度大、分布广的特点，自主研发具有时效性高、误报率低的新一代高铁地震预警系统，并在大西线开展了验证试验，各项功能和性能均满足要求，成功突破了高速铁路地震快速预警及紧急处置技术。研制了高速铁路自然灾害及异物侵限监测系统，研究制定了高速铁路周界入侵报警系统技术条件，为高速铁路外部安全风险防控提供了技术支撑。

2. 基础理论研究

着眼我国铁路建设发展战略需要，深入推进基础理论研究。组织推进高速轮轨关系研究，开展轮轨关系现场试验测试工作；深入推进铁路振动噪声研究，开展典型服役动车组噪声演变规律、高速铁路地下区段振动噪声特性研究，在大西、郑徐高铁开展振动噪声专项测试；组织推进空气动力学基础性研究专项工作，开展隧道气动载荷谱研究，我国铁路原始创新和持续创新能力进一步增强。

3. 前瞻技术研究

瞄准世界铁路科技发展趋势，以引领世界铁路发展和深入探索高铁前沿科学技术新方向为目标，开展更高水平的高速铁路和高速列车技术研究、基于大容量电力电子技术的不断电过分相研究、基于云计算和物联网等信息新技术的智能铁路相关理论和应用研究，持续推进新能源、新材料等研发和应用技术研究，适应我国铁路未来发展需要的前瞻技术储备进一步加强。

4. 科技创新基础能力建设

一是研究实验平台建设稳步推进。2016 年上半年，轨道交通系统测试国家工程实验室、城市轨道交通数字化建设与测评技术国家工程实验室、城市轨道交通系统安全保障技术国家工程实验室等三个国家工程实验室获得国家发改委批复。

二是行业检验检测认证能力有效提升。2016 年 6 月，中国铁路总公司、国家质检总局共同支持成立中国轨道交通检验检测认证联盟，将为我国铁路产业合力打造国际知名的检验检测认证品牌，共同开拓国际市场提供技术支撑。[1]

三是知识产权数量持续增长。2016 年上半年，中国铁路总公司以及装备制造、通信信号、设计施工、科研院所、高校等企业单位在中国大陆公开的专利申请近 7000 件，其中发明专利 4400 余件、实用新型专利 2400 余件、外观设计专利约 90 件，分别占总量的 64%、35% 和 1%。

四是技术标准体系建设不断深入。2016 年上半年，中国铁路总公司围绕铁路建设运营需要，持续推进重要技术标准和标准性技术文件制修订工作，一批重要的国家、行业铁路标准发布实施，适应企业发展要求的铁路技术标准体系进一步完善。

（三）国际交流和海外市场拓展

围绕"一带一路"战略实施，稳步推进重点工程项目。中老铁路先行开工段万象站及相关工程现场施工组织有序推进，全线初步设计完成初审；印尼雅万高铁项目先导段施工正在有序推进，全线建设许可已获批；巴基斯坦橙线轻轨铁路建设进展顺利；匈塞铁路塞尔维亚段已正式启动，匈牙利段前期工作正在加快推进；中泰铁路项目已就政府间协议修订、先行段开工等达成共识，力争年内实现先行段开工建设。此外，中国铁路总公司还牵头组织国内相关企业，积极推进俄罗斯莫喀高铁、马新高铁、中蒙铁路、英国高铁、美国高铁、两洋铁路、坦赞铁路、摩洛哥铁路等境外铁路项目，均取得了不同程度的进展。

铁路国际交流工作持续深入推进。举办"铁路合作·发展论坛暨第十三届中国国际现代化铁路技术装备展览会"，全面展示了中国铁路技术和装备创新发展成就；组织接待马来西亚陆路交通委员会代表团、菲律宾媒体代表团，举办或承办了国际铁路联盟亚太分部全体大会、古巴深化学习中国工业发展经验研修班、中

---

［1］ 中国铁道科学研究院 . 铁科院牵头组建"中国轨道交通检验检测认证联盟" .［EB/OL］.［2017-02-15］.http://home.rails.com.cn/news.php?id=47239.

拉高速铁路规划建设合作研修班。

二、铁路发展影响因素分析

（一）政策影响因素分析

铁路是国民经济大动脉、关键基础设施和重大民生工程，是综合交通运输体系的骨干。党中央、国务院高度重视铁路发展，《中长期铁路网规划》明确指出，加快铁路建设特别是中西部地区铁路建设，是稳增长、调结构、增加有效投资，扩大消费，既利当前、更惠长远的重大举措，要求着力构建布局合理、覆盖广泛、高效便捷、安全经济的现代铁路网络，更好发挥铁路骨干优势作用，推进综合交通运输体系建设，支撑引领我国经济社会发展。

党的十八届五中全会提出“创新、协调、绿色、开放、共享”的发展新理念，指出创新是引领发展的第一动力，必须摆在国家发展全局的核心位置。习近平总书记在全国科技创新大会上指出，要力争在主要科技范畴完成跨越发展，跟上乃至引领科技发展新方向，把握新一轮全球科技竞赛的战略主动权。铁路是实施创新驱动发展战略的重要阵地。国家出台的一系列引导和支持政策，为铁路创新发展提供了良好环境。铁路系统要贯彻落实国家创新驱动发展战略的部署和要求，充分发挥企业在国家创新体系中的主体和主导作用，凝聚行业内外相关科技力量共同开展协同创新、开放创新，持续提升行业自主创新能力，为我国铁路行业持续健康发展提供核心动力，为国家经济社会转型发展提供科技支撑。

（二）行业发展影响因素分析

从世界范围看，随着可持续发展成为全球广泛共识，铁路对国民经济发展的重要支撑作用以及显著的节能环保比较优势，日益得到国际社会的广泛认可和高度重视，铁路基础设施建设已成为许多国家拉动经济增长、提升长远竞争力的重要途径。与此同时，随着全球铁路行业科技竞争不断加剧，发达国家积极谋划铁路及交通运输发展战略，并试图通过超前研究引领未来铁路科技发展方向。比如，欧盟为落实 2020 年发展战略，发布实施了至今规模最大的研究和创新框架规划《地平线 2020》，确立了铁路科技创新项目 Shift2Rail，将其作为三大战略优先领域的重要组成部分，持续推动铁路科技的发展。美国 2015 年发布的《展望 2045：美国综合交通发展趋势与战略选择》，把加大铁路科研领域的政府投资力度、推动铁路安全技术发展作为未来 30 年铁路发展的战略措施之一。铁路行业国际竞争格局新的变化对我国铁路行业发展有着重要影响，既带来了新的挑战，也提出了更高的要求。

从国内来看，未来较长一个时期，我国铁路将持续快速发展，客货运输呈现新的变化。工程建设方面，2016 年 7 月，国家批准了《中长期铁路网规划》，将以交通大动脉建设支撑经济社会升级发展，打造以“八纵八横”主通道为骨架、区域连接线衔接、城际铁路为补充的高速铁路网，实现相邻大中城市间 1 至 4 小时交通圈、城市群内 0.5 至 2 小时交通圈。到 2020 年，一批重大标志性项目建成投产，铁路网规模达到 15 万公里，其中高速铁路 3 万公里，覆盖 80% 以上的大城市；到 2025 年，铁路网总规模达到 17.5 万公里左右，其中高速铁路 3.8 万公里左右；展望到 2030 年，基本实现内外互联互通、区际多路畅通、省会高铁连通、地市快速通达、县域基本覆盖。此外，还将统筹推进铁路与公路、民航、水运等其他交通方式协同发展、有效衔接，强化铁路在构建现代综合交通运输体系中的重要作用。客货运输方面，随着国家经济结构调整，特别是供给侧结构性改革深入推进，运输市场将呈现新的变化，铁路运输面临新要求、新挑战。一是人民群众出行需求日益增长，对客运产品和服务质量的要求不断提高；二是围绕建设现代物流企业，铁路货运要尽快补齐“短板”，调整运输供给结构，提高市场竞争能力。当前，我国铁路行业已进入创新发展的关键时期，依靠科技创新大力提升工程建设、设备运管修和运输服务技术水平，推动铁路与其他运输方式互联互通，提高铁路企业运营效益和社会综合交通运输效率的需求十分迫切。

（三）铁路“走出去”影响因素分析

近年来，国家持续加大对“一带一路”建设推进力度。铁路行业作为“走出去”的重要领域，国家给予了大力支持并寄予厚望，在服务国家“一带一路”建设中肩负着重大责任。当前，中国高铁凭借技术先进成熟、安全可靠、性价比高的显著特点，在国际市场上具备较强的竞争力，成为中国装备制造一张亮丽的名片。进一步增强我国铁路在境外设计施工、装备输出、运营维护等方面的综合竞争优势，推动铁路“走出去”实现重大突破，是铁路服务国家战略的重要职责。

三、铁路发展趋势分析

（一）铁路建设和运输工作加快推进

工程建设方面，按照国家发展改革委、交通运输部联合印发的《交通基础设施重大工程建设三年行动计划》，2016—2017 年，我国铁路将重点推进 63 个项目前期工作，新建改扩建线路约 1.5 万公里，投资约 1.3 万亿元。铁路系统将根据建设项目总体安排，均衡有序组织项目建设。全力推进在建项目特别是宝兰、石济、西成、京沈客专，以及成贵、渝黔、福平、沪通铁路等重点项目建设，确保沪昆铁路贵昆段、云桂铁路百色至昆明段、郑徐铁路、渝万铁路、兰渝铁路兰州至广元段等 2016 年投产项目按期建成开通；超前安排新开工项目前期工作，争取尽早开工建设。

客货运输方面，适应社会需求变化，不断提高铁路运输产品供给能力和水平，积极拓展市场空间。客运领域，充分发挥高铁网络优势，扩大高铁列车开行规模，推动高铁客运量实现稳定、持续大幅增长；增开城际列车和市域列车，强化普速客车与高铁列车、支线列车与干线列车的衔接，进一步优化运力资源配置，提升客运网络整体效能；推广实施票额自动预分售票策略，进一步完善 12306 网站电子商务平台服务功能，持续扩大网上售票比重；大力开展个性化和特色增值服务，持续提升客运服务水平。货运领域，铁路作为运输成本相对较低的运输方式，将进一步深化调整货运结构，加快向现代物流转型发展，努力扩大大宗货物运输市场份额，积极发展适应零散货物需求的快捷货运，同时加强铁路与公路、水运等交通方式的衔接配合，降低社会物流成本。

（二）重大自主化技术装备研发持续推进

以重大技术突破和重点领域核心装备需求为基础，研究并掌握一批核心关键技术，在中国标准动车组、列控系统、无砟轨道、安全保障、养护维修等方面形成一批具有国际先进水平的自主化产品。

一是时速 350 公里中国标准动车组完成 60 万公里运用考核、产品定型并实现批量生产运用，同时加快研制时速 160 ~ 200 公里、时速 200 ~ 300 公里速度等级中国标准动车组，形成中国标准动车组系列产品。二是深入推进自主化列控系统研发及试验验证，形成自主化列控系统技术标准和成套设备，开展下一代列控系统关键技术研究。三是完善具有我国自主知识产权的高速铁路 CRTS Ⅲ型板式无砟轨道成套技术并进一步推广应用。四是深入开展基于故障预测与健康管理技术（PHM）的高铁运维决策支持系统研究，建立完善高铁地震预警系统成套技术体系并积极推广应用，继续推进高铁周界入侵报警系统等设备研制和试验验证。五是深化固定设施、移动装备养护维修关键技术攻关，推动工务多功能作业车、接触网混合动力检修作业车等技术及装备研发。

（三）知识产权和技术标准工作不断加强

知识产权方面，铁路行业知识产权管理持续强化，知识产权数量和质量不断提升；围绕印尼雅万高铁、俄罗斯莫喀高铁等“走出去”重点项目，海外知识产权管理措施加快完善。

技术标准方面，重要技术标准制修订工作深入推进，一批先进的科研、试验成果纳入标准，铁路技术标准体系日趋完善；标准国际化工作力度不断加大，围绕“走出去”项目需求积极开展中国铁路技术标准适应性研究，铁路知识产权海外布局进一步完善，对目标国的适应性不断提升；通过更多承担或参与重要国际标准制修订项目，我国铁路标准的国际话语权进一步增强。

（四）国际交流与合作持续深入

一是对外技术交流不断深化。落实国家“一带一路”战略，全面推进中国铁路境外高端展，积极承办和参与国内外铁路大型展会，我国铁路国际影响力持续扩大；深入开展与国际铁路组织、铁路运输企业、研究机构、大型装备企业的科技交流与合作，我国铁路行业科技创新能力进一步提升。

二是重大海外工程稳步推进。印尼雅万高铁、中老铁路、匈塞铁路、巴基斯坦橙线轻轨、中泰铁路等重点项目有序推进；针对俄罗斯莫喀高铁、马新高铁、坦赞铁路、两洋铁路等项目，将积极协调推动政府和企业间合作框架协议签订、项目可行性研究、投融资方案及资金筹措等基础性工作。

三是装备出口和海外投资稳步增长。铁路装备产品出口规模不断扩大，覆盖的国家和地区日益广泛，产品型号制式日趋丰富，技术含量与附加值不断提高，与世界一流装备制造商同台竞争的实力将进一步增强；通过采取海外办厂、建立海外研发机构等形式，铁路企业海外投资步伐持续加快。

中国铁路总公司　周黎　郭树东　常山　苗蕾　刘玉凤　王镠莹

城市轨道交通产业发展情况及展望

一、城市轨道交通产业目前发展状态

（一）建设规模持续快速增长，总投资计划超 2 万亿元

截至 2016 年 2 月底，已获得城轨交通建设项目批复的城市有 44 个，规划线路总规模 4705 公里（规划暂未获批复的广州、无锡、太原三市线路未计入），计划于"十三五"期间开始建设。

44 个城市批复规划线路均超过 2 条，将有 28 个城市线网规模超 100 公里，北上广将达到 500 ~ 1000 公里，南京、深圳、重庆、成都、武汉和大连等城市将达到 200 ~ 500 公里，逐步形成网络化发展格局。

已获批的规划线路包含地铁、轻轨、单轨、市域快轨、现代有轨电车、磁浮交通、APM 等多种制式。

据不完全统计，全国 44 个城市已批复规划线路总投资 24287 亿元（规划暂未获批复的广州、无锡、太原三市投资额未计入）。超过 1000 亿元的有 6 市，由高到低依次为北京、上海、深圳、成都、苏州、青岛。6 市规划线路投资共计 10268 亿元，占全国已批复规划线路投资的四成以上（具体见表 1）。

表 1　全国城轨交通规划线路统计汇总表

序号	城市	规划长度（公里）	制式							车站（座）	其中换乘站（座）	可研批复总投资（万元）
			地铁	轻轨	单轨	市域快轨	现代有轨电车	磁浮交通	APM			
1	北京	417	394	/	/	/	9	9	5	97	36	29281637
2	上海	251	251	/	/	/	/	/	/	157	51	20495500
3	天津	96	96	/	/	/	/	/	/	63	28	2352000
4	重庆	203	203	/	/	/	/	/	/	109	47	8270300
5	广州	/	/	/	/	/	/	/	/	/	/	/
6	深圳	232	232	/	/	/	/	/	/	151	40	17336749
7	武汉	141	/	/	/	/	141	/	/	48	6	712216
8	南京	157	157	/	/	/	/	/	/	104	51	/

续表 1

序号	城市	规划长度（公里）	制式							车站（座）	其中换乘站（座）	可研批复总投资（万元）
			地铁	轻轨	单轨	市域快轨	现代有轨电车	磁浮交通	APM			
9	沈阳	101	101	/	/	/	/	/	/	74	30	6141790
10	长春	104	76	28	/	/	/	/	/	47	/	2871500
11	大连	26	26	/	/	/	/	/	/	18	/	1176000
12	成都	212	212	/	/	/	/	/	/	162	58	13218500
13	西安	52	52	/	/	/	/	/	/	40	7	3434800
14	哈尔滨	72	72	/	/	/	/	/	/	58	19	5094400
15	苏州	152	152	/	/	/	/	/	/	122	34	10599300
16	郑州	97	97	/	/	/	/	/	/	69	32	6024808
17	昆明	123	123	/	/	/	/	/	/	80	32	8499700
18	杭州	250	189	/	/	61	/	/	/	108	37	9209101
19	佛山	104	104	/	/	/	/	/	/	53	15	6092200
20	长沙	142	142	/	/	/	/	/	/	111	41	9190100
21	宁波	36	36	/	/	/	/	/	/	27	5	/
22	无锡	/	/	/	/	/	/	/	/	/	/	/
23	合肥	170	170	/	/	/	/	/	/	145	19	6200073
24	南昌	86	86	/	/	/	/	/	/	74	19	5930000
25	青岛	291	291	/	/	/	/	/	/	132	36	11738192
26	福州	145	145	/	/	/	/	/	/	46	11	3699300
27	南宁	126	126	/	/	/	/	/	/	83	24	6530300
28	石家庄	80	80	/	/	/	/	/	/	65	3	5538900
29	济南	81	81	/	/	/	/	/	/	34	2	4372000
30	太原	/	/	/	/	/	/	/	/	/	/	/
31	兰州	35	35	/	/	/	/	/	/	29	7	2889526
32	贵阳	56	56	/	/	/	/	/	/	46	9	3710000
33	乌鲁木齐	28	28	/	/	/	/	/	/	21	7	1988600
34	呼和浩特	51	51	/	/	/	/	/	/	43	1	3384500
35	厦门	72	72	/	/	/	/	/	/	56	15	5420000
36	珠海	/	/	/	/	/	/	/	/	/	/	/
37	徐州	67	67	/	/	/	/	/	/	52	4	4432800
38	常州	20	20	/	/	/	/	/	/	15	5	1446900
39	东莞	165	165	/	/	/	/	/	/	36	9	5078900
40	南通	60	60	/	/	/	/	/	/	41	2	3971300
41	温州	157	/	/	/	157	/	/	/	46	/	4923000
42	淮安	/	/	/	/	/	/	/	/	/	/	/
43	南平	/	/	/	/	/	/	/	/	/	/	/

续表 1

序号	城市	规划长度（公里）	制式							车站（座）	其中换乘站（座）	可研批复总投资（万元）
			地铁	轻轨	单轨	市域快轨	现代有轨电车	磁浮交通	APM			
44	芜湖	47	/	/	47	/	/	/	/	36	1	1613300
	总计	4705	4248	28	47	218	150	9	5	2698	743	242868192

注：① 广州、无锡、太原三市规划未得到批复，暂未填报相关数据。
② 徐州、温州、济南、南通、芜湖、呼和浩特六市数据取自国家发改委相关规划批复文件。
③ 44 个获得批复城轨交通规划城市中，淮安、珠海、南平三市为地方政府部门批复规划。

（二）城轨装备制造体系日趋完善，产业链较为齐全

我国已掌握多种制式城轨车辆的制造技术，还形成了门类齐全的零部件配套生产企业，多项关键核心技术实现自主创新。且上游的原材料工业和基础建筑业、中游的机电装备制造业及下游的公用事业和运输服务业等产业链较为齐全。

（三）“一带一路”战略，带动城轨交通大步走向世界新舞台

2013 年，习近平主席提出共建“丝绸之路经济带”和“21 世纪海上丝绸之路”的重大战略决策。在“一带一路”战略推动下，城轨交通面临极为有利的“走出去”形势。

与国外同行相比具有独特优势，一是“一带一路”战略的实施，国家政策支持力度越来越大；二是产业链较为齐全，且一批龙头企业及其配套的企业梯队形成了产业集群化发展的格局；三是国内巨大的发展需求，成为走向国际的强大推动力；四是具有性价比优势，特别是国内市场的综合性价比优势依然明显。

与高铁相比，城轨装备市场更活跃，竞争力更强，自主化程度更高，且不易发生知识产权纠纷。

城轨比肩高铁，将成为国际轨道交通市场的两大拳头产品之一。

二、影响城轨交通未来发展的主要因素

（一）人才资源

面对大规模快速发展的新形势，我国城轨交通业既有人才供给不足的问题，又面临人才能力欠缺的挑战。人才供给方面，“十三五”按新建线路 3000 公里计算，五年需新增从业人员 18 万人，而现有职前教育能力仅能满足一半左右，从业人员供给日趋紧张。人才能力方面，人性化、个性化、多样化等服务需求，和网络化、智能化等技术需求，对从业者提出了更高的要求，能否大力加强职前教育和在职培训，

提供更多更优的管理人员、技术人员和生产人员，成为城轨交通顺利发展的一大因素。

（二）资金筹措

从投入需求看，建设规模和运营规模不断扩大，建设资金和运营费用大幅增加，“十三五”资金需求量将比“十二五”出现大幅上升趋势。建设资金初步估算，将达到 1.7 万亿元到 2 万亿元，比“十二五”完成投资 1.15 万亿元增长 50% ~ 70%，未来五年的资金需求是空前的。从筹资能力看，首先，随着经济发展进入新常态，发展速度下降后政府财政增长减缓；其次，作为重要筹资方向的城市可转让土地受到国家政策控制，土地资源也日益减少，地方政府资金收入受到较大影响；再次，国家对地方债务规模有所控制，也将波及资金筹措能力。总之，“十三五”期间政府资金投入能力难以满足大幅增长的资金需求，能否进一步引入市场化机制，大力扩充筹资渠道，成为城轨交通持续发展的重要条件。

（三）前期工作

规划、勘查、设计、咨询、审批等各个前期环节历来存在工作深浅的问题，今后五年适逢更大规模的发展，又遇到极其复杂的环境影响，京沪穗深等成熟城市、中心城区加密地铁线，地下管网纵横交叉情况愈加复杂；津渝宁汉蓉等成网城市多条线路同时建设，交叉运作，复杂程度大为提高；新建城市面临人才缺乏、经验不足的问题，困难更多；一批要上马多制式城轨城市，面临着缺标准、少技术、没经验、人才荒的困难等。艰巨复杂的前期工作，成为制约城轨交通健康发展的重要环节。

人才教育、资金筹措、前期工作，及时破解这三大制约因素，才能主动掌控“十三五”城轨交通发展进程。

三、“十三五”城轨交通发展趋势预估

城轨交通因应发展环境的变化，“十三五”期间将出现十大明显的发展趋势。

（一）规模扩大化

城轨交通“十三五”期间将出现更大规模的发展态势。一是建设城市和运营城市翻番。全国 201 个大城市中，约有 100 个市提出了城轨交通发展规划和设想，除在建的 40 个城市外，其余大多将在“十三五”进入建设行列。二是在建线路和新建里程增加一半左右。预计“十三五”期间在建线路 6000 公里左右，新建里程 3000 公里左右，比“十二五”增加一半。据有关信息，全球“十三五”期间城轨交通在建线路 8000 公里左右，其中中国大陆 6000 公里左右，占 75%；境外有

2000 公里左右，占 25%。三是完成投资增长 50% 以上。前面环境分析讲到，“十三五”完成投资量预计比“十二五”增加 50% ~ 70%。面对大规模发展新形势，因势利导，顺势而上，深化改革，破解难题，才能顺利实现“十三五”发展目标。

（二）发展差异化

未来五年，城轨交通差异化的发展趋势日趋明显。一是发展阶段各异。有的进入线网加密、优化阶段，有的开始形成网络，有的加快骨干线路建设，有的刚起步。二是制式需求各有侧重。有的集中建设地铁，有的主要发展轻轨、单轨、有轨电车，有的加快发展市域快轨，有的高中低运量城轨交通同时建设。三是工作重点不同。已经成网的城市，进入工程建设和运营管理提升的新阶段；正在成网的城市，工程建设为主，同时网络管理也逐渐提上日程；新建城市，建设管理为主，抓紧人才储备工作。因应发展差异化，应分类制定差别化的发展目标和工作重点，因地制宜有序推进城轨交通建设。

（三）结构网络化

到 2020 年末的全线网络，北京将达到 1000 公里左右，上海 800 公里左右，广州和深圳 500 公里左右，从而建成规模更大、结构更合理的城轨网络；津渝宁汉蓉等城市，也将建成基本网络；与此同时，“十三五”期间还将出现一批集城轨、城际铁路于一体的区域轨道交通网络。网络化新趋势，给管理工作提出了新的要求，要有系统思维网络思维，并制定网络级运营管理功能、网络资源统筹共享等指南，以提供规范性指导。

（四）制式多样化

“十三五”时期，超大特大城市将加大向郊区、卫星城乃至周边城市延伸的力度，市域快轨将迎来发展机遇；大城市和超大特大城市卫星城、新区、开发区、功能区建设轻轨、单轨、有轨电车的步伐也将加快。从 100 个左右的城市规划看，到 2020 年地铁与其他制式为六五、三五开，远景设想地铁占 49%，有轨电车占 28%，市域快轨占 17%。这预示着，将开始进入地铁、市域快轨、有轨电车为主，其他制式相辅相成的多制式协调发展新格局。因此，应完善多制式发展的指导思想和规划要求，以促进健康发展。

（五）行业标准化

城轨交通已有一批国家标准、行业标准和地方及企业标准，支撑和引导行业发展发挥了重要作用。但总体上讲，还没有形成完整的标准体系，整体水平不高，不能有效满足行业发展需要。“十三五”城轨交通建设对标准化工作提出了更高要求。

一是高水平的发展需要标准化的引领，二是多制式发展需要标准化的规范，三是网络化发展需要标准化的支撑，四是“走出去”需要标准化的保障。因而建立健全标准体系，大力提高标准化工作水平，是“十三五”城轨交通发展的当务之急。

（六）系统智能化

城轨交通专业门类广，涉及环节多，设备数量大，技术含量高，互联网创新成果的应用，将促进城轨交通各系统工作的智能化。通过数字技术的开发应用建设施工管理平台，可推进规划、设计、施工、投运等各环节统筹与合作，实现数字化工程建设；利用大数据、物联网等技术建立客流行为的收集分析系统，可进一步完善行车指挥系统和应急处置联动系统，从而实现调度指挥动态化和智能化；利用物联网、移动互联网等技术，可实现车辆、供电、信号等关键设备在线实时信息采集，形成设备实时感知、在线监测、故障预警、在线维护保障的设备维保新模式；通过互联网、大数据、智能终端的应用，可为乘客提供定制化的出行规划、实时导航和票务服务，提高服务水平；全自动运行技术和互联互通技术等一系列信息技术的探索和应用，正在推动城轨交通迈入智能化发展的新阶段。

（七）技术自主化

城轨交通庞大的发展规模和多样化需求，为技术自主化提供了坚实的市场基础；《中国制造 2025》的实施，为自主化发展创造强大的政策支持；一大批根植于国内需求、研发自主技术和创建中国品牌的装备及厂商长足进步，成为技术自主化发展的主力军。“十三五”时期，既有市场的强烈召唤，又有政策的强大支持，还有自主企业的强力崛起，城轨交通技术装备“国产化”转型升级为“自主化”发展，从而实现自主创新的突破，将成为行业技术发展的重要趋势。

（八）资金多元化

“十三五”时期城轨交通大规模发展带来的庞大资金需求，单一依靠政府投入为主的传统模式难以为继；市场经济发展成熟和投融资体制改革，则为沿线土地综合开发利用和吸收社会资本提供了条件；业主单位经营意识与经营能力不断增强，依托城轨交通的物业、商业等资源经营开发蓬勃发展，反哺城轨交通的能力也大为提高；具有政府主导性、公益性强、投资规模大、建设周期长、资本回收慢等特点的城轨交通，又十分适合 PPP 模式的推广。未来五年，政府财政、社会资本、业主营收乃至境外资本，都将成为城轨交通建设的重要资金来源。

（九）市场国际化

全球约有 150 个 1000 万人口以上的超大城市还没有建设城轨交通；大量建有

城轨交通的城市，也面临技术改造提升水平的任务，国际市场需求依然强烈。我国城轨交通经援出口已有 40 多年历史，商贸出口也有十多年历程，工程承包也取得了较好业绩。地铁、轻轨、市域快轨、有轨电车等全制式，车辆、信号、牵引等全系列，勘设、施工、运营、装备等全领域，亚非欧美大全覆盖。中国中铁、中车集团、中铁二院和深圳轨道集团，联手打造的埃塞俄比亚首都亚的斯亚贝巴轻轨项目，从勘测设计到工程装备到投资运营的“一条龙”工程，是具有完全自主知识产权和完整中国标准的“中国式”城轨交通。我国城轨交通，具有深度参与国际市场的竞争能力，在“一带一路”战略带动下，“十三五”期间，将比肩高铁共同开创国际市场新局面。

（十）地位战略化

城轨交通发展之快、规模之大、水平之高和影响之深远，使其在经济社会中的地位迅速提升并具有战略性。一是，在提升城市发展水平和环境质量，方便人民出行和提高生活水准，实现和谐宜居和激发城市活力，促进城镇化和培育优化城市群都市圈等重大经济社会任务中，城轨交通发挥基础性作用，在城市发展中的战略地位进一步显现。二是，作为城市基础设施的城轨交通，未来五年有望成为国民经济新的增长点和基础设施投资新的兴奋点，对于经济新常态下扩内需、稳增长具有举足轻重的作用；作为战略性新兴产业和“中国制造 2025”重要内容的城轨交通，对于实现自主创新的突破和带动产业结构转型升级，具有不可代替的作用，这些都凸显其在国民经济发展中的战略地位。三是，实施“走出去”战略，城轨联手高铁，对实现境内外更广范围基础设施互联互通具有引领作用；实施“京津冀协同发展”战略，城轨交通的高效衔接，是打造“轨道上的京津冀”的核心与支撑，这都显示其在国家重大战略中的作用进一步增强。总之，“十三五”城轨交通发展，将大力提升其在城市发展、经济建设和国家战略中的地位。

中国城市轨道交通协会　王飚

海洋工程装备产业发展情况及展望

一、2016 年我国海洋工程装备产业发展动态

（一）接单困难，景气指数持续下行

根据克拉克松数据统计，2016 年全球累计成交海洋工程装备共 81 座 / 艘，订单金额约为 44 亿美元，新接订单金额同比下降近 70%。受全球海工装备新造需求萎缩影响，2016 年，中国新接订单金额合计约 17 亿美元，同比下降 70%。共承接海工装备 37 座 / 艘，接单数量同比减少 68%。2016 年我国接单装备类型主要以风电安装船、多功能支持船、自升式服务平台、平台拆解等建造支持类装备为主，钻井装备则是零成交。

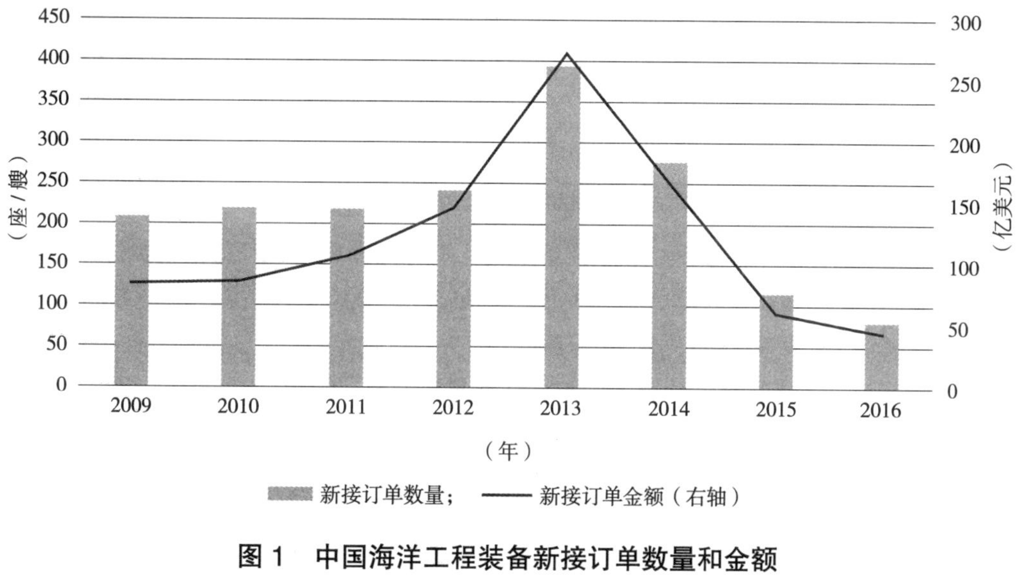

图 1　中国海洋工程装备新接订单数量和金额

中船重工经研中心通过建立中国海洋工程装备产业景气指数体系，对中国海工装备产业运行态势进行监测和预警。指标体系包括先行景气指数和一致景气指数两部分。其中，先行景气指数综合考虑了布伦特油价、不同类型装备日租金、装备利用率等因素对行业景气度的影响，主要用于预测行业波动。一致景气指数综合考虑了各类型海洋工程装备当前市场价格、新接订单、手持订单、完工量、

新接订单保障系数、手持订单保障系数等因素对行业的影响，主要反映海洋工程产业当前总体所处状态。

景气指数显示，受新造市场持续低迷影响，2016 年 12 月中国海洋工程装备产业一致景气指数收于 102.55，比上年同期下降 1.16 点。一致景气指数 2016 年大多数时间都在“偏冷”区间和“过冷”区间徘徊，表明中国海工装备产业已进入实质性的“寒冬”，企业面临着严峻的生产经营形势。先行景气指数方面，2016 年 12 月中国海洋工程景气指数出现小幅反弹，其中先行景气指数收于 84.16，并于年底出现小幅上涨，预示着中国海工装备产业有望在后市止住衰势迎来反弹。

图 2　中国海洋工程装备产业景气指数

表 1　景气指数区间说明

范围	颜色	状态
> 110	红色	过热
108 ~ 110	黄色	偏热
104 ~ 108	绿色	正常
102 ~ 104	淡蓝色	偏冷
< 102	蓝色	过冷

（二）交付困难，延迟撤单现象频发

2016 年以来海工装备面临着前所未有的交付困难。根据克拉克松 2016 年年初数据统计，中国手持订单 587 座 / 艘，按照订单交付日期统计，其中有 436 艘海工装备将于 2016 年交付。实际上，受市场形势持续下行影响，船东延迟撤单和推迟交付现象频发，2016 年中国实际仅交付海工装备 134 座 / 艘，比上年减少 68 座 / 艘，2016 年实际交付率仅为 30.7%。超过一半的海工装备由于船东延期、改单、撤单等原因不能按时交付，涉及的海工装备约有 302 座 / 艘。此外，随着新接订单的缺乏，手持订单数量持续减少，目前的手持订单大多只能维持到 2017 年，考虑到延迟交付的情况，2019 年中国大多数海工船厂或将面临无船可造的局面。

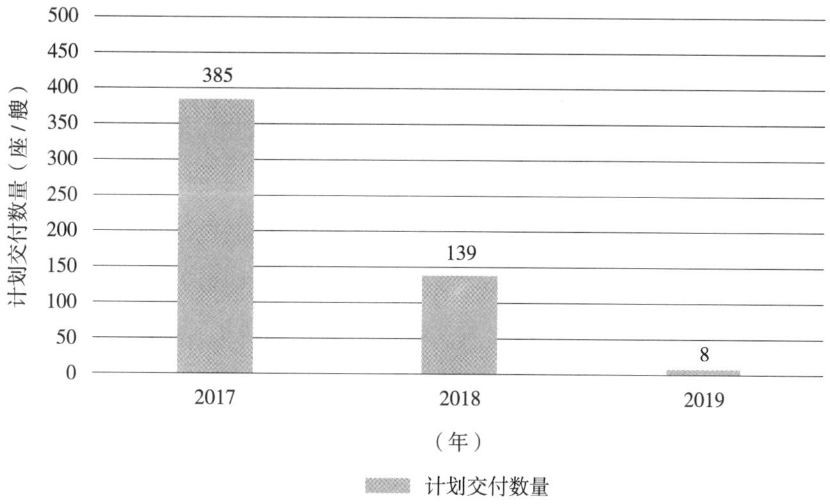

图 3　手持订单预计交付统计（克拉克松 2016 年年初数据）

（三）盈利困难，海工企业普遍亏损

国内海工企业在 2013—2015 年以较高价格承接了大量海工订单，以 350 英尺以上自升式钻井平台为例，2014 年国内承接的价格大多在 2 亿美元左右，而 2016 年年底 350 英尺以上自升式钻井平台价格仅为 1.55 亿美元左右，受这一轮海工装备价格大幅下挫影响，船东接船能力和意愿表现出明显不足，大量高价手持订单给船厂现金流带来巨大压力，加之目前接单困难，国内多数海工企业面临盈利难题，目前国内已有多家海工企业申请破产或重组。

此外，在海工装备建造高峰时期，国内海工企业为了抢夺订单，接受船东苛刻的订船条件，以较低的首付款比例拿下订单，船厂前期垫资生产，投入大量人力、物力，在船东没有明确表示弃单意愿前，船厂为避免自身原因造成违约不得不继续投入资金开展建造，这使得船厂本就紧张的现金状况雪上加霜；另一方面，在当前船价下，船东违约的成本甚至小于继续履行合同面临的亏损，船厂面临的经营风险充满了不确定性。

二、海工装备市场变化的主要影响因素分析

（一）油价因素

低油价或将成为常态。回望 2016 年，全球石油价格整体呈触底并缓慢回升态势。2016 年 1 月下旬布伦特原油价格一度跌破 30 美元 / 桶，并且绝大多数时间处于 50 美元 / 桶以下的水平，全球原油供需失衡状况不断恶化，OPEC（石油输出国组织）和俄罗斯多次提及的减产协议直到 2016 年 11 月 31 日才最终达成，受此影响油价终于在年底迎来小幅反弹，并在 55 美元 / 桶的水平线附近徘徊。总的来看，近年国际油价下跌并持续低迷，是全球经济增长放缓、原油供求失衡、地缘政治冲突、美元走强和突发事件等多因素共同作用的结果。考虑基本面因素，普遍认为 2017 年的情况要优于 2016 年，油价或将在 53 ~ 58 美元之间，未来两年内油价不具备大涨（达到 80 美元 / 桶价格以上）的条件。综合 IMF、EIA、世界银行等国际机构预测数据，2017 年油价预计为 55 美元 / 桶，2018 年油价为 57 美元 / 桶。

图 4　主要机构关于原油价格的预测（2016 年 12 月）

低油价难以支撑海洋油气新开发项目。据英国克拉克松数据，对比油价水平和开发成本，在 40 美元 / 桶时只有约 3.2% 的开发项目具备可行性，当油价突破 70 美元 / 桶后，超过半数的油气项目才具备可行性。需要注意的是，当前环境下油气开发部分刚性成本（供应链成本、人力物料成本）将逐步被压缩，预计到 2017 年降幅超过 30%，意味着项目成本油价也将随之下降。

（二）运营市场

海工装备运营市场基本触底，进入再平衡阶段。克拉克松数据显示，自升式钻井平台和浮式钻井平台船队的利用率下滑势头明显减弱，在 60% 上下逐渐企稳。船队日租金方面，自升式钻井平台、多用途支持船、ROV 支持船、平台供应船和三用工作船等典型海工装备的日租金自 2016 年下半年进入稳定区间，个别类型装备日租金甚至开始小幅上升。

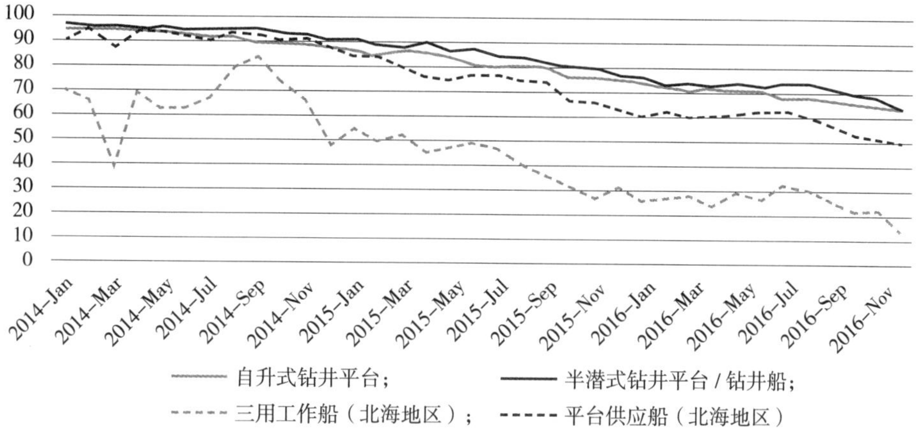

图 5　主要类型海工装备利用率（%）

主流装备运营商的经营状况也趋于稳定。自 2014 年下半年油价暴跌后，由于石油公司海洋油气开发投资锐减，装备运营商面临着严峻的发展形势。通过削减运营成本、闲置或拆解部分装备等措施，大部分主流运营商经受住了市场低潮的考验，利润、负债等主要经营指标并未大幅下滑，甚至在 2016 年出现回升迹象，显示出很好的业绩弹性和抗压能力。

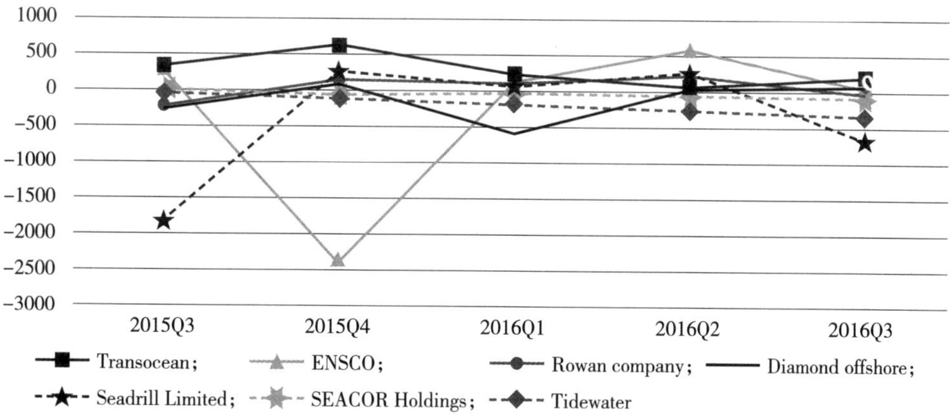

图 6　主要运营商营业利润变化（百万美元）

（三）建造市场

建造市场延续深度调整。海工建造市场三大指标持续恶化：（1）新接订单金额在 2012 年、2013 年连续两年保持 700 亿美元以上规模，但之后受油价暴跌拖累而迅速回落，2014 年、2015 年、2016 年同比跌幅分别达到 42%、64%、70%。2016 年 44 亿美元的新接订单规模更是创下近十年最低；（2）手持订单金额由于新接订单量不足而连续 2 年下降，但船东方原因引起的交付难问题在一定程度上减缓了手持订单的消耗速度；（3）得益于船厂产能迅速释放，完工订单金额在 2010—2013 年间逐步攀升，但进入 2014 年后订单交付速度不断减慢，2016 年完工订单金额仅相当于 2013 年高峰时期的 60%。

海工装备新造价格也受订单量不足、船厂竞争激烈等因素而冲高回落。2016年，主流的 350 英尺以上自升式钻井平台平均单价较 2013 年高峰相比最多下降 35%，典型三用工作船单价降幅也超过 20%。海工装备量价齐跌的态势正侵蚀船厂建造利润，蜂拥而入的后进者也让市场竞争愈发激烈。

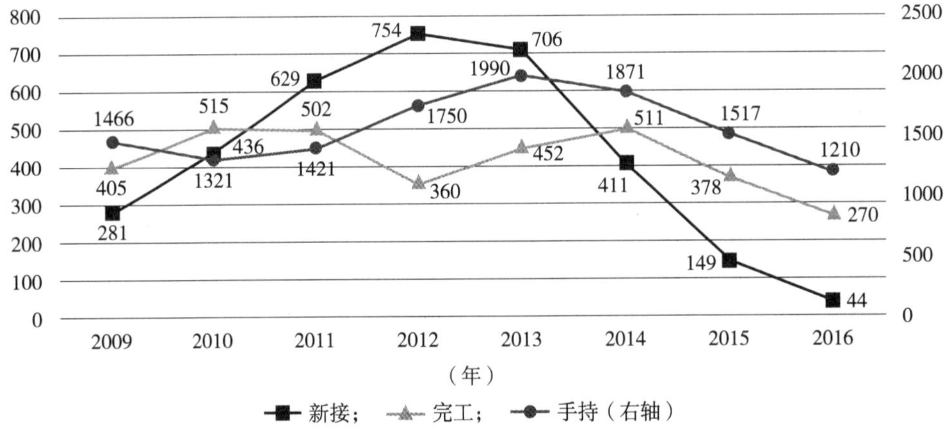

图 7　全球海工装备建造市场三大指标变化（亿美元）

表 2　海工装备新造价格变化

装备类型	新造价格（百万美元）		变化幅度（%）
	2014 年 12 月	2016 年 12 月	
高规格半潜式钻井平台	595	450	-24
350 英尺以上自升式钻井平台	200	155	-23
超深水钻井船	530	450	-15
12kbhp 三用工作船	24.5	20	-18
7kbhp 三用工作船	14	12	-14

（四）细分市场

1. 钻井装备

本轮钻井装备市场周期性高峰告一段落。在2012—2016年间，累计有285座平台投入运营市场，占现役船队总数的28%。长周期来看，本轮高峰和上轮高峰之间相隔近三十年，钻井市场未来将长期处于低度活跃状态。

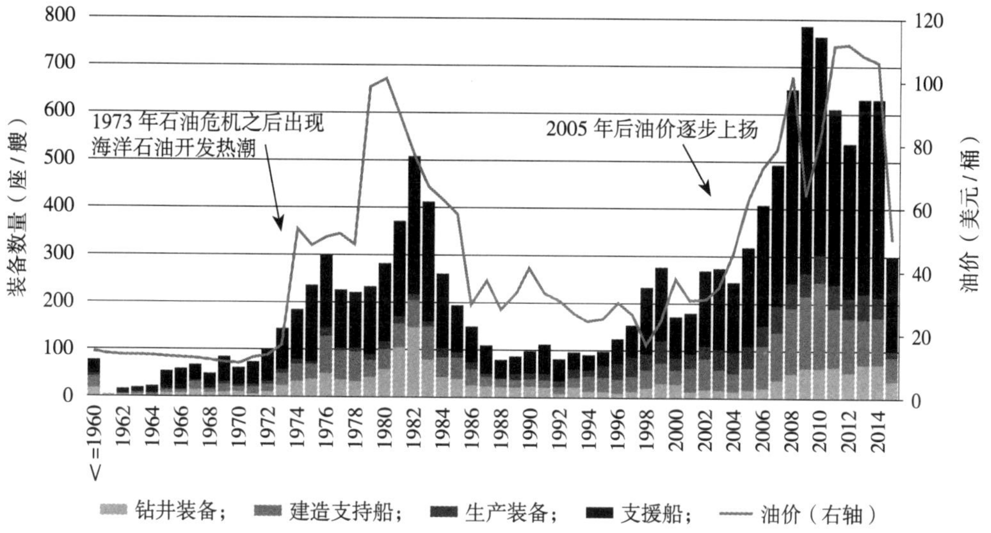

图8 海工船队规模和油价变化

下游租赁市场处于严重供需失衡状态。在大量新造平台迅速投放市场、油价下跌压缩海洋钻井需求的供求两端打压下，装备租赁市场不断恶化。全球运营平台需求量由最高456座跌至352座，供给量却一路飙升至492座，过剩率达40%。由此导致平台利用率逼近73%的历史较低位，各类型钻井装备特别是深水、超深水装备日租金近乎腰斩（超深水钻井船平均日租金由2013年的56万美元/天降至25万美元/天）。长周期来看，若供需失衡持续且油价继续跌落，不排除租赁市场将可能进一步恶化至1986—1987年间的历史最坏水平（1986年国际原油价格曾一度跌落至10美元/桶上方）。

大量手持（在建）投机订单成为沉重负担。海工热潮中出现的大量投机性订单现今已成为投机者和船厂的“达摩克利斯之剑”。目前全球在建平台中94%的自升式平台和54%的浮式平台没有租约在身，面临“交付即闲置”的困境。投机者受制于租赁市场低迷和海工领域融资难度加大，只能选择要求延迟交付甚至弃单，对船厂造成严重伤害。特别是中国船厂，恶性竞争带来的大量低首付甚至零首付订单，一旦无法按时交付会迅速引爆财务危机。

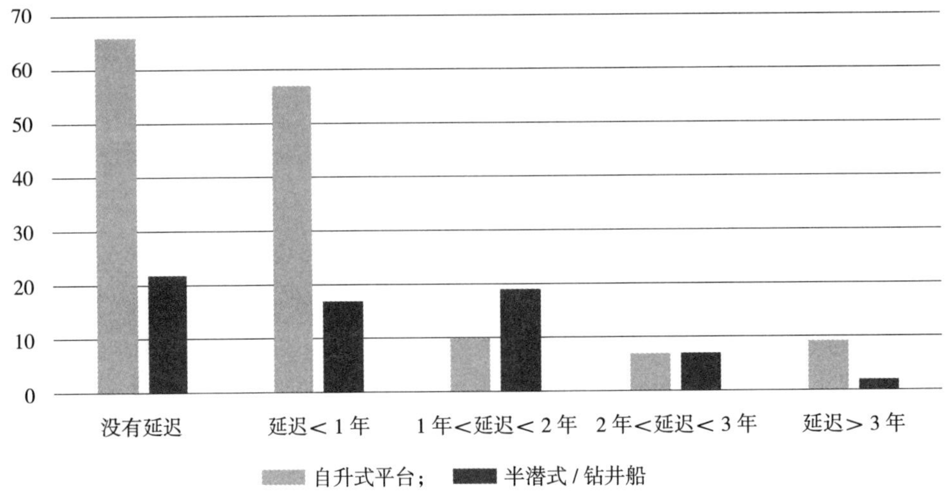

图 9　钻井平台延迟交付情况（单位：座 / 艘）

短期内船队结构性更新难以迅速拉动新造需求。现役船队中有相当数量产生于上一轮建造高峰中，目前整个船队平均船龄为 21 年，“老龄化”现象严重，其中船龄超过 20 年的老旧平台占 55%，船龄小于 5 年的仅占 20%。自 2014 年以来，主要租赁运营商不断加快老旧平台的闲置和报废拆解，已累计报废拆解超过 60 座。但在经营困境下，租赁运营商特别是较大规模运营商，报废淘汰旧平台的目的是为缩小船队规模、减少船队维护开支，短期内并无继续推进新平台订造的计划。据统计，全球排名前十的运营商中除了 ENSCO 外均通过闲置 / 拆解等方式缩减了船队规模，规模排名 11 ~ 20 位的运营商船队规模也是微幅下降。

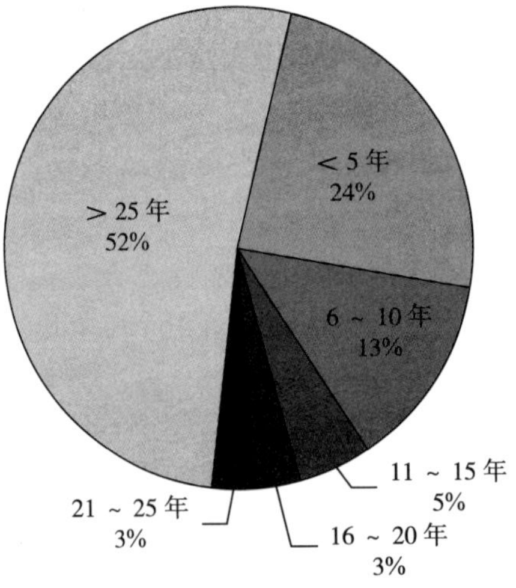

图 10　钻井平台船龄分布

技术进步带来的装备新需求也相当有限。钻井装备总体设计和配套设备已发展成熟，装备潜力基本挖掘殆尽。目前平台的性能提升主要集中在平台钻井系统工作能力加强方面，而对于平台结构改进甚小。新型装备可通过进厂模块化更换完成升级换代，不需要一次淘汰整个平台。可以预见，未来钻井平台的技术革新将集中在配套设备领域，对大型装备的整体升级需求提升有限。

2. 生产装备

海洋油气产量持续攀升催生装备需求。近年来，海洋油气产量不断上升，截至 2015 年年底已占全球能源总供给量的 18%，当年产量增幅为 2.5%，油气田新老交替催生对生产装备的新建和改装需求，同时还伴随产生了对油气储运装备（穿梭油船 / 浮式存储 FSO/ 单点系泊装置）的强力需求。

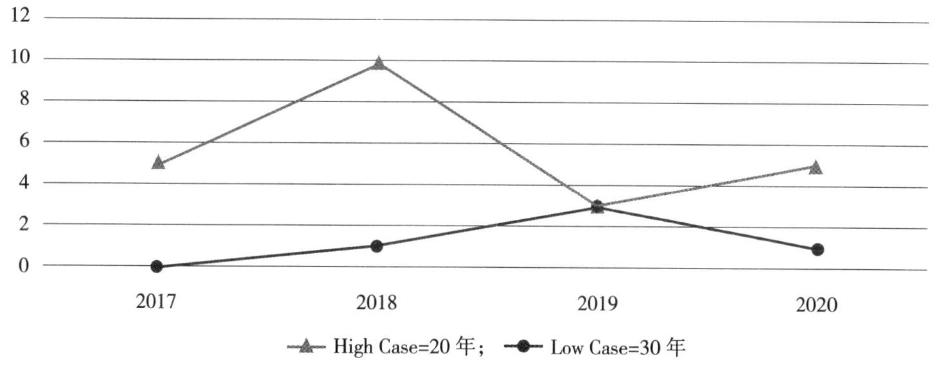

图 11　FPSO 退役数量预测（2017—2020 年）

油气田开发节奏加速预期将提振需求。2011 年以后高企的油价拉高油气开发项目成本，抑制了部分项目的投资决定。现在伴随着油价快速下滑，开发支出曾屡屡超限的项目成本已经迅速下降。油气公司在适应低油价市场环境后，将很快恢复开发节奏，大量被搁置项目有望重新启动，带动对生产装备特别是 FPSO 的装备需求。

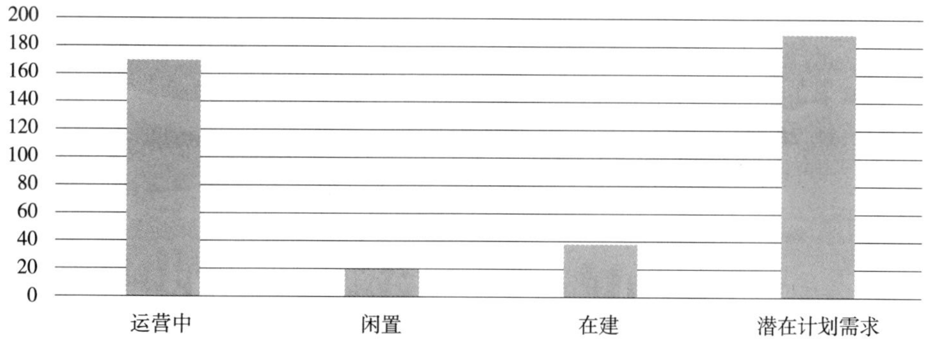

图 12　FPSO 船队现状及预测（数量）

另外，新近出现的在役 FPSO 经过改装后重新部署这一趋势，有望使得 FPSO 改装市场重新获得生机。

3. 建造支持 / 支援类装备

建造支持类装备需求主要来自海上施工安装、IMR 和 SURF 工程。尽管油气开发活动受到低油价抑制，但不断增加的生产装备数量和日趋严格的安全环保要求不断加大了对 IMR 工程操作的需求。同时，水下生产系统应用越发广泛，SURF 工程需求也保持旺盛。

表 3　海工船船队船龄分布

装备类型 / 船龄	＞25	21 ~ 25	16 ~ 20	11 ~ 15	6 ~ 10	＜5	总共
三用工作船	923	37	152	354	1031	498	2995
平台供应船	600	46	235	366	557	725	2529
建造支持船	879	105	164	245	632	550	2575

三、海工装备产业近期发展趋势分析

（一）2017 年市场预测分析

由于 2017 年预测油价将在 55 美元 / 桶附近徘徊，海洋工程装备新造需求将缓慢复苏，综合中船重工经济研究中心和英国克拉克松数据，预计 2017 年全球海工装备新接订单金额在 97 亿 ~ 122 亿美元范围，较 2016 年的 44 亿美元（预测值）上升近 80%。伴随着市场逐步回暖，新造装备价格也将相应上涨。

表 4　2017 年海工订单预测

装备类型	数量（艘 / 座）	金额（亿美元）
钻井装备	4 ~ 6	14 ~ 18
建造支持装备	40 ~ 50	18 ~ 25
生产装备	7 ~ 10	40 ~ 45
海工支援船	25 ~ 35	7 ~ 10
其他类型	18 ~ 22	18 ~ 24
总计	94 ~ 123	97 ~ 122

“十三五”期间，在海洋工程装备市场总体低迷的大格局下各型装备表现将会出现较大差异，预计钻井装备一蹶不振，生产装备有望出现增长，海洋工程船表现平平。另一方面，随着清洁能源得到重视和海洋开发提速，一些天然气利用装

备和新兴能源开发装备将会得到发展。

钻井装备将长期低迷。在大量新造平台不断投放市场钻井需求较为乏力的双重压力下，钻井装备市场将长期处于过剩状态，2017年会延续2016年的疲软状态，订单成交量不会超过个位数。随着油价趋稳，老旧/闲置平台进行报废/封存的速度加快。根据预测，2018—2022年全球将产生钻井装备新订单94座，年均19座，仍处于较低水平。

生产装备可望迎来反弹。对生产装备的需求主要取决于油气田开发方式选择和开发节奏。短期看生产装备建造市场仍将受低油价负面影响，大批油气田开发计划的推迟延缓了订单需求的释放。东南亚地区的中小型边际油田（如印尼Madura MDA/MBH区块、越南Ca Rong Do区块等）在2017年会产生零星FPSO需求。但随着油价的逐步恢复，生产装备市场可望在2018—2022年间会快速复苏，近期部分闲置FPSO重新部署带来的改装需求也有望成为新的市场热点。

海工船市场难现辉煌。受在建船队规模较大和油气开发工程项目部分停滞影响，海工船，尤其是平台供应船，在2016年几乎处于停滞状态。2017年将延续此趋势，维持较低的成交数量，总量在40 ~ 45艘。由于项目延迟会降低未来的OSV需求，中短期预测仍然很低。

（二）技术发展趋势分析

1. 多功能、专业化的近海开发装备将得到重视

随着油价在低位徘徊的时间长于预期，对于开采成本较低的近海浅水大陆架油气开采装备将得到重视，比如自升自航式修井船、导管架平台、浅水施工船舶等未来还有持续需求。

另外，基于成本压力，经济高效的海工装备将受瞩目，将向两极化发展：一方面是多功能集成化，发展多功能一体化的综合型海工装备，如带有预生产功能的钻井船、多功能油田服务船等；另一方面是向小型专业化发展，更为经济、高效和节能的安装船、平台拆解船、修井平台、居住平台等将得到市场青睐。

2. 监测装备技术将进一步发展

目前，许多国际非政府组织和国家都提高了对船舶气体污染物排放控制以及人员作业安全的要求，且在未来将会更加严苛。因此，确保海上油气开发作业安全和环境安全的监测技术是目前和未来一段时间的技术热点。

不同类型的监测系统已成为海上油气开发中不可缺少的装备，对海洋环境监测系统、水下作业监控系统、海洋平台水处理系统、水下作业潜器、水下设施应

急维修设备等水下作业安全及环境监测装备技术提出了更迫切的需求，未来监测技术和装备的发展前景十分广阔。

3. 海洋能利用装备是未来的研发重点

海洋能指蕴藏于海水中的各种可再生能源，包括潮汐能、波浪能、海流能、海水温差能、海水盐度差能等。海洋能同时也涉及一个更广的范畴，包括海面上空的风能、海水表面的太阳能和海里的生物质能。这些能源都具有可再生性和不污染环境等优点，是一项亟待开发利用的具有战略意义的新能源。

日本在海洋能的开发利用技术上一直处于世界前列。目前，日本新能源与工业技术开发组织（NEDO）正在支持大岛造船、三井造船、三菱重工等多家日本船企进行海洋能发电的项目研究，并且各有所长，如表5所示。

表5　日本船厂参与 NEDO 海洋能开发项目

船厂 / 机构	研究领域
三井造船	机械式波浪能发电
三井海洋开发（MODEC）	浮式潮汐发电
日本联合造船、佐贺大学、神狐制钢	海洋温差发电
IHI、东芝、东京大学、三井物产战略研究所	水下浮式潮汐发电
三菱重工	海底浮式潮汐发电
大岛造船等	垂直轴直线翼型洋流发电
川崎重工、九州大学	海底固定式洋流发电
佐世宝重工、东京大学、九州大学	液压式洋流发电

四、结语

未来三年将是我国海工装备产业面临的最困难时期，低油价或将成为新常态，并且油价的恢复是一个缓慢而漫长的过程，装备运营市场利用率仍将维持低位运行，海洋工程装备新造需求面临压力，接单难仍将继续困扰国内企业，企业由于手持订单被延迟或撤销也将面临盈利压力。

但是困难是暂时的。随着油价的逐步上升，海工装备市场的逐步复苏，在国家政策的支持和引导下，骨干企业通过科技创新，不断提高海洋工程装备技术研发实力，推动产品结构调整，实现海洋工程产业国际竞争力的提升。通过推动海洋工程专业化重组、做强做大优势企业、加强管理等多措并举，实现产业的转型升级。在国家和行业各界的共同努力下，我国海洋工程装备产业一定能克服困难，渡过难关。

中国船舶制造协会　王锦连　张琦　刘二森　屠佳樱

新材料产业发展情况及展望

一、新材料产业发展动态

（一）新材料产业规模稳步增长

自 2010 年以来，中国新材料产业规模一直保持稳步增长，由 2010 年的 6500 亿元增长至 2015 年的 20000 亿元左右，年均增速保持在 25% 左右。在细分领域方面，特种金属功能材料占比约为 32%，高端金属结构材料占比约为 19%，先进高分子材料占比约为 24%，新型无机非金属材料占比约为 13%，高性能纤维及复合材料占比约为 9%，前沿新材料占比约为 3%。

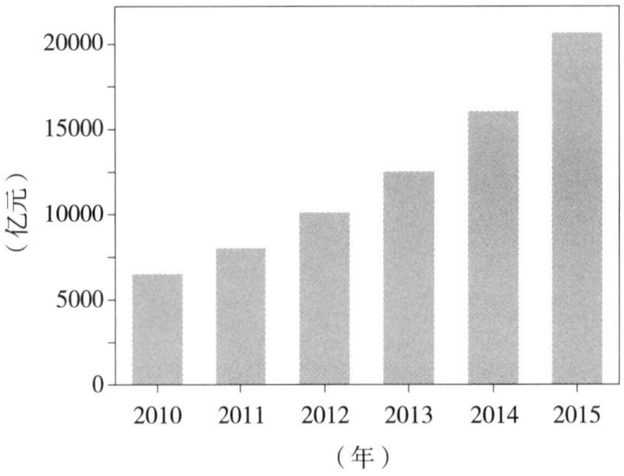

图 1　2010—2015 年中国新材料产业规模

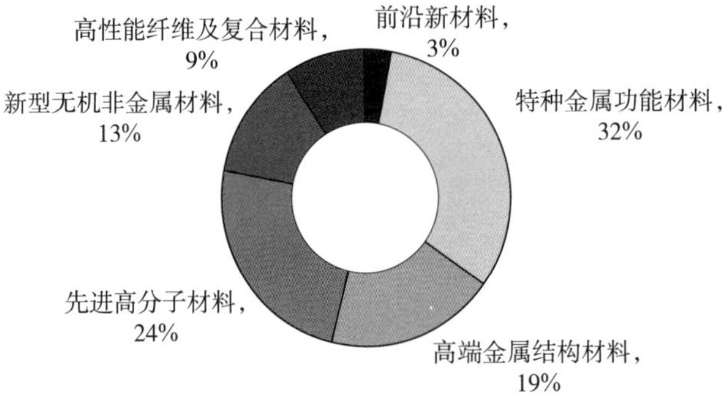

图 2　中国新材料产业结构

新材料产业的规模增长中，稀土功能材料、先进储能材料、光伏材料、超硬材料、特种不锈钢、玻璃纤维及其复合材料等产业产能居于世界前列。例如，稀土磁性材料、稀土发光材料、稀土储氢材料等稀土功能材料的产量约占世界总产量的80%，位居全球之首，基本形成了以稀土功能材料生产和应用为龙头的稀土产业格局；半导体硅材料达到46亿元，约占全球份额的7%；半导体照明产业初步形成了从上游外延材料生长与芯片制造、中游器件封装及下游集成应用的比较完整的研发与产业体系，其中，封装技术取得显著进展，我国已成为全球重要的LED器件封装基地，相比于传统材料产业，依托于高新技术的新材料产业生产规模逐年攀升。

（二）新材料产业技术创新水平不断提升

在国家大力支持和材料科技工作者的不懈努力下，我国新材料产业技术水平不断提高，许多重要新材料的技术指标大幅提升。我国目前在新材料领域的研究水平已经处于世界前列，2016年上半年，材料科学研究相关论文数量世界排名第二，数量非常可观，这为我国新材料产业的发展提供了很好的研究基础和技术支撑。在新材料产业技术方面，我国目前已经掌握了一系列核心技术，很大程度提升了我国的产业竞争力，无论是从受理专利的数量还是已经成功产业化的新材料技术，都在近年取得长足进步。例如：掌握了具有自主知识产权的300mm硅抛光片和外延片的工程化技术，并成功拉制出直径450mm的硅单晶；人工晶体材料经过多年发展，BBO和LBO等紫外非线性光学晶体研究居国际领先水平并实现了商业化，KBBF是国际上唯一可实用的深紫外非线性光学晶体，我国已首先成功制备先进的科学仪器，Nd:YAG、Nd:GGG和Nd:YVO4等激光晶体主要技术指标达到国际先进水平，利用晶体实现了千瓦级全固态激光输出。

与此同时，也需注意到，目前创新能力与创新水平仍然是制约新材料产业发展的主要因素。创新可分为原始创新、集成创新和消化吸收再创新三个方面。新材料产业在原始创新方面，投入大、周期长，让人望而却步；在集成创新方面，知识产权意识淡薄，难以实现集成应用；在消化吸收再创新方面，风险高，无人愿为国产材料“试车”。创新不足给新材料产业发展带来了一系列问题，如关键材料难以保障、核心专利受制于人、产业发展趋同等。

（三）产业发展备受关注，行业组织日渐增多

目前，众多新材料产业相关的行业组织相继成立：由韵升集团、宁波江丰电子材料有限公司、清华大学、北京大学、上海交通大学、浙江大学、中科院宁波材料技术与工程研究所、北方材料科学与工程研究院等单位发起设立的中国新材料产业技术创新战略联盟在宁波成立；中国碳纤维及复合材料产业发展联盟在北京成立，该联盟由中国建材集团牵头，联合42家碳纤维上下游企业和科研院所，涵盖碳纤维的产学研用各个领域；中国先进橡胶产业联盟启动仪式在海口举行，该联盟由海南天然橡胶产业集团股份有限公司联合清华大学发起成立，首批有20多个成员单位；锂电材料产业创新联盟在北京成立，该联盟由北大先行科技、湖南瑞翔新材料、北京当升科技、中信国安盟固利、厦门钨业和常州博杰新能源材料这6家国内锂电材料领头企业牵头成立。这些行业组织的成立将进一步推进新材料产业有序发展。

二、新材料产业发展的影响因素分析

新材料产业“十三五”规划从升级基础材料、发展战略材料以及遴选前沿新材料三个层面出发，对“十三五”期间我国新材料产业发展做出细致规划。其目的是促使我国新材料产业整体升级，为制造业和实体经济发展奠定产业基础；同时通过新材料升级，加快钢铁、有色、石化、轻工、建材、纺织等基础制造业向产业中高端迈进，并为制造业整体转型升级寻找后续发展的可持续动力。

基础材料领域，“十三五”期间将着力解决钢铁、有色、石化、轻工、建材、纺织等基础材料产业产能全面过剩、产品结构不合理、高端领域无法实现自给三大突出问题，重点发展先进钢铁、先进有色金属、先进石化、先进轻工、先进建材、先进纺织等六大类25个分类材料。力争到“十三五”末，基础材料产业总体规模得到有效控制，并形成高性能、差别化、功能化的先进基础材料制造能力，促使钢铁、有色、石化、轻工、建材、纺织等基础材料制造产业实现产业升级转型，先进基础材料总体实现自给，并形成一定的出口能力。

关键战略材料领域，将从保障海洋工程、轨道交通、航空航天、核电、新能源等战略新兴产业，以及促进新一代信息技术、医疗卫生、电动汽车、智能制造等我国具有一定技术优势的产业发展出发，重点发展高端装备用特种合金、高性能分离薄膜、高性能纤维及复合材料、新能源材料、新一代生物医用材料、电子陶瓷、先进半导体、稀土等九大类32个分类材料。预计到“十三五”末，我国经济发展急需的百余种关键战略材料将全面实现国产化，关键战略材料综合保障能力超过70%，在初步形成上下游产业协同的基础上，为上述众多关键产业发展提供材料支撑，奠定未来发展的产业基础。

前沿新材料领域，将重点发展石墨烯、3D 打印、超导、智能仿生等四大类 14 个分类材料。其目的是为满足未来十年战略性新兴产业发展，以及为制造业全面迈进中高端进行产业准备；并形成一批潜在市场规模在百亿至千亿级别的细分产业，为拉动制造业转型升级和实体经济持续发展，提供长久推动力。

新材料领域产业前景良好，到“十三五”末市场规模将达万亿元之巨。而石墨烯、3D 打印、超导等前沿材料的快速发展，则有望在未来继续催生出千亿元级别的新市场。更为重要的是，由于新材料产业涉及制造业和国民经济中的众多部门，其发展不但会促使基础材料产业、制造业的转型升级，还将对“十三五”期间我国经济的可持续发展产生积极影响。

（一）新材料产业在社会经济发展中的影响力

新材料产业投资通常具有高投入、高风险、高回报的特点。企业和投资机构纷纷看好新材料产业的发展前景，各路资本大量涌入，为新材料产业带来了刺激效应，使其呈现出前所未有的新热点和新动态。但基于新材料产业还处于发展初期，加上技术壁垒较高，所以现阶段的很多企业，普遍存在资金匮乏的难题，且企业素质良莠不齐，为项目融资带来困难。也正因为如此，新材料产业是一个产业和资本结合迫切性最高的产业之一，专业性和产业整合能力的重要性也日益凸显。

纵观全球，新材料产业已经渗透到国民经济、国防装备和社会生活的各个领域，支撑着一大批高新技术产业的发展，对国民经济的发展有举足轻重的作用，成为各个国家抢占未来经济制高点的重要领域。我国也对新材料产业发展给予了大力支持，各地新材料相关项目如雨后春笋般层出不穷。2014 年 8 月 A 股上市公司烯碳新材和常州市西太湖科技产业园管委会共同成立的我国第一支石墨烯产业投资基金落户江苏常州。近年来，地方政府、资本市场与产业界紧密配合，常州、重庆、青岛等地纷纷出台了地方扶持政策，吸引人才、项目和资金，招揽创业团队，发展新材料产业。例如，宁波将新材料科技城打造为战略性新兴产业发展的“引擎”和提升城市形象的“金名片”。种种迹象表明，新世纪新环境下，随着社会需求不断跟进，新材料产业已扬帆起航。

（二）新材料产业的创新能力

我国新材料产业从无到有，不断壮大，如今已经成为名副其实的材料大国。目前，我国新材料产业每年都以 10% 的发展速度快速增长，在一些重点材料方面，如电子信息材料增长速度达 20% ~ 30%，生物医用材料达 20%。其中稀土功能材料、先进储能材料、光伏材料、有机硅、超硬材料、特种不锈钢、玻璃纤维及复合材料等产能居世界前列。全国范围内从事新材料开发的企业超过 12000 家。然而，我国虽然已成为材料大国，但还不是材料强国，我国新材料目前正处于由大到强转变的关键时期，与材料强国之间仍存在差距。如何实现我国新材料由资源密集型向技术密集型、由劳动密集型向经济密集型的跨越，成为我国面临的迫切问题。我国新材料发展存在的主要问题表现为：我国新材料自主创新能力薄弱，很多关键产品依赖进口，关键技术受制于人；整个产业发展缺乏科学规划、统筹规划和政策引导;大型材料企业创新动力不强，研发投入较少，新材料推广应用方面困难;整个行业的发展仍然处于高投入、高消耗、低效益的粗放型发展阶段。

三、新材料产业发展趋势

（一）高新技术和产业的先导

新材料是指新近发展或正在发展之中的具有比传统材料性能更为优异的材料，在各个行业都有非常广泛的应用，作为基础性和支柱性战略产业，是现代高新技术和产业的基础和先导。在正来临的第三次工业革命中，新材料将起到无可替代的重要作用。新材料涉及领域非常广泛，按照材料的属性划分，可分为金属材料、无机非金属材料、有机高分子材料和先进复合材料四类；按照材料的使用性能可分为结构材料和功能材料两大类。

新材料技术的发展在第三次工业革命中的影响将表现在如下几个方面：首先，新材料技术本身作为一种高新技术，又是其他高新技术突破的前提。如高性能碳纤维复合材料对于航空工业的变革性发展具有重要意义。其次，新材料在一定程度上会与现代科学技术深度融合，如在第三次工业革命中，新能源、信息技术等会与新材料相结合，互相影响。最后，新材料对实现可持续发展至关重要。资源、能源问题日益引起人们的重视，如何保证可持续发展，其中新材料起着非常重要的作用。如新能源材料在新能源、可再生能源开发利用中将发挥重要作用，生物医用材料可以有效地提高人类生活质量和健康水平。

（二）新材料与其他高技术深度融合

从 2012 年开始直到现在，尽管全球经济低迷，而新材料却保持良好发展态势，年增率达 10% 左右，特别是在新能源、生物医用、“互联网 +”及通信、节能环保等领域的新材料发展后劲十足。

新材料技术发展日新月异，前沿技术的突破加快了技术与生产力的转化速度。新材料与其他高技术及产业，包括纳米技术、生物技术、信息技术等技术，信息、能源、医疗、交通、建筑等产业深度融合，形成跨学科、跨领域、跨部门的发展趋势。科技创新和成果转化速度大大加快，宽带信息技术、基因工程技术、干细胞技术、高效能源材料技术、纳米技术的快速产业化带动了新一代信息技术产业、生物产业、新能源产业、新材料产业的崛起。云制造技术、3D 打印制造技术等新的技术发展方向为推进我国制造业向服务型制造、智能制造和绿色制造等高端制造转型升级，促进信息化与工业化深度融合提供了可靠和强大的动力保障。微电子材料的快速突破使芯片集成度及信息处理速度得到大幅提高。如高纯硅半导体材料，是目前太阳能光伏材料和电子信息技术的核心材料，以半导体芯片技术为基础的数字化技术已融入现代技术的各个领域和部门，如生物芯片、半导体照明、仿生、通信、遥控、数字化制造、节能等。

新材料上、下游产业结合更加紧密。新材料与器件制造一体化，产业链向下游应用延伸。产品高性能化、高功能化和多功能化，开发和应用联系更加紧密。如半导体照明，从上游的芯片材料到中游的各种产品开发再到下游的应用，形成完整产业链发展。又如新型动力电池，也是从上游正、负极材料到中游电池产品再到下游的各种应用必须有完整的产业链，以满足各种要求。

（三）新材料与人民生活的结合日益紧密

随着新材料技术的不断延展，产生的诸多新兴产业也极大促进了与人民生活的结合，为提升人民生活水平提供了有力保障。例如，白光 LED 的产业化光效已达到 160 流明 / 瓦，远远超过白炽灯和荧光灯，给照明工业带来革命性变化；太阳能电池最高转换效率不断提高，其中晶体硅电池达到 23% 等，极大地推动了新能源产业的发展；镁合金与钛合金等高性能结构材料的加工技术取得突破，给汽车以及电子产品等行业的发展带来了变革。生物医用材料的发展，不仅导致传统给药方式发生革命性变革，而且为先天性基因缺陷、老年病、肿瘤等难治愈疾病的治疗开辟了新的途径。

（四）绿色、低碳成为产业发展的重要趋势

未来新材料的发展将更加注重与资源、能源、环境协调发展，注重资源再生利用，发展低能高效、无污染或少污染制造技术，提高产品人性化、环保化。以绿色建材为例，未来新材料在建材领域的目标是：抗菌、防霉、隔热、阻燃、调温、调湿、消磁、防射线、抗静电等。此外，新材料技术不断突破，对新材料产业发展与资源、能源、环境的协调至关重要，如新型碳材料、石墨烯、生物材料、气凝胶、超材料、离子液体、3D 打印材料和泡沫金属等应用发展前景广阔。

（五）变革新材料研发模式成为关注重点

进入 21 世纪以来，欧美发达国家逐渐意识到依赖于科学直觉与试错的传统材料研究方法已跟不上工业快速发展的需求，成为限制技术和工业进步的瓶颈。革新材料研究方法，加速材料从研发到应用的进程成为各国共同的需求。作为美国的“先进伙伴制造计划”的重要组成部分，“材料基因组计划”的目的是将材料从发现到应用的速度提高至少一倍，成本至少降低一半，发展以先进材料为基础的高端制造业。欧盟以轻量、高温、高温超导、磁性及热磁、热电和相变记忆存储六类高性能合金材料需求为牵引，推出了“加速冶金学”计划。项目组织了包括材料需求企业、仪器设备商、政府机构、大学、大科学装置等几十家单位参与，共同开发以激光沉积技术为基础的适用于块体合金材料研发的高通量组合材料制备与表征方法，对数以万计的合金成分进行自动化筛选、优化，旨在将合金配方研发周期由传统冶金学方法所需的五到六年缩短至一年以内。俄罗斯、日本等国也推出了类似的科学计划。我国也推出了类似的规划，在未来三到五年的时间里，势必对新材料研究、产业发展产生巨大的推动作用。

中国材料研究学会　翁端　曹译丹　刘爽

生物经济篇

医药产业发展情况及展望

一、2016 年发展情况

（一）保持了较快增长速度

1—6 月，规模以上医药工业增加值同比增长 10.3%，高于全国工业整体增速 4.3 个百分点；实现主营业务收入 13635.65 亿元，同比增长 10.14%，高于工业整体增速 7.04 个百分点；实现利润总额 1449.67 亿元，同比增长 14.61%，高于工业整体增速 8.41 个百分点。

表 1　2016 年 1—6 月份医药工业主营业务收入完成情况

行业	主营业务收入（亿元）	同比（%）	比重（%）
化学药品原料药制造	2363.02	9.55	17.33
化学药品制剂制造	3587.19	11.07	26.31
中药饮片加工	866.22	13.03	6.35
中成药生产	3050.77	8.16	22.37
生物药品制造	1490.63	9.32	10.93
卫生材料及医药用品制造	978.98	10.62	7.18
制药专用设备制造	78.84	6.46	0.58
医疗仪器设备及器械制造	1220.00	12.60	8.95
医药工业	13635.65	10.14	100

（二）医药创新态势良好

1—6 月份，36 个 1.1 类化药和 16 个 1 类生物制品申报临床，53 个 1.1 类化药和 6 个 1 类生物制品获批临床，产品以抗肿瘤药物为主，很多由研发型小企业申请。新批准上市一个 1.1 类新药，为浙江医药的奈诺沙星。国产创新药销售规模迅速增长，石药集团的丁苯酞年销售额可突破 20 亿元，近年新上市的贝达药业埃克替尼年销售额预计过 10 亿元，恒瑞的阿帕替尼和康弘药业的康柏西普上市仅两年时间，年销售额就可分别达到 7 亿元和 3 亿元，大大激励了其他制药企业开展创新药研究。

（三）国际化发展亮点突出

根据统计局数据，医药出口保持增长。1—6月，医药工业规模以上企业实现出口交货值929.55亿元，同比增长8.03%，增速较上年同期增长4.08个百分点。发展国际标准药品日益得到企业重视，年内新增华益泰康等数家符合欧美GMP要求的制剂企业。国际医药投资大幅跃升，年内境外医药资本性投资近50亿美元，重点项目包括复星医药12.6亿美元收购印度Gland公司，人福医药以5.5亿美元收购美国EPIC公司，绿叶制药2.45亿欧元收购瑞士Acino公司，为扩大我国制剂在欧美高端市场的销售创造了条件。

（四）兼并重组活跃

大型企业加强并购重组扩大规模，如国药集团以上市公司现代制药为平台整合集团内工业类资产，沈阳三生投资53亿元并购中信国健，成为国内规模最大的基因重组药物生产企业。中小企业借力资本市场加快发展，1—6月又有上百家中小医药企业在新三板挂牌，医药成为挂牌企业最多的行业之一，到6月底累计挂牌企业已达400家左右。一批研发型企业，如苏州信达、君实生物等，借助股权投资基金的支持，在创新药研发上快速推进。

二、2017年发展展望

从全球看，随着发达经济体医药市场增速回升，新兴医药市场需求旺盛，以生物药和肝炎用药为代表的一些重磅药品市场规模扩大，全球医药市场预计仍将保持5%左右的增速。国内医药市场上，在人口增长和老龄化、二孩政策实施、群众消费结构升级、健康中国建设、财政医疗卫生投入增长、医保水平提高、医保目录扩容等因素影响下，尽管医院控费和药品不断降价，但预计医药市场将保持10%左右增长，医药行业主营业务收入也可保持10%以上的增速。

中国医药企业管理协会　王学恭　朱军　钟倩　李倩

医疗器械产业发展情况及展望

医疗器械产业正处在产业新技术革命巨变之中。医疗模式的转变、制造业变革、医疗改革、人们对健康日益增长的关注，这些都深深地影响着医疗器械产业的未来发展。根据国务院《关于发展健康产业若干意见》，医疗模式正在发生根本性变化，从关注疾病转向关注全生命周期的健康，市场需求规模将成倍地扩大，产品与服务的形式更加丰富，医疗器械产业未来的发展前景广阔。另一方面，新一轮的制造业变革同以往有所不同，“整体化”将成为趋势，新的产业运行模式正在形成，医疗器械产业的发展将面临规模化、体系化、标准化、国际化发展，创新将更加受到关注，并成为医疗器械产业新业态形成的助推器。

研判医疗器械产业发展态势、分析产业发展途径、展望产业发展前景、规划产业发展战略已成为产业当前面临的重大问题。

一、发展态势

（一）技术创新与新技术应用正在改变产业格局

1. 技术创新

在医疗器械领域，技术创新有三个层次：方法创新、工程技术创新、应用创新。在过去的几十年内，发达国家在三个层次上发展迅速，尤其方法创新与新技术应用不断获得突破，呈现出不少颠覆性的原创，使临床和产业获得巨大收益。改革开放之后，中国的创新主要集中在工程技术方面，包括新技术的应用，使中国医疗器械产业在较短的时间里缩短了与发达国家的差距。目前，中国医疗器械产业发展正在经历从跟踪模仿向自主创新的转变，在方法创新和应用创新方面预期将取得较大的突破性进展。

方法创新成为竞争焦点。医疗器械领域的方法创新往往意味着新需求或对已有市场格局的颠覆，因此不仅受到垄断性企业的重视，也吸引了许多新兴企业加入其中。在未来的一段时间内，方法创新有可能在如下几个方面获得突破：分子检测，包括基因测序等细胞免疫治疗技术；人工智能，一旦人类对智能的本质的认识获得突破，人工智能将发挥其预期中的颠覆性作用；大数据与云诊断技术脑认知与脑机接口技术；分子影像；虚拟技术与可穿戴技术。

方法创新的发展趋势至今没有减慢的迹象，近年来方法创新有几个新特点：系统性强、创新周期缩短、想象空间巨大、对市场冲击作用越来越大。

值得注意的是，随着大数据时代的到来，方法创新将变得比以往任何时候都更具有可预见性，这使得垄断性企业可以提前布局，从而赢得自身利益的最大化，这对仍以跟踪模仿为传统发展模式的中国极具挑战。

工程技术创新不断为产业注入活力。工程技术的发展极大地提升了医疗器械技术水平，同时也催生了一些新型医疗器械产品出现，未来这一趋势还将继续。在这一背景下，远程医疗、手术导航机器人、脑起搏器、医学影像、生物材料、分子诊断的技术将继续有新突破与新发展，并随着技术成熟与完善，成本越来越低、性能越来越高，其应用也将越来越广。如手术机器人，其在更多的手术领域将会发挥更大的作用，帮助医生完成手术规划、手术导航、远程操作、术后评估等，不仅提高外科手术效率，而且大大降低手术风险。

临床应用创新孕育着未来需求。临床应用对医疗器械具有特殊意义，更重要的作用是临床不断创造出新需求，因此，越来越多的企业更加关注临床应用方面的创新，期望通过技术与新需求的融合实现商业利益，而且这已成为当今企业发展的一个重要趋势，同时也吸引了越来越多的医院参与到创新领域。

我国医疗器械产业的创新发展面临艰巨挑战，尤其在方法创新和新技术应用创新方面遇到极大的困难，其背后所反映的是国内创新环境与创新机制的建设问题。在过去的几十年间，“产学研结合”、“产学研医结合”、“官产学研商用结合”推动了多轮，但仍未解决根本问题，创新机制仍是困扰产业创新发展的瓶颈问题。

2. 新技术应用

当今新技术不断渗透已成为医疗器械创新发展的一个重要趋势。在世界范围内，其他技术领域“溢出”的工程技术已成为医疗器械技术创新发展的重要资源，这种通过把其他专业领域新技术引进、应用、再发展的发展方式在未来仍将是医疗器械创新发展的主流，在我国，相对于发达国家，这一方式将始终占有更大的比重。这种渗透作用在更多的情况下表现为“吸纳”，这显著地区别于其他产业，因此，医疗器械有着较强的创新带动性，所以发达国家对其战略价值越来越重视。

新技术的应用为后进国家的医疗器械产业发展提供了机遇，将使我国拥有更多的机会实现超越。比如，我国 X 射线平板探测器发展就没有走国外的发展之路，而是借用了成熟的平板电视生产线，在融入了专业化技术改造之后获得突破性进展，走出了自己本土企业的发展之路。

我国的部分医疗器械企业的发展受益于新技术的应用，使我国在一些医疗器械领域保持了良好的发展态势。一些国内企业通过与需求对接，对新技术进行改造、融合、再创新等一系列过程，实现了产品突破，在远程医疗、磁共振永磁体、手术机器人、脑起搏器等方面与国际品牌展开了竞争。

3. 平台性技术

平台性技术具有辐射作用强、对产业支撑性强、可独立形成商业模式的特点，代表着专业化 + 社会化的发展方向，因其有助于提高供给侧运行效率而越来越受到关注。

产品开发及产业平台技术包括 3D 打印、智能化辅助设计和制造技术、计算机模拟技术、大数据智能分析技术、生物芯片技术、医用软件技术等。近年来，这些领域表面上平静，但它们对产业体系的发展具有重要价值，内部激烈的角逐从未停止，因此站在产业发展的角度布局此类平台技术将决定产业中一些子领域的长远发展。

应用方面的平台性技术通过与临床深度结合可为多种或多类疾病提供诊疗手段，因其具有较高临床价值，越来越为大企业所重视。具有广阔发展空间的此类平台技术包括手术机器人、基因诊断、细胞免疫治疗等。我国在一些领域具有潜力，如脑神经刺激技术、脑机接口技术、基因筛查技术已在一些疾病中获得成功运用，未来与临床的进一步合作将有望对不同种类的神经性疾病开发出具有针对性的“电子处方”，获得更广泛的应用。在手术机器人方面，我国也与国际先进水平保持同步发展的态势。

4. 颠覆性技术

颠覆性技术因其对在用技术具有颠覆性、具有丰富的想象空间而备受产业界重视。

一些具有局部性颠覆作用的技术，如可穿戴技术可以监测生理信息的变化，作为临床检测的辅助，其对健康的价值将会越来越受到重视，甚至改变人们已有的健康保障方式。这类技术在过去的五年中受到资本的关注，出现了与手机结合、与腕表结合等多种形式产品。

引人关注的是一些具有全局性的颠覆性技术。

基于大数据、云技术、智能分析的云诊疗技术将改变未来的诊疗模式。云诊疗技术包括对患者诊疗周期甚至是全生命周期的信息汇集、分析、统计，同时也包括对医生经验的提取、分析和归集，还包括学习模型的设计等，云诊疗技术将改变当今的医疗模式，让诊疗更多地成为医疗体系的行为。在发达国家，建立全生命周期的健康大数据、云诊疗的学习能力建设已成为产业发展的重中之重。我国在相关方面已有不少好的建议，但在行动上仍然缺少战略性应对，在相关标准建设、临床路径探索方面缺少实际行动。

智慧医疗是当今备受关注的另一个概念，它不仅包含了云诊疗技术，同时还包括对分布式临床资源的智慧化整合。它可以根据具体的需求调度临床资源，为患者提供优质服务，同时还可实现临床资源运行效率的优化。此外，智慧医疗还将有助于高效地建立起医疗质控体系，为医生提供有效的培训，让医疗器械处于最佳的运行状态。智慧医疗的发展有赖于医疗器械产业与医疗体系的深度融合，涉及医疗模式、伦理、政策、基础数据建设等，并非是少数企业可以承载的，需要战略上的整体动作。目前我国有一些企业在推动智慧医疗发展方面有所投入，但对产业的应对乏力。

（二）创新体系建设已成为战略布局的重中之重

创新体系建设是医疗器械产业发展的关键性因素。医疗器械的市场对高质量、新功能、高性能具有极强的偏好，这也造就了其创新驱动型产业，在发达国家，人们在关注新技术的同时也不断探索创新体系的发展，提出了转化医学等概念，其宗旨是提高创新的效率，这反映了一个认识上的趋势，也即创新体系建设将引领未来的产业发展。发达国家的发展也表明,决定创新成效的不仅是技术本身，更重要的是创新体系建设，包括创新的金融环境、政策环境、创新生态、创新的可交易化等，美国在创新体系建设方面走在了最前列，相比之下，英国尽管有着丰厚的底蕴，但在创新的成效上远不及美国。

面向知识经济的科技创新体系发展将成为方向。当今的科研体系建立在旧有的工业体系基础之上，当产品中知识成分比重逐渐加大、线上交易越来越普遍、技术手段越来越丰富、需求不断走向透明时，面向新经济时代的创新体系建设将逐渐演变成竞争与发展的核心。正如在一些国家已经展现的，需求方在未来的创新体系中将扮演更加重要的角色，方法探索将成为创新的主流。

我国具有丰富的临床资源与智力资源，国家投入逐年增加，但创新体系建设仍然落后。就整体发展而言，当前医疗器械企业仍然难以承担创新主体的作用，其研发投入与主体身份不符，这成为制约创新发展的根本性障碍。另一方面，科研院所和医院的评价机制也不支持智力资源投向产业，站在体系建设的角度看，创新链条尚未成形。

（三）产业体系化建设决定产业的竞争实力

近年来，德国“工业 4.0”、美国工业互联网等相继出台，对制造业的发展造成冲击，中国也推出了《中国制造 2025》，这些战略性安排的核心是确定面向互联网时代的工业发展方向，其对医疗器械产业的未来发展也必将产生重大影响。按照《中国制造 2025》的分析，医疗器械产业的发展受到两个环境的影响，一是外部价值环境，二是内部效率环境。

需求侧，也即产业的外部价值环境对产业提出了较高的期望。国家战略需求，医疗改革所释放的医疗需求，由经济发展带动的市场增长，长寿及老龄化社会带来的健康需求，医疗模式改变对市场的冲击，新医疗技术带来的新市场，国际市场的迅速增长，国家安全监管趋严等，这些来自国家的需求和市场的需求深深地影响产业发展。按照国务院《关于发展健康产业若干意见》，至 2020 年，我国的健康产业规模将达到 8 万亿元，约为当年国家 GDP 总值的十分之一，其中新增医疗器械市场总值将超过万亿元，这对我国医疗器械产业提出了新的期望。目前，国内企业对市场敏感，在产品层面有积极的应对，但在产业体系构建、发展途径的选择方面缺少产业的战略安排。

在供给侧，一方面医疗器械产业的整体规模将再上一个台阶，更重要的另一个方面是医疗器械产业的效率环境成为产业发展的关键。当前的发展态势揭示出，未来的竞争将是产业体系之间的竞争，其效率决定竞争能力，而竞争能力则决定了规模，因此产业体系的运行效率是产业发展的关键所在。近年来，产业体系之间的竞争趋于激烈，如果说发达国家的产业体系是以大品牌的跨国企业为龙头携众多相关企业、机构所组成，更多地表现为纵向关系，我国的产业体系则是在政府的助推下、具有协作关系的企业与机构所构成，更多地表现为横向关系，在互联网时代，我国的产业体系更具生命力，只是其系统性亟待提高。研读各国产业体系的设计蓝图，可以看出一个明显的发展态势，标准化、平台化、专业化、社会协作化、信誉透明化、线上与线下协同运作将代表着未来，这样的产业格局更适应医疗器械产业的发展。当前，各国医疗器械产业面临的重要问题是在未来的工业体系架构之下，如何构建适应未来需求的产业，在产业规模和其系统结构设计、发展途径的选择、发展环境与产业生态建设方面如何应对互联网时代的到来。

我国医疗器械产业走过的是一条跟踪模仿的发展之路，它使得我国在短时间内缩短了与发达国家的差距，但这一发展模式面临挑战，产业的当前发展在几个方面遇到困难，核心部件与关键技术相对于整机发展落后、产业的基础性支撑能力较弱、产业基础数据不全、企业间及企业与机构之间的协作仍然有限，这些问题的严重性将随着产业的发展日益突出。

（四）国际化成为产业发展的重要方面

在过去的 20 年间，医疗器械产业逐渐加快了国际化的步伐，跨国企业通过市场和资源的国际化再加上品牌逐渐形成了如今寡头垄断的局面。在中国，跨国企业已基本完成了产业布局，从最开始的以来料加工为主，逐渐走向联合开发，如今，联合研究也越来越普遍。

我国医疗器械企业在最近几年加快了国际化进程。出口额逐年增加，并且从 2005 年起国际贸易呈顺差，出口产品中的中高端产品比重不断提高，一些产品还成功地销往发达国家。此外，国内企业还通过国外上市、兼并、合作、团队引进等走向国际化，一些企业的国际合作直接指向最前沿技术，有些甚至走在了世界的前列。但是也应当看到，在国际化发展的大趋势下，我国在国际品牌、企业规模、企业本土化发展方面尚待进一步发展。

二、2017 年产业展望

（一）国内外市场需求

国内外医疗器械市场需求随着新技术应用与人们对健康长寿的需求而发生着变化，关注全生命周期健康支持产品的需求越来越多。如可穿戴健康监测设备、家庭护理与监护设备、远程监护与移动医疗、智能辅助设备、健康大数据分析处理等产品成为当今世界人民预防疾病、长寿健康保障的重点需求产品。

疾病诊疗临床需求智能诊疗设备，如精准诊断仪器、个性化治疗方案、智能微创手术设备、个性化智能材料与新加工工艺技术、再生组织器官、智能化康复辅具等是临床需求产品。

（二）部分前沿探索有望获得突破

近年前沿探索技术产品中，以表 1 中的有望在 2017 年有所突破。

表 1　部分有望在 2017 年有所突破的前沿探索技术

序号	有望突破产品领域	突破方向	突破时间
1	医用可穿戴设备与有源植入式设备新产品不断涌现	心脏监护、人体状态辨识参数检测、诊断与治疗皮下植入式芯片	2017—2018 年
2	再生组织器官、微纳米人工材料应用	组织器官、智能人工关节、柔性材料智能人工晶体，人工耳蜗等	2017—2019 年
3	健康管理大数据处理与分析	健康监测大数据库及分析处理软件	2017—2020 年
4	虚拟数字技术在产业与临床多领域的应用	物理 + 虚拟实现设备的设计与管理、手术方案确定、图像三维重组、临床培训等	2017—2020 年
5	智能型材料在人工器官上的应用，3D 打印技术将在医疗器械个性化治疗及产品定制中广泛推广应用	人工关节、智能人工晶体、人工智能皮肤	2017—2019 年
6	基因第三代测序技术	纳米孔单分子测序技术、复合探针锚杂交和连接技术、合成测试法技术、实时单分子 DNA 测序技术等	2017—2018 年
7	脑机接口技术	康复护理、脑机对话	2017—2020 年
8	新型成像方法，血管内超声探头及设备，碳纳米 X 射线源	太赫兹成像技术突破、血管超声整机开发、新型 X 射线源 CT 机	2017—2018 年
9	5MHz 的 CT 机球管，PET-MRI 设备	PET-MRI 样机	2017—2018 年
10	配套新技术应用	涌现更多临床新产品	2017 年

（三）一些产品领域走向国际第一阵列

表 2　部分有望在 2017 年走向国际第一阵列的产品领域

序号	重点产品领域	突破重点产品及达到水平	突破时间
1	医学影像设备	如高端超声诊断设备、超导磁共振设备、CT 机、PET-CT 机、电子内窥镜等产品将走向国际第一阵列	2017 年
2	医用电子设备	如监护仪、多通道心电图机等产品已与国外公司形成全面竞争	2017 年
3	临检类产品	如全自动生化分析仪、血液分析仪、基因筛查与检测设备等产品将走向国际第一阵列	2017—2018 年

续表 2

序号	重点产品领域	突破重点产品及达到水平	突破时间
4	植（介）入类	第三代生物可降解血管支架和聚合物药物可降解药物洗脱支架，新材料导丝与导管、柔性材料人工晶体、智能人工关节等产品在国内已走向第一阵列	2017—2018 年
5	健康大数据及可穿戴设备	如可穿戴心电监护仪、健康大数据处理等	2017—2018 年
6	智能手术机器人	6 机械臂微创手术机器人、脑神经定位手术机器人在国际第一阵列后端	2016—2018 年
7	系列神经刺激	脊柱神经刺激器、脑神经刺激器已走向国际第一阵列	2016—2018 年
8	手术与急救产品领域	除颤仪、心脏超搏器技术达到国际先进水平	2016—2017 年

（四）基础应用取得进展

经过多年发展，我国医疗器械产业的相关基础应用取得了一定进展，未来几年，在针对性的战略安排之下有望再上一个台阶。医疗器械产业的相关基础应用技术包括基础关键件、专用核心部件与关键技术、质量测试手段（包括模拟测试等智能技术）、体系标准、基础数据库、信息分析、计算机辅助设计与制造、智能制造等，中国在走向制造大国的过程中，这些技术为医疗器械产业的发展提供了坚实的基础，让我国医疗器械的技术水平在整体上迅速提升，但是值得注意的是以往令医疗器械受益的这些基础应用技术更多地源于国家基础制造业的进步，医疗器械产业缺少面向自身发展的针对性战略安排，产业的整体效益偏低。经过“十二五”期间的努力和“十三五”的安排，这一局面将有望被打破，在一些方面有望再上一个台阶。

在核心部件与关键技术方面，继 X 射线平板探测器取得突破之后，其规模化生产将获进展，新一代探测器的研制有望走在世界的前列；在开发出 5MH 大容量 X 射线球管之后，8MH 球管也将在“十三五”期间取得突破；在基于 Si-PMT 的 PET 探测器件、新型超声诊断探测器、超导磁共振磁体（国内超导磁材突破）、新型 CT 探测器、微流控技术、基因检测技术（高通量）、新型生物材料及成型技术等方面将取得实质性突破，相关产品竞争力将有望提升。

在质量测试技术方面，相关计算机模拟技术、测试技术与测试平台、计量标准物质等方面在“十三五”期间的布局之下将取得初步进展，为进一步的战略安排奠定基础。

在体系标准建设方面，“十三五”期间，在产品技术标准上将继续发展势头，更多地参与国际标准的制定、更多的标准与国际接轨；在工业互联网、物联网迅速发展、健康大数据日益受到重视的未来关键几年中，针对我国医疗器械产业发展的标准体系建设将得到进一步重视，在政府引导下有望构建面向知识经济、大数据时代、新工业变革的标准体系；标准的发展将呈立体化发展趋势，团体标准的发展将展现出生命力，一些具有高质量产品标志的团体标准有望提升我国优质医疗器械的市场认可度，成为“品牌”，帮助产品和企业走向国际化。

基础数据库建设和信息分析能力建设有望取得新的进展。比如，在健康大数据方面，经过较长时期的探索后，我国的临床资源将发挥优势，在基础数据库建设、数据分析、疾病模型建立等方面有所进展，为大数据技术的发展奠定基础。产业基础数据库建设和信息分析能力建设也将受到重视，助推产业的协同发展。

在计算机辅助设计与制造、智能制造等先进制造领域，在“十三五”期间有望出现针对医疗器械产业的专业化手段与战略安排，甚至出现面向产业、可提供公共平台性服务的“标准化生产线”。

（五）产学研医协同创新走向成熟

随着融合化发展的趋势，医疗器械产学研医协同创新将逐渐走向成熟。服务于创新各个阶段的专业化平台将趋于完善，在创意验证阶段，有医疗器械产业联盟正在尝试建立医疗器械工程化平台，旨在为临床与技术搭建对接平台，完成创意的原理样机、工程样机、临床样机；在产品注册阶段，已有企业专职从事相关注册服务，包括提供产品标准、产品检测、产品临床试验等服务，专业化的 CRO（Contract Research Organization，合同外包研究组织）也正在酝酿组建；在产业化阶段，专门提供全面解决方案的企业有望在“十三五”期间出现，为企业提供生产性服务，甚至让中国技术走向世界；在市场化阶段，不仅会出现专业化的营销企业，公司与临床的深度结合将得到进一步发展，为临床提供系统解决方案将进一步取代产品销售的模式，为多家企业集约化地提供联合售后服务的公司将进一步成长，更多的企业在产品市场化的同时将更多地参与临床的应用研发，产业界与临床界的协同、互动式发展将迎来新的局面。站在另一个角度，研发服务业和生产性服务业将逐渐形成业态，面向医疗器械的 CRO 等将取得实质性发展；专业化承接科研成果、加速其市场化进程的企业也将获得发展，科研成果交易将进一步实现流程化、规范化。

（六）产业生态不断完善

国内医疗器械的产业结构将在未来三年中发生较大变化，产业生态进一步改善，医疗器械产业化基地有可能走向集约化的发展方向，一些与大企业形成共生关系的中小企业将获得更大的生存空间；在政府的支持下还将出现更多的平台性研发服务机构，技术平台将为企业提供实质性的服务，如测试平台、工程化平台等，研发服务业逐渐壮大；与此同时，生产性服务业也将进一步发展，专业化营销及产品技术服务企业将迎来机遇；随着医疗模式的转变，一些新型医疗器械企业将迅速发展，如可提供基因测试或筛查服务、健康社区全面解决方案的企业将突破传统为医疗机构和社会提供新型服务。

产业的金融环境在不断趋好的大背景下将进一步发展，投资的盲目性将有可能通过专业化平台的深度参与而显著改善，通过这些平台进行投融资、与这些平台成为投资伙伴将成为一个有潜力的模式。

产业的鼓励性政策将走向成熟，与市场距离近的项目将不断减少支持，基础性、平台性、共性技术和创新技术将获得更多的政策鼓励。监管性政策将走向科学化，在用医疗器械的监管强度将有大幅度的提升。

（七）几个瓶颈问题有待破解

尽管我国医疗器械产业在过去的30年间发展迅速，但国家的发展形势、医疗改革、健康需求的迅速增长，这些都对处在新一轮产业革命中医疗器械发展提出了新的期望，一些问题亟待解决。

1. 产业发展的战略应对

在计划经济时代，医疗器械产业曾被划归不同的管理部门，改革开放之后，医疗器械是最早放开的产业之一，在加入世贸组织之前其进口关税已降至平均6%以下，行业的市场化程度较高，为了弥补技术上的落后，长期以来产业的发展模式以跟踪模仿为主，产品的进步主要体现在工程技术方面，产学研医合作的问题虽然严重，却并未形成严重制约。但在新形势之下，产业面临从跟踪模仿转向自主创新，产业结构也必须面向未来进行调整，如果采用西方的发展道路，这将是一个极其漫长的过程。相反，在政府+市场机制的运作下，这一过程有望加快，并形成中国特色，赢得明天。

为了更好地协调政策，调动产学研医以及金融界的积极性，首先需要强化战略应对，包括战略研究、产业发展路线图、战略举措的实施、调整等。目前该领域战略研究不够系统，基础信息不完整、不准确，研究往往是短期行为，缺少稳定的基础支撑，政策与实际的契合程度低。

2. 基础应用的投入问题

产业的升级亟须在基础应用方面有所投入，国内在这方面长期欠账，使产品质量受到严重制约，创新效率受到影响，产业竞争能力的发展受到制约。西方由大企业主导式的发展并不适于中国，我国无法借鉴其基础应用能力的发展模式，面向互联网时代，构建具有我国特色的基础应用能力具有挑战性，但也切中产业发展的关键。

3. 协同创新过程中存在的问题

协同创新的最大制约是机制问题。产学研医有各自的评价体系，而且由此导致的欠融合状态对未来发展将会带来消极的后果。另一方面，已有的基础上，缺少平台支撑是一些创新成果无法落地的重要原因。一些好的创意因为无法得到有利益保障的原理验证和工程化实现而搁浅，更为重要的是，由于缺少参与从创意到产品市场化的全过程，创新能力的发展缓慢。

4. 产业生态存在的问题

新一轮工业革命的颠覆性在于它将彻底改变原有的产业生态，互联网可以将分布式的生产要素整合在虚拟的世界里，旧有的工业文明将被添加上新的、知识经济时代的文明，知识产权将受到重视，产品与服务的交付对信誉体系提出了新的要求。我国医疗器械产业是在工业体系尚不完整的情形下面临上述这些挑战的，如何构建适合自身国情、面向未来的产业生态将决定着产业的竞争力。

中国仪器仪表协会医疗仪器分会　王晓庆　秦永清　王金锐　华玉涛　李萍萍

生物制造产业发展情况及展望

以化石资源为经济基础的物质加工业在过去100多年中取得了辉煌的成就。进入21世纪，气候变化、环境危机、能源资源短缺、人口健康等问题正在引起世界产业格局的深刻变化，人类面临着前所未有的生存与发展的危机。随着生命科学快速发展、突破性技术的加速涌现，生物技术与现代工业理念的交融产生了生物制造产业，生物制造产业初具规模，开始部分替代原有石化工业的物质生产基础，打破化石资源为基础的传统物质合成与制造的经济结构，并向人类社会生活的各个层面延伸，开发出新的应用领域，形成新的产业形态，正在改变人类社会历史发展的进程。

我国生物制造业的现代化过程虽然起步较晚，但乘着国家经济高速发展的东风，以低成本、大规模等优势取得了部分大宗产品在产量、规模上的市场优势。然而我国生物制造业在技术含量、利润率、精细化方面还与世界一流水平有着较大的差距。随着劳动力、成本红利的消失，环境成本的不断增加，以往大规模、高能耗、牺牲环境的经济发展模式已经走到了尽头。随着国家整体经济转型期的到来，部分粗放型的传统生物制造产业面临着产能过剩、国际竞争力减弱的压力。相反地，更具有科技含量、注重自主知识产权、更环境友好的部分新兴生物制造业则迎来了外部国家政策重视、内部核心技术水平提升的双重利好，走向快速发展的道路。

一、国内生物制造产业的主要发展动态

作为生物制造业主体的发酵产业，其产品产量2015年达到2426万吨，基本与2014年持平，但总产值达到2900亿元，相比2014增加3.6%。发酵产业整体形势遵从国家整体经济形势的发展规律，呈现持平状态。其中发酵产品出口方面，2015年出口总量344万吨，较2014年增加3%。根据56种主要发酵产品出口统计，2016年1—4月份出口总量154万吨，相比2015年同期增加12.8%，增速明显。但是出口额总数由2015年1—4月的19.33亿美元降低至2016年同期的18.29亿

美元，降幅 5.4%（见图 1）。销售额降低的主要原因可能与人民币汇率波动有关，但是不排除部分产品由于产能过剩导致的结构性调整。例如最大宗出口产品柠檬酸由 2015 年 1—4 月的均价 801.5 元 / 吨降为 2016 年同期的 716.7 元 / 吨，降幅为 10.6%，明显超过平均水平。

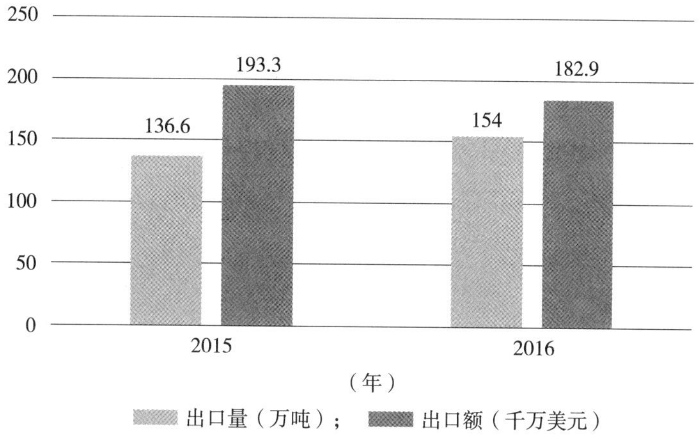

图 1　2016 年 1—4 月主要发酵产品出口量、出口额与 2015 年同期比较

数据来源：据《发酵工业》杂志 2015 年及 2016 年第 6 期统计。

我国生物基化学品发展速度较快，如生物基丁二酸产业预期 2016 年建成国际上最大的年产 5 万吨丁二酸的产业化生产线。在生物基材料方面，中国的聚羟基脂肪酸酯（PHA）、聚乳酸（PLA）、丁二酸丁二醇共聚物（PBS）、二氧化碳共聚物（PPC）和淀粉基材料及其单体的生产技术在近年都取得了长足发展。PHA 年总产能超过 2 万吨，产品类型和产量均处于国际领先地位。实现了年产 1 万吨 PLA 的生产能力（世界第二）、年产 1 万吨以上 PPC 的能力（世界第一）、年产 10 万吨以上淀粉基材料的能力，同时有 2 万吨的 1,3- 丙二醇产能提供给 PTT 合成。中国是世界上第三大生物燃料乙醇生产国和应用国，仅次于美国和巴西，2014 年中国生物燃料乙醇产量约 216 万吨。由于受原料限制，纤维素乙醇已成为未来生物能源产业发展的重要方向，而纤维素乙醇商业化过程中的主要瓶颈之一是缺乏能够同时代谢六碳糖和五碳糖的商业酵母。中国上海工业生物技术研发中心与丹麦诺维信公司合作，在山东大学协助下共同开发的秸酿 TM 酵母，与诺维信已经推出的纤维素酶配合使用，大大提高从玉米秸秆和甘蔗渣等多种生物质原料到燃料乙醇的转化率并降低了生产成本，使大规模商业化利用纤维素生产燃料乙醇成为可能，目前该酵母产品已在全球范围的纤维素乙醇商业项目中成功应用。中国生物柴油产业发展处于成长期，生物柴油总产能为 300 万吨到 350 万吨，但由于受到原料供应的限制，生产装置开工率不足，2014年产量约为121万吨，尚无法满足巨大的市场需求。

二、影响生物制造产业发展的主要影响因素

（一）生物制造业核心技术的发展为主导因素

生物制造业的技术价值核心在于高效优质的微生物菌种以及围绕菌种的一系列生产装备、技术与体系。生物制造产业中传统发酵行业往往由于历史遗留原因导致菌种质量差、发酵水平低甚至没有专利保护，导致国际竞争力低下、利润率低，只能通过盲目的扩大产量和破坏性的价格战来占领市场。这又导致了产能过剩，开工率和利润进一步降低的恶性循环。所以能从根本上打破恶性循环的是我国生物制造产业核心技术的自主权和不断更新换代的能力。另一方面生物基化学品、生物基材料等新兴生物制造业由于发展历史较短，正处于飞速发展阶段，往往革命性的新一代菌种、技术能完全改变整个产业的发展走势，快速占领绝大多数市场份额，甚至开发出全新的市场。所以自主的核心生物制造技术是新兴生物制造产业发展的根源。

近几年合成生物学和基因组编辑等前沿技术的飞速发展，在技术手段上极大地增强了生物制造过程的操控能力，带动了工业生物技术向着更加高效智能的方向前进。Gibson等新型DNA组装方法及革命性的基因组编辑工具CRISPR-Cas9可以任意组装、删除、添加、激活或抑制其他各类生物体的目标基因，使我们对生物基因组的操作能力达到了前所未有的水平。甚至原核生物基因组、真核生物的染色体都可以通过化学合成的方法进行全新设计和组装。而最近美国部分研究人员已经开始倡议人类基因组合成计划。而合成生物学则通过组合、改造、优化酶/代谢通路/菌种等实现了众多化工产品、药物在微生物中的全新生物制造。例如阿片类药物前体氢可酮就可以在酿酒酵母中被合成出来。与传统生物学或生物医学的基础研究不同，合成生物学等前沿技术到生物产业的链条相对来说十分短，很多实验室开发的先进技术能很快地转化为生物产业的生产技术、带来相对应的巨大经济效益。而这些革命性的新技术带来的往往是生物制造产业革命性的改变，一个菌种就可能颠覆一个产业。由于合成生物学特别是先进基因组编辑技术等发展十分短暂，部分只有两到三年的发展期，很多应用成果正处于实验室或向产业转化的发酵期。很快地，这些技术的产业化能极大地推动生物制造业的快速发展。

我国虽然对传统的生物制造业技术核心的研究起步较晚，但是在新兴的合成生物学等前沿科学的研究几乎与国际同时起步,没有明显的技术壁垒与代差。例如，2012—2014 年，全球学者在工业生物技术领域的专门性代表期刊发文量为 19797 篇，中国发文量排名全球第一，共发文 5114 篇。排名第二的美国，共发文 4019 篇。我国论文篇均被引用次数6.87与世界水平持平,和美国的8.326次则不断拉近差距，且超过了德国、法国、意大利等老牌工业强国。这说明我国在这一领域的研究活动十分活跃，有着非常好的积累与发展前景。另一方面，工业生物技术发明专利数量则与生物制造业的发展联系更加紧密。2012—2014 年（DII 入藏年），全球总计公开工业生物技术发明专利 28154 件，其中一半多（14862 件）都在中国进行保护。在所有专利家族中，中国发明专利所占份额依然最高，达到 31%，是排第二位美国专利的近 2 倍（见图 2）。又如生物基聚乳酸 PLA 领域，我国两家单位在 2006—2015 年间申请专利数排在世界前 10 位（见表 1）。大量专利的申请同样说明我国在生物制造领域的活跃，且更加注重自身的知识产权保护，为生物制造业的快速发展奠定了基础。

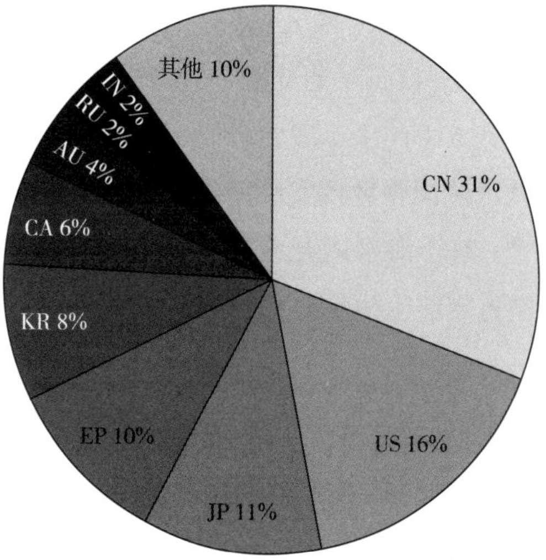

图 2　全球工业生物技术发明专利家族成员国分布情况（2012—2014 年）[1]

[1] 陈方，丁陈君，陈云伟，等. 中国工业生物技术发展态势分析与展望. 中国生物工程[J]. 2016.36（5）：1–11.

表 1　2006—2015 年 PLA 领域专利（族）数量的专利权人分布[1]

专利权人（排名）	国家地区	专利（族）数量 / 件	近三年专利产出占比 %	占全部专利权人比例 %
东丽公司（1）	日本	406	10	4.0
尤尼吉可（2）	日本	247	10	2.4
帝人公司（3）	日本	198	5	1.9
东华大学（5）	中国	116	33	1.1
同济大学（9）	中国	71	30	0.7

众多有着较好应用前景的实验室技术已经通过转移转化向商业化迈进。例如，中国科学院上海生命科学研究院与下属工业生物技术中心为近百家合作伙伴定制了近 200 种酶，应用于 21 种产品或工艺，包括 DL- 丙氨酸等 9 条首创工艺、L- 叔亮氨酸等 4 条首仿工艺及 L- 瓜氨酸等 8 条工艺的技术升级，获 2015 年度上海市科技进步奖一等奖。中国科学院天津工业生物技术研究所张学礼研究组成功开发出微生物发酵法生产丁二酸的核心技术，构建了高效生产丁二酸的大肠杆菌细胞工厂，并在国际上首次提出了以 NADPH 为还原力的丁二酸合成新途径，技术转让给山东兰典生物科技股份有限公司后，在 10 吨发酵罐中完成中试，丁二酸产量达 106g/L，转化率达 1.02g/g 葡萄糖，生产速率达 3g/（L·h），预期 2016 年建成国际上最大的年产 5 万吨丁二酸的产业化生产线。清华大学生命科学学院 BluePHA 青年创新团队以陈国强教授实验室的 PHA 生物基材料研究成果为基础，首创“蓝水生物技术”（基于海水的开放连续发酵过程的技术），成立了全球唯一一家能够提供多品类可定制生物塑料 PHA 的公司——BluePHA 蓝晶（北京）生物科技有限公司。

先进工业生物技术的研究和开发是我国生物制造业发展的关键与核心推动力。我国工业生物技术研究有较好的基础，特别是合成生物学等新兴学科研究能力较强，与国际没有明显的代差。一大批可能改变生物制造业格局的技术正在研发或转化过程中，预计不久的将来能成为推动生物制造业快速发展的根本原动力。

（二）生物制造产业受原料价格影响较大

在生物制造产业中，产品的成本往往主要来自于原料的成本。例如，以发酵

[1] 杨礼通，陈大明，于建荣．生物基材料产业专利态势分析[J]．生物产业技术．2016（2）：73-79.

行业代表性产品柠檬酸、赖氨酸为例，其玉米原料成本占产品变动成本的比例高达65%以上。目前，生物制造产业的主要原料为来自淀粉的发酵糖，而淀粉又来自玉米等谷物。受国家政策影响玉米的价格一直居高不下，2015年玉米价格基本维持在2200元/吨，最高达到2400元/吨。然而同时期国外玉米价格远远低于国内水平，2015进口玉米约1500元/吨，国内玉米价格比国外价格高50%左右，国内生物制造产品在出口竞争中失去价格优势，利润空间不断被挤压。但是，随着国家计划改革玉米收储政策，市场因素特别是国际市场价格影响国内玉米价格走势,2016年国内玉米价格逐步下行。截至5月份,国内玉米价格约为1800元/吨,2016年预计价格将在1700 ~ 2000/吨。主要原料的成本降低为我国生物制造业发展带来了新的机会，把握未来原料市场价格的变化趋势，控制产品的生产成本和提高产品竞争力是生物制造行业的挑战也是机遇。

生物柴油产业比较特殊，其原料主要为生物油脂，其原料占生产成本更是高达75%。我国生物柴油产业发展处于成长期，生物柴油总产能约300万—350万吨，但由于受到原料供应的限制，生产装置开工率严重不足。欧美国家由于来源丰富，可以以大豆油、菜籽油和棕榈油等可食用的植物油脂为原料进行生物柴油生产。然而我国食用油仍需大量依赖进口，无法以此为原料生产生物柴油。目前我国生物柴油企业多采用潲水油、地沟油等餐饮废弃油脂及酸化油等食用油脂加工下脚料为原料。以餐饮废油为原料生产生物柴油，能够有效避免“地沟油”回流餐桌，一定程度上保证了人民的食品安全。然而在实际操作过程中，生物柴油每吨比食用油低1500元左右，成本则高3倍，且废弃油脂收集困难，无法保证原料供应。如何建立完善的废弃油脂回收机制，保证废弃油脂的供应，对于解决我国生物柴油生产原料不足的问题至关重要。这一问题主要需要政府从政策法规的制定、执行及行业规范和标准化体系的构建这两方面解决。我国政府虽然出台了一系列政策法规激励、扶持生物柴油产业的发展，然而缺乏具体的落实办法，难以保证地方能源管理部门的积极性，需要进一步制定更加清晰明确的定价、财政、税收、投资等政策。此外我们需要以国家法规为依托，加强对废弃油脂流向的监督，建立地沟油回收利用机制，实现生物柴油行业各环节的规范化，维护正规企业的合法权利，采取有效措施刺激市场对生物柴油的需求，保证生物柴油的正常销售。

除了玉米等主要淀粉来源，利用其他一些诸如非粮木薯和菊芋等原料进行生产也可能为生物制造业提供一定的机遇。但是这些原料受国内产量、进口限制等因素的影响，只能在小范围内使用，无法全面实现替代。唯一在不久的将来可能实现颠覆性替代作用的是纤维素。现阶段以纤维素为原料的生物制造业主要集中于纤维素乙醇。纤维素乙醇也称第二代生物液体燃料，利用先进技术从包括玉米秸秆、麦秆、干草、木柴等农林业废弃物中获取燃料乙醇。其原料极其丰富，同时以农业废弃物的综合利用替代现行的焚烧将能极大地减少环境污染，对减少、消灭雾霾等有着至关重要的作用。国际上，由于美国通过政策强制推行燃料乙醇的使用，所以其纤维素乙醇产业发展较快。但是纤维素乙醇生产技术难度大，乙醇价格对石油价格敏感，虽然已经有众多的纤维素乙醇示范项目建成，但商业化表现不佳，至今未实现大规模工业化生产。然而随着生物制造业的快速发展，原料供应问题是不可避免的。纤维素作为主要的潜在原料，我国应该加快系统化的开发步伐。一些以纤维素为原料的发酵生产附加值较高的大宗化学品的技术已经从实验室走向企业，这或许能为生物制造产业的原料替代与成本控制找到新的出路。

（三）石油价格对生物基化学品等新兴产业发展有较大影响

生物制造产业中生物基化学品的生物制造发展最为迅速。生物基化学品的生产过程主要是将生物质作为原料，经过不同的预处理进入细胞工厂，进一步合成平台基础化学品或多聚物中间体，最终合成相应的材料和化学品。据美国 Rennovia 公司预测，到 2020 年，全球生物基化学品市场规模将增至 120 亿美元以上。美国 Lux Research 咨询公司预测全球生物基材料与化学品产能将于 2018 年跃升至 740 万吨以上(见表 2)。而我国 2020 年生物制造产业发展目标为“10% ~ 12% 的化学产品实现生物基制造”，其中 “精细化学品中生物基产品替代率达到 20%”。近几年我国生物基化学品产业飞速发展，如聚乳酸、聚丁二酸丁二酯等生物基塑料产能成倍增长达到世界前三。显然，生物基化学品与石油工业产品形成直接竞争，在大多数产品没有政策补贴的情况下，生产成本将直接决定产品的销量，进而决定生物基化学品产业的发展速度。所以，化工工业的原料石油，其价格决定了化学品的市场价格，同时对生物基化学品生物制造产业的利润、投资和发展有着深刻的影响。例如生物基丁二酸原材料成本仅有 0.55 美元 / 千克，而当石油价格在高位运行时，化学法合成的丁二酸原材料成本为 1.1 美元 / 千克。此时，生物基丁二酸产业的利润空间非常大，市场前景巨大。然而 2014 年 6 月至 2016 年 1 月间石油价格从超过 100 美元 / 桶大滑坡至最低 34 美元 / 桶，直接吞噬了生物基化学品产业的绝大部分利润空间。2016 年石油价格稍有回升，但仍小于 50 美元 / 桶，且石油供应过剩，需求疲软，短期内石油价格在低位运行可能对生物基化学品产业的发展造成一定的影响。

表 2　部分产品的全球生物基市场和总市场（生物基 + 石油基）的价格和销量[1]

产品	生物基市场				总市场（生物基 + 石油基）		
	价格（美元 / 吨）	销量（千吨 / 年）	销售额（百万美元 / 年）	市场额（%）	价格（美元 / 吨）	销量（千吨 / 年）	销售额（百万美元 / 年）
乙酸	617	1357	837	10	617	13570	8373
乙醇	815	71310	58141	93	823	76677	63141
乳酸	1450	472	684	100	1450	472	684
1,3- 丙二醇（PDO）	1760	128	225	100	1760	128	225
1,4- 丁二醇（BDO）	＞3000	3	9	0.1	1800 ~ 3200	2500	4500 ~ 8000
正丁醇	1890	590	1115	20	1250 ~ 1550	3000	3750 ~ 4650
丁二酸	2940	38	111	49	2500	76	191

（四）国家政策的正面引导性作用

生物产业的发展基本为市场导向，但纯粹的市场导向往往具有一定的短视性。国家政府的适当政策引导与选择性支持能起到很好的规范、导向作用。特别是在生物产业核心技术的前期研究阶段更需要国家的大力支持，才能有足够的产出与自主知识产权以保证生物产业的健康高速发展。现阶段全球化的市场已经很难完全分割开，其他国家的政策引导也会通过市场调节对我国的生物制造产业发展起到一定的影响。世界范围内各国政府都十分看好生物制造的发展前景，纷纷出台市场预测和发展规划。据经济合作与发展组织（OECD）预测，至 2030 年，35% 的化学品和其他工业品将出自生物制造。欧盟 BIO-TIC 项目发布《生物经济之道：欧洲工业生物技术繁荣发展路线图》，预期到 2030 年欧盟的工业生物技术产品市场规模将增长到 500 亿欧元。在政策引导方面，美国与欧洲除了在生物燃料方面有一定的税收减免政策外，主要通过限制性法令和导向性政府采购来引导生物制造业的发展。如世界各国包括中国纷纷出台“限塑令”限制不可降解塑料袋的大

［1］于建荣，毛开云，陈大明，等 . 生物基化学品市场与产业化分析［J］. 生物产业技术 . 2016（3）：40-44.

规模使用，可以在短时间内将塑料袋的使用降低 90%。这对生物基可降解塑料的快速发展起到了很好的推动作用。又如美国农业部的 BioPreferred 计划包括指引政府机构购买美国农业部（USDA）认证的生物基产品，以及为符合条件的生物基产品提供认证标签以引导消费者购买。

2015 年 12 月初举行的习近平总书记及各国元首参加的联合国气候变化大会终于签署了《巴黎协定》，确定全球平均气温较工业化前水平升高幅度控制在 2℃之内的目标，并提出为把升温控制在 1.5℃之内而努力。新协定还指出，全球将尽快实现温室气体排放达标，21 世纪下半叶实现温室气体净零排放。这可能预示着“化石燃料时代的终结”。随着这一协定细则的制定与推行，相信会对生物制造业部分替代石油石化工业起到很好的促进作用。我国也制定了一系列的政策引导、促进生物制造业的健康快速发展。2015 年 5 月，中国印发《中国制造 2025》，提出全面推行绿色制造，将新材料、生物医药等列为重点领域突破发展；要求努力构建高效、清洁、低碳、循环的绿色制造体系，大力促进新材料、新能源、高端装备、生物产业绿色低碳发展。2016 年 8 月，工信部、发改委、科技部和财政部为了更好地贯彻落实《中国制造 2025》，组织实施好绿色制造工程，共同下发了《绿色制造工程实施指南（2016—2020）》。这为作为绿色制造重要组成部分的生物制造产业的发展做出了更细致的指引。

生物制造产业核心技术的前期研究更加需要国家的政策引导和财政支持。西方发达国家纷纷通过不同渠道对合成生物学等与生物制造相关的新兴前沿科学加大支持力度。美国政府通过 DARPA、农业部、能源部等部门近几年在合成生物学方向投入超过 20 亿美元的资助。2016 年 2 月，美国农业部宣布将通过“生物精炼、可再生化学品、生物基产品生产援助计划”（Biorefinery, Renewable Chemical, and Biobased Product Manufacturing Assistance Program，“9003” Program），向以可再生生物质为原料的化学品和燃料项目提供 1 亿美元的贷款担保。以英国为代表的欧洲国家同样重视引领生物制造业的技术创新发展，早在 2014 年 7 月，欧盟已发起欧洲联合生物基产业发展计划（BBI），计划在未来十年投入 37 亿欧元用于发展新兴生物经济，包括建设先进的生物精炼厂，以及开发将可再生资源转化为生物基化学品、材料和燃料的创新技术。

我国同样十分重视合成生物学等的基础与应用研究，前期通过“973”和“863”项目进行了大量支持。在 2016 年“十三五”规划的开年也在准备相应的研究支持计划。另一方面，欧美国家的工业界与我国相比有更成熟的投资体系，美国以

Zymergen 和 Twist Bioscience 为代表的国际化公司 2016 年已经在 DNA 合成、人工生物改造创建、生物学自动化机器人平台等方向筹集了破纪录的近 6 亿美元。可以说美国无论是政府还是工业界已经在合成生物学与人工生物创建领域的基础能力、核心技术以及重大战略方向进行了系统布局。无论是在国外政策的间接影响还是国内政策的直接指引下，相信我国生物制造业的发展会有更坚实的基础和迅猛的发展势头。

三、生物制造产业面临着挑战与机遇共存的发展道路

生物制造业脱胎于生物技术与工业制造业的交叉融合，是绿色制造与生物经济的重要组成部分。在“中国制造”走向“中国智造”的重要历史阶段，生物制造业的发展是我国实现平稳经济转型的重要一环。在“十二五”期间，中国在生物制造领域的基础研究、应用研究、技术转化、产业发展等方面取得了稳步进展，在研究规模、产业布局和产学研结合等方面形成了良好格局。在全球经济大环境、工业生物技术发展、原料和石油价格的波动及国家政策等多因素影响下，生物制造业今后的发展面临着重要机遇和挑战。

传统生物发酵产业虽然产量和销售额不断增长，但仍处于产能过剩的产业转型期。同时还面临世界经济疲软、原料价格震荡、自主创新能力弱、产业延伸和服务水平低等诸多新的挑战，部分企业更受到国际市场反倾销限制和国外企业专利侵权诉讼的困扰，仍需进行进一步结构调整和转型升级。受“互联网+”浪潮的冲击，一些传统工业生物技术企业巨头正在调整产品和业务布局，延伸绿色生物产业链条，进一步提升行业竞争力。但另一方面，合成生物学等新兴领域的快速发展可能为传统产业带来颠覆性的技术突破，一项突破性的技术往往可以拯救一个企业甚至推动一个产业方向的发展。相信只要坚定信心，团结一致，克服困难，抓住技术发展带来的机遇，就能在看似疲软的发展环境中走出新的发展道路。

生物基化学品、生物基塑料等新兴生物制造业则处于政策与技术发展的双重红利期，将迎来较快的产业增长期。在国际、国内大环境下，对制造业的环境友好性要求越来越高，环保成本会一直攀升，绿色低碳是无法阻挡的发展趋势。生物基化学品加工技术多绿色低碳，具有加工流程短、投资少、成本低、不污染环境等优势，深受消费者的欢迎。随着一些大型项目建成投用，工业生物技术开始加速发展，许多著名品牌也转向使用生物基化学品以满足消费者对更可持续产品

的需求。在各国政府政策和计划的鼓励、刺激下，大型石油和化工集团斥巨资投入生物化工产业。另一方面生物技术的高速发展使得以前无法实现的产品生物制造变成了可能。我国的工业生物制造产业正处于技术攻坚和商业化应用开拓的关键阶段，一旦众多产品的生物制造得以商业化，能极大地推动生物制造产业的快速发展。

总的来说，生物制造业面临着一些内部与外部的困难与挑战，但同样有政策与技术快速发展的东风。抓住机遇做出具有国际影响力的原创性研究成果并快速转化为生物制造产业的原动力，推动政、产、学、研、金、信、服全面互动的全链条产业技术创新体系的构建，加快完善产业集群建设和新型产业形态的培育，必将有力提升中国在生物制造产业的核心竞争力，加快现代化产业的可持续发展进程。

中科院天津工业生物技术研究所　马延和　王猛　王钦宏　李寅

基因检测产业发展情况及展望

早在2013年，麦肯锡全球研究所（McKinsey Global Institute）就发布研究报告，提出了12项到2025年将会改变生活、商业和全球经济的变革性技术。其中，新一代基因组学（Next-generation Genomics）被认为将会产生7000亿～16000亿美元的经济价值。基因检测作为新一代基因组学技术的核心之一，将带动先进检测技术、生物信息分析技术、基因编辑等业态快速发展，形成千亿美元级的产业规模。

如今，基因测序成本已然以超过摩尔定律的速度下降，精准医疗开始兴起，一大批社会资本开始关注基因检测行业，造就了近年来基因检测产业的“大红大紫”。在国家发展改革委、国家食品药品监督管理总局、国家卫生计生委等行业主管部门的大力支持下，基因检测行业已由无序发展开始转变为有序监管，并进一步向规模化、规范化、标准化的方向迈进。

一、2016年我国基因检测产业发展主要态势

2016年，我国基因检测领域政策暖风频吹，国家发展改革委、国家卫生计生委、教育部、财政部、人社部等相继发布了支持性政策。3月，国家发展改革委下发了《关于第一批基因检测技术应用示范中心建设方案的复函》，正式批复建设27个基因检测技术应用示范中心。10月，《关于加强生育全程基本医疗保健服务的若干意见》出台，明确要求各地完善基因检测技术临床应用管理，推进基因检测技术应用示范中心建设，推动基因检测技术在出生缺陷综合防治中的科学应用。10月底，国家卫生计生委发布了《国家卫生计生委办公厅关于规范有序开展孕妇外周血胎儿游离DNA产前筛查与诊断工作的通知》，对开展孕妇外周血胎儿游离DNA产前筛查与诊断工作的机构、人员及设备试剂做出了明确的要求，引导基因检测技术规范化、标准化发展。此外，行业规范和应用共识等也为行业发展指明方向。中国临床肿瘤医学会发布了中国首部《肿瘤驱动基因分析联盟（CAGA）二代测序技术临床应用共识》，帮助指导基因检测技术规范合理应用，切实给我国患者带来治疗

和生存的新希望。

中国的科学家、科研团队也在基因检测技术方面获得了诸多重大突破。2016 年 2 月，国内首例“单细胞高通量基因测序 + 核型定位技术”试管婴儿在沪诞生，通过基因检测，医学专家阻断了婴儿家族性甲状腺癌遗传的可能。3 月，全球首例接受无创胚胎染色体筛查的健康婴儿于无锡诞生，此次技术对样本的提取手段进行了革新，有助于该类筛查的普及和应用。7 月，广州医科大学附属第三医院团队通过基因编辑技术修复 β – 地中海贫血缺陷基因，使其诱导分化出正常的造血干细胞，为患者提供新的自体移植治疗选择。

基因检测设备的创新研发和国产化也同样成果喜人。4 月，瀚海基因举办第三代测序仪工程样机专家鉴定会，这一自主研发的测序技术处于国际先进水平，将为许多生物学基本问题的解决提供全新的工具。5 月，华大基因发布了测序应用整体解决方案 BGISEQ—500n。同月，博奥生物也发布了 Quick TarSeq1.0 便携式现场快速 DNA 检测系统，同时具备 DNA 分型和测序两个功能，整个检验过程完全自动化并且避免了交叉污染等问题。这都标志着中国在高端测序技术的源头创新和上下游协同发展方面的突破。

总体来看，我国基因检测产业目前正处于发展上升期，在技术基础、人才储备、市场规模和政策支撑等方面都具备了较好的发展条件。预计 2016 年全年产业规模将进一步保持 25% 以上高速增长态势。

二、影响基因检测产业供给的主要因素

（一）技术更新迭代速度加快

从 1986 年第一台商用基因测序设备出现，到第二代测序设备出现，中间间隔 19 年；而第二代设备到第三代设备只用了 5 年，基因测序设备更新迭代的速度不断加快。第三代测序设备在 DNA 序列片段读长上优于二代设备，但在准确度上不及二代设备，技术有待进一步完善，因而使用范围还比较小。第四代测序技术正处于研发阶段，尚未进入商业应用。现阶段，二代技术同三代技术并存，二代技术凭借高通量和较高的准确率拥有较高的使用率，是目前主流的基因测序技术。未来随着技术的不断演进，三代测序设备也将更为稳定和成熟。

（二）基因检测成本降幅趋缓

基因测序成本在基因检测产品和服务成本中占据很大比重。近年来，基因测

序成本以超过摩尔定律的速度大幅降低，为基因检测服务快速产业化奠定了坚实基础。以人类基因组计划（Human Genome Project，HGP）为例，它始于1990年，结束于2003年，耗时13年，耗资30亿美元。而在今天，使用Illumina公司开发的测序平台HiSeq X Ten，在1天内即可测定一个完整的人类基因组序列，并将测序成本降到1000美元以下。未来五到十年，基因测序成本仍将持续降低，但降幅会有所放缓。同时，更值得关注的是，基因检测产业下游的数据处理和分析解读服务等环节成本依然偏高，通过发现新靶点研发出基因检测产品和服务的成本难以大幅下降。

（三）基因检测服务进入门槛不高

目前，基因检测服务行业竞争十分激烈，资本的关注度高，消费级基因检测服务企业层出不穷，国内已有超过150家企业和机构从事基因检测相关业务。究其原因，一方面是由于基因检测服务的技术壁垒低，一般企业只需购买基因检测仪器及试剂即可提供检测服务，检测服务供给充足。另一方面是因为基因检测服务行业监管体系还不健全。尽管近几年来国家卫生计生委和国家食品药品监督管理总局等政府机构对基因检测的临床应用市场加强了管理，但国内基因检测服务市场发展乱象并未绝迹。

（四）信息技术与基因检测跨界融合成为新趋势

20世纪以来，信息技术在持续改变各行各业的生产和运营模式，也对人们生活方式造成巨大改变。当前，一大批信息行业巨头正把目光聚焦到基因检测领域，通过它们在数据存储、数据处理、数据分析等领域的优势，推动基因检测行业焕发新的生机。无论是英特尔、微软等跨国IT企业，还是我国阿里、华为、迅雷等国内知名企业，都在企业发展战略中看到了基因检测的身影。未来，生物技术与信息技术的跨界融合将成为推动行业创新发展的重要力量。

（五）我国具备一定的基因检测技术基础

尽管基因检测设备很大程度由国外垄断，但国内企业已经通过各种方式研发和生产基因检测设备，逐步摆脱对供应商的依赖，打造自己的基因检测全产业链，并具备了一定的基因检测技术基础。究其原因，一方面是企业创新能力的提升。以华大基因为例，经过三年时间，20万个小时的试验所开发出的完全国产化的测序仪BGISEQ-500，不仅在性能和应用方面能够和国际接轨，而且定价比同类测序仪的价格低三分之一。华大基因还自主研发了多项软件工具、实验设备，并建立了庞大的数据库应用系统。紫鑫药业公司自主研发的BIGIS第二代测序仪能够达到和部分超越国际主流设备的技术指标，其成本是进口设备的三分之一至五分之一，耗材成本为进口设备的十分之一至五分之一。另一方面的原因，则是高学历年轻科技精英的驱动。以博奥生物为例，截至 2016 年 10 月，博奥生物拥有员工总数 2481 人，其中研发人员占比 16%，硕士及以上学历员工占比 20%，30 岁以下员工占比 60%，均高于行业平均水平。

三、影响基因检测产业需求的主要因素

（一）全面二孩政策推动生殖健康领域市场扩展

基因检测技术在生殖健康领域的应用较早，技术相对成熟，操作简单，安全准确，可靠程度高，经济性较好。目前，基因检测技术在生殖健康领域的主要应用包括胚胎植入前筛查与诊断、产前基因检测和新生儿疾病筛查。以产前基因检测市场为例匡算，当前我国每年孕妇约有 1600 万，年龄超过 35 岁的高龄孕妇约占 15%，高龄孕妇接受产前基因检测的需求最大，而普通孕妇中产前基因检测的渗透率也有望超过 20%，每人次检测费用为 2000 ~ 3000 元。因此，预计我国产前基因检测市场规模有望达到约 100 亿元。而且随着我国全面二孩政策的实施，高龄产妇和新生婴儿的数量将有一定的增长，对于产前基因检测和新生儿疾病筛查的需求也会进一步增长。此外，我国不孕不育率呈逐年上升趋势，对于胚胎植入前基因检测服务的需求也将增长。因此，伴随着基因检测技术的成熟，基因检测服务在生殖健康领域的市场渗透率也将提高，行业有较大的发展潜力和空间。

（二）肿瘤诊断与治疗成为基因检测新蓝海

肿瘤是严重危害人类生命和健康的疾病，目前已发现若干基因与肿瘤相关联。通过对突变基因的检测，可实现肿瘤的早发现、早诊断和早期治疗，这对于延长患者生存时间、降低死亡率具有十分重要的意义。因此，在当前人口老龄化不断加速、癌症群体和癌症负担不断扩大的背景下，基因检测在肿瘤诊断与治疗中的应用前景广阔。基因检测在该领域的应用主要有肿瘤易感基因检测和肿瘤个性化医疗两个方面。肿瘤易感基因检测是通过检测人体血液中的 DNA，分析遗传性肿瘤的发生概率，预测肿瘤发生风险，从而及早预防或治疗。我国常见肿瘤易发人群中 40 岁以上者超过 5 亿人，每人次检测费用约 1 万元，按照 1% 的渗透率计算，市场规模可达 500 亿元。肿瘤个性化医疗即依靠药物的伴侣诊断试剂盒实现分子

靶向药物疗效检测、化疗药物疗效检测以及化疗药物毒性检测。通过个性化治疗对肿瘤药物的使用人群进行初步筛选，将大大提高药物治愈率。2015 年中国共有 430 万人确诊癌症，280 万人因癌症去世，且逐年增长。随着未来检测和治疗技术的进步，该领域市场容量有望达到千亿元级。

（三）“一带一路”沿线国家为基因检测行业开辟新市场

近年来，我国提出的“一带一路”发展战略正在加速推进，沿线国家在生物等新兴产业领域的合作也在不断深入，为基因检测产业“走出去”打开了新的、巨大的市场空间。目前，以博奥生物为代表的一批基因检测企业，正加速将相关产品和服务以及生产线向欧洲、亚洲、北美等 30 多个国家和地区出口，其中，诊断用生物芯片及相关仪器产品已进入英国、德国、瑞典、意大利、西班牙等十余个国家的数百家医院用于疾病诊断。未来，基因检测上下游企业很可能将“抱团”出海，共同开拓海外新市场。

（四）政策法规进一步明晰，为基因检测扩大应用范围提供有力保障

近年来，政府有关部门不断出台政策法规以更好地规范基因检测市场发展，引导更广泛的社会需求。自 2015 年至今的政策法规可分为以下三类。一是规划引领类。比如，《“十三五”规划纲要》将生物技术与精准医疗列入战略性新兴产业发展规划中。明确指出“加速推动基因组学等生物技术大规模应用……推进基因库、细胞库等基础平台建设”。《“十三五”国家战略性新兴产业发展规划》《“十三五”生物产业发展规划》均将基因检测产业列为重点发展方向。二是行业标准类。国家卫生计生委医政医管局出台《药物代谢酶和药物作用靶点基因检测技术指南（试行）》和《肿瘤个体化治疗检测技术指南（试行）》文件，有效解决了药物基因组学和肿瘤个性化治疗的行业标准缺失的问题。三是试点示范类。2015 年 3 月，国家卫生计生委发布《关于肿瘤诊断与治疗专业高通量基因测序技术临床应用试点工作的通知》。2016 年 3 月，国家发展改革委正式批复建设 27 个基因检测技术应用示范中心，开展遗传病和出生缺陷基因筛查，推动基因检测技术普及和产业化。同年 10 月，国家卫生计生委发布了《国家卫生计生委办公厅关于规范有序开展孕妇外周血胎儿游离 DNA 产前筛查与诊断工作的通知》，充分肯定了之前在产前诊断机构开展高通量基因测序产前筛查与诊断临床应用试点工作，并对开展产前筛查和诊断的机构、人员及设备试剂做出了新的要求。总体而言，基因检测产业的监管政策审慎积极，将使整个行业进入高速发展的轨道。

四、基因检测产业发展展望

综上所述，从供给端和需求端来看，未来我国基因检测行业机遇与挑战并存。预计2016—2017年仍将保持这种高速增长的态势，并可能在2020年前后达到1000亿元的市场规模，发展潜力巨大。

（一）国产检测设备可能打破国外技术垄断

基因检测技术更新迭代速度快，第四代技术崭露头角，第三代技术也将不断成熟。我国正努力追赶国际先进技术，并在部分技术上实现“弯道超车”。国产基因检测仪器和试剂的不断涌现，说明我国在基因检测领域已经具备了一定技术基础，可能打破国外技术垄断。这不仅可以带动国内整个基因健康产业的发展，也会加强中国基因检测技术产业的国际市场竞争力，保障国家生物信息安全。

（二）基因检测服务可能出现的阶段性“过剩”

基因检测服务处于整个基因检测产业的中游，技术门槛不高，之前准入监管也比较混乱，加之基因检测行业存在资本泡沫，国内从事基因检测与评估的企业大量涌现，基因检测服务行业的市场处于供大于求的状态值得高度关注。造成这种现象的原因主要有两个方面，一方面是目前我国不具备资质的基因检测企业开展检测服务的乱象十分突出；另一方面是基因检测需求主要来自科学研究和临床研究，临床应用和大健康等领域的需求还有待开发和培育。未来，随着基因检测在更多领域的拓展应用，以及国家相关部门对基因检测行业监管的加强，将会逐步扭转这种“供给过多、过乱”的态势。

（三）数据分析将成为行业发展瓶颈

基因检测得到的原始数据并不能直接提供关于疾病的信息，还需在后期经过基因组的比对、数据的过滤筛选等多个步骤才能得到基因组上的变异信息，因此数据分析是基因检测产业中至关重要的一环。目前，由于国内专注基因组数据分析的生物信息公司不多，数据分析难度较大，专业型、复合型的相关人才紧缺，数据分析环节已经成为制约基因检测成本进一步降低的主要瓶颈。如何提高认识，补好生物信息行业发展短板，是下一步我们必须关注的重要问题。

（四）政策规范明晰，支撑行业发展

我国基因检测行业尚处于起步阶段，期间经历了“宽松—趋严—鼓励”的发

展过程。之前，由于基因检测市场经营混乱，产品良莠不齐，多次出现损害消费者权益的事件。2014 年 2 月，国家食品药品监督管理总局和国家卫生计生委曾叫停国内基因测序的临床应用。如今，基因检测领域各项应用和临床试点重新开启，各类试点也稳步开展。未来，随着我国政府“放管服”改革的深入推进，政策的稳定性将不断增强，政策预期管理也将不断强化，相信“一刀切”、“急转弯”等政策措施不会重现，将为保持行业健康快速发展提供有力支撑。

中国宏观经济研究院产业所　姜江　韩祺

绿色低碳篇

新能源汽车产业发展情况及展望

一、2016 年新能源汽车发展回顾

（一）新能源汽车市场继续高速增长

2016 年我国新能源汽车市场整体继续保持高速增长。1—11 月，新能源汽车共销售 38.40 万辆，同比增长 95.0%。其中，纯电动汽车销售 29.8 万辆，同比增长 128.3%，插电式混合动力汽车销售 8.6 万辆，同比增长 29.5%。

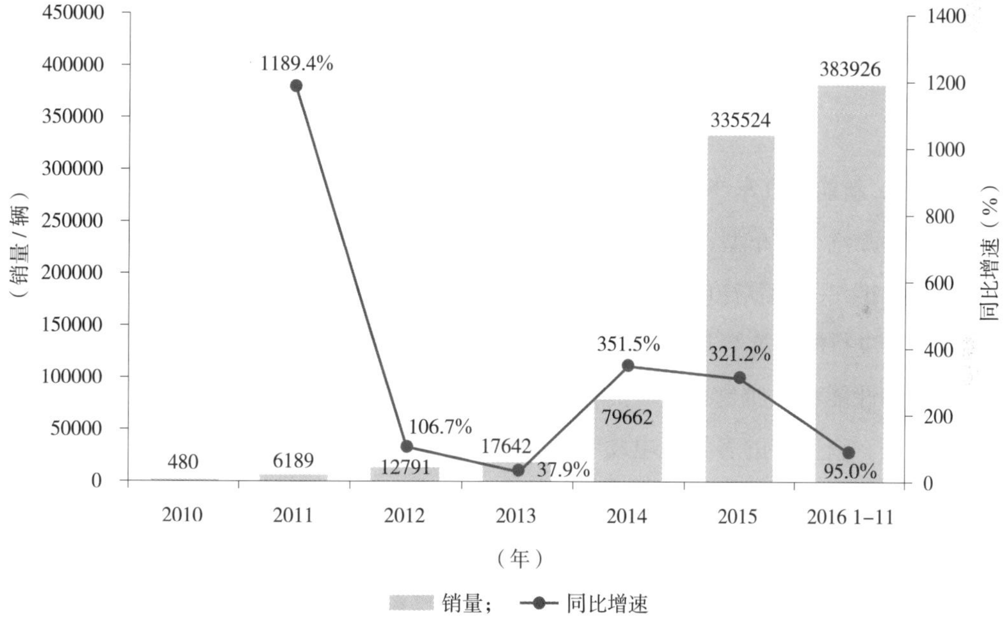

图 1　中国新能源汽车销量及增速

分车型来看，乘用车的市场主体地位进一步强化，1—11 月，共销售 29.43 万辆，同比增长 115.9%，占比从 2015 年的 63.1% 提升至 76.7%。商用车销售 8.96 万辆，同比增长 48.1%，也继续保持高速增长态势。

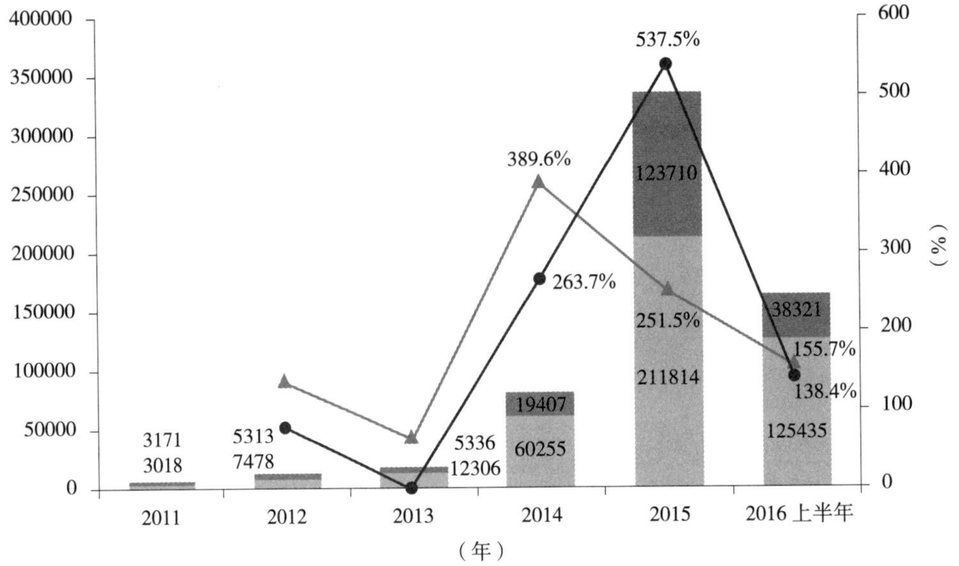

乘用车占比（%）	51.2	58.5	69.8	75.6	63.1	76.6
商用车占比（%）	48.8	41.5	30.2	24.4	36.9	23.4

乘用车（辆）； 商用车（辆）； 乘用车增速； 商用车增速

图 2　新能源汽车销量市场结构

（二）新能源汽车产品更加丰富成熟

新能源汽车的车型正逐渐丰富。2016 年，众多本土品牌厂商纷纷推出新款车型。全年累计推出十余款纯电动乘用车与数款插电式混合动力乘用车，加上对往年的热销车型进行的改款与升级，全年在售的新能源乘用车多达六十余款。

产品性能和品质也有显著的提升，新能源乘用车市场整体由低端向中端市场方向发展。新上市的多款纯电动乘用车续驶里程均在 250 公里以上。例如北汽新能源“EU260”，其综合工况续驶里程达 260 公里，电池容量达 41.4kWh。而比亚迪“秦”的综合工况续驶里程更是达到 300 公里，电池容量达 47.5kWh。随着产品续驶里程的快速增长，现有新能源汽车产品已经基本可以满足消费者对中短途出行的需求。同时，车辆的节能性能正在快速提升。以比亚迪“唐”为例，作为一款 B 级 SUV，其百公里能量消耗仅为 12.5kWh 电耗与 2L 燃油消耗。而另外一款纯电动 SUV 产品，江淮 iEV6S 的百公里电耗也低至 13kWh。这些产品彰显出我国本土品牌在车辆节能技术上的长足进步。

新能源汽车的车载智能科技配件也愈加丰富。新上市的多款产品配备了驻车雷达、倒车影像、360° 全景影像、胎压监测系统、大尺寸电子显示屏、遥控驾驶、远程控制系统等智能硬件。新能源汽车与智能硬件的深度结合，得到了广大消费者的喜爱。

当前，新能源汽车产品已经基本能够满足消费者多样化的需求，产品分布正逐步填补各个细分市场。以比亚迪“秦”“唐”、北汽“E 系”为代表的车型，已经跻身全球新能源汽车热销车型，国内具有竞争力品牌正在形成。

（三）新能源汽车核心技术显著提升

2016 年，我国新能源汽车技术研发的投资不断加大，新能源汽车关键零部件技术性能与整车技术也在快速提高。

伴随着电池材料技术的不断进步，单体电池能量密度不断提升。磷酸铁锂动力电池单体的能量密度已经可以达到 135 ~ 140Wh/kg，功率密度达到 1100 ~ 1120W/kg；三元动力电池单体能量密度可达 180 ~ 200Wh/kg。动力电池系统集成技术及能力方面也取得较大进展。磷酸铁锂电池系统能量密度可达 90 ~ 95Wh/kg，三元材料动力电池系统能量密度可达 110 ~ 120Wh/kg。

在驱动电机技术方面，采用车用电机多领域集成优化设计理念，解决了多目标高性能车用电机的极限设计、多物理场精确分析、控制策略、系统集成等技术难题。利用中国稀土资源优势，逐步形成了车用永磁电机技术特色，中国多个电机企业突破高效、高功率密度车用永磁电机的设计与制造技术，研制出功率密度超过 3kW/kg 的高速高密度永磁电机，在多款纯电动轿车、插电式混合动力轿车上获得了广泛应用。中国商用车电机，特别是直驱电机，在转矩指标、成本控制方面已经具备较强的国际竞争优势。

在整车控制及集成方面，我国已掌握基于“多 V”模式开发体系，初步具备系统、软件到硬件的三级开发能力。具备功能安全、诊断控制、通信协议、标定开发等基本系统功能。软件开发模式已兼容全球先进的 AUTOSAR 体系，已基本掌握纯电动整车集成技术、性能控制和评价技术。

在车载电子产品方面，部分企业已经掌握了采用电动压缩机制冷和高压 PTC 加热冷却液或 PTC 加空气的制热模式；少数企业研制出线控液压制动原理样机并已完成台架实验，并在协调式制动能量回收系统的研发方面取得进展；具有自主知识产权的智能电动助力转向系统已经产品化。

（四）政策不断完善，导向明确

伴随着新能源汽车产业的高速发展，我国新能源汽车政策也不断完善。2016 年政策导向总体来看呈现以下三方面特点。

1. 加强新能源汽车产业的规范管理

上半年，政府开始对新能源汽车推广应用补助资金进行专项检查，查处违法企业的“骗补”行为。对于情节最严重的恶意骗补企业，国家采取了追回补贴资金并吊销其整车生产资质的严厉措施。对申报补助资金但未能完工的企业、对存在“有车缺电”和“标实不符”的企业、对车辆的出售对象是关联方而非终端用户的企业，国家也依法采取了追回补助资金、追加罚款、取消补贴拨付资格等不同力度的惩罚措施。一系列严厉的惩罚措施显示出我国政府对于扰乱产业秩序行为的零容忍。在不断加强的产业规范管理环境下，新能源汽车企业的竞争环境更加公平，优质的企业也更容易脱颖而出发展成具有国际竞争力的科技领军企业。

2. 突出新能源汽车产品安全管理

政府于 2016 年年初暂停了三元锂电池客车进入新能源产品目录，并开始评估三元锂电池风险；于 4 月开展电动汽车充电基础设施安全专项检查，在督导相关单位落实电动汽车充电基础设施安全管理、设备设施及监控系统安全运行、建设标准执行等方面取得显著的成效；11 月，进一步发文强调新能源汽车生产企业落实产品质量安全主体责任。

政府的监管从产业链上游的原材料供应，到产业链下游的产品与充电桩使用，充分体现了对产品安全性的重视程度，产品安全是新能源汽车发展的首要条件，没有安全就没有发展，一系列政策实施为新能源汽车产业健康发展奠定基础。

3. 强化新能源汽车标准化

2016 年以来，陆续发布的多个新能源汽车标准文件涉及新能源汽车产业链的多个环节。产业链上游，出台实施动力电池单体与系统的尺寸规格国家标准。随着电池尺寸的标准化程度提升，电池生产企业的大规模制造、市场投入及材料技术创新将更容易开展，电池回收利用方面的困难性和复杂性也将降低。在整车制造方面，统一电动客车的防水防尘性能、防火性能、储能系统性能、控制系统、碰撞防护等标准。产业链下游，充换电信息交换标准的出台为实现充换电平台的互联互通奠定技术条件。

标准化的提升将有利于缩短产品设计和生产周期，提升产品零件、部件的互换性，降低产品和工程成本。

（五）产业链进一步成熟

2016 年，新能源汽车产业链趋于完善，产业整体进入向好的良性循环。

1. 优质企业不断涌现，竞争力不断增强

产业链上游，大型优秀的动力电池企业不断涌现。2016 年 1 至 10 月新能源汽车搭载电池总量达 13.9GWh，较上年同期相比增长 78%，与 2015 年全年动力电池出货量相差无几。其中，比亚迪、宁德时代新能源、天津力神出货量延续 2015 年排名，抢占前三，三家累计总量占近七成市场。

与此同时，电池企业对动力电池产能的投资持续增长。一年内，比亚迪、天津力神、宁德时代等几家大型动力电池厂商共累计投资近 200 亿元，在江苏、青海等地新建或扩建工厂。未来，动力电池行业高端产能不足的局面将逐步得到改善，政府期望的有实力的中国动力电池企业提升到世界级水平的目标得以实现。

在新能源汽车整车制造行业，优质企业也不断入围。2016 年，国家发展改革委共批准北汽新能源、长江汽车、前途汽车、奇瑞新能源、敏安汽车、万向集团、江铃新能源共七家企业获得电动乘用车生产资质。

七家企业各自拥有不同的成立背景，也必然有着各自特有的优势。北汽新能源、奇瑞新能源、江铃新能源，均为传统汽车制造集团剥离的新能源汽车企业。万向集团、敏安电动均在汽车零部件产业领域有着多年的技术积累。前途汽车母公司北京长城华冠汽车，是以汽车设计研发为核心。长江汽车母公司五龙集团则在动力电池领域布局多年。

随着不同背景的企业获批拿到纯电动乘用车生产资质，新能源汽车市场也将迎来更加激烈的市场竞争。

2. 充电设施建设逐步加快

产业链下游，充电基础设施建设逐步加快。2016 年 10 月，全国公共充电桩已经达到 10.7 万个，较 2015 年增长 118%。同时，加上私人充电桩，全国充电桩总数已经超过 17 万个。

截止到目前，共有 5 省 22 城对充电基础设施进行 5% ~ 30% 的建设投资补贴，1 省 2 城对充电运营企业按电量进行运营补贴。

2016 年发布的一系列政策规划中，《关于进一步加强城市规划建设管理工作的若干意见》也为充电基础设施建设，尤其是为私人充电桩建设指明了方向。

以北京市为例，截止到 2016 年 11 月底，北京市充电桩数量已达 6 万个，其中，公共专用桩 0.77 万个，社会公用桩 1.03 万个，私人自用桩 4.2 万个。较 2016 年上半年累计 2 万多个的数量，私人自用桩在下半年又增加了 2 万个。由此可见，我国充电基础设施建设速度已经进入高速区。

二、2017 年中国新能源汽车产业发展展望

（一）2017 年新能源汽车销量预测

在我国新能源汽车产品不断丰富、政策不断完善的大环境下，预计 2017 年新能源汽车市场会保持继续快速增长的态势，全年的市场销量为 60 万辆左右。

1. 乘用车需求

私人需求仍将是新能源乘用车的主体。2015 年，私人购买新能源汽车的 70% 集中在汽车限购城市。2017 年，限购城市的燃油车牌照政策会愈加趋紧，越来越多的拥堵城市也正在酝酿燃油车限行与限购计划。同时，新能源汽车使用成本对比燃油车的绝对优势，已经越来越为消费者所关注，尤其是受到以汽车作为通勤工具的重度用户所重视。2017 年，新能源汽车充电基础设施建设会进一步完善，部分城市对新能源汽车不限行，减免路桥费、减免停车费等政策也将继续，新能源汽车的私人市场份额会逐步扩大。

出租车需求引导是 2017 年新能源汽车市场的另外一大亮点。当前，大多城市的治理空气污染、节能减排的压力重大，而城市内车辆的尾气排放也是造成空气污染的一大原因。而随着北汽 EU260、比亚迪 E6 等长续驶里程车辆的上市，新能源乘用车已经可以作为出租用车，分担城市交通节能减排的部分重担。未来，地方政府也将大力推动新能源汽车大规模应用于出租车市场。

租赁市场是我国电动汽车推广重要领域之一，分时租赁、汽车共享等新兴商业模式正不断涌现。从需求侧来看，租赁能够以比较经济的方式解决人们的出行需求，尤其对于限购城市中买不到车的用户；而从供给侧来看，新能源汽车续驶里程短的问题得到一定程度规避，更由于其续驶里程短，需要频繁补电，车辆的安全性得到进一步提升。2016 年，各一线城市新能源汽车租赁业务已经基本完成了初期服务网络的搭建，并计划于 2017 年加大电动汽车的采购与投放力度。

2. 商用车需求

公交交通是新能源汽车在公共领域推广的重点突破口之一。从市场潜力角度考虑，公交车保有量大，截至 2015 年年底全国共保有公交车 48.3 万辆，具有较大的公交车电动化空间。从技术角度考量，公交车线路固定、运营里程明确，适合新能源汽车应用，并且当前新能源客车在性能上已经能够满足公交车需求。从管理角度考量，城市公交多为集中管理运营，作为公共服务性事业，用户单一，

推广难度小，国家政策补贴的受益面却非常广泛。深圳、广州、上海、太原等多个城市设立了2017年电动公交车在新增公交车中的占比要求，并陆续出台公交车纯电动化的推动计划。公交车电动化将进入一个新的快速发展时期。

专用车仍将是新能源商用车推广的重点领域。在使用中，专用车的用途与要求和新能源汽车本身的特征比较符合。专用车具有线路固定、单程里程相对不长、使用频度高等特征，而且具有专用的停车位，便于建设充电基础设施，这些都与新能源汽车续驶里程相对较短、需要充电设施等要求非常符合。

目前，全国市政环卫车保有量超过14万辆，2017年需求一到两万辆，城市环卫车，特别是核心区的环卫车将逐渐向零排放、零污染、噪声小的纯电动化趋势发展。城市内物流车也将成为未来几年新能源专用车的另一大需求。2017年，部分地方政府将开展新能源电动车进入快递行业的试点项目，加强电动物流车的管理力度，并逐年提高新能源汽车在物流用车中的占比，以便将其纳入机动车道路交通安全管理体系中。

（二）产业竞争不断强化

当前，新能源汽车市场的参与主体相对较少，以本土品牌为主，产品供给还是不足，市场竞争仍然不充分。

随着《企业平均燃料消耗量与新能源汽车积分并行达标管理暂行办法》的正式实施，在油耗积分与新能源积分的双重压力下，国内主流的合资企业也将加入新能源汽车市场的竞争中。凭借在传统燃油车领域多年的技术与经验积累，合资企业进入新能源汽车市场后，将会进一步推动新能源汽车的发展。

上汽大众、一汽大众、华晨宝马、上汽通用等多家合资企业已经公布其未来上市的新能源汽车产品计划。伴随着未来传统燃引导油车反补新能源汽车发展的机制落实，越来越多的优质企业进入新能源汽车制造领域，产业竞争也将进一步升级，推动整个新能源汽车产业稳健发展。

（三）新能源汽车与互联网融合发展

新能源汽车与智能互联技术的深度融合将成为我国新能源汽车发展的一大亮点。如今诸多互联网企业已经纷纷跨界进入新能源汽车行业，并吸引大量传统汽车从业人员广泛参与到整车设计与制造。互联网企业对新能源汽车的认识更加侧重于用户的使用体验和人机互动，这将是智能网联技术与新能源汽车有机的结合。

当前我国部分新能源汽车产品已经加装了较先进的行车传感器、控制器、车载导航等设备，实现了诸多主动预警的提示类功能。随着未来智能化的更加深入，车辆在复杂环境感知、智能化决策等方面将有更优秀的表现，主动干预驾驶的辅助类功能逐步实现。随着车联网与云服务的进一步普及，行车地图将从目前的路况及时反馈向具有路况拥堵预判、行车任务与路径实时规划以及充电任务规划等智能化平台发展，为新能源汽车自动驾驶打下坚实的基础。

互联网技术的发展必将推动新能源汽车以更快的速度向智能网联汽车的方向发展。随着未来互联网与新能源汽车的深度融合，新能源汽车将不仅仅作为一个代步工具，而是承载了导航、消费、娱乐、交互等出行相关各个方面的需求，成为生活中的又一个智能中心。

国家信息中心信息资源开发部　徐长明　李伟利　殷丹　张宇

核电产业发展情况及展望

一、“十三五”顺利开局

2016 年是“十三五”规划的开局之年。一年来，我国核电产业认真贯彻创新、协调、绿色、开放、共享的发展理念，坚持安全高效发展核电的方针，继续保持了良好的发展态势，为实现“十三五”规划目标开了个好头。

（一）在运核电机组持续快速增长

据中国核能行业协会发布的信息，2016 年，我国共有 7 台核电机组正式投入商业运行，是我国历史上投入运行核电机组最多的一年（见表 1）。

表 1　2016 年我国投入商业运行的核电机组一览表

序号	1	2	3	4	5	6	7
名称	广东阳江核电厂 3 号机组	广西防城港核电厂 1 号机组	福建宁德核电厂 4 号机组	海南昌江核电厂 2 号机组	辽宁红沿河核电厂 4 号机组	广西防城港核电厂 2 号机组	福建福清核电厂 3 号机组
投运时间	1 月 1 日	1 月 1 日	7 月 21 日	8 月 12 日	9 月 19 日	10 月 1 日	10 月 24 日

至此，我国投入商业运行的核电机组共 35 台，总装机容量达到 3363 万千瓦（额定装机容量），占全国电力总装机容量的 2.04%。各运行核电厂严格控制机组的运行风险，继续保持机组安全、稳定运行。

2016 年 1—12 月全国累计发电量为 59111.00 亿千瓦时，[1]商运核电机组累计发电量为 2105.19 亿千瓦时，约占全国累计发电量的 3.56%（见图 1）。与燃煤发电相比，核能发电相当于减少燃烧标准煤 6568.19 万吨，[2]减少排放二氧化碳 17208.66 万吨，减少排放二氧化硫 55.83 万吨，减少排放氮氧化物 48.60 万吨。[3]

---

［1］ 全国发电量数据来源于国家统计局网站，下文同。

［2］ 根据国家能源局 2017 年发布数据，2016 年我国火电供电煤耗为 312 克标准煤 / 千瓦时。

［3］ 减排计算方法来源于我国火电行业通用计算标准，按照工业锅炉每燃烧一吨标准煤产生二氧化碳 2620 千克，二氧化硫 8.5 千克，氮氧化物 7.4 千克计算。

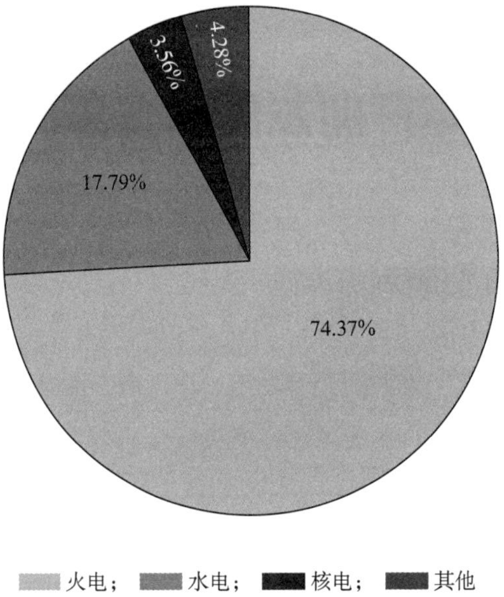

图 1　2016 年 1—12 月全国发电量统计分布图

2016 年 1—12 月，核能发电量比 2015 年同期上升了 25.07%；累计上网电量为 1965.68 亿千瓦时，比 2015 年同期上升了 24.65%。

图 2 为 2016 年 1—12 月全国商运核电机组发电量统计图。表 2 为 2016 年 1—12 月 35 台商运核电机组电力生产情况。

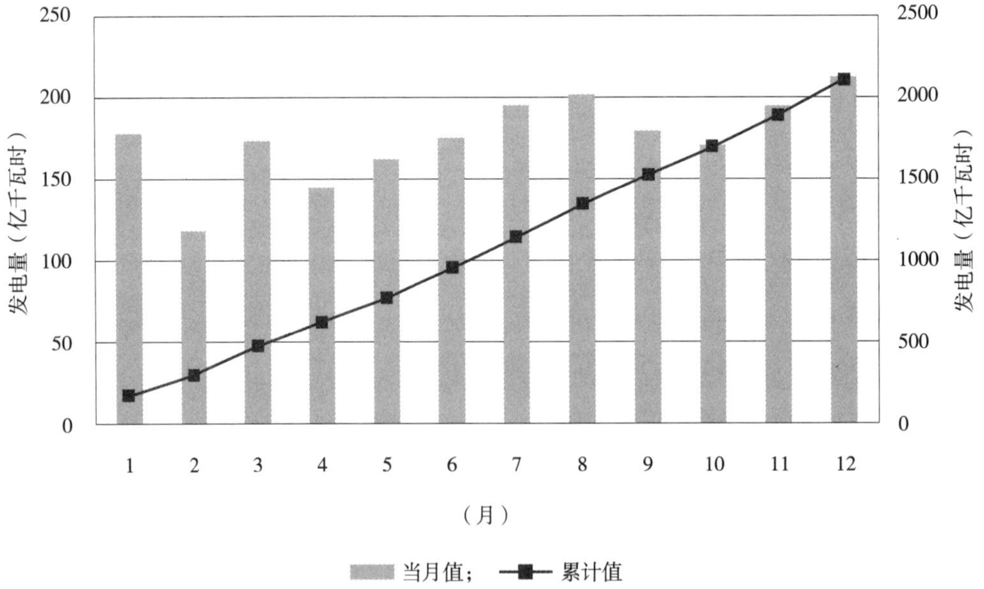

图 2　2016 年 1—12 月全国商运核电机组发电量统计图

表 2　2016 年 1—12 月 35 台商运核电机组电力生产情况统计表

核电厂 / 机组		装机容量（MWe）	发电量（亿千瓦时）	上网电量（亿千瓦时）	核电设备平均利用小时数	核电设备平均利用率（%）
秦山核电厂		310.00	25.80	23.97	8322.58	94.75
大亚湾核电厂	1 号机组	984.00	75.61	72.36	7683.94	87.48
	2 号机组	984.00	76.11	72.90	7734.76	88.06
秦山第二核电厂	1 号机组	650.00	50.44	47.32	7760.00	88.34
	2 号机组	650.00	48.33	45.26	7435.83	84.65
	3 号机组	660.00	56.19	52.59	8513.64	96.92
	4 号机组	660.00	53.10	49.84	8045.45	91.59
岭澳核电厂	1 号机组	990.00	86.19	82.53	8706.06	99.11
	2 号机组	990.00	73.00	69.69	7373.74	83.95
	3 号机组	1086.00	85.12	79.99	7837.94	89.23
	4 号机组	1086.00	77.00	72.11	7090.24	80.72
秦山第三核电厂	1 号机组	728.00	59.32	54.76	8148.35	92.76
	2 号机组	728.00	49.32	45.55	6774.73	77.13
田湾核电厂	1 号机组	1060.00	75.25	70.28	7099.06	80.82
	2 号机组	1060.00	78.48	73.26	7403.77	84.29
红沿河核电厂	1 号机组	1118.79	65.20	59.71	5827.72	66.34
	2 号机组	1118.79	56.57	51.82	5056.36	57.56
	3 号机组	1118.79	58.87	54.13	5261.93	59.90
	4 号机组	1118.79	12.11	11.21	1082.42	43.65
宁德核电厂	1 号机组	1089.00	73.12	67.90	6714.42	76.44
	2 号机组	1089.00	62.62	56.89	5750.23	65.46
	3 号机组	1089.00	65.92	61.16	6053.26	68.91
	4 号机组	1089.00	39.63	37.42	3639.12	92.46
福清核电厂	1 号机组	1089.00	72.55	66.95	6662.08	75.84
	2 号机组	1089.00	66.11	60.83	6070.71	69.11
	3 号机组	1089.00	17.95	16.73	1648.30	100.02
阳江核电厂	1 号机组	1086.00	75.51	70.78	6953.04	79.16
	2 号机组	1086.00	73.73	69.12	6789.13	77.29
	3 号机组	1086.00	81.18	75.94	7475.14	85.10
方家山核电厂	1 号机组	1089.00	83.33	78.27	7651.97	87.11
	2 号机组	1089.00	77.83	73.25	7146.92	81.36
昌江核电厂	1 号机组	650.00	40.10	36.17	6169.23	70.23
	2 号机组	650.00	16.19	14.85	2490.77	73.45
防城港核电厂	1 号机组	1086.00	77.46	71.42	7132.60	81.20
	2 号机组	1086.00	19.95	18.72	1837.02	84.11
合计		33632.16	2105.19	1965.68	6987.38	79.55

资料来源：中国核能行业协会。

（二）在建核电工程项目获重大进展

2016 年，我国江苏田湾核电厂 6 号机组、广西防城港核电厂 4 号机组先后开工建设，在建核电机组共 21 台，总装机容量 2419 万千瓦，在建核电规模仍居世界首位。在建核电工程质量得到有效控制。我国在建核电机组基本情况见表 3。

表 3 我国在建核电机组基本情况（截至 2016 年 12 月 31 日）

核电机组	堆型	装机容量（MWe）	开工日期
辽宁红沿河 5–6 号机组	压水堆 ACPR1000 压水堆 ACPR1000	1080 × 2	2015–03–29 2015–07–27
福建福清 4–6 号机组	压水堆 CP1000 压水堆华龙 1 号 压水堆华龙 1 号	1080 × 1 1150 × 2	2012–11–17 2015–05–07 2015–12–22
广东阳江 4–6 号机组	压水堆 CPR1000+ 压水堆 ACPR1000 压水堆 ACPR1000	1080 × 3	2012–11–17 2013–09–18 2013–12–23
广西防城港 3–4 号机组	压水堆华龙 1 号	1150 × 2	2015–12–24 2016–12–23
江苏田湾 3–6 号机组	压水堆 AES–91 压水堆 AES–91 压水堆 CP1000 压水堆 CP1000	1120 × 2 1080 × 2	2012–12–27 2013–09–27 2015–12–27 2016–07–22
三门核电 1–2 号机组	压水堆 AP–1000	1250 × 2	2009–04–19 2009–12–15
海阳核电 1–2 号机组	压水堆 AP–1000	1250 × 2	2009–09–24 2010–06–20
台山核电 1–2 号机组	压水堆 EPR	1750 × 2	2009–11–18 2010–04–15
石岛湾核电站	高温气冷堆核电示范工程（HTR）	211 × 1	2012–12–09
合计	21 台	2419	

资料来源：中国核能行业协会。

继世界首批 4 台 AP1000 机组，与法国合作建设的 2 台 EPR 机组先后于 2009 年、2010 年开工后，我国自主开发的 4 台三代核电机组华龙 1 号于 2015 年、2016 年先后开工建设，目前我国在建的三代核电机组达到 10 台，装机容量 1310 万千瓦。

2016 年，AP1000 自主化依托项目建设取得新的进展，浙江三门核电厂 1 号机组、山东海阳核电厂 1 号机组相继完成一回路水压试验（冷试），全面进入系统热试阶段，为 2017 年建成投产奠定了基础。

采用EPR技术的广东台山核电厂1号机组已进入热试，继续领跑全球EPR首堆。

自主化三代核电示范项目“华龙1号”的4台机组全面开工。其中，福建福清核电厂5号、6号工程的里程碑节点全部按期或提前实现，广西防城港核电厂3号、4号工程的质量、工期整体可控。

高温气冷堆核电站示范工程建设扎实推进。山东石岛湾高温气冷堆核电站示范工程完成了土建和全面安装，进入调试阶段。

山东荣成CAP1400示范工程的施工设计、施工现场准备、工程总包及长周期设备订货合同等主要节点按计划推进，已具备开工建设条件。

（三）科技创新不断取得新成果

2016年，“大型先进压水堆和高温气冷堆核电站”重大科技专项进入全面验收阶段，“华龙1号”关键设备研制取得重大突破，核电科技研发和装备制造取得一批新的成果。

CAP1400屏蔽电机主泵攻克了全部关键工艺，基础材料全面实现国产化。主蒸汽隔离阀、大口径爆破阀等一些高难度关键设备的工程样机研制成功。AP/CAP系列非能动核电技术自主化及设备国产化能力大幅提升。

高温气冷堆主氦风机、燃料装卸系统完成热态试验验证，为工程的顺利建成提供了技术保障。

中核集团自主研发的“华龙1号”蒸汽发生器、控制棒驱动机构、主蒸汽隔离阀、稳压器快速泄压阀、主给水隔离阀等核心关键设备研制成功。

具有自主知识产权的核级数字化仪控系统的研发及应用取得重大突破，打破了国外的长期垄断。中广核集团自主研发的我国首个核级数字化仪控系统（和睦系统，FirmSys）已经正式交付阳江核电站使用。中核集团研发的安全级数字化仪控系统（NicSys8000N）通过IAEA独立工程评审。国家电投集团研发的NuPAC核电站反应堆保护系统平台通过国家核安全局和美国核管会（NRC）许可。

我国两个自主研发的核电技术——ACP100与CAP1400先后通过国际原子能机构（IAEA）通用反应堆安全评审（简称“GRSR”），其中ACP100是基于压水堆技术的多用途模块化小型堆，是世界上首个通过IAEA安全审查的小堆技术。而CAP1400通过审查则是继“华龙1号”之后，我国另一个通过IAEA反应堆通用设计审查的自主核电品牌，为CAP1400参与国际市场竞争创造了有利条件。

在核燃料循环保障体系建设方面。天然铀产业转型升级步伐加快，新疆伊犁首个千吨级绿色铀矿山基地建设全面完成，技术先进性、劳动生产率、信息化程度全方位与国际一流水平接轨。

自主研制的 CF3 燃料组件完成了首个燃料循环堆内辐照考验，进入批量化生产阶段；CF4 燃料元件及相关组件关键技术研究全面启动。新一代锆合金管材 N45 研制通过专家评审。事故容错燃料研发进展顺利，成功制备出多种金属型和陶瓷型包壳管，已启动堆外筛选试验。CAP1400 自主化燃料原型组件进入整体性能验证阶段。

全球首条高温气冷堆核燃料生产线投料生产。国内首条 AP1000 元件生产线具备生产供货能力。

（四）核电“走出去”稳步推进

进入 2016 年，我国核电“走出去”继续取得新的进展。

巴基斯坦恰希玛 C3 项目提前建成发电。“华龙 1 号”首个海外项目——巴基斯坦卡拉奇 K3 项目正式开工。与巴基斯坦就放射性废物焚烧项目签署合同，核环保技术首次走出国门。

与英国政府签署了欣克利角 C（HPC）核电项目收入及投资保障等政府性协议；进入英国核电市场的“华龙 1 号”通用设计审查（GDA）全面启动。与英国国家核实验室成立了中英核联合研发与创新中心，这是我国和西方发达国家共同建设的第一个核研发机构。

与阿海珐、ANP 集团的战略合作取得阶段性成果。与俄方签订一揽子核能合作协议。与美国西屋公司 AP1000 核燃料元件合作全面推进。中哈燃料组件厂开工建设。中广核投资开发的全球第二大铀矿项目——纳米比亚湖山铀矿建成投产。

阿根廷压水堆和重水堆核电项目合作达成一致。阿尔及利亚研究堆改造项目正式开工。与伊朗签署小堆合作框架协议。同罗马尼亚的合作完成了第六轮全方位谈判，确定了合同文本签署前的工作计划及时间安排。与土耳其政府签订《民用核能合作备忘录》，将就 CAP1400 核电等领域开展合作。与保加利亚的合作已完成四轮谈判。同沙特、印尼的高温气冷堆合作谈判取得进展。与埃及、乌克兰、加纳、巴西、约旦、马来西亚、苏丹等新兴市场国家签署了一系列合作协议。

为了适应我国核电“走出去”的需要，3 月 17 日，由中国核工业集团公司和中国广核集团有限公司共同出资的华龙国际核电技术有限公司正式揭牌成立。这标志着华龙国际正式运作，将为“华龙 1 号”融合发展及市场开拓注入更强大的动力，促进“华龙 1 号”在国内批量化建设，在更多国家和地区落地。

（五）我国政府发布《中国的核应急》白皮书

核应急是为了控制核事故、缓解核事故、减轻核事故后果而采取的不同于正常秩序和正常工作程序的紧急行为，是政府主导、企业配合、各方协同、统一开展的应急行动。核应急事关重大、涉及全局，对于保护公众、保护环境、保障社会稳定、维护国家安全具有重要意义。2016 年 1 月 27 日，国务院新闻办公室发表《中国的核应急》白皮书。这是我国涉核领域的首部白皮书，它以总体国家安全观和中国核安全观等重要思想为指导，全面介绍了我国核能发展与核应急基本形势、核应急方针政策、核应急“一案三制”建设、核应急能力建设与保持、核事故应对处置主要措施、核应急演习演练、培训与公众沟通、核应急科技创新和核应急国际合作与交流。

为加快健全与我国核能事业相适应的核应急体系，5 月 24 日，国家核事故应急协调委员会原则通过国家核应急工作“十三五”规划，正式宣布组建成立中国核应急救援队。这支核应急救援队由指挥协调与技术支持分队、突击抢险分队、工程抢险分队、应急监测与辐射防护分队、去污洗消分队、医学救援分队等六支救援分队组成，规模为 320 人，是我国首支核应急“国家队”。

二、机遇与挑战并存

在确保安全的前提下，我国核电产业在“十三五”开局之年继续保持了良好的发展态势。机遇与挑战并存，是当前核电产业发展的主要特点。

（一）难得的发展机遇

1. 党中央、国务院高度重视核电的安全和发展

2012 年 10 月，国务院常务会议审议通过了《核电中长期发展规划（2011—2020 年，调整）》和《核电安全规划（2011—2020 年）》，对今后一段时期核电发展做出全面部署。2014 年 3 月、2016 年 4 月，习近平总书记两次出席世界核安全峰会，在世界第三届核安全峰会上首次提出以“发展和安全并重、权利和义务并重、自主和协作并重、治标和治本并重”为主要内容的中国核安全观，为我国核电安全发展指明了方向。

2. 调整能源结构需要核电发挥更大的作用

现有能源生产消费方式已对我国生态建设和环境保护带来了严峻挑战，根据“推进生态文明、建设美丽中国”的发展要求，转变发展方式、调整能源结构是我国能源发展的战略选择。由于核能发电具有年运行时间长、能量密度高、运行成本低、可大幅减少温室气体和污染物排放等特点，是建设绿色低碳、安全高效的现代能源体系重要的、不可替代的组成部分。按照《国家应对气候变化规划（2014—

2020 年）》和我国政府对国际社会的承诺，2020 年非化石能源占一次能源消费的比重将达到 15%；2030 年温室气体排放达到峰值并力争尽早达峰，非化石能源占一次能源消费的比重将达到 20%。“十三五”时期到 2030 年，是我国实现温室气体减排的关键期和攻坚期，也是我国核电难得的发展机遇期和黄金期。

3. 核电“走出去”上升为国家战略

核电“走出去”是我国构建开放型经济新体制的重要组成部分，受到党中央、国务院高度重视，已上升为国家战略。它有利于我国装备制造业转型升级，有利于国际产能合作，有利于提升我国核电整体水平。目前全球核电正处于二代向三代的转型升级期，核电产业正在复苏。我国已开发出以自主品牌“华龙 1 号”、CAP1400 为代表的三代技术，具有四代特征的高温气冷堆技术处于国际领先水平，AP1000、EPR 首批三代压水堆核电站都将率先在我国建成，在三代核电的技术研发、设备制造、工程建设、运营管理、人才队伍等方面已形成比较优势，国际竞争力不断增强。

4.“十三五”规划对核电产业发展提出了明确要求

第十二届全国人民代表大会第四次会议批准的《中华人民共和国国民经济和社会发展第十三个五年规划纲要》对核电产业发展提出了明确要求。在“支持战略性新兴产业发展”一章中，提出了“加强前瞻布局，在核技术等领域培育一批战略性产业”,“加速开发新一代核电装备和小型核动力系统,打造未来发展新优势”的要求。在“建设现代能源体系”一章中，提出了“以沿海核电带为重点，安全建设自主核电示范工程和项目”的要求。

关于核电重大工程和项目，提出：建成三门、海阳 AP1000 项目，建设福建福清、广西防城港“华龙 1 号”示范工程，开工建设山东荣成 CAP1400 示范工程，开工建设一批沿海新的核电项目，加快建设田湾核电三期工程，积极开展内陆核电项目前期工作，核电运行装机容量达到 5800 万千瓦，在建达到 3000 万千瓦以上。

关于核燃料保障体系，提出：加强核燃料保障体系建设，扩大天然铀储备规模，加快论证并推进大型商用后处理厂建设。

关于能源关键技术装备，提出：提升第三代核电装备制造能力，加快推进第四代核电技术研发应用。

（二）面临的主要挑战

1. 必须把握好节奏，避免大起大落

受日本福岛核事故、首堆工程拖期等影响，我国核电产业“十二五”期间经历了大起大落，核电中长期发展规划提出的2015年核电装机容量达到4000万千瓦的目标没有如期实现。2016年，国家没有核准一个新的核电建设项目，给“十三五”核电发展规划的实施带来压力。为了保证2020年“核电运行装机容量达到5800万千瓦，在建达到3000万千瓦以上”规划目标的实现，要求我们在确保安全的基础上，必须把握好节奏，保持平稳、持续的发展，给市场、行业及相关产业以稳定预期，避免出现大起大落。

2. 必须加强三代核电首堆（批）工程的风险管控

正在建设中的AP1000、“华龙1号”和即将开工建设的CAP1400示范工程，将是我国未来核电发展的主要堆型。由于是首堆（批）工程，无现成经验可循，它们的成熟性、经济性需要在工程实践中进一步验证。正在建设中的AP1000自主化依托项目的实践表明，对于可能出现的设计变更、设备交货延误、工期延长等风险必须高度重视，努力做好风险防控工作。

3. 必须积极应对经济新常态和电力新常态的挑战

经济新常态和新一轮电力体制改革的重新开启、市场化改革的推进，使核电发展的外部环境发生了新的变化。据中国核能行业协会的统计，2016年1—12月核电设备平均利用小时数为6987，与2015年同期相比降低363小时，降幅为4.9%。自2014年以来，我国核电设备平均利用小时数持续降低，使核电厂的经济效益受到影响；而燃煤发电标杆电价持续下调，也导致核电的经济竞争力遭遇挑战。

4. 必须重视核电的公众接受性

公众的接受性是核电发展的重要条件。福岛核事故后，公众对核电的接受度有所下降，恐核和反核心理加强，核电开发的压力日益增大。公众获取信息的渠道、表达意见的方式多元化，科普宣传、信息公开和公众参与更加重要。重建公众核安全信心，为核能发展创造良好的环境，将是一项长期而艰巨的任务。

三、产业发展展望

“十三五”规划要求，2020年“核电运行装机容量达到5800万千瓦，在建达到3000万千瓦以上”。“十三五”期间，预计有24台机组投入运行，将是我国投运核电机组数最多的五年；预计有30台左右机组开工建设，也是我国新建核电机组数最多的五年。届时，我国将成为仅次于美国的世界核电第二大国，实现二代技术向三代技术的转型升级，为建设世界核电强国打下坚实的基础。

（一）三代核电机组陆续投入运行，在运核电机组快速增长

截至 2016 年 12 月 31 日，我国在建核电机组 21 台，总装机容量 2419 万千瓦。其中，预计 2017 年将有 5 台机组投入运行，包括 AP1000 自主化依托项目浙江三门 1 号机组、山东海阳 1 号机组、广东台山（EPR）1 号机组、福建福清 4 号机组，以及广东阳江 4 号机组，新增装机容量 641 万千瓦；预计 2018 年将有 7 台机组投入运行，包括浙江三门 2 号机组、山东海阳 2 号机组、广东台山 2 号机组、山东石岛湾高温气冷堆示范工程、广东阳江 5 号机组，以及江苏田湾 3、4 号机组，装机容量 778 万千瓦；2019—2020 年将有 5 台机组投入运行，包括广东阳江 5 号机组、江苏田湾 5 号机组、福建福清（“华龙 1 号”）5 号机组，以及辽宁红沿河 5、6 号机组，装机容量 547 万千瓦；预计 2021—2022 年将有 4 台机组投入运行，包括福建福清（“华龙 1 号”）6 号机组、江苏田湾 6 号机组，以及广西防城港（“华龙 1 号”）3、4 号机组，装机容量 453 万千瓦。

预计到 2017 年年末，我国在运核电机组将达到 40 台，总装机容量 4004 万千瓦。预计到 2020 年，我国在运核电机组将达到 52 台，总装机容量 5329 万千瓦。

2011—2020 年我国投运和在运核电机组数（2017—2020 年为预测值）见表 4 和图 3。

表 4　2011—2020 年我国投运和在运核电机组情况（单位：台）

年份	2011	2012	2013	2014	2015	2016	2017	2018	2019	2020
当年投运	2	0	2	5	6	7	5	7	1	4
当年在运	15	15	17	22	28	35	40	47	48	52

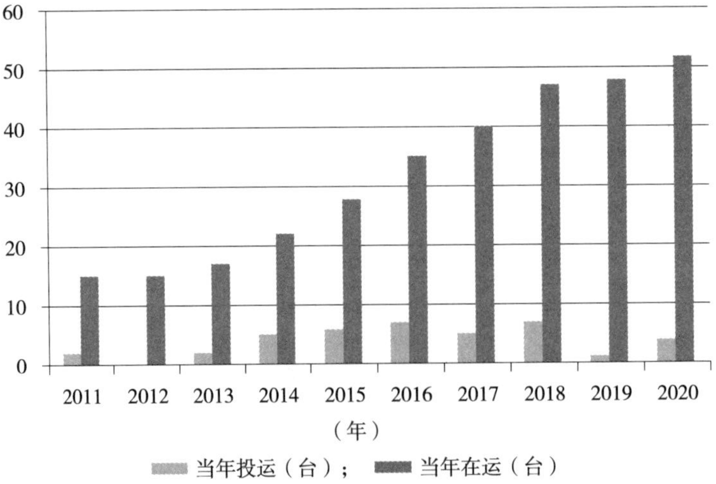

图 3　2011—2020 年我国投运和在运核电机组情况（单位：台）

（二）在建核电机组持续增长，继续保持全球领先地位

按照2020年“在建核电达到3000万千瓦以上”的目标，“十三五”期间每年将安排6台左右机组开工建设。以沿海为重点，优先在靠近珠三角、长三角、环渤海等电力负荷中心布局。预计2017年前，将开工建设8台核电机组。同时扎实推进三门3、4号机组，宁德5、6号机组，漳州1、2号机组，惠州1、2号机组等项目前期工作。在建核电机组的持续增长，将使我国在建核电规模继续保持全球领先地位。

（三）引领产业发展，科技创新不断取得新进展

当前，我国核电发展正处于由二代向三代转变的关键时期。在基础科研、关键设备及材料、核心软件、标准体系等方面还存在一定的短板。“十三五”期间，将继续实施核电重大科技专项，在AP1000和CAP1400关键技术研发、高温气冷堆后续研发及产业化、乏燃料后处理技术研发等方面持续创新。与此同时，将加快推动先进小型堆（含浮动式）技术研发，力争“十三五”期间建成示范工程；在已建成投运的实验快堆技术基础上，开展商用快堆关键技术攻关，在福建霞浦开工建设60万千瓦快堆示范工程。在建立健全先进核电技术标准体系方面，将加快实施压水堆核电厂标准体系建设规划，尽快形成适合我国国情、与国际先进水平接轨、协调完整的核电标准体系，为我国核电标准化、自主化发展奠定基础。

（四）提高核电装备制造水平，增强天然铀和核燃料保障能力

“十三五”期间，将加大关键设备研发投入，支持重点企业开展技术改造及配套能力建设，进一步提升自主化能力，突破关键设备、部件和原材料的研发瓶颈，提高工艺稳定性，确保产品质量。培育和提高设备制造企业的设计能力，完善设备试验验证和鉴定平台建设，打造具有世界先进水平的核电主设备成套供应商。结合《中国制造2025》，将推进先进、高效制造技术在核电装备领域的应用。

通过完善国内生产、海外开发、国际贸易并举的天然铀保障体系，以及天然铀国家能源储备制度，我国天然铀供应将为核电产业发展提供有力的保障。“十三五”期间，我国拥有自主品牌的高性能燃料组件及关键原材料将力争实现工业化应用；我国自主设计、自主建设的年处理能力200吨的乏燃料后处理厂将开工建设。核燃料循环产业的加快发展，将进一步提升对我国核电产业发展和核电“走出去”的保障能力。

（五）积极推进核电“走出去”，力争取得新突破

目前，在中央的积极推动下，在“一带一路”战略的指引下，核电“走出去”已初见成效。“造船出海”、“借船出海”和“拼船出海”等多种核电“走出去”模式正在形成。2017年，中国、巴基斯坦合作建设的恰希玛C4核电机组将建成发电。根据中国核工业集团公司与阿根廷核电公司的商定，阿根廷重水堆核电项目有望在2017年开工。“十三五”期间，我国将重点建设好巴基斯坦卡拉奇的K2、K3项目（采用“华龙1号”技术）和阿根廷重水堆核电项目，确保优质高效按期完成，形成品牌效应，并积极筹划和推进后续合作。对于英国项目，将积极推动“华龙1号”技术通过英国通用技术审查（GDA）。同时，力争在罗马尼亚、南非、土耳其、沙特阿拉伯、捷克等国的核电项目取得新的突破。

（六）优化发展环境，促进核电与其他能源品种协调发展

为了实现“十三五”时期核电产业安全、高效、可持续发展，必须主动适应经济新常态和电力市场化改革的新要求，研究完善电价机制，推动相关政策的制定和落实，建立核电与其他能源品种互为补充、相互支撑的协调发展机制，促进能源多元化保障。必须不断完善公众沟通、信息公开、利益共享机制，配套完善相关政策，使相关地方和群众切实感受到核电发展带来的利益，使核电项目“建设一个，造福一方，共享发展，共同受益”，凝聚社会共识，为核电发展创造良好的外部环境。

中国核能行业协会　徐玉明　陈荣　郑玉辉

风电产业发展情况及展望

一、风电产业最新发展动态

（一）产业现状

根据国家能源局发布的最新数据，2016 年，全国风电累计并网容量达到 1.49 亿千瓦，累计并网容量同比增长 15.5%；2016 年，全国风电上网电量约 2412 亿千瓦时，同比增长 29.5%。[1]

风电市场开发速度有所放缓。受 2014 年到 2015 年抢装的影响，前两年风电新增并网容量猛增，开发速度加快。2016 年新增风电容量有所放缓，风电市场开始进入调整期。统计数据显示，2016 年，我国风电新增并网容量 1930 万千瓦，同比下降 41.5%。

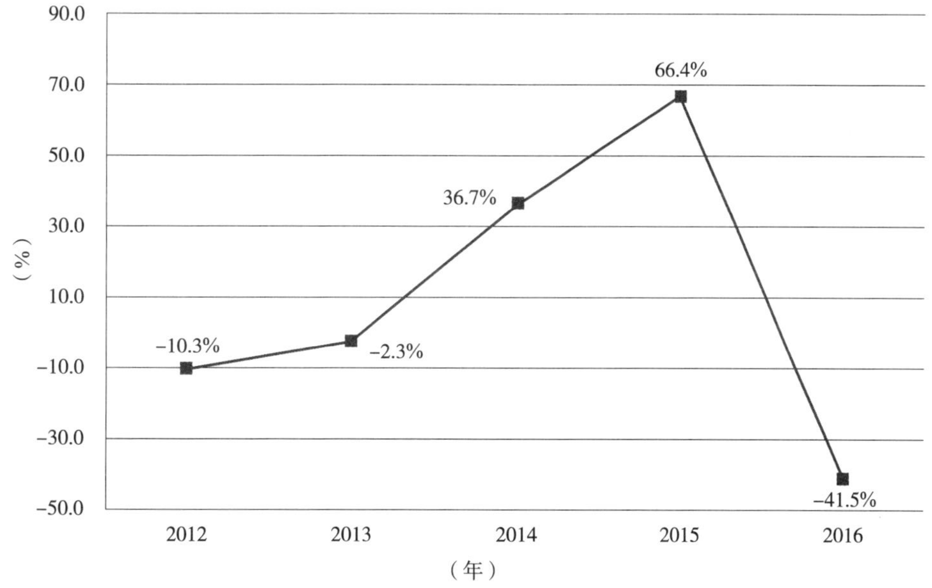

图 1　2012—2016 年新增风电并网容量同期增速变化趋势

产业布局逐步向中东部和南方地区转移。2016 年，新增并网容量较多的省份

[1] 国家能源局 . 2016 年风电并网运行情况［EB/OL］.（2017-01-28）［2017-02-17］. http://www.gov.cn/xinwen/2017-01/28/content_5164027.htm.

是云南、河北、江苏、内蒙古和宁夏，占全国新增并网总容量的46.2%。云南新增并网容量最多，为325万千瓦，占全国新增并网总容量的16.8%。

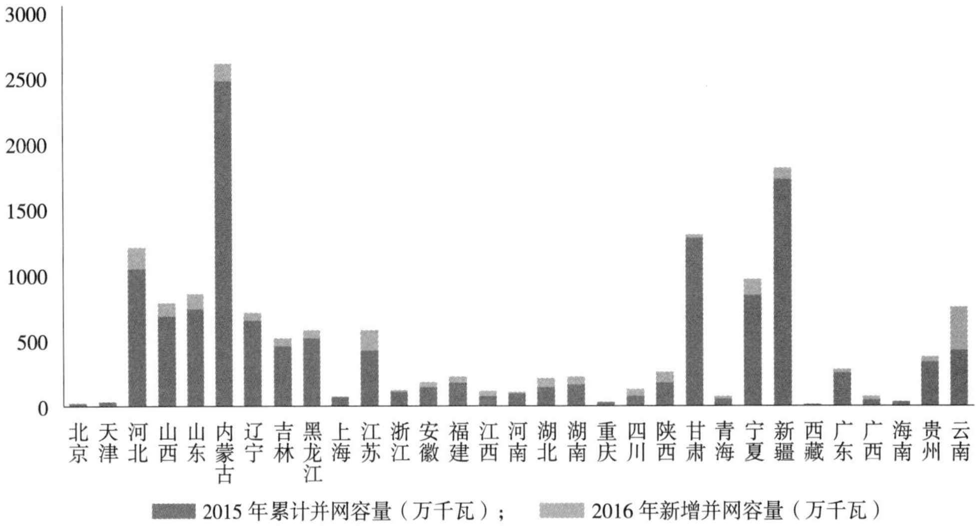

图2　2016年风电并网装机情况

海上风电仍处于发展初期。目前，由于海上风电开发风险较高，我国的海上风电开发尚处于起步阶段。根据中国可再生能源学会风能专业委员会（CWEA）公布的数据，从目前的海上风电开发情况来看，截至2016年9月底，纳入《2014—2016年海上风电开发建设方案》的项目仅有4个建成投产，装机容量21.17万千瓦，占比仅有2%。加上核准在建的8个项目，装机容量共计226.37万千瓦，占方案确定的总容量目标的21%。

（二）政策动态

2016年，国家发展改革委、国家能源局连续出台了一系列的相关政策，力求解决目前风电产业发展遇到的瓶颈难题，引导风电产业健康可持续发展。

2016年3月3日，国家能源局发布了《国家能源局关于建立可再生能源开发利用目标引导制度的指导意见》（国能新能〔2016〕54号），规定了2020年各省（自治区、直辖市）行政区域全社会用电量中非水电可再生能源电力消纳量比重，并对发电企业非水电可再生能源发电量占全部发电量的比重提出了明确指标。[1]

2016年3月29日，国家发展改革委发布《可再生能源发电全额保障性收购

[1] 国家能源局.关于建立可再生能源开发利用目标引导制度的指导意见（国能新能〔2016〕54号）[EB/OL].（2016-03-03）[2017-02-17].http://zfxxgk.nea.gov.cn/auto87/201603/t20160303_2205.htm.

管理办法》（发改能源〔2016〕625号），明确了可再生能源发电全额保障性收购的定义、责任主体、保障范围以及补偿办法等，是解决弃风弃光问题，促进风电等可再生能源行业有效发展的主要推动力。[1]

2016年4月22日，国家能源局下发了《关于建立燃煤火电机组非水可再生能源发电配额考核制度有关要求的通知（征求意见稿）》，积极开展配额指标考核工作，明确考核责任主体和考核方式，并建立绿色电力证书交易这一市场化的可再生能源补贴机制。[2]

2016年5月31日，国家发展改革委、能源局联合发布《关于做好风电、光伏发电全额保障性收购管理工作的通知》（发改能源〔2016〕1150号），核定并发布了部分存在弃风、弃光问题地区规划内的最低保障收购年利用小时数，未达到保障小时数要求，地方不得新建项目，电网企业和交易机构落实限电补偿。[3]

国家能源局7月21日发布《关于建立监测预警机制促进风电产业持续健康发展的通知》（国能新能〔2016〕196号），提出建立风电投资监测预警机制，监测预警结果每年定期发布，引导风电企业理性投资，促进风电产业持续健康发展。[4]

2016年7月22日，国家发展改革委、国家能源局发布了《可再生能源调峰机组优先发电试行办法》（发改运行〔2016〕1558号），在全国范围内通过企业自愿、电网和发电企业双方约定的方式确定部分机组为可再生能源调峰；在履行正常调峰义务基础上，可再生能源调峰机组优先调度，按照“谁调峰、谁受益”原则，建立调峰机组激励机制；可再生能源调峰应坚持本地为主，鼓励跨省区实施，坚持因地制宜，坚持市场化方向。通过提高电力系统调峰能力，有效缓解弃水、弃风、弃光。[5]

[1] 国家发展改革委.关于印发《可再生能源发电全额保障性收购管理办法》的通知（发改能源〔2016〕625号）[EB/OL].（2016-03-29）[2017-02-17].http://www.gov.cn/xinwen/2016-03/29/content_5059383.htm.

[2] 国家能源局.关于征求建立燃煤火电机组非水可再生能源发电配额考核制度有关要求通知意见的函.2016-04-22.

[3] 国家发展改革委，国家能源局.关于做好风电、光伏发电全额保障性收购管理工作的通知（发改能源〔2016〕1150号）[EB/OL].（2016-05-31）[2017-02-17].http://bgt.ndrc.gov.cn/zcfb/201605/t20160531_806135.html.

[4] 国家能源局.关于建立监测预警机制促进风电产业持续健康发展的通知（国能新能〔2016〕196号）[EB/OL].（2016-07-21）[2017-02-17].http://zfxxgk.nea.gov.cn/auto87/201607/t20160721_2276.htm.

[5] 国家发展改革委，国家能源局.关于印发《可再生能源调峰机组优先发电试行办法》的通知（发改运行〔2016〕1558号）[EB/OL].（2016-07-22）[2017-02-17].http://www.sdpc.gov.cn/zcfb/zcfbtz/201607/t20160722_811984.html.

2016 年 11 月 16 日，国家能源局印发《风电发展“十三五”规划》，提出了到 2020 年年底，风电累计并网装机容量确保达到 2.1 亿千瓦以上的总量目标，并对稳定规模、优化布局、根治弃风、健全市场等核心工作做出了具体安排和规划。[1]

2016 年 12 月 10 日，国家发展改革委印发《可再生能源发展“十三五”规划》，不仅描绘出未来五年我国可再生能源发展蓝图，更是针对制约我国可再生能源发展的补贴拖欠和限电等基本问题，提出了具体的政策解决措施，是未来我国可再生能源发展的重要基础。[2]

2016 年 12 月 26 日，国家发展改革委发布《关于调整光伏发电和陆上风电标杆上网电价的通知》（发改价格〔2016〕2729 号），分资源区降低光伏电站、陆上风电标杆上网电价，倒逼 2020 年风电、光伏平价上网，合理引导新能源投资。[3]

二、风电产业发展影响因素分析

（一）负面影响因素分析

1. 弃风限电形势愈加严峻，成为我国风电产业发展的最大制约

随着我国风电产业的快速规模化发展，并网瓶颈问题也日益凸显。2016 年，我国风电弃风电量 497 亿千瓦时，同比增加 158 亿千瓦时；全国平均弃风率 17.1%，同比上升 2.1 个百分点。[4]

目前，弃风限电成为我国风电产业发展的最大制约。以一个 5 万千瓦的陆上风电项目为例，按照全国平均单位千瓦造价 8000 元 / 千瓦估算，风电上网电价按照发改价格〔2015〕3044 号文件公布的 2016 年Ⅱ类资源区 0.50 元 / 千瓦时（含税）进行计算，在等效利用小时数满发的情况下（2500h），税后的财务内部收益率为 8.04%。弃风 10% 的情况下，税后的财务内部收益率就突降到 6.34%，严重影响

[1] 国家能源局 .《风电发展“十三五”规划》（国能新能〔2016〕314 号）[EB/OL].（2016-11-16）[2017-02-17].http://www.nea.gov.cn/2016-11/29/c_135867633.htm.

[2] 国家发展改革委 .《可再生能源发展“十三五”规划》（发改能源〔2016〕2619 号）[EB/OL].（2016-12-10）[2017-02-17].http://www.sdpc.gov.cn/zcfb/zcfbtz/201612/t20161216_830264.html.

[3] 国家发展改革委 .《关于调整光伏发电陆上风电标杆上网电价的通知》（发改价格〔2016〕2729 号 ）[EB/OL].（2016-12-26）[2017-02-17].http://www.sdpc.gov.cn/zcfb/zcfbtz/201612/t20161228_833049.html.

[4] 国家能源局 .2016 年风电并网运行情况 [EB/OL].（2017-01-28）[2017-02-17].http://www.gov.cn/xinwen/2017-01/28/content_5164027.htm.

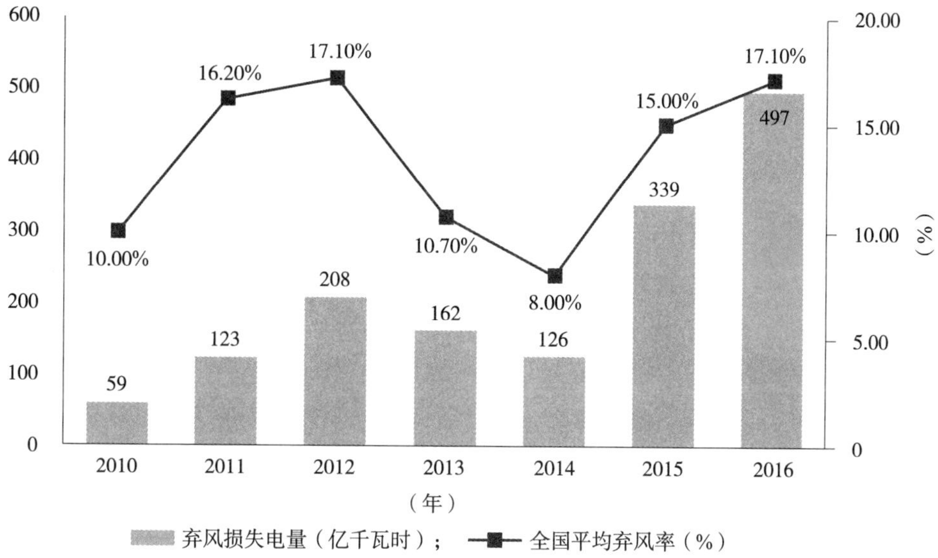

图 3　我国历年弃风限电情况

项目财务收益。

受新常态下电力需求增速放缓，风电本地消纳不足以及部分地区风电配套电网建设相对滞后，调峰电源结构单一、比重较低，火电项目建设规模依然维持较高水平等复杂因素的影响，短期内弃风限电问题不会得到彻底解决。

2. 补贴资金缺口日益扩大，拖欠问题影响企业正常经营

可再生能源补贴发放不及时、不到位已成为阻碍新能源发展的重要因素。根据国家能源局统计，截至 2016 年上半年，可再生能源补贴资金缺口累计已超过 550 亿元。随着第六批可再生能源电价补贴的发放，仍存在约 300 亿元的补贴缺口。随着年度可再生能源装机规模不断增加，旧的补贴没有到位，新的需求加速，导致补贴资金缺口日益扩大。

补贴资金拖欠导致风电企业经营困难，现金流吃紧，难以覆盖银行贷款利息，财务费用增加，资金实力较弱的风电企业面临资金链断裂的风险。根据测算，年度累计未结算可再生能源电价附加资金在 17 亿元的情况下，按照一年期贷款基准利率 4.6% 测算年增加财务费用 0.77 亿元左右，相当于降低度电利润 0.012 元 / 千瓦时。

在新的政策尚未出台，旧有的补贴机制不能满足风电装机规模不断增加的情况下，短期内补贴拖欠的问题仍无法缓解。

3. 风电标杆上网电价不断下调，影响风电开发企业的投资信心

固定上网电价政策是影响风电产业健康发展的最关键因素。继 2014 年陆上风电标杆电价降低 0.02 元 / 千瓦时后，2015 年发布了《关于完善陆上风电光伏发电上网标杆电价政策的通知》(发改价格〔2015〕3044 号)，继续下调 2016 年陆上风电标杆电价 0.01 ~ 0.02 元 / 千瓦时，并同时明确 2018 年标杆电价继续下调 0.02 ~ 0.03 元 / 千瓦时。而在海上风电电价方面，国家发改委于 2014 年发布《关于海上风电上网电价政策的通知》(发改价格〔2014〕1216 号)，确立了 2017 年以前(不含 2017 年)投运的近海风电项目上网电价为每千瓦时 0.85 元(含税,下同)，潮间带风电项目上网电价为每千瓦时 0.75 元，但对于 2017 年以后的海上风电上网标杆电价尚未明确。

2016 年 12 月底，国家发展改革委发布了《关于调整光伏发电和陆上风电标杆上网电价的通知》(发改价格〔2016〕2729 号)，明确自 2018 年 1 月 1 日之后，一类至四类资源区新核准建设陆上风电标杆上网电价分别调整为每千瓦时 0.40 元、0.45 元、0.49 元、0.57 元，比 2016—2017 年电价每千瓦时分别降低 7 分、5 分、5 分、3 分。[1]

风电上网标杆电价的不断下调，给风电企业带来巨大压力，有相当一部分风资源区的风电项目可能不再具有开发价值，特别是在弃风限电和补贴拖欠问题尚未解决的情况下，风电标杆上网电价的下调更是雪上加霜，影响风电产业的健康发展。

4. 未来几年风电开发成本下降空间有限，局部地区还有上升趋势

2015 年以来，风电开发的成本没有明显下降，平均造价在 8300 元 / 千瓦左右。风电机组占陆上风电项目投资的 60% 以上，其价格自 2013 年基本稳定在 4200 元 / 千瓦左右的水平，没有发生大的变动。而且，经过多年的实践，该价格也是保证风电机组可靠性重要边界条件，短期内基本没有下降的空间。“十三五”期间，受“三北地区”严峻的弃风限电形势影响，我国风电开发重心将逐步向中东部和南方地区转移。该区域地形地势复杂，人口密集，土地使用成本高，项目开发难度大，单位千瓦造价增加。即使综合考虑风电技术进步、集成开发等措施对成本上涨的对冲，局部地区的风电开发成本也有上升的趋势。此外，中东部和南方地区风资源禀赋较差，现阶段开发的项目年平均风速已经降至 5 ~ 5.5m/s，但在目前的技术条件下，经济性非常脆弱。随着区域征林征地等费用的水涨船高，风电开发成本也不断上涨，而风资源则越来越差，一旦标杆上网电价下调，这些地区就不再

---

[1] 国家发展改革委.《关于调整光伏发电陆上风电标杆上网电价的通知》(发改价格〔2016〕2729 号)[EB/OL].(2016-12-26)[2017-02-17].http://www.sdpc.gov.cn/zcfb/zcfbtz/201612/t20161228_833049.html.

具备开发条件。[1]

（二）正面影响因素分析

1. 可再生能源开发利用目标引导促进风电产业高比例发展

在目前条件下，全国风电技术可开发量已经突破100亿千瓦。2016年年初，国家能源局为了落实党中央和国务院提出的到2020年非化石能源占比达到15%的目标，测算并发布《关于建立可再生能源开发利用目标引导制度的指导意见》，除了明确风电整体的发展目标外，还根据《可再生能源法》的要求，提出了到2020年全社会用电量中风电等非水可再生能源电力消纳量占比达到9%的要求，这一指标跟产业规模同等重要，是我国能源转型进度的重要参考指标。预计未来国家能源局还会深入研究，把习近平总书记提到的2030年非化石能源占一次能源消费比重20%的目标分解落实，形成倒逼机制，促进各市场主体和各级政府利用和消纳新能源的积极性，引导风电等新能源产业的进一步发展。[2]

2. 科学合理的规划目标引导风电健康可持续发展

规划目标的制定以及年度开发建设方案的确定，从战略层面引领了风电产业的发展速度、规模及发展布局，对风电健康发展起着关键性的引擎作用，也是实现我国到2020年非化石能源占一次能源比重达到15%目标的重要保证。

近期，《可再生能源发展“十三五”规划》以及《风电发展“十三五”规划》相继发布，能够从战略层面对风电产业的发展起到引领性的作用和影响。根据《风电发展“十三五”规划》，预计到2020年，我国的风电装机将达到2.1亿千瓦以上，与2015年年底的1.4亿千瓦装机相比，平均每年有2000万千瓦的装机增长。从国家规划层面给予风电行业进一步规模化发展的信心和动力。[3, 4]

3. 可再生能源发电配额考核和绿色证书交易制度推动风电市场化

可再生能源配额制是国际上众多国家发展可再生能源的惯例。据统计，可再

---

[1] 秦海岩.风电电价不宜频繁调整［EB/OL］.（2016-10-12）［2017-02-17］.http://news.bjx.com.cn/html/20161012/779863.shtml.

[2] 李鹏.探讨风电高比例应用是“十三五”工作的重中之重［R］.2016北京国际风能大会暨展览会主旨演讲.2016-10-18.

[3] 国家能源局.《风电发展“十三五”规划》（国能新能〔2016〕314号）［EB/OL］.（2016-11-16）［2017-02-17］.http://www.nea.gov.cn/2016-11/29/c_135867633.htm.

[4] 国家发展改革委.《可再生能源发展“十三五”规划》（发改能源〔2016〕2619号）［EB/OL］.（2016-12-10）［2017-02-17］.http://www.sdpc.gov.cn/zcfb/zcfbtz/201612/t20161216_830264.html.

生能源配额制在美、英、意、荷等 20 多个国家得到广泛实施，很多国家都实现了可再生能源发电占比的飞跃。另外，国际成功经验也表明，绿色电力证书（绿证）交易是一种市场化的可再生能源电力补贴机制。绿证作为一种可交易、能兑现为货币的凭证，是对可再生能源发电方式予以确认的一种指标。它既可以作为可再生能源发电的计量工具，也可以作为一种转让可再生能源环境等正外部性所有权的交易工具，推行绿色电力证书交易，是促进可再生能源产业可持续健康发展的有效途径之一。

2016 年 4 月 22 日，国家能源局综合司发出《关于建立燃煤火电机组非水可再生能源发电配额考核制度有关要求的通知》（征求意见稿），明确国家正在制定、建立燃煤火电机组非水可再生能源发电配额考核制度，并明确提出考核办法为：2020 年各燃煤发电企业承担的可再生能源发电量配额，占火电发电量的比重应在 15% 以上，并对未完成非水可再生能源配额要求的燃煤发电企业取消其发电业务许可证。另外，也在积极推动绿色证书交易制度，各大火电企业要么大规模投资建设风电等可再生能源项目，要么通过绿色电力证书交易来完成配额要求。配额制政策和绿证交易制度一旦出台，相当于整个可再生能源行业的生产和消纳得到了国家承诺的年度最低消费保证，对可再生能源消纳是重大利好，也在一定程度上弥补现有补贴制度的不足，推动风电等可再生能源产业逐步实现市场化。

三、风电产业发展趋势预测

（一）装机规模预测

受 2015 年抢装影响，2016 年陆上新增风电开发速度有所放缓。根据中国可再生能源学会风能专业委员会（CWEA）调研统计，2016 年我国风电的新增装机规模为 2337 万千瓦。2016 年年底，《关于调整光伏发电和陆上风电标杆上网电价的通知》（发改价格〔2016〕2729 号）文件发布，对 2018 年以后核准的项目标杆上网电价进行了下调，但也明确，对于 2018 年以前核准的项目，如果在 2019 年年底之前开工，仍可执行 2016—2017 年的标杆上网电价。故此次电价下调对近几年的风电新增装机规模不会造成太大影响。初步预测，2017 年新增装机规模与 2016 年基本持平，预计在 2500 万千瓦左右。

在海上开发条件不断成熟的情况下，预计 2016—2017 年，中国的海上风电发展将有望提速。根据中国可再生能源学会风能专业委员会（CWEA）调研统计，2016 年海上风电的新增装机规模为 59 万千瓦，较 2015 年增长 63.9%。目前，2017 年以后海上风电的标杆上网电价也已经明确，随着海上风电技术水平不断提升，开发条件也日趋成熟，初步预测 2017 年海上风电新增装机规模较 2016 年会有一个较大幅度的增长，预计在 100 万 ~ 150 万千瓦。

（二）开发布局预测

目前，“三北地区”弃风限电问题严重，已不再具备经济开发价值。国家能源局发布的《关于下达 2016 年全国风电开发建设方案的通知》(国能新能〔2016〕84 号)，下达规模指标前五的省份分别为河南、山东、湖南、贵州、云南，开始以政策引导新增风电项目向中东部和南方省（区）转移。三北地区等弃风限电情况严重地区，已经不安排新增项目建设规模。预计在 2016—2017 年，乃至整个“十三五”期间，中东部和南方地区将成为我国陆上风电持续规模化发展的重要增量市场。随着低风速技术的不断成熟，中东部和南方地区等中低速风资源区的风电将逐步具备规模化发展的条件，加之开发政策环境的不断完善和优化，风电开发布局也将逐步向中东部和南方地区转移。[1]

海上风电的发展则会重点布局江苏省、浙江省、福建省、广东省等开发条件较好的沿海地区，根据风电“十三五”规划思路，这几个重点省份的海上风电开工建设规模在 2020 年都将达到百万千瓦级以上；天津市、河北省、上海市、海南省等省（市）的海上风电项目建设将得到积极推动；辽宁省、山东省、广西壮族自治区等地区的海上风电项目也会探索性推进。[1, 2]

中国可再生能源学会风能专业委员会　秦海岩　李莹　刘明亮　杜广平

［1］ 国家能源局 .《风电发展“十三五”规划》(国能新能〔2016〕314 号)［EB/OL］.(2016-11-16)［2017-02-17］.http://www.nea.gov.cn/2016-11/29/c_135867633.htm.

［2］ 国家能源局 . 关于印发全国海上风电开发建设方案（2014—2016）的通知（国能新能〔2014〕530 号　)［EB/OL］.（2014-12-08)［2017-02-17］.http://zfxxgk.nea.gov.cn/auto87/201412/ t20141212_1869.htm.

光伏产业发展情况及展望

2016年，在国内光伏上网电价调整带来的抢装效应以及印度等新兴市场快速崛起的带动下，我国光伏产业发展持续向好，产业规模稳步增长，技术水平得到明显提升，成本下降显著，光伏企业产能利用率得到有效提高，企业利润率得到提升，在“一带一路”战略引导及国际贸易保护倒逼下，我国光伏企业的“走出去”步伐也在不断加快。展望2017年，在国内上网电价调整预期以及补贴拖欠、限电、用地成本增加等因素影响下，我国光伏产业面对的困难和挑战日益增多，但全球《巴黎协定》的签订以及光伏发电成本的持续下降将会催生更多新兴光伏市场，我国光伏市场也将保持稳定的新增规模，光伏产业规模仍将呈现增长势头。同时，在“领跑者”计划带动下，企业也将加大技术改造投入，并扩大高效电池组件生产规模。

一、对2017年形势的基本判断

（一）光伏市场蓬勃发展，我国累计装机量保持全球首位

展望2017年，尽管面临全球经济疲软、美日等国政策支撑力度下降的影响，国内外光伏市场仍将保持增长势头，预期全年光伏新增装机量将达到65GW以上。其中，美国政府将继续受益于ITC（税收抵免）政策延期，预计新增装机量将达到10GW以上，但美国新一届政府对新能源发展的态度不甚明确，后续发展不确定性因素较高。日本光伏市场将继续面临补贴下调压力和电网接纳能力，但光伏产品价格的持续下降将会继续推动日本市场发展，预计市场规模仍将保持在8GW左右。新兴市场如印度等正大力推动光伏发展，随着配套政策及融资手段的完善，将继续成为市场发展的推动力。我国光伏市场方面，保守来看，2016年确定的普通电站、领跑者基地和光伏扶贫指标等基本完成建设，预计新增装机量可达到20GW，但由于2017年光伏上网电价调整将是大概率事件，不排除再次发生抢装的可能性，乐观估计新增装机量可达到30GW。考虑到光伏发电“十三五”规划目标为累计装机110 ~ 150GW，且有电价下降、补贴延迟发放、弃光限电等问题，

预计“十三五”后三年市场将会回落至 10 ~ 20GW 区间。

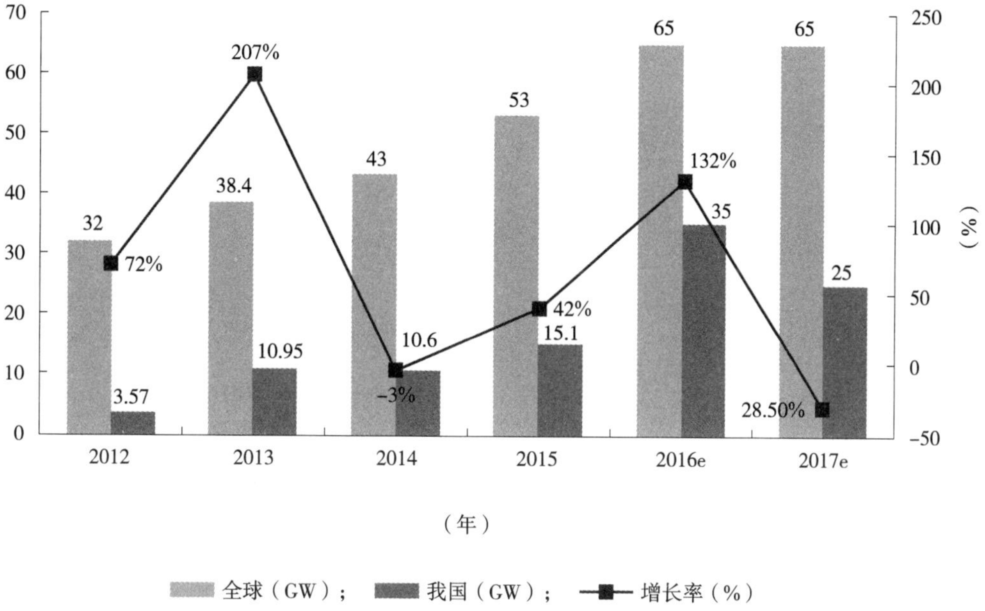

图 1　2012—2017 年我国光伏新增装机量、增长率及全球新增装机量

数据来源：CPIA，2016 年 11 月。

（二）产业规模稳步增长，企业盈利能力大幅提升

展望 2017 年，随着全球新增多晶硅产能投产和原有产能优化提升，预计全球多晶硅产量同比持平，我国多晶硅产量将达到 20 万吨以上。由于国内光伏市场同比会有较大跌幅且多晶硅产能的陆续释放，预计价格压力将会传导至硅料环节，产品价格可能会跌破 10 万元 / 吨，但由于多晶硅成本下降速度较快，企业仍将保持一定盈利空间。在电池组件方面，虽然国内光伏市场同比略有下滑，但由于《巴黎协定》的签订将给全球光伏市场环境带来极大利好，并且光伏系统投资价格下降使得光伏发电成本在多个国家或地区不断逼近甚至达到平价上网，预计全球组件产量继续呈现增长势头，全年将超过 70GW，我国光伏组件产量（含海外工厂）有望达到 52GW，产业集中度有进一步提升趋势。但仍需注意由于全球主要光伏市场如日本补贴持续下调、美国税收抵免政策到期等带来的波动影响，企业扩产仍需理性。

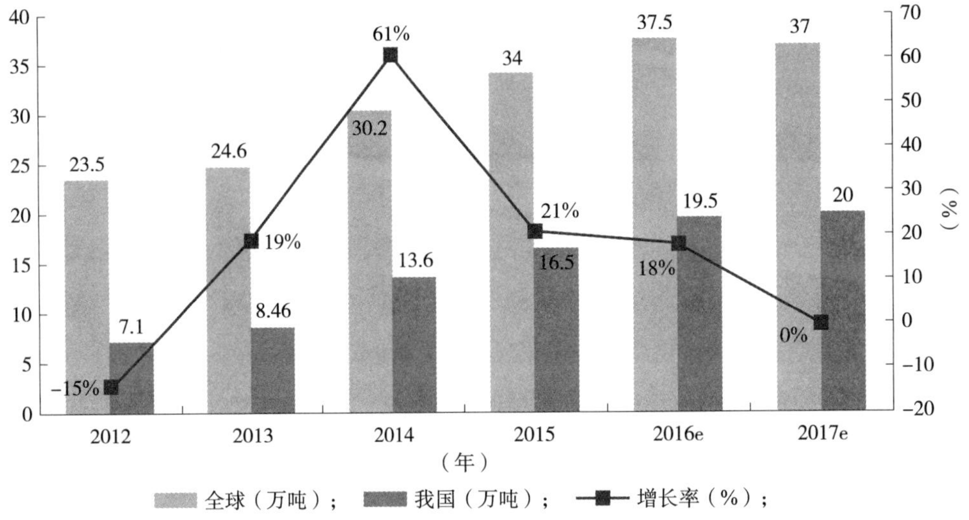

图 2　2012—2017 年我国多晶硅产量、增长率及全球多晶硅产量

数据来源：CPIA，2016 年 11 月。

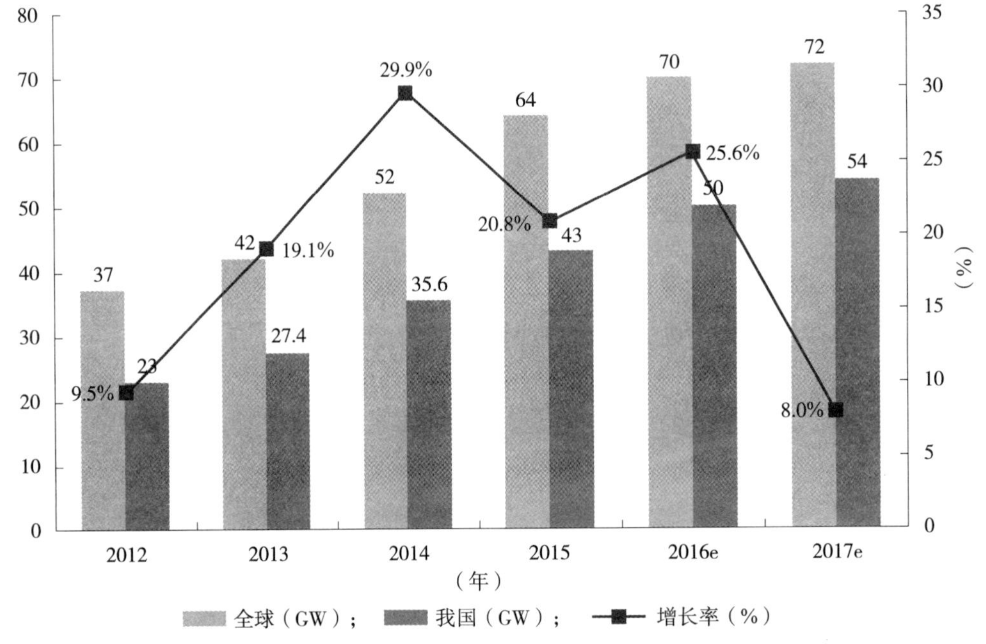

图 3　2012—2017 年我国光伏电池组件产量、增长率及全球光伏电池组件产量

数据来源：CPIA，2016 年 11 月。

（三）技术水平不断提升，生产成本逐步降低

展望 2017 年，技术进步仍将是产业发展主题。预计产业化生产的高效多晶硅电池转换效率将超过 19.3%，单晶硅电池有望达到 20.8%，主流组件产品功率将分

别达到 265 ~ 275W 和 285 ~ 295W。硅烷流化床法多晶硅生产工艺有望实现规模化生产，单晶连续投料生产工艺和 G7、G8 大容量铸锭技术持续进步，金刚线切割技术将得到进一步应用，PERC 电池、N 型电池规模化生产进一步扩大。与此同时，我国近 99% 光伏产品采用晶硅技术，新型薄膜、异质结、高倍聚光等技术路线发展缓慢，技术路线单一化程度偏高，产业后续发展隐患明显。国内光伏制造业关键工艺技术研发和基础理论研究不足，创新投入乏力，新产品、新技术储备欠缺，核心竞争力与国际先进水平仍有差距。亟待资金、技术、人才等要素持续投入，推动我国光伏制造向光伏智造转变，提升产业核心竞争力。

（四）产业投资持续增强，兼并重组持续推进

展望 2017 年，随着国内市场的调整，将会有更多光伏企业将目光瞄准海外市场，在加速拓展新兴市场的同时，积极实施产业全球布局计划，通过海外投资设厂、海外企业并购等方式，采取本土化生产战略，推动国际光伏贸易格局加快演进。同时，在“领跑者”计划实施带来的标榜效应带动下，部分省份也跟进优先使用“领跑者”产品，国内高效电池市场将会逐步扩大，企业也将会加大对国内已有产线的技术改造投入，包括黑硅、P-PERC、N-PERT、MWT 等技术正在加快扩大生产规模，部分企业也在关注 HJT 技术大规模生产的可行性等。多晶金刚线切割技术推进速度将会加快，对高纯多晶硅材料品质要求也将会大幅提升。

二、需要关注的几个问题

（一）满足“领跑者”计划项目要求的产品供应不足

2015 年，国家提出实施光伏“领跑者”计划，于 2015 年与 2016 年分别批复了 1GW 与 5.5GW“领跑者”电站建设规模，分别占当年总计划规模的 4.3% 与 30.4%。此外，部分地方政府如宁夏、青海等已要求普通电站的技术指标参照“领跑者”项目的产品技术指标要求，预计为推动技术进步，其他省市也将相继跟进。“领跑者”基地建设规模将加速推进。但从实施情况看，目前我国达到“领跑者”计划要求的产品产能较低，远不能满足市场需求。一是占企业 80% 以上产能的普通晶硅电池生产线虽然采用反光焊带、扩大硅片尺寸等提升组件功率的技术能够使平均功率提升至“领跑者”指标要求，但仍有一定比例的产品达不到相应要求。二是 PERC、黑硅、MWT、N 型双面等高效电池技术目前产业化规模仍较小，企业虽有扩产计划但要形成批量出货仍需时间。

（二）光伏制造业“融资难、融资贵”问题亟待解决

受前期产业贷款坏账影响，金融机构对光伏制造业授信整体压缩状况未根本改善，企业通常很难获得金融机构的融资支持，或者要担负 6% 以上甚至超过 10% 的贷款利率。目前光伏研发与产品制造方面的全球竞争正日益激烈。一方面，欧美等发达国家及光伏企业开始加快实施转换效率达 22% 以上的高效电池（我国产业化生产光伏电池转换效率普遍在 20% 以下）规模化量产计划，意在以此为切入点抢占竞争制高点。另一方面，东南亚地区的马来西亚、菲律宾等国家，依靠其成本优势大力承接全球制造业转移。预计未来五年内，随着我国制造业成本的进一步上升以及东南亚国家相关配套的逐步成熟，产业转移趋势将愈加明显。因此，我国光伏企业亟须通过加大研发投入，实现差异化竞争，以巩固制造规模全球首位的领先优势。但是，在目前的融资环境下，我国光伏企业能保证正常生产所需现金流已属不易，更遑论获得足够资金以支持技术升级。

（三）非技术性因素极大影响平价上网进程

经过几十年的发展，我国光伏企业通过技术进步和规模化发展显著降低了光伏电站系统部件的投资成本。但是我国光伏发电项目建设及运营过程中的一些非技术因素则使光伏电站投资及发电成本显著提升，极大蚕食技术进步成果。一是土地征税标准不规范。同一地区耕地占用税和土地使用税分别有 5 倍和 20 倍的调整空间，部分地区在财税资源紧张的情况下，从严从紧诠释税收法规，或要求企业按照税收标准上限缴纳耕地占用税和土地使用税，或要求企业按批准用地全部一次性缴纳耕地占用税，极大提升初期投资成本。二是弃光限电矛盾突出。由于本地电力消纳能力有限、调节电源比重偏低、电网发展滞后等原因，甘肃、新疆、青海等地区已经出现严重的弃光限电等问题。2015 年，全国弃光率达到 12.6%，其中甘肃弃光率甚至达到 30.7%。三是项目前期成本较高。企业进行普通地面光伏电站建设需要涉及发改、土地、电网、安监、水利、环保、住建、文物、农业等多个部门，还可能遭遇路条买卖、地方保护等问题，企业人力成本、时间成本、资金成本花费巨大。四是补贴拖欠。截至目前，2015 年 2 月后实现光伏电站并网的运营商仍未拿到光伏度电补贴。据测算，土地税收、弃光限电、项目前期成本等问题分别提升电站投资成本 1、0.3 和 0.1 元 /W 以上。

（四）政策缺乏延续性给行业健康发展造成较大负面影响

2015 年年底，国家宣布对现行光伏上网标杆电价进行下调，并于 2016 年 6 月 30 日之后执行下调后的电价。为获得较高的上网电价补贴，各地纷纷在补贴下调大限到来前抢装光伏系统。其结果是，2016 年上半年，全国新增光伏装机量超过 20GW，高于 2015 年全年的 15.1GW。而自 7 月开始，光伏市场出现断崖式下滑。三季度新增光伏装机量仅为 7GW 左右，环比下降 45% 以上。市场大起大落给产业发展带来了较大负面影响。一是市场急冷导致价格大幅下跌。据企业数据，9 月份硅片、电池片和组件价格与 6 月份相比，跌幅普遍在 30% 以上，企业在目前的价格下已很难盈利。二是高端产品发展也陷入价格战。在补贴下调背景下，不存在土地、“弃光限电”等问题的“领跑者”项目成为市场竞争热点，造成高效电池产品的低价竞争，甚至低于高效电池生产成本。

中国光伏行业协会　王勃华　江华　王世江　金艳梅

节能服务产业发展情况及展望

随着中国工业化和城市化步伐不断加快，资源环境对经济社会发展的瓶颈制约日趋明显。在新形势下，加快推行合同能源管理，积极发展节能服务产业，是利用市场机制促进节能减排、减缓温室气体排放的有力措施，是培育战略性新兴产业、形成新的经济增长点的迫切要求，是建设资源节约型和环境友好型社会的客观需求。

一、节能服务产业当前发展态势及主要特点

（一）发展态势

节能服务产业发展在“十二五”期间呈现出“先扬后抑”的态势。前三年，节能服务产业总产值和合同能源管理投资同比增速均在30%以上。其中，2011年节能服务公司总产值同比增长49.5%，合同能源管理投资同比增长43.45%。这些成绩都有赖于2010年中央出台了有力的扶持政策。后两年，受经济形势持续低迷、工业企业开工不足、能源价格低位徘徊等因素影响，节能服务产业发展增速明显放缓。2014年节能服务产业总产值和合同能源管理投资同比增幅分别为22.95%和29.16%，2015年为17.99%和8.43%。2015年是合同能源管理投资同比增长首次低于10%的一年。

（二）主要特点

节能服务产业发展的主要特点：一是工业领域仍是拉动节能服务产业规模增长的最主要动力，“十二五”期间，工业、建筑、公共设施三大领域对总产值的贡献率分别为70%、21%、9%；二是北京及东部沿海地区仍是节能服务产业持续发展的重要引擎，东部地区节能服务公司占全国总数的三分之二，对产业总产值贡献率超过70%；三是具有一定规模的企业不断增加，涌现出一批引领行业健康发展的龙头企业。据统计，截至2015年年底，产值超过10亿元的节能服务公司有25家，超过5亿元的有142家，超过1亿元的有286家；“十二五”期间，合同能源管理累计投资超过10亿元的有34家，超过5亿元的有112家，超过1亿元的有385家。

二、节能服务产业发展面临的瓶颈与问题

虽然我国节能服务产业发展已经初具规模，但仍然存在许多困难和问题。

（一）财政扶持政策的不明朗

2015 年 5 月 12 日，财政部印发通知废止《合同能源管理财政奖励资金管理暂行办法》，给众多节能服务公司带来困惑，怀疑国家对合同能源管理的支持力度是否在减轻。是否加大对合同能源管理的政策很不明朗，导致节能服务公司观望情绪渐浓。虽然节能服务公司备案制度已经正式取消，但正式文件未能明确说明，以致节能服务公司、用能单位依然重视备案企业，且多数用能单位招标依然将备案纳入标准之一。

国家发展改革委印发通知清算最后一批合同能源管理财政奖励项目，节能服务公司在各地区申报项目过程中,很多地区节能服务公司反映申报难的问题,比如：异地项目不给报，之前已经收集完项目不再收集，甚至有的地区不接受项目申报。之前申请奖励的过程中，申请财政扶持难度较大且周期较长，严重挫伤了节能服务公司的积极性。

2016 年度中央预算内项目明确支持合同能源管理推进工程，但有的地区不接受项目申报。

（二）税收扶持政策不支持中小项目

节能服务公司实施合同能源管理的项目符合《财政部 国家税务总局 国家发展改革委关于公布环境保护节能节水项目企业所得税优惠目录（试行）的通知》（财税〔2009〕166 号）“4. 节能减排技术改造”类中第一项至第八项规定的项目和条件。其中，明确指出：工业锅炉、工业窑炉技术改造和电机系统节能、能量系统优化技术改造项目年节能量折算后不小于 1000 吨标准煤。

当前，1000 吨标煤节能量以下的项目较多，正是节能服务公司所开拓的市场，但按当前政策不能享受所得税优惠政策，阻碍了节能服务公司中小型节能项目的开展。

（三）经济形势低迷，工业企业经营状况不佳

“十二五”的后半期，受宏观经济形势影响，特别是高耗能行业低迷、能源价格下降等因素影响，对节能服务产业发展的不利因素主要表现在：

一是高耗能行业低迷，尤其是钢铁、水泥等行业产能过剩、开工不足、效益

下滑等原因，企业现金流出现问题，节能服务公司正常回款受到影响，有的项目发生打折支付、甚至停止支付的现象，市场风险正在加大。

二是由于耗能企业存在随时减产甚至停产的潜在风险，以及化石能源价格不断下降等因素，导致节能项目开发难度增大、项目回收期拉长，提高了选择客户及项目的标准，节能服务公司观望情绪渐浓，明显放缓了项目签约和资金投入的节奏。

三是服务于工业领域的节能服务公司融资环境更加艰难，限制了节能服务业务的进一步开展。

（四）公共机构市场仍未释放

公共机构节能市场是节能服务公司在建筑领域的主要市场之一，目前，仅有深圳市公共机构在大面积实施合同能源管理方面进行了尝试。上海市、湖南省、浙江省等也印发公共机构合同能源管理项目管理办法，推进公共机构采用合同能源管理方式实施节能改造。其他地区公共机构实施合同能源管理项目的障碍和问题均不同程度地存在。

（五）体制机制障碍阻碍项目开展

部分领域市场体制机制障碍严重阻碍节能项目开展。如城市供热系统有巨大的节能空间，但既有供热体制严重制约了供热系统节能改造，部分地区热力公司在政府巨额的补贴资金下运行依然亏损，节能改造却难以开展。

（六）融资障碍问题依然较多

节能服务公司轻资产无抵押的现状导致大部分节能公司融资难，特别是投资多个合同能源管理项目后，未来收益权无法获得合理的质押，得不到资本市场的认可更很难流通，导致几乎所有从事合同能源管理项目的公司都面临融资瓶颈，严重制约了公司乃至产业的发展。

同时，实体经济运行困难，金融投资机构出于风险控制考虑，压缩信贷投放规模，造成节能服务公司融资比以往更加困难，难以满足产业持续发展的需要。

（七）市场环境有待改善

一是位势不同，节能服务公司与用能单位在市场合作中地位不平等，长期处于弱势，发展过程中受制于用能单位的种种约束。

二是诚信环境较差，用能单位常以各种理由推迟支持节能效益款项，不能按期按量履约。

三是第三方机构数量和质量不能满足产业发展需求，第三方机构有时候做不到独立公正。

三、节能服务产业发展的机遇与挑战

（一）《巴黎协定》如期签订，明确全球气候治理机制

2015 年 12 月 12 日，联合国气候变化框架公约第 21 次缔约方大会（COP21）促使 196 个缔约方（195 个国家 + 欧盟）形成了统一意见，达成了一项公平且平衡的《巴黎协定》，各国承诺把全球平均气温升幅控制在工业化前水平以上低于 2℃之内，并努力将气温升幅限制在工业化前水平以上 1.5℃之内。《巴黎协定》的签订，明确了 2020 年到 2030 年全球气候治理机制，促使全球发展向绿色、低碳转型，意味着全球应对气候变化共同行动的车轮已正式转动，在 20 多年气候变化多边进程中具有重要意义。

国家主席习近平在巴黎气候变化大会开幕式发表题为《携手构建合作共赢、公平合理的气候变化治理机制》的重要讲话。习近平主席阐明了中国在应对全球气候变化、推动达成巴黎协议方面的立场主张，宣介了中国以实际行动对应对全球气候变化做出的积极贡献。并再次重申，中国将于 2030 年左右使二氧化碳排放达到峰值并争取尽早实现，2030 年单位国内生产总值二氧化碳排放比 2005 年下降 60% ~ 65%，非化石能源占一次能源消费比重达到 20% 左右的雄伟目标。展示了中国致力于全球气候治理的真诚和行动力，体现了中国作为一个负责任国家应有的大国风范。

由此观之，国际节能减排潮流不可逆转，节能服务产业作为节能减排事业的重要且不可或缺的力量，不仅是中国的朝阳产业，同样是世界的朝阳产业，方兴未艾，前景一片光明。

（二）推进生态文明建设，宏观发展环境持续向好

一是推进生态文明建设。十八大报告首次提出建设美丽中国，大力推进生态文明建设，实现中华民族永续发展。2015 年 9 月 23 日，中共中央、国务院印发《生态文明体制改革总体方案》，提出：以建设美丽中国为目标，以正确处理人与自然关系为核心，以解决生态环境领域突出问题为导向，保障国家生态安全，改善环境质量，提高资源利用效率，推动形成人与自然和谐发展的现代化建设新格局。并指出必须将生态文明建设放在突出地位，融入经济建设、政治建设、文化建设、社会建设各方面和全过程。

《方案》中更加着重提出推广合同能源管理机制。生态文明建设离不开节能减排工作，节能服务公司正是推动这项事业的有力保障。

二是推动能源生产和消费革命。2014 年 6 月 13 日，中共中央总书记、国家主席、中央军委主席、中央财经领导小组组长习近平主持召开中央财经领导小组第六次会议，研究我国能源安全战略。习近平发表重要讲话强调，能源安全是关系国家经济社会发展的全局性、战略性问题，对国家繁荣发展、人民生活改善、社会长治久安至关重要。面对能源供需格局新变化、国际能源发展新趋势，保障国家能源安全，必须推动能源生产和消费革命。

对于能源消费革命而言，节能工作无疑是重中之重。“十二五”期间，围绕推进能源消费革命和节能减排，我国出台了一系列政策措施，规划了未来五年、十年、甚至更长时期的发展，为节能事业奠定了基石、拓展了空间、描绘了蓝图。

三是控制能源消费总量。国家发展改革委发布的《国家应对气候变化规划（2014—2020 年）》指出：到 2020 年，一次能源消费总量控制在 48 亿吨标准煤左右，非化石能源占一次能源消费比重达到 15%。如按既有经济发展速度和能效水平计算，到 2020 年，我国一次能源消费总量应在 55 亿吨标准煤左右。如何将 55 亿吨标准煤的能源消费总量降到 48 亿吨标准煤，唯有大力开展节能工作和提升清洁能源利用比例，节能服务公司正是推动这项事业的生力军。

四是发布能效信贷指引。2012 年，银监会制定了《绿色信贷指引》，该指引的出台，不仅为银行业金融机构在绿色信贷开展方面指明方向，更鼓励银行业金融机构积极创新金融产品，为绿色低碳发展提供金融支持。2015 年，国家发展改革委联合银监会共同发布《能效信贷指引》，指引强调银行业金融机构在促进节能减排、推动绿色发展中的重要作用，不仅鼓励和指导银行业金融机构积极开展能效信贷业务，更为明确和详尽地提出了支持合同能源管理信贷，将为快速增长的节能服务产业拓宽融资渠道。

五是制定发布技术目录、推广优秀节能技术。政府机构为加快节能技术进步和推广普及，引导用能单位采用先进适用的节能新技术、新装备、新工艺，公布各类《推荐目录》《推广清单》《参考目录》等，让广大节能服务公司和用能单位开展节能工作时能够有所借鉴、有章可循。如国家发展改革委每年更新发布《国家重点节能技术推广目录》，工业和信息化部发布《重点推广的电机节能先进技术目录》，科技部发布《节能减排与低碳技术成果转化推广清单》，国务院机关事务管理局发布《公共机构节能节水技术产品参考目录》。

与此同时，国家发展改革委、工业和信息化部印发《重大节能技术与装备产业化工程实施方案》，指出：鼓励采用合同能源管理、设备租赁等方式，促进节能技术装备的推广应用；落实政府向社会力量购买公共服务的有关要求，积极培育节能服务第三方机构。国家发展改革委、环境保护部、财政部、国家质检总局、工业和信息化部、国管局、国家能源局七部委联合印发《燃煤锅炉节能环保综合提升工程实施方案》，提出：鼓励采用合同能源管理等方式引导企业、社会资金加大投入力度，建立以市场为主的长效机制实施锅炉节能技术改造。

我国政府在不断构建和完善节能服务体系，在完善扶持政策、规范行业发展、拓宽服务领域等方面积极作为，说明国家推行合同能源管理扶持节能服务产业的政策没有丝毫改变，节能服务产业的发展仍有广阔的空间。

（三）深化电力体制改革，节能服务公司商机无限

2015 年 3 月 15 日，中共中央、国务院印发《关于进一步深化电力体制改革的若干意见》，鼓励供水、供气、供热等公共服务行业和节能服务公司从事售电业务，支持节能服务公司作为售电主体创新服务，向用户提供包括合同能源管理、综合节能和用能咨询等增值服务。同时，鼓励节能服务公司与用户合作或以“合同能源管理”模式建设分布式电源。

2015 年 11 月 26 日，国家发展改革委和国家能源局又印发了《关于印发电力体制改革配套文件的通知》，涵盖《关于推进输配电价改革的实施意见》《关于推进电力市场建设的实施意见》《关于电力交易机构组建和规范运行的实施意见》《关于有序放开发用电计划的实施意见》《关于推进售电侧改革的实施意见》《关于加强和规范燃煤自备电厂监督管理的指导意见》等六个电力体制改革配套文件，不仅表明了国家对电力体制改革的决心与信心，同时体现了售电的放开是多个文件中的核心，也是此次改革的重中之重。

其中，《关于推进售电侧改革的实施意见》明确提出：充分发挥市场在资源配置中的决定性作用，鼓励越来越多的市场主体参与售电市场。此举将意味着高度垄断状态的售电业务，将开始碎片化，按照地域、行业、客户对象等不断细分，细分市场将催生出更多依靠核心竞争力成长的专业化公司，以各类服务的形态进入市场。

节能服务公司凭借自身技术实力与市场开发能力，持续不断地在节能技术改造、分布式能源建设、供气（汽）、供热等多领域开展节能服务业务，具有开拓售电业务的坚实基础，节能服务与售电一体化将成为节能服务公司发展的方向之一。

当前，已有节能服务公司开始向售电业务尝试和延伸，如深圳市科陆电子科技股份有限公司参股国内首家民营售电公司深圳市深电能售电有限公司，广州智光电气股份有限公司组建广东智光电力销售有限公司等。

（四）国内经济形势低迷，合同能源管理危中有机

“十二五”的后半期，受宏观经济形势影响，特别是高耗能行业低迷、能源价格下降等因素影响，对我国节能服务产业发展的不利因素主要表现在以下方面：一是高耗能行业低迷，尤其是钢铁、水泥等行业产能过剩、开工不足、效益下滑等原因，企业现金流出现问题，节能服务公司正常回款受到影响，有的项目发生打折支付甚至停止支付的现象，市场风险正在加大。二是由于耗能企业存在随时减产甚至停产的潜在风险，以及化石能源价格不断下降等因素，导致节能项目开发难度增大、项目回收期拉长，提高了选择客户及项目的标准，节能服务公司观望情绪渐浓，明显放缓了项目签约和资金投入的节奏。三是服务于工业领域的节能服务公司融资环境更加艰难，限制了节能服务业务的进一步开展。

以上不利因素给节能服务公司的发展带来了巨大的困扰和考验。但是，风险永远与利润同行，机遇永远与挑战并存。在宏观经济形势低迷的背景下，节能服务产业发展也显现着新的机遇：一是耗能企业更加重视节能增效，节能的主动性和迫切性显著提高。二是耗能企业由于效益下滑、资金短缺，用自有资金开展节能项目受到制约，给推行节能服务提供了择机而入的机遇。

节能服务公司面对机遇与挑战，一定要能够高瞻远瞩、审时度势，将不利因素转化为有利因素；危中寻机、化危为机，不断提升自身能力和服务品质；不断创新、追求卓越，蹚出一条健康持续发展之路。

四、节能服务产业发展展望

尽管高耗能行业低迷影响节能服务公司正常回款、耗能企业减产停产风险导致节能项目开发难度加大、服务于工业领域的节能服务公司融资环境更加艰难等不利条件依然存在，在一定程度上限制了节能服务产业的发展，但全球节能减排趋势不可逆转、国内政策环境持续向好等有利因素也给产业带来新的机遇。

“十三五”节能服务产业的发展目标是：到 2020 年，全国节能服务公司数量 6000 家左右，行业从业人员突破 100 万人，节能服务产业实现总产值突破 6000 亿元。其中，“十三五”合同能源管理累计投资超过 7000 亿元，实现年节能能力超过 2

亿吨标准煤，减排二氧化碳超过5亿吨。同时有效带动节能技术研发、节能产品制造、节能工程设计、节能咨询评估等相关行业和机构的大力发展，加快形成以节能服务为核心的配套产业链，成为国家七大战略性新兴产业之首的节能环保产业中最具市场化、最具成长性、充满活力、特色鲜明的朝阳行业。

“十三五”期间，节能服务产业将会有更大的发展空间，节能服务队伍会继续壮大，这也将为全社会提供更多的就业机会。节能服务产业不仅是抓节能促减排的主力军，更是拉动经济、带动就业的生力军，无论从市场需求还是行业发展前景来看，节能服务产业的发展都将进入一个崭新的升级阶段。

中国节能协会节能服务产业委员会　孙小亮　王珏旻　何定波

环保产业发展情况及展望

环保产业指国民经济结构中为环境污染防治、生态保护与恢复、有效利用资源、满足人居环境需求，为社会、经济可持续发展提供产品和服务支持的产业。它不仅包括污染控制与减排、污染治理与废物处理等方面提供产品与技术服务的狭义内涵，还包括涉及产品生命周期过程中对环境友好的技术与产品、节能技术、生态设计及与环境相关的服务等。

一、我国环保产业发展现状

“十一五”以来，特别是“十二五”期间，我国经济社会快速发展，资源和环境问题受到社会各界高度关注，环境管理日趋严格。党中央、国务院高度重视环保产业发展，将环保产业确立为战略性新兴产业加以培育。环保产业快速发展，正在向以环保科技为支撑，装备制造为基础，环境服务业为引领、上下游产业链延伸拓展的阶段迈进。环保产品已达 3000 多个品种，覆盖了污染治理和生态保护的各个领域。

与近年来传统行业明显下滑趋势不同，环保行业通过国家政策拉动和法规标准倒逼市场，进入广阔而蓬勃发展期。据对 30 余家环保上市公司 2016 年上半年营业总收入统计分析，较上年同期增幅达到 30% 以上，发展势头总体良好。据测算，2015 年全国环境保护产品销售收入约 4700 亿元，环境保护服务营业收入约 4900 亿元，合计约 9600 亿元；2016 年全国环境保护产业的产品销售收入有望达到约 5400 亿元，环境保护行业的服务类项目营业收入约 6100 亿元，合计约 11500 亿元。

我国环保产业的分布与经济发展的水平基本保持一致，主要集中于东部沿海地区，已经初步形成了长三角、珠三角、环渤海三大主要产业集聚区。江苏、浙江、广东、山东、北京、天津等省市成为我国环保产业具有引领和带动作用的发展策源地。地处中西部地区的四川、湖南、湖北、安徽等地以及河北、山西等环境污染问题严重的地区，对环保产业愈加重视，产业发展的增速明显，在部分核心城市和区域正在逐步形成我国环保产业发展的“第二梯队”。

环保技术水平也不断提高，通过自主研发与引进消化相结合，我国环保技术与国际先进水平的差距不断缩小，掌握了一批具有自主知识产权的关键技术，装备和产品供给能力显著增强，在除尘、烟气脱硫、城镇污水处理等领域已形成世界规模最大的产业供给能力。一些水处理技术和设备已经接近或者达到国际先进水平；电除尘处于国际领先水平，出口范围遍布30多个国家或地区；布袋除尘应用水平较高，应用范围不断拓宽；火电脱硫、脱硝和生活垃圾处理技术及装备基本实现国产化。基本能够满足环保产业市场的供给需求。具体情况如下：

大气污染治理方面，烟尘、硫氧化物、氮氧化物控制技术在引进、消化、吸收的基础上进行了一定的再创新，燃煤电厂烟气治理进入超低排放阶段，在排放水平上已达到国际先进水平；VOCs净化技术呈现多样化的快速发展态势；机动车污染排放控制技术快速更新换代。

水污染治理方面，城市污水处理的各种典型工艺广泛应用，水处理技术工艺和设备质量不断提高，拥有一批较为成熟的常规水处理技术和装备；村镇生活污水处理工艺快速提升；工业废水处理技术快速发展，细分市场技术供应基本消除空白，一些重点行业实现废水零排放；污泥处理处置技术得到一定发展；膜技术得到广泛应用。

固体废物处理处置方面，生活垃圾、危险废物、医疗废物等处理技术及装备实现国产化，与国际先进水平差距进一步缩小；大宗工业固废综合利用成套技术产业化取得较大进展，部分资源综合利用技术获得国家技术发明奖和国家科学技术进步奖，达到国际先进水平，大宗工业固废和主要品种再生资源回收利用水平显著提高。

土壤污染防治方面，总体仍处于起步阶段，技术引进和研发投入力度逐步加大，场地修复技术的引进和应用取得一定进展。

噪声与振动控制领域设备制造、工程设计和工艺水平基本与国际同步，部分技术已达到国际先进甚至国际领先水平。

环境监测仪器设备快速发展，在线监测仪器国产化水平不断提升，除个别关键部件外均实现国产化，烟气在线监测仪、水质在线监测仪、环境空气在线监测仪等产品基本能够满足我国环境监测工作的需要。

二、环保产业发展的影响因素

（一）有利因素

当前，我国环保产业发展迎来诸多有利因素，应抓住机遇，推动环保产业健康快速发展。

一是国家政策利好的驱动。环保产业是典型的政策推动型产业，具有很强的政策驱动特性，环保产业的成长和发展与国家的环境保护方针、法律法规及政策密切相关。十八大“五位一体”的总体布局将生态文明建设放在突出的地位，彰显了执政党搞好环境保护、彻底消除环境危机的决心和意志，也为环境保护工作带来了政策红利和法治红利。近年来，国家陆续出台了一系列政策措施，包括史上最严《环境保护法》的实施，大气、水、土壤污染防治行动计划和“十三五”环境保护规划的发布，控制污染物排放许可制和省以下环保机构监测监察执法垂直管理的实施，环境经济政策体系的逐步完善等，为环保产业的大力发展奠定了坚实的政策基础，环保产业发展环境不断优化。

二是环境质量持续改善需求的拉动。我国污染物排放逼近或者超过承载，容量超载的国情短期内不会根本扭转，生态环境系统的脆弱性、风险性相应明显加大，生态环境成为社会需求强烈的稀缺产品。2015 年，全国 338 个地级及以上城市中，仅有 73 个城市达标，占 21.6%；部分水体污染问题仍然突出，城市黑臭水体大量存在，近岸海域局部污染严重；全国土壤总的点位超标率为 16.1%，耕地土壤点位超标率为 19.4%，长三角、珠三角、东北老工业基地等部分区域土壤污染问题较为突出。环境质量持续改善给环保产业发展带来巨大的市场需求。预计“十三五”期间环境保护投资将达到 17 万亿元。

三是环保产业自身进入良性发展的轨道。随着环保事业的发展，环保产业的广度、深度和高度都发生了很大变化。在广度方面，治理对象由工业“三废”向所有排污环节过渡，由烟尘、SO_2、COD 等少数污染物向所有污染物拓展；在深度方面，实现了由环保产品生产和装备制造到工程建设、融资服务、运营服务、咨询服务、检测认证服务和综合服务的跨越；在高度方面，环保产业从单纯的污染物末端治理向工艺过程减排和废弃物综合利用延伸，清洁生产在一些重点领域得到推广，基于现代检测技术、信息技术、大数据技术和云计算技术的排污企业 / 治污设施智能控制、智能分析、风险预警服务快速兴起。环境服务业呈现良好发展态势，政府采购服务在环境保护领域逐步推广，国家鼓励发展第三方治理，环境污染治理设施运营社会化、市场化、专业化步伐进一步加块，尤以环境监测社会化发展最为显著，环境咨询服务业也实现了快速发展。在燃煤电厂烟气治理、生活污水处理、生活垃圾处理、资源综合利用等领域，一批拥有较强综合竞争力的大型企业和企业集团脱颖而出，通过兼并重组、股权融资、IPO 等方式进一步强化其规模效益；中小型企业进一步向“专、精、特、新”方向发展，工业废水治理、VOCs 治理等细分领域为中小型企业成长提供了重要发展空间。

四是资源要素的快速集聚。近年来，环保产业在国家政策鼓励和拉动下持续快速发展、企业经营情况总体较好、受经济下行冲击相对较为平缓，与传统产业产能严重过剩、市场持续低迷、企业生存艰难、产业政策收紧的情况形成鲜明对比。资本、人才等生产要素快速向环保产业集聚，其中资本的集聚效应尤为明显。截至 2015 年年底，主营业务涉及环境保护的上市企业 470 余家，较 2011 年 129 家增长 2.6 倍。2015 年在新三板挂牌的环保企业达到 164 家。行业并购活跃，仅新成立的并购基金，2015 年超过 400 亿元，2016 年前 8 个月也达 400 亿元。在资本的支持下，燃煤电厂烟气治理、生活污水处理、生活垃圾处理、资源综合利用等领域，一批大型企业和企业集团通过兼并重组、股权融资、IPO 等方式进一步强化其规模效益。环保产业长期以来“小”和“散”的局面正在发生积极的改变。

五是全民环保意识的推动。随着生活水平的快速提高，人民群众环保意识也在不断加强。中央和各级政府对生态环境保护工作的高度重视、环境法规的不断完善、环境治理力度的不断加强、新闻媒体和自媒体等对污染等环境事件的高度关注也在很大程度上进一步提升和强化了人民群众的环保意识。人民群众对环境保护的参与渠道日益多样化，参与范围与参与程度逐步加深，对高能耗高污染的粗放发展方式形成监督，低碳绿色的生活方式成为新的潮流，形成全社会保护环境的强大合力，将进一步激发环保产业的市场活力，引领环保产业向污染源头治理、环境友好型产品快速发展的新阶段迈进。

（二）不利因素

当然，我国的环保产业发展也将面临一些不利因素，需要我们积极应对并予以化解。

一是工业污染防治领域，传统行业增速下滑已经传递到环保产业。工业环境保护相关领域增速放缓，与钢铁、水泥、有色、石化等大气污染防治相关领域受影响较大；传统上最重要的电力环保市场将在未来两年内完成存量污染治理，而

“十三五”期间的火电项目增量较小，这样处于世界先进水平的燃煤电厂超低排放技术将成为结构性过剩产能；部分传统制造业企业倒闭或进入停产、半停产状态，一定程度上压缩了环保产业的潜在市场和现实市场。

二是环保产业出现短期局部投资过热现象。2014 年以来，环保产业受到社会资本的追逐和热捧。短期内涌入环保产业的资本量远远超过当前市政环保领域投资项目资本金需求，形成“钱多项目少”的局面。投资过热主要出现在技术门槛相对较低、公认为长期经营风险较小的市政环保领域（污水、垃圾处理处置）。但从长期和全局看，环保产业投资不足的矛盾依然存在，并且短期的投资过热可能加剧长期投资不足的矛盾。

三是低价中标泛滥，加大环保企业经营风险。低价中标是长期困扰环保产业发展的顽疾，2015 年以来愈演愈烈。以城市生活垃圾焚烧发电为例，每焚烧处理 1 吨垃圾，政府支付的可行性缺口补贴，在欧洲发达国家约为 200 欧元，中国环境保护产业协会倡导的市场合理价格为 80 元人民币，企业普遍能够接受的低价为 65 元左右。但 2015 年下半年以来签约的项目中，大量出现可行性缺口补贴在 20 元左右的案例。将来，随着环境监管的日益严格和公众监督的日益深入，这些低价中标的项目经营风险极大，一方面可能增加环境风险，另一方面可能加大地方政府未来财政支出的不确定性和潜在风险。

四是环保产业历史欠账问题突出。环保产业的历史欠账主要是长期以来监管不严格、市场不规范条件下的低质低价工程。低质低价工程的现象在电力环保等市场比较规范的领域，以及投资运营一体化程度较高的市政环保领域相对较少，在一般工业污染防治领域比较严重。相当数量的环保工程以“通过验收”为目标，尽一切可能压缩成本，甚至有的在基本工艺选择上就存在不足，难以实现稳定达标运行。在日益严格的环境监管面前，存量的低质低价工程对环境质量改善目标的达成形成潜在威胁，有的需要追加投资进行改造，有的可能需要推倒重新建设，造成大量浪费。

五是环保 PPP 项目落地面临瓶颈。2014 年以来，我国 PPP 模式进入发展快车道，尤其是与环保领域的融合发展，极大地推动了我国环保产业发展。不过，当前环保 PPP 项目落地率不高，还面临一些瓶颈和风险，主要是制度环境未能与经济需求相匹配、融资难、定位模糊等问题。比如在具体项目执行中涉及很多其他相关政策，如果这些政策不做相应调整，就会成为 PPP 项目落地的制约因素；一些环保 PPP 项目边界比较模糊，缺乏非常明确的政策规则；PPP 项目对资金需求量比较大、周期比较长，但我国目前缺乏长期性资本，融资难、融资贵的问题较为普遍，成为制约 PPP 模式发展的一大瓶颈。

随着国家对环境保护工作的日益重视、公众环境意识的不断增强以及对环境质量的要求越来越高，促进环保产业发展的制度体系将越来越完善，信息公开的力度将越来越大，环境监管将越来越严格，公众监督将越来越深入，这些必将进一步推动上述有利因素的贯彻落实，不断完善各项政策措施，逐步消除不利因素的不良影响，使得环保产业健康良性发展。

三、环保产业发展趋势

“十三五”期间，我国环保产业发展趋势总体如下：一是大规模集中治理污染已成为新常态，环保产业的总体规模将进一步扩大；二是依法治污、严格执法已成为新常态，环保产业的市场需求将进一步释放；三是政府购买环境服务已成为新常态，环保产业的转型升级步伐将进一步加快；四是环保投融资主体多元化已经成为新常态，环保产业的市场活力将进一步被激发。

产业创新机制不断完善。强化企业创新主体地位和主导作用，完善以企业为主体、政产学研用相结合的制造业创新体系。在环保产业集聚发展区和有优势科研资源的地区，依托企业、高校、科研院所建设一批开放型的国家级环保技术创新中心，鼓励高校、科研院所研究人员与企业合作研发。加快构建环保产业技术创新联盟，引导和带动行业科技创新。在科研立项、经费支持、政府采购等方面破除规模门槛，重点向科技型中小企业倾斜。

产业综合竞争力显著提升。围绕水、大气、土壤污染防治，集中突破一批关键治理技术，成套装备与核心零部件国产化进一步加快，先进制造技术得到广泛应用，标准化建设取得进展。与新一代信息技术实现深度融合，物联网建设取得较大进展。环境保护工艺、技术装备节能改造持续推进，减少温室气体排放成为环保工艺过程选择的重要标准，从单纯追求污染物排放浓度向资源能源利用全周期碳排放最低的目标过渡。

适应环境质量控制要求的产业服务体系初步建立。环境调查、风险评估、规划咨询、监测预警、绿色金融等服务领域快速发展，以环境质量提升为目标的区域、流域环境服务模式和服务能力初步形成，政府采购环境基本公共服务形成规模。

服务领域不断拓展。环保产业开始摆脱对单纯的污染物末端治理市场的依赖，服务领域向上下游拓展，上游通过清洁生产、过程治污与传统行业融合发展，下游通过资源循环利用、环境友好型产品拓展新的发展空间和赢利点。

预计，“十三五”期间我国环境保护产业将保持 20% 左右的增长。到“十三五”末，污染防治领域的市场规模将达到 2.5 万亿元，整个“十三五”期间的市场规模将达到 8 万亿～ 10 万亿元。

2017 年及今后的两年内，我国环保产业的重点领域发展趋势分析如下：

1. 大气污染防治领域

落实超低排放政策，火电厂超低排放改造市场规模未来两年仍将维持较快发展。但随着存量污染治理的完成，而火电增量较小，估计自 2018 年年末起火电厂大气污染治理市场将快速萎缩，仅靠火电增量市场维持在每年约 2000 万千瓦的水平上。

重点工业行业烟气治理和 VOCs 治理市场将保持快速增长的势头，但受经济形势以及国家“去产能”政策影响，钢铁、水泥、有色、石化等相关领域增速可能放缓。

部分重点区域将陆续实施更严格的机动车排放标准，机动车污染防治新技术和新产品将会不断发展，后处理装置市场扩大，但市场的释放在很大程度上取决于监管能力和监管水平。

2. 水污染防治领域

生活污水处理领域，新建的城镇污水处理厂和现有污水处理厂的升级改造市场将进一步释放，各类污水处理专用机械、市政管网、污泥处理处置等设备，以及膜组件、药剂等环保产品将有较大的市场需求，污染无害化处理快速发展，再生水与海水淡化等第二水源建设提速。运营市场竞争趋于白热化，对金融服务的需求快速增长。

工业废水处理领域，随着工业污染源全面达标排放计划的实施，钢铁、水泥、造纸、印染等八个重污染行业将率先开展，并从单纯的末端治理走向全过程的污染控制。零排放技术将得到更广泛的研发和应用。

农村生活污水治理领域，小型化、自动化污水处理系统和集群监控预警维护系统成为发展重点。

水体环境生态恢复和水源地保护领域，区域综合修复建设工程以及河湖生态修复等新型技术和装备将得到快速发展。

3. 固体废物处理处置领域

《关于进一步加强城市生活垃圾焚烧处理工作的意见》的发布将大大推动垃圾

焚烧发电技术的发展，带动垃圾焚烧市场，同时促进焚烧尾气治理技术发展，妥善解决飞灰安全处置问题；生活垃圾填埋领域重点发展渗滤液处理和填埋气综合利用技术；厨余垃圾回收逐年增加，厨余垃圾资源化市场增大。

危废处理市场上升空间较大。要重点研发推广先进适用的危险废物、医疗废物综合利用技术和装备，运用关键技术成果建立示范工程，探索提高危险废物综合利用水平，实现危险废物的高值化利用。

对大宗工业固体废物“以用为主”，加大综合利用技术的研发投入，鼓励规模化利用及生产高附加值的产品。

4. 土壤污染防治领域

《土壤污染防治行动计划》提出开展土壤污染状况详查、建立建设用地调查评估制度、严格管控受污染土壤环境风险、开展土壤污染治理与修复试点示范、研发土壤污染防治专用设备和产品等，这些任务措施将有力推动土壤环境质量监测、调查、评估、治理修复和土壤污染防治咨询服务、装备药剂生产等相关产业发展，扩大环保产业规模。

5. 噪声与振动控制领域

我国噪声与振动控制行业的技术热点仍旧集中在铁路、公路交通与城市轨道交通领域的噪声振动控制，电力行业发电厂与输变电系统噪声振动控制，冶金、建材、化工行业噪声振动控制，城市环境噪声在线监测与综合控制，建筑声学处理与噪声控制以及新型声学材料的研究开发等方面。

6. 环境监测领域

环境质量监测事权上收带动了监测设备第三方运营服务；污染源监测将向VOCs在线监测、超低排放在线监测等方向发展；土壤检测与监测、环境应急与预警监测市场打开。在国家大力推动第三方运营维护服务的背景下，环境监测设备厂商正在由单纯的设备提供者向环境监测系统及运营维护转型。

中国环保产业协会　中国环保机械行业协会　王亦宁　滕建礼　申红杰　杨喆

资源循环利用产业发展情况及展望

一、国内产业的主要发展动态

（一）工业固废综合利用产业

1. 工业固废产生量相对减少

受宏观经济下行和煤炭、钢铁等产业去产能影响，2016 年上半年，我国工业固废的产生量相对减少。经测算，2016 年上半年粉煤灰产生量 3.9 亿吨，同比减少 1900 万吨，下降 4.6%；赤泥产生量 3585 万吨，同比减少 141 万吨，下降 3.9%；钢渣产生量 8022 万吨，同比减少 134 万吨，下降 1.7%；水渣产生量 10332 万吨，同比减少 421 万吨，下降 3.9%；煤矸石产生量 2.9 亿吨，同比减少 0.3 亿吨，下降 9.4%；铜渣产生量 1619 万吨，同比增加 106 万吨，增长 6.5%；铁尾矿产生量 3.68 亿吨，同比减少 0.24 亿吨，下降 6.1%；脱硫石膏产生量 2457 万吨，同比减少 22 万吨，下降 0.9%。

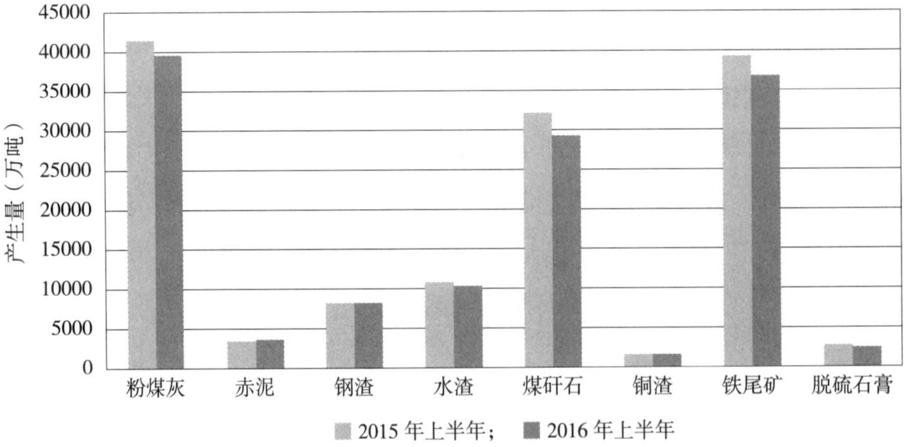

图 1　2015 年上半年、2016 年上半年工业固废产量

2. 技术装备水平明显提升

近年来，国家加大了对资源循环利用产业技术创新的资金支持，开展了大宗工业固废综合处理与资源化关键技术攻关，在大型化、配套化、自动化、智能化、

与互联网融合及节能降耗等方面均有显著提高。部分技术装备达到国际先进水平，1000多项原始创新技术获得国家发明专利授权。全尾矿废石骨料混凝土、冶炼行业烟尘多金属综合提取、再生铅富氧底吹和湿法处理铅膏泥等技术工艺得到产业化应用。百万吨级钢渣热闷法预处理大型生产线等成熟适用技术装备实现规模化推广。

3. 产业集中度与服务水平显著提高

2016年6月，国家发展改革委公示了新一批园区循环化改造试点单位（共18家），作为重点支持备选单位；2016年8月，工信部公示了第一批工业固体废物综合利用基地建设试点验收工作，河北省承德、山西朔州等12个试点地区全部通过验收。这些试点地区在工业固体废物综合利用先进适用技术推广、产业链构建、扶持政策制定等方面探索出了一些可推广可复制的典型模式，为促进资源综合利用产业跨越式发展起了很好的带头示范作用。产业集中化、园区化发展的趋势越来越明显。

（二）再生资源产业

1. 再生资源市场行情回暖反弹，但总体仍呈下行趋势

从2011年以来，再生资源持续了五年的市场寒冬。进入2016年后，长期疲软低迷的国际大宗商品价格开始反弹，国际期货市场铁矿石、钢铁、有色金属等原料价格回暖上升。受市场环境激励，钢铁企业开工率回升，加大采购废钢力度，废钢价格大幅上涨，废钢回收企业也纷纷恢复业务，建立新的回收站点和加工配送场。到4月中旬，废钢价格已从2015年最低的700元/吨，上升到1300元/吨，涨幅达50%以上。在废钢价格大幅上扬的带动下，废有色金属、废纸的价格也一路上升。但是进入5月份以后，再生资源市场又开始振荡下行。预计下半年，市场难有起色。

2. “互联网+”再生资源的金融模式逐步涌现

“互联网+”思维给传统再生资源回收注入新的活力。全行业在逆势中呈现新的发展生机，不少企业在低潮中摸索进取，依托“互联网+”不断尝试新型回收模式，出现了“绿宝”、“易回收”、“快收网”、“Feijiu网”、“盈创回收”等互联网回收平台，促使再生资源交易市场由线下向线上线下结合转型升级，减少了回收环节，降低了回收成本，提升了企业竞争力，逐步改变传统回收小、散、差的状况。

3. 两网融合模式崭露头角

2015年以来，国家有关部委已经将“两网融合”发展作为下一步工作重点，正在大力推动有条件的城市创新工作体制机制，试点开展再生资源回收与生活垃圾分类清运体系的协同发展，鼓励在重点环节加强对接，在收集、回收、转运与分拣、处理环节融合发展，以破解垃圾围城，促进全国生活垃圾的减量化和资源化。2016 年 7 月，北京市率先发力，组建大市容市政委员会，将原来商务系统管理的再生资源划归大市政统一管理。广州、珠海、深圳、贵阳等地社区和企业也已开展相关工作。

4. 资本助力再生资源产业并购高潮

2015 年以来，中国的再生资源回收行业重组并购上市现象增多，产业集中度进一步提高。葛洲坝集团旗下子公司绿园科技与大连环嘉集团签署合作协议，共同出资设立葛洲坝环嘉再生资源有限公司。中国再生资源开发有限公司与秦岭水泥重大资产重组事项获得中国证监会核准，中再生正式借壳秦岭水泥实现上市，公司主营业务调整为电子废弃物的拆解处置。格林美、桑德环境、东江环保等上市公司通过区域性并购继续焕发活力，在废弃电器电子产品爆发的时期打造经济新增长点，为企业带来新的发展机遇。

二、市场变化的主要影响因素及影响因素未来变化趋势

（一）经济形势

从国际经济环境看，2016 年上半年，全球经济继续维持弱复苏态势，区域分化格局仍难有明显改观，北美经济总体稳健，西欧稳步复苏，东欧陷入增长乱局，亚太地区新兴市场有所企稳，非洲与拉美经济有望从低迷中回升。全球金融稳定性面临压力，美元加息并持续走强主导全球走势，股票市场出现多层分化，大宗商品市场依旧低迷。

从国内经济环境看，2016 年上半年 GDP 同比增长 6.7%，经济增速保持在合理区间，稳中有进的态势没有改变。但是，受国际经济形势总体复苏较慢，国内经济增速换挡、结构调整阵痛、新旧动能转换衔接不畅等深层次矛盾影响，一些新的不稳定不确定因素还在不断显现，经济平稳运行的基础还不稳固，下行压力仍然较大。

受宏观经济影响，国内钢铁、水泥、电力、建材等与工业固废产生和利用密切相关的行业经济运行均面临着严峻的困难局面，主要表现为主要产品价格持续下滑，企业经济效益大幅下降。受此影响，工业固废综合利用量和经济效益也出

现了不同程度的下滑。再生资源与大宗商品价格密切相关，2016 年上半年废钢市场行情有所回暖，但难有进一步上升动力，废橡胶、废塑料价格则持续低位震荡运行，市场较为低迷。总体来看，宏观经济复苏疲弱态势没有明显改观，资源循环利用产业的调整还将持续一段时间。

（二）政策法规

2015 年 1 月 1 日，新《环境保护法》正式实施，随后又陆续出台“气十条”、“水十条”、“土十条”，环保力度持续加强，各地对于环保的重视达到前所未有的程度，资源循环利用产业作为环保产业的重要组成部分，不可避免地成为“焦点”。一方面，公众对环境保护的重视程度不断加强，资源循环产业的未来市场空间更加广阔；另一方面，不断加严的环保标准，倒逼企业加大环保技术与设备的投入，驱动产业转型升级，为资源循环利用产业长期快速发展奠定了坚实的基础。

“十三五”期间，再生资源行业政策将发生一系列改变，从过去的财政直接支持政策向政策支持转变，逐步从制度化、法制化、标准化方面更好地发挥社会力量推动再生资源行业发展。2015 年 7 月 4 日，国务院发布《国务院关于积极推进“互联网 +”行动的指导意见》（国发〔2015〕40 号），要求充分发挥互联网的驱动创新作用，引导再生资源回收行业向信息化、自动化、智能化方向发展，促进再生资源交易透明化、便利化。2016 年 1 月 21 日，国家发展改革委印发《“互联网 +”绿色生态三年行动实施方案》（简称《方案》），《方案》要求充分发挥互联网在逆向物流回收体系中的平台作用、推广“互联网 +”回收新模式等措施。这些文件的出台为“互联网 + 废品”发展指明了方向。2016 年年底前，《“互联网 +”资源循环行动方案（2016—2020）》出台后将进一步明确“十三五”时期资源循环利用产业利用互联网、大数据的总体布局，重点任务和保障措施，废旧资源回收利用和在线交易体系将逐步完善，也会对行业发展起到关键的规范作用。2015 年 7 月 1 日，新的《资源综合利用产品及服务增值税优惠目录》78 号文开始实施，增加了对再生资源类的税收优惠，给予相关综合利用资源及产品 30% ~ 70% 的增值税即征即退优惠。本次税收优惠将有效引导再生资源向正规拆解利用企业流动，有助于我国建立正规合法的再生资源回收体系，利好行业长期发展。

未来几年，在一系列利好政策推动和市场引导下，我国资源循环利用产业将向现代化、集约化、科学化方向发展。

（三）宏观调控

在“新常态”下，宏观政策继续保持宽松总基调，在扩大需求的同时，更加重视供给侧的管理和改革，推进减税和降低企业生产成本，加快创新和提高产品质量，使新供给更好地满足新需求，积极稳妥化解产能过剩是 2016 年重点紧抓的五大任务之一。随着粗放式发展主基调退出历史舞台，环保与节能减排的政策压力与日俱增，企业革新理念、优化成本，通过淘汰落后产能和更换老旧设备，达到转型升级、节能减排的目的。2016 年，政府将全力推动“一带一路”建设，积极拓展海外市场，深化与沿线各国经济合作，带动产品、工程设计、技术装备和劳务输出，促使资源循环实现资源、产业和市场的全球性布局，化解国内过剩产能，加速“十三五”产业转型升级，引导资源循环利用国际合作的开展。

《“十三五”规划纲要》指出“大力发展循环经济”，“推进城市矿山开发利用，做好工业固废等大宗废弃物资源化利用，加快建设城市餐厨废弃物、建筑垃圾和废旧纺织品等资源化利用和无害化处理系统，规范发展再制造。实行生产者责任延伸制度。健全再生资源回收利用网络，加强生活垃圾分类回收与再生资源回收的衔接”。《工业绿色发展规划（2016—2020 年）》对绿色工业提出了“加强资源综合利用”等十大主要任务，要求到 2020 年，工业固体废物综合利用率较 2015 年提高 8 个百分点，达到 73%；主要再生资源回收利用量达到 3.5 亿吨。《钢铁产业调整政策》提出，鼓励推广以废钢铁为原料的短流程炼钢工艺及装备应用。到 2025 年，我国钢铁企业炼钢废钢比不低于 30%，废钢铁加工配送体系基本建立。另外，《中国制造 2025》（国发〔2015〕28 号）、《中共中央、国务院关于加快推进生态文明建设的意见》（中发〔2015〕12 号）等一系列稳增长、调结构、转型升级、提质增效的大政方针，为我国经济发展定下了绿色、循环、低碳发展的主旋律，资源循环利用产业将迎来“春天”。

三、产业近期发展趋势

（一）工业固废综合利用产业

1. 利用规模将进一步扩大

目前，我国产生工业固废的产业，大多集中在钢铁、有色金属、发电、化工等重工业以及煤炭、矿产等采掘行业，主要的工业固废品种有尾矿、钢铁渣、有色冶炼渣、赤泥、煤矸石、粉煤灰、工业副产石膏、电石渣等。在新常态下，经济增速放缓，这些行业产能萎缩，固废的产生量会相对减少，但随着资源综合利用政策的支持和技术的发展，工业固废综合利用水平在不断提高。根据《工业绿色发展规划（2016—2020 年）》设定的目标：到 2020 年，工业固体废物综合利用率达到 73%，大宗工业固体废物综合利用量达到 21 亿吨，预计 2016 年，我国工业固体废弃物综合利用率将达到 67% 左右，大宗工业固体废物综合利用量将接近 18.5 亿吨。

2. 多种固废协同利用模式将逐步推广应用

以往对工业固废的综合利用，单种固废的利用考虑较多，多种固废全产业链协同利用较少，再加上行业壁垒的束缚，使多种工业固废协同利用的技术创新和成熟技术的快速大规模推广受到限制。目前水泥工业、建材行业已经利用本行业设施开展固体废物利用协同处理实践。其他行业，如利用炼铁高炉处理铬渣和废塑料、煤焦油、含铁矿渣和矿砂，利用电厂锅炉处理污水厂污泥，等等，也已经取得了很好的效果。可以期待在有限的未来，多种固废协同处置将有长足的发展，实现固体废物产生者、处理者和共处置设施拥有者三赢的局面，并推动工业固废综合利用产业向纵深发展。

3. 区域工业资源综合利用、产业协同发展是未来趋势

目前，在美国、日本等发达国家，跨区域专业化集中处置固体废物已经成为主要的固废处理方式。例如，日本实行了“广域再生利用指定制度”，2010 年认定了 187 家企业跨区域收集利用了 50.2 万吨工业固体废物。在我国，由于各种原因，固体废物处理与利用受到地域的限制，造成处理成本高、再生利用水平低等后果。未来，结合当地资源环境特点及区位特征，推进区域工业固废综合利用产业协同发展，将会成为一个新的动向，甚至可能成为发展趋势。如京津冀地区综合利用铁尾矿和废石代替开山炸石生产砂石料；协同利用京津冀地区丰富的高炉水淬矿渣、钢渣、脱硫石膏、粉煤灰等资源，大幅度降低混凝土和其他建筑材料中水泥熟料的用量；在岭南成矿带和其他有色金属采选冶集中区，推进有色金属采选冶工业全产业链固废协同资源化利用技术和固废源头减排技术，建设全国工业资源综合利用协同发展的先行示范区等。

（二）再生资源产业

1. 回收总量将小幅下降

2016 年，在宏观经济下行压力持续存在的背景下，预计再生资源的回收总量将出现小幅下降。由于钢铁行业化解过剩产能全面推进，废钢铁回收行业的发展不会有大的起色，特别是废钢铁回收量将继续维持在较低水平。废有色金属回收利用行业将进一步向规范化发展，但回收量增幅不会有明显提升。由于原油和新料价格持续走低，废塑料市场受到冲击，行业低迷以及利润微薄之态一时难以改变，目前废塑料低端产品竞争白热化，价格战显著，而中高端领域未来发展空间较大。2016年，预计报废汽车回收量可达到280万辆，同比增长7.7%，企业经济效益也会进一步提升。其他主要再生资源回收量将基本稳定或略有下降。

2. 市场行情总体低迷

从国内国际宏观大势来看，2016年、2017年，我国再生资源主要品种市场行情总体趋势以低迷下行为主，个别品种呈温和反弹态势。废钢：预测2016年下半年趋势是振荡中逐步企稳上行，但增长幅度不大；废有色金属：全年下行的压力依旧很大，要到2017年才可能出现缓慢上行，废铜将率先逐步反弹，废铝行情也将缓慢回暖；废塑料：2016年废塑料行业将更加艰难，预计全年废塑料价格也将维持低位震荡运行为主；废纸：在各地去产能、环保力度加大及消费需求的拉动下，预计废纸市场在下半年将呈现盘整小幅上升格局，废纸市场行情后市值得乐观期待。

3. 新型商业模式将不断涌现

随着再生资源产业的快速发展，一买一卖的传统家庭作坊式经营模式将难以为继，再生资源回收与社区服务结合模式、两网融合模式等新型回收模式将不断涌现。互联网、大数据、二维码等信息技术被再生资源回收企业广泛应用，推动电子商务与再生资源相结合，再生资源电子交易平台、新型资金服务平台和互联网融资等新型商业模式的不断涌现，将有力促进再生资源产业转型升级。

4. 产业转型升级步伐将进一步加快

虽然近几年再生资源产业发展迅速，但生产标准的缺失，产品市场的混乱，以及生产过程中的偷工减料，以次充好等问题依然存在。今后几年将是再生资源产业转型升级的重要时期，再生资源企业向环保型企业转型，是大势所趋。一些不能和环境友好相处的落后企业将会被淘汰出局，革新生产技术，制定环保型再生资源行业自律规范，与国际接轨，提高行业竞争力，是再生资源企业未来的生存之道。

中国循环经济协会　赵凯　郭占强　魏浩杰　王永明

数字创意篇

数字文化创意产业发展情况及展望

数字文化创意产业是以文化创意内容为核心，依托数字技术进行创作、生产、传播和服务的新兴产业，具备传输便捷、绿色低碳、需求旺盛、互动融合等特点，当下正在成为引领新供给、新消费、规模高速成长的数字创意产业的重要组成部分。

一、产业国际发展概况

澳大利亚政府早在1994年就提出将澳大利亚构建为一个创意之国（Creative Nation），把创意产业发展作为一项国家战略加以实施。1997年，英国成立“创意产业特别工作小组”，并于1998年出台《英国创意产业路径文件》，首次对创意产业进行了明确定义和分类。此后，创意经济作为国家发展战略和一种新的经济形态迅速兴起，美国、德国、法国、意大利、丹麦、荷兰、新西兰、韩国、日本、新加坡、中国香港和中国台湾等国家和地区纷纷出台多种措施推动创意产业的发展。到20世纪末，创意经济已经占到世界经济总量的4%以上。

进入21世纪，国际文化创意产业作为创意经济的代表及主要组成部分发展迅速，在创造收入、就业机会和外贸收入方面成果卓著。例如，美国核心版权产业一直占据国民生产总值的6.5%左右，其增长速度远高于航空业、汽车制造业和农业，且作为数字创意产业核心的数字内容产业已成为美国第一大出口产业。欧盟2011年启动了“创意欧洲”计划,并从2014年起支持欧盟的文化与创意产业发展，以帮助文化与创意部门在“数字时代”和全球化背景下获得更多的机会，其创意产业已占欧洲GDP的6.8%（约8600亿欧元）和欧洲就业的6.5%（约1400万）。更为重要的是，即使在全球经济低迷的情况下，数字文化创意产业一直保持高速增长，2002年至今年均增长率达9%，其中，发展中国家创意商品的出口增长尤为强劲，同期年均增长率超过12%。

二、产业国内发展的主要特点

（一）产业规模快速增长

近年来，在互联网信息技术快速迭代升级的推动下，在人民群众消费升级、对精神文化产品需求日益增加的拉动下，数字文化创意产业迎来了大发展。在经济下行压力增大的背景下逆势增长。从上市公司数据看，自 2010 年以来数字文化产业上市公司营收增速一直在 20% 以上（见图 1）。2016 年 1—3 季度数字文化上市公司营收达 657.8 亿元，增速为 42.5%。2015 年数字文化产业企业上市公司营收为 668 亿元，增速为 49.6%，近两年的迅猛增长主要是由于 2014 年、2015 年有多家数字文化创意企业或借壳上市，或调整业务方向，剥离传统产业，切入数字文化创意领域（据不完全统计，2014 年以来共有 9 家企业借壳，6 家企业调整业务）。充分显示出数字文化创意产业近年来发展的火热程度。

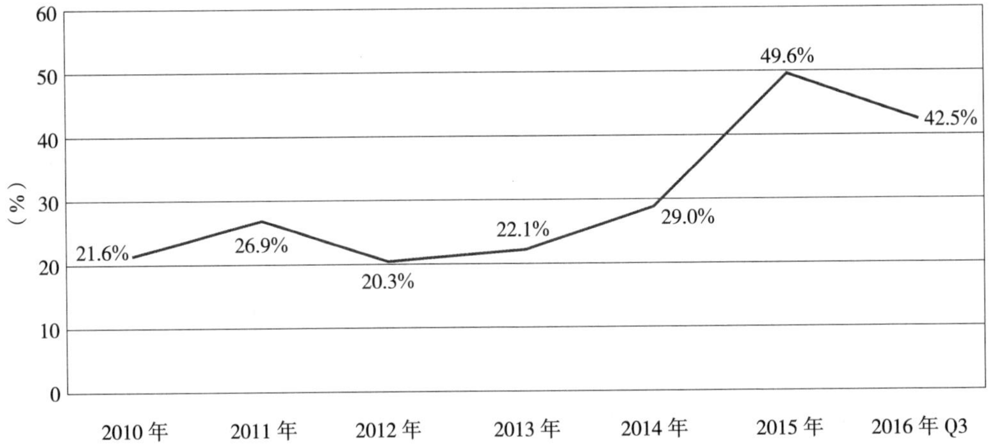

图 1　数字文化创意上市公司营业收入增速率

从细分领域行业数据来看，根据《2016 年中国游戏产业报告》，2016 年，中国游戏市场销售收入达到 1655.7 亿元，同比增长 17.7%，我国游戏用户规模已达到 5.66 亿人。动漫领域，2015 年总产值已经达到 1131 亿元，“十二五”期间复合增长率近 20%，2016 年预计将突破 1300 亿元。我国泛二次元用户规模超过 1 亿人。网络视听领域，2015 年产业营收规模达 531.5 亿元，比 2014 年增长 36.8%。2016 年上半年网络音乐市场营收 25.4 亿元，规模相当于 2015 年全年总营收的 74.1%；2016 年是直播元年，2016 年上半年网络直播市场营收 82.6 亿元，2015—2016 年

10月，全国在线直播平台数量超过200家；网络剧、网络电影为代表的网络原创视听节目创作生产高速增长，网络视频市场需求日益旺盛（见表1）。截至2016年上半年，我国网络视频用户规模达5.14亿，占网民总数的70%以上。网络文学领域是IP源头，2015年整体市场规模接近70亿元，预计国内网络文学市场规模2016年将高达90亿元。根据中国互联网络信息中心2016年初发布的《第37次中国互联网用户发展状况统计报告》显示，截至2015年年底，网络文学用户规模已经达到2.97亿，占网民总体的43.1%。

表1　网络文化细分领域2016年每周平均访问量

视频网站	游戏网站	音乐网站	文学网站	文献网站
7.36亿次	3.24亿次	0.34亿次	0.8亿次	1.45亿次

（二）移动数字文化创意产业逐渐成为主流

随着3G、4G用户数量和互联网流量增加，我国移动互联网业务种类丰富，移动数据内容市场日趋活跃。2016年移动游戏市场收入占游戏产业收入比重超过客户端，达到49.5%。截至2015年年底，网络文学用户规模已经达到2.97亿，其中手机网络文学用户规模为2.59亿，占比超过80%。截至2016年6月，手机视频用户数达4.4亿，占网络视频用户数比重超过80%，而2011年占比仅为25%，未来手机端将成为网络视频行业主要用户、收入来源。近几年移动音频兴起后，平台企业受到资本热捧，2014—2016年，喜马拉雅、蜻蜓、荔枝均完成C轮或D轮融资。

（三）虚拟现实行业从行业应用走向消费应用

随着移动视频播放技术瓶颈的不断突破，延迟、卡屏等问题被不断解决，在“带宽+传输+视频标准”等条件具备的情况下，VR领域产业链进一步完善。国内外一线消费电子公司，包括Oculus、索尼、HTC在2016年上半年推出消费者版本的新品，虚拟现实概念落地现实，伴随着硬件成熟和开发软件开源支持，VR+实景娱乐、VR+游戏/影视/演出成为商业应用的主要方向，VR市场将在一到三年内成熟，VR游戏与观看性视频供给量有望大幅度提升。VR的普及将彻底改变当前的数字内容传播渠道，提供给用户崭新的触达机会。

（四）数字文化创意领域“双创”极为活跃

数字文化创意产业以互联网为基础设施和实现工具，大幅降低了有创意、有知识、有能力的人尤其是年轻人进行创业创新的难度，给他们提供了大量创业和创富机会，拉动非传统就业。2015 年，与数字文化创意产业领域大量交叉融合的文化、娱乐业新登记企业 10.4 万户，增长 58.5%，远高于 21.6% 的平均水平，是当前创新创业的沃土。其中网络文化创意更是自由就业活跃的典型领域。据不完全统计，2015 年国内网站签约作者约 250 万人，另有超过 2000 万人在网上不定期创作。阅文集团是中国最大的数字阅读平台企业，自成立至今累计为 400 万名作家提供了创作平台，其中日销售过万元的作家近 100 位。同样，音频分享平台喜马拉雅短短几年就集聚了 10 万名主播，部分主播收入远超一般收入水平。数字文化创意产业为社会创造了无数“隐形”就业岗位，为一批非传统人才脱颖而出提供了机会。

三、产业发展面临的主要问题

（一）人才体系不匹配

目前，游戏、动漫等数字文化创意产业领域专业人才十分缺乏，如研发和运营一款网络游戏的人才涉及游戏策划、技术开发、设计合成、美术、网络维护、营销、售后服务、在线管理等方方面面，成熟团队成为稀缺资源。但与此同时受众用户持续快速增加，这种失调制约了产业发展。同时，数字文化创意产业领域普遍存在人才培养方式和评价机制不合理的问题，相当多的创意人才并不一定学历高、职称高，但是可以产出非常高，市场化的人才培养与评价机制亟待建设。

（二）版权保护还需进一步加强

网络盗版仍然是制约数字文化创意产业生态良性发展的阻碍。企业普遍反映，网络文学、数字音频等领域盗版现象仍然普遍，行业发展显示出与盗版打击力度高度正相关的发展态势。

（三）新业态监管办法不够明确

数字文化创意产业领域创新活跃、新业态不断涌现，容易出现受旧制度制约或监管真空的情况。如音频、视频等细分领域涉及证照较多，申请存在较多困难，而新兴的网络直播领域又面临监管缺失，需强化以负面清单等方式廓清产业发展方向。

四、产业下一步发展趋势

（一）数字化转型带动文化产业转型升级

数字文化创意产业的一个重要组成部分就是传统文化产业的数字化转型，当下对数字技术的运用正在让传统文化产业脱胎换骨，不断产生新的惊喜。电视产业中，以 NETFLIX 为代表的新兴企业，通过细致研究消费者观看行为的变化，按需打造剧情，创造了一批广受欢迎的新产品。国内企业也在加强电视大屏和手机小屏的相互联动，始终保持电视产品的市场热度。电影、动漫等产品通过互联网联动"粉丝经济"，利用互联网众筹等新发展模式，开发各类衍生产品，大大做长了产业链条，丰富了产品变现渠道。传统文化领域的数字化则让大批普通群众难以接近的文物、遗产都"活"起来，"火"起来。

（二）国际化发展成为重要趋势

数字文化创意产业产品大多文化属性较浓，具备较强传播力，而中国传统文化元素具有强感召力，是我国数字文化创意产业产品被世界接受的有力支撑。当下向国际市场开拓成为很多企业的发展重点。近年来，我国版权输出增多，输出总量从 2007 年的 1132 项，增长到 2015 年的 4375 项，九年增长近 3 倍。众多网络文学作品走出国门，畅销亚洲多个国家和地区。如《步步惊心》转化为电视剧后被韩国翻拍，《鬼吹灯》《明朝那些事儿》在日本热卖；《花千骨》在泰国一上市就被抢购一空。2009 年到 2013 年，越南引进中国的网络小说六百多种。《甄嬛传》在日本刚播出一周，收视率就名列前茅。中国网络文学已经具备了与日本动漫、韩剧并称为亚洲三大文化产业的发展潜力。游戏领域由于文化差异性小，跨国传播具备优势，大多数游戏企业采取国内国外市场同步开拓策略，积极推进国际化发展。从 2010 年至 2016 年上半年，国产网络游戏产品累计出口数量已经突破 500 款，参与出口的网络游戏企业接近 200 家。2014 年中国自主研发的网络游戏海外收入达 30.76 亿美元，同比增长 69%。2015 年游戏重点企业智明星通总收入中，海外收入占比超过 80%。

（三）广泛融合创新成产业重要驱动力

一方面是数字文化创意产业领域内相互融合衔接。传统产业间往往技术区隔度较大、产业跨界难度大。而数字文化创意产业的底层技术与内容在数字融合趋势下已经打通，领域之间疆界缩小，比如动漫的表现手法和创造语言已经广泛运用到游戏、影视、设计等各个方面。跨界发展也因此成为行业内企业的典型特征，做视频内容的企业可以扩展到终端接入设备制造，做网络文学的企业可以拓展到下游影视、动漫行业，如阅文集团是做网络原创文学平台的企业，也自己投资制作动漫、影视剧以及相关周边产品，同时还与喜马拉雅合作制作音频内容。另一方面是数字文化创意产业与国民经济社会发展各产业门类的融合。如动漫与实体经济融合不断加深，通过动漫品牌授权的模式提高传统经营附加值，“三只松鼠”电商网站就是以“三只松鼠”作为核心形象营销休闲食品，三年内成为国内休闲食品销售第一电商网站，更早的有海尔兄弟的动画片，提升企业的品牌效应和文化内涵。数字文化创意产业还在逐渐与教育、贸易、物流等领域相结合。

（四）打造产业生态体系成为下一步各方努力的方向

产业生态体系是影响产业发展的直接因素与间接因素的总和，产业的发展是整个产业生态体系共同作用的结果，各国在战略性新兴产业上的竞争实际上就是产业生态的竞争，能够率先建立起完整的产业生态体系的国家将会在相应领域的发展中占据先机。当前，数字文化创意领域的政府及产业各参与方，都将关注点放在了打造和完善产业生态，根据自身资源优势定位并占据产业链有利地位上。政府作为产业生态平台的搭建和维护者，更多的将以知识产权保护体系建设、用户权益保护、改善行业管理规制为着力点，致力于形成有利于数字文化创意企业集群发展、快速成长的政策支持环境。企业则更倾向于研究虚拟现实、网络游戏等推广应用中存在的问题，寻求迅速做大市场规模、沟通产业链的途径。

国家信息中心信息资源开发部　北京邮电大学世纪学院　张振翼　陈洪　朱蕊　张静

工业设计产业发展情况及展望

工业设计是以工业产品为主要对象，综合运用科技成果和工学、美学、心理学、经济学等知识，对产品的功能、结构、形态及包装等进行整合优化的创新活动，[1]是提升产品创新能力和市场竞争力的重要手段。“十二五”时期，我国工业设计取得快速发展，涌现出一批世界先进设计成果，企业设计竞争力显著增强，设计服务业蓬勃发展，国际设计服务外包市场积极拓展，设计促进政策和服务体系不断完善。尤其是随着互联网、大数据的快速发展，工业设计已经进入知识网络时代以网络智能、绿色低碳、开放融合、共创分享为特征的创新设计时代。“十三五”时期我国经济进入新常态，面临经济下行压力、要素成本上升、资源环境约束、贸易增速放缓等挑战，尤其是制造业面临结构加速调整、新旧动能转换和新旧产业交替，“三去一降一补”任务十分艰巨。发展创新设计将成为有效实施创新驱动发展战略，加快供给侧结构性改革，破解发展难题的重要路径。

一、我国工业设计发展现状

（一）设计能力显著提升，涌现出一批重大创新设计成果

随着国家创新战略深入发展，设计创新日益得到重视，设计政策、资金投入、创新环境等方面日益改善，我国已经在航空航天、高端装备、轨道交通、海洋探测、信息通信、能源电力等领域的创新设计能力取得重大突破。北斗导航卫星、神舟飞船、嫦娥探月工程、长征运载火箭、蛟龙号潜海等深空深海重大工程装备的创新设计能力已居世界前列；高铁作为中国自主设计研发、系统集成创新的成果，已经奠定了世界高铁产业领跑者的地位，成为“一带一路”战略和中国装备走出去的排头兵；在核电、消费电子、通信设备、工程装备、互联网等领域已经产生一批具有世界领先水平的创新设计企业、产品和服务模式。我国 2015 年全年共受理专利申请 279.9 万件；其中，发明专利申请量达到 110.2 万件，同比增长

［1］ 工信部，《关于促进工业设计发展的若干指导意见》，2010.

18.7%，连续五年居世界首位，超过美国和日本申请数量的总和。受理PCT国际专利申请3.05万件，同比增长16.7%。每万人口发明专利拥有量达到6.3件。根据世界知识产权组织发布的2016年全球创新指数显示，中国首次跻身世界最具创新力的经济体前25强，标志着中等收入国家的创新水平首次进入发达经济体行列，反映出中国的创新表现在不断完善。根据世界知识产权组织公布的数据，2016年1—6月，中国PCT专利申请量累计达到17473件，同比增长36.8%，占全球申请量的15.88%，比上年同期提高3.71个百分点。截至2016年9月，中国累计建设国家工程研究中心127个、国家工程实验室167个、国家认定的企业技术中心1187家、工信部认定的国家级工业设计中心64家。

（二）企业设计能力显著增强，国际市场竞争力大幅提升

1. 涌现出一批占据全球制高点的设计创新企业

随着我国企业深度参与全球市场竞争，增强了企业设计创新意识，一批制造企业和服务企业通过不断推动产品、商业模式、管理模式的设计创新能力，已经成为全球行业领袖。华为长期坚持创新设计形成了自主品牌，从一个中低端通信设备生产商成长为全球通信服务整体解决方案提供商，2015年以3898项专利技术申请量列全球第一位。大疆公司通过集成无线传输、全球定位系统（GPS）、高性能航空摄影平台、模块化硬件、嵌入式控制软件等技术，设计出四轴消费应用无人机，近五年企业收益增长近百倍，成为全球同业领军企业。小米公司通过共创平台加快设计创新速度，2014年全球销售突破6112万台。阿里巴巴、腾讯、百度、京东、滴滴打车等互联网企业通过创新服务模式设计，引发了服务业态创新，成为全球互联网领军企业。例如，支付宝、余额宝、微信支付创造了互联网金融新的支付方式；滴滴打车创造了节约低碳的出行方式；微信创造了新的社交、传播方式；淘宝创造了新的购物模式；等等。阿里巴巴通过淘宝、支付宝、菜鸟、阿里小贷等新的服务模式设计，成为全球电商、互联网金融的引领者，上市市值达到2480亿美元，一度超过亚马逊和eBay的总和。

2. 企业在创新设计中的主导作用和主体地位日益突出

2015年我国企业发明专利申请量58.3万件，占国内发明专利申请受理量的60.2%。我国企业获得发明专利授权15.9万件，占国内发明专利授权量的60.5%，较2014年提高4.1%。企业设计研发经费投入显著增长。美的、TCL、康佳、创维等大型企业平均设计研发投入占销售额的2.5%以上。一些传统产业不断增加设计投入，其中家电企业设计投入平均占研发费用比重达30%。据调查，广东制造企业对工业设计投入达到50亿元/年以上，设计对全省经济增长的贡献率达28%，全省在实施工业设计战略的企业中，有80%开拓了新产品市场、70%降低了产品成本，企业有40%的利润和25%的销售增长来自设计创新。

3. 企业通过工业设计开拓国际市场的能力显著提高

海尔、联想、一汽、吉利、奇瑞等一批制造企业通过创新设计使产品进入国际市场。海尔集团在全球建立18个设计中心，平均每天申请2.6项专利。上汽集团2010年投资4770万元在英国设立海外汽车设计中心，推出“荣威W5”、新“MG3”等新车型，提升了新能源汽车产业化的水平。从深圳企业在美国外观设计专利申请的情况来看，2012年以后腾讯、中兴等计算机和互联网公司在美国外观设计专利申请呈明显的上升趋势，反映出中国企业互联网设计已经走向全球市场。

（三）创新设计推动了新兴产业发展和传统产业转型升级

创新设计推动了轻工、纺织服装、电子信息制造、机械及装备制造、交通运输装备等传统产业升级。仅从我国外观设计专利申请量来看，目前主要集中在包装、服装、家具、交通工具等传统行业，通信设备、装备制造、电子终端产品、互联网等产品的申请量日益提高。其中，在海外申请量最大的是计算机和互联网企业的外观设计，尤其是电子终端领域创新设计十分活跃，华为的申请量已经超过三星，青岛海信、中兴、四川长虹等企业的申请量也已经超过松下。“互联网+”带来的设计创新层出不穷，手机、电脑/显示器等终端产品的图形用户界面申请量分别占32%和23%，主要与应用软件、手机APP等设计创新相关。创新设计改造提升传统产业的能力显著增强。其中，家具行业已在创新设计引领下走向“创造”之路，通过引入绿色环保材料及工艺、应用大数据、互联网技术进入自主品牌、个性化定制、智能化生产的新阶段。通过家具与家电的融合、实体店与网络销售的融合，以尚品宅配为代表的一批家具企业实现了从代工制造向自主品牌、定制设计、网络营销的转型。在服装产业，青岛红领集团等服装企业通过互联网、大数据实现个性化定制设计和销售，国际竞争力明显增强。

（四）设计服务业形成一定规模，产业体系逐步完善

截至2014年我国设计师达1700万人，其中工业设计从业人员约50万人，年均增速10%左右，平均每个企业拥有1.1名设计师；全国工业设计相关企业超过7500家、工业设计公司超过2500家。专业设计公司已经逐步嵌入制造企业的设计创新链中，成为推动制造企业转型升级的重要支撑，越来越多的设计公司与制造企业形成长期、紧密的战略性合作伙伴关系，为制造企业进行设计开发活动，成为制造业创新链、价值链的重要组成部分，从单纯提供设计服务向开发自主品牌发展，服务能力总体提升明显。设计园区成为推动制造企业设计创新的服务平台，对于集聚设计企业、为制造企业提供服务，提高区域创新能力、辐射带动能力，推动区域结构调整发挥了积极作用。设计教育快速发展，为创新设计提供了人才保障。截至 2015 年有 228 所高校设立了工业设计专业，设立产品设计专业的院校有 333 所，设立机械设计专业的院校有 393 所。每年培养的工业设计专业毕业生数量为美国同期的 10 倍以上。设计交易市场快速发展，2012 年 12 月中国设计交易市场正式开业，有 79 家北京产权中介机构、71 家上海产权中介机构及深圳联交所旗下的 8 所交易平台已经开始为市场提供设计交易服务。

（五）设计区域布局特色和集聚效应明显

目前，我国已经基本形成了环渤海（以北京为中心，向天津、大连、青岛等地扩展）、长三角（以上海为中心，向杭州、宁波、无锡等地扩展）、珠三角（以深圳、广州为中心，向东莞、顺德等地扩展）三大设计产业带的布局。通过为三大经济圈提供设计服务，提升了区域制造业的竞争力，同时，依托区域雄厚的产业基础和市场实现了设计服务业的发展。未来，设计产业发展空间将逐步由中心城市向周边城市扩展，由东部沿海城市向内陆城市延伸，逐步形成以三大设计产业带为支撑，带动内陆地区、中西部地区设计服务业发展的格局。深圳、上海、北京先后加入联合国全球创意城市网络，被联合国教科文组织命名为“设计之都”。这三大城市集聚了 20000 家以上的设计企业、80% 以上的设计人才。

（六）设计产业促进政策体系不断完善

“十二五”时期，国家和地方政府都加强了对设计创新驱动产业升级的重要性、战略性的认识。近年来，政府开始加强对工业设计的规划引导和产业政策支持，各省市出台的工业设计相关政策文件 150 个左右，北京、上海、广东、浙江、江苏等设计服务业较为发达地区都纷纷制定了促进工业设计发展的相关规划，在财政补贴、融资担保、税收优惠、教育培训、人才支撑等方面实施鼓励扶持政策。国家支持设计发展的政策已初步形成了一个产业促进政策体系。《关于促进工业设计发展的若干指导意见》《国务院关于推进文化创意和设计服务与相关产业融合发展的若干意见》等对工业设计提供了良好的支持。国家“十三五”规划纲要明确提出，实施制造业创新中心建设工程。《国务院关于印发〈中国制造 2025〉的通知》列专门章节论述“提高创新设计能力”。《国务院关于印发“十三五”国家科技创新规划的通知》明确提出了“提升我国重点产业的创新设计能力”。

二、我国工业设计发展的主要制约因素分析

（一）企业创新设计意识和动力不够，自主创新设计能力不足

许多企业没有设计创新活动，设计开发费用投入普遍较低。企业研发设计创新缺乏与用户需求有效对接，其结果必然造成科技成果的转化率低、实用性和推广性差。大部分企业缺乏系统科学的创新设计理念，满足于引进和模仿。我们自主设计创造并引领世界的产品、装备、服务模式以及自主品牌还比较少。尽管彩电、手机和电脑产量等产品产量列世界第一位，但核心部件主要依靠进口。不仅如此，高端数控机床、集成电路、民航客机、航空发动机、科学与医疗仪器、高端基础关键零部件等也严重依赖进口。2015 年我国汽车产销量超过 2450 万辆，连续七年列全球第一，但汽车业对外技术依存度超过 50%，汽车企业收入仅占全球行业的 8%；在手机、计算机、数控机床等领域，由于不掌握核心技术、缺乏原创设计理念，每部国产手机售价的 20%、计算机售价的 30%、数控机床售价的 20%—40% 都需要向国外专利持有者支付专利费；中国代工生产的 iPhone 产品获得劳动力价值约为 2%，远远低于美国所获设计研发收益的 60% 价值；液晶彩电进口 32 英寸彩电面板约 700 元，而国内售价 2000 多元，进口成本占售价的 1/3。

（二）设计公司融资难、资金缺乏问题较为严重

设计公司以民营中小微企业为主，资金规模普遍较小，获得银行信贷支持十分困难，且缺乏融资渠道，多数公司只能依靠自我积累发展，许多公司因缺乏融资支持而停滞不前或萎缩夭折。设计公司参加国际展览、国际投标等商务活动费用全部需要自己支付，许多中小型设计公司由于资金缺乏，失去了获得各种大型商业活动和国际外包业务的机会。在承接跨国公司外包业务时，多数公司无法满足跨国公司资金规模的要求，更缺乏资金进行国际化人才招聘、员工岗位培训，以及更新设备等方面的投入。

（三）设计专业化人才普遍缺乏

缺乏设计专业化人才成为制约我国设计创新发展的重要瓶颈，也是影响我国承接国际设计服务外包竞争力的重要因素，主要表现在以下方面：一是知识结构单一，缺乏多学科交叉融合性。设计师多数从事美术专业创作，缺乏对工程技术、市场营销、文化等知识的全面培养，影响了设计创新创造的能力以及设计作品的

市场转化能力。二是缺乏国际化视野和国际语言沟通能力。设计师由于对国外文化、风俗人情、历史知识缺乏了解，影响了承接国际设计业务的能力。与印度、新加坡等国家相比，我国设计公司在与欧美外包客户业务沟通能力上处于竞争的弱势地位。三是缺乏熟悉国际标准、国际行业规范、技术规范、法律规范的专业人才。尤其是缺乏熟悉国际业务流程管理、能与欧美国家客户进行直接业务沟通的国际项目经理。

造成上述问题主要有以下原因。一是目前高等院校的工业设计教育与产业、企业、市场严重脱节。我国设计教育在体制、教学方式、知识体系上都严重滞后，难以适应创新设计发展的人才需求。尤其缺乏面向产业、服务企业培养设计人才的理念，忽视对学生动手能力、团队协作能力、交流能力、管理能力、国际化视野、职业操守等方面的培养，这些都影响了设计师的创意创造能力和设计管理人才的决策管理能力。二是没有建立起完善的社会培训体系。目前的设计人才培养主要依赖高等院校，企业、社会机构、行业协会等社会培训系统还很缺乏。三是没有形成规范的设计人才交流市场，影响了设计人才流动。

（四）缺乏设计知识产权的有效保护

目前，设计成果被侵权的现象较为普遍。一是设计实施过程中的侵权泄密。设计公司完成设计后，在图纸交客户企业审定、模具公司加工样品等过程中发生企业侵权泄密。二是设计公司在无偿竞标中落选时，设计成果被客户企业盗用。三是一些小型公司或自由设计师，由于缺乏设计创新能力，产生了抄袭模仿行为。四是公司内部设计师在发生跳槽过程中将原公司设计创新成果盗用。目前外观设计抄袭模仿现象尤其普遍。据调查了解，浙江、广东、山东、江苏等地模仿抄袭都较为严重，影响了设计机构的创新积极性和经济效益，也影响了设计市场的健康运行。外资企业在本土化发展时由于担心模仿抄袭、知识产权泄露的风险，核心设计主要在总部完成，影响了技术外溢效应。

造成设计侵权现象的主要原因：一是知识产权保护的社会意识淡薄，造成了许多新产品设计上市后迅速出现模仿抄袭。二是法律惩治处罚力度小，造成设计侵权成本过低，受害企业维权成本过高。三是知识产权保护措施单一。目前，我国对设计知识产权保护虽然涉及专利、著作权、商标以及商业秘密保护等法律模式，但主要体现在外观设计上。

（五）“产、学、研、媒、用、金”协同创新的生态链还不完善

目前，大部分设计创新活动仍然封闭在企业内部完成，与高校和科研机构、设计服务提供商协同创新不足，尚未形成完善的创新设计研究体系；在基础研究、共性关键设计研究方面缺乏持续的经费投入，难以产生具有全球领先的原创性设计，也难以为企业创新提供共性关键设计技术支撑；能够有效链接基础研究、应用研究、成果转化和用户体验之间的国家创新设计系统还没有形成；创新设计服务平台建设还不完善；在国家重大项目中，缺乏鼓励支持首台（套）产品的创新设计研制和示范应用的支持资金，使企业承担风险较大，导致创新动力不足。

（六）缺乏规范的行业准入和市场引导

目前，国家对设计企业、设计从业人员、设计产品进入市场缺乏资质认定。造成设计公司良莠不分、设计师队伍参差不齐、设计作品粗制滥造等问题，损害了客户企业利益,影响了设计公司信誉和社会影响力,不利于设计公司的行业自律，影响打造我国设计品牌。此外，由于我国设计产业起步较晚，目前仍然没有形成规范的价格交易机制和有序的市场竞争。同一地区、同一行业的设计价格千差万别，造成企业之间为了争夺业务，价格战十分激烈，其结果一方面降低了设计价格,影响了设计公司利润;另一方面影响了承接国际设计外包业务的对外谈判能力，损害了我国设计公司的国际形象。

三、我国工业设计发展前景与趋势

把创新设计作为国家创新战略的重要组成部分和打造中国经济升级版的重要抓手，紧紧围绕推动自主创新、引领产业转型升级、促进绿色可持续发展、保障国家经济安全、加强公共服务建设等构建国家创新设计战略体系，强化创新设计在国家创新体系中的引领支撑作用。发挥创新设计在改善供给、创新需求、引导大众消费、促进消费结构升级方面的重要作用，通过创新设计构建以技术、标准、品牌、质量、服务为核心的贸易竞争新优势。

（一）制造业快速发展为设计创新提供了有利机遇

我国制造业规模居世界第一位，制造体系完整、自主创新能力和国际竞争力不断增强，为迈向世界制造强国和设计强国提供了基础条件和广阔发展空间。2016 年 6 月 8 日国家发展改革委、财政部、工业和信息化部牵头发起，联合国家开发投资公司、中国工商银行等其他投资主体共同出资设立了先进制造产业投资基金。在《中国制造 2025》十大重点领域的基础上，进一步聚焦轨道交通装备、高端船舶和海洋工程装备、工业机器人、新能源汽车、现代农业机械、高端医疗器械和药品、新材料等市场潜力大、产业基础好且符合产业发展趋势的重点领域。2015 年，中国科技进步贡献率达 55.1%，国家创新能力世界排名提升至第 18 位，装备制造业规模超过全球比重的 1/3；轨道交通装备不仅是中国制造“走出去”的一个标志，国内市场需求也很大，到 2015 年年底我国高铁里程达到 1.7 万至 1.8 万公里，超过了其他国家总和；[1] 截至 2015 年年底，我国新能源汽车产销累计 49.7 万辆，保有量居全球首位，2016 年上半年新能源汽车销售 17 万辆，预计 2016 年全年新能源汽车预计销售 70 万辆；[2]《2015 中国医疗器械行业发展蓝皮书》显示，我国医疗器械 2015 年市场总规模约为 3080 亿元，为 2007 年的近 6 倍。

（二）知识网络时代推动工业设计向创新设计开拓

路甬祥（2014）基于产业发展的视角，将设计进化分为三个阶段。第一阶段为农耕时代的传统设计，即设计 1.0 时代；第二阶段为工业时代的现代设计，即设计 2.0 时代（工业设计 1.0）；第三阶段为知识网络时代的创新设计，即设计 3.0 时代（工业设计 2.0）。设计产业链由注重产品外观功能向全生命周期拓展，由产品设计为主向工艺流程、服务模式设计拓展；设计价值追求由注重企业成本效益向注重公共服务、资源高效利用、生态环保、绿色低碳可持续发展转变；设计方式由工业化的大规模批量生产向多样化、个性化、定制式、体验式的设计制造转变；设计创新方式由单一主体、资源独占、设计师主导向全球网络平台、资源开放、大众参与、共创共享、协同融合发展；设计与技术研发、制造过程、营销模式的相互关系由被动式、分离式向主导型、引领型转变，向相互依赖、紧密融合发展。物联网、服务网、数据网将取代传统封闭的制造系统成为未来工业发展的基础，智能制造、互联网制造、定制制造、绿色制造等将成为主要业态。

（三）绿色低碳、网络智能、开放融合、共创分享成为未来创新设计发展的主要趋势

第一，绿色低碳。气候变化是人类面临的共同挑战，成为世界各国关注的重要议题。创新设计能提高能源利用效率，优化能源结构，建设清洁低碳、安全智能、可持续能源体系。第二，网络智能。德国“工业 4.0”战略把适应网络智能制造的软件、系统等创新设计作为关键环节。未来创新设计技术在产品中嵌入微型的感知、处理和通信等功能部件，使越来越多的产品兼有信息的获取、决策操作

[1] 中国船舶网，http://www.chinaship.cn/topnews/7344.html.

[2] 日产汽车与中国汽车技术研究中心 . 新能源汽车蓝皮书［R］. 北京：社会科学文献出版社，2016.

的执行以及诸多处理和交互功能，成为智能化产品及系统。第三，超常融合。创新设计将致力设计创造绿色材料、超常结构功能材料以及智能材料，将融合多学科、跨领域的系统集成创新，融合理论、实验、虚拟现实和大数据等科学方法。第四，共创分享。在构建互联网、大数据众创平台上人人都可以贡献自己的创新和创意，而新的技术、知识、创意和商业模式通过共创平台不断扩散，形成共创分享的社会创新生态。创新不再是少数人的专利，将大大激发用户的参与度。

（四）着力提升重点产业领域的创新设计能力

“十三五”时期应通过创新设计提高关键技术创新、系统集成创新、服务模式创新的能力，形成具有自主知识产权的新产品、新材料、新工艺、新业态。在传统制造业、战略性新兴产业、现代服务业等重点领域，培育一批具有创新设计能力、掌握关键核心技术、拥有自主品牌的领军企业，建设一批国家创新设计示范工程，加强共性关键技术设计研发，形成各行业的国家创新设计标准。着力提升钢铁冶金、纺织服装、家电、汽车、电力、建材等传统制造业的创新设计能力和系统集成能力，实现从规模、速度增长到技术、质量、品牌领先的转变，从产品出口向系统、服务输出转变;着力提升信息技术、高端装备、新能源、新材料、航空航天、智能电网、轨道交通、新能源汽车、节能环保等战略性新兴产业领域的创新设计能力，快速扩大产业规模，加速形成国际竞争优势；着力提高软件、芯片、集成电路、互联网、物联网、电子商务、文化创意等现代服务业领域的创新设计能力，尤其要注重创新服务模式设计，通过服务业态持续创新创造崭新的市场需求，不断满足大众日益增长的物质文化需求，引导绿色低碳消费方式；着力提升公共服务、国家安全、社会管理、生态环境等领域的创新设计能力，创造信息化、网络化、智能化的技术和装备支撑体系，建立先进设计规范和标准，提高国家安全、社会服务的保障能力以及生态环境效益水平。加快发展信息化设计、过程集成的设计、复杂过程和系统设计等共性技术，自主研发用于智能产品、智能制造、智能管理等领域的设计工具，加强虚拟仿真、智能控制、嵌入式操作系统等领域的软件设计。

（五）发挥创新设计在产业价值链中的核心作用

一是提高产品设计创新能力，推动产品结构、质量、品牌和服务整体提升。集成新技术、新材料、新工艺，通过提升关键技术和系统集成创新能力，提升产品功能、外观造型、品牌等设计水平，形成具有自主品牌、自主知识产权的新产品，提高国际市场竞争力和品牌影响力。推广个性化定制设计、智能化设计、网络化设计，运用互联网、物联网、大数据、云计算、虚拟仿真、智能控制等网络信息技术设计，实现数字化、智能化、网络化制造，提高制造效率。二是提高流程设计创新能力，推动制造业向绿色低碳、网络智能转型。鼓励企业、园区使用循环经济设计、优化工艺流程设计，形成低碳节能的生产方式；通过加强网络服务设计、推动网络协同制造，提升制造企业服务化和智能化水平；通过优化供应链管理设计，构建信息化、网络化、平台化的供应链管理系统，整合集成社会物流、信息流、资金流等要素资源，降低企业流通成本和要素成本。三是提高服务模式设计创新能力，实现产品链、产业链、供应链高效融合和价值链全面提升。提升整体方案解决设计能力，推动产品全生命周期设计，实现从产品研发设计、制造到用户的闭环效应，从生产到服务的全产业链价值提升。加强互联网新兴业态和新的商业模式设计，鼓励依托互联网的直销服务、用户体验等商业模式，为消费者提供个性化、便利化服务，提高销售收入和利润增长空间。四是推动设计与制造深度融合，促进制造企业向服务型制造转型。服务型制造已经成为全球制造业发展的重要趋势。这一趋势将扩大制造企业的设计服务需求，同时也将使越来越多的设计服务提供商嵌入制造产业链，推动制造业由加工生产向服务型制造升级。应积极引导大中型制造企业通过使用设计向服务型制造转型，促进设计服务提供商与制造企业形成长期战略合作关系，通过鼓励设计服务外包等方式培育和扩大国内设计服务市场。

中国国际经济交流中心　王晓红　李蕊